JN424082

요한계시록에 길을 묻다

길동무 저

케노시스 영성원

Κένωσις Spiritual House

저자 소개

감리교신학대학교 신학과 졸업
감리교신학대학교 대학원 졸업
케노시스영성원 길동무
감리교 목사

요한계시록에 길을 묻다

길동무 저

케노시스 영성원
Kένωσις Spiritual House

요한계시록에

길을 묻다

초판인쇄| 2017년 1월 1일

펴낸곳| 케노시스 영성원
경기도 군포시 둔대동 433-2
0502-111-1937 010-3311-1937
Homepage www.kenosis.or.kr
Email kenosis@hanmail.net

등록번호
ISBN 979-11-87682-01-1 93239
printed in korea
*무단 복제 및 발췌는 저작권에 저촉됩니다
*파본 및 낙장은 교환해드립니다.

값 20,000원

CONTENTS

머릿글 ‖ 9

제 1 부 〈해석을 위한 준비〉

1

〈물음1〉 계시, 무엇이며 누구에게 주어질까? 20
1. 관심과 도전 20
2. 만남 22
3. 수련 23
4. 알게 하심 30
5. 대행자 30

〈물음2〉 요한계시록과 역사, 어떤 관계인가? 32
1. 원역사 33
2. 이스라엘 공동체의 태동 33
3. 출애굽과 가나안 입주 35
4. 가나안 입주 이후 39
5. 분단 이후 46
6. 포로기 49
7. 포로기 이후 58
8. 요한계시록과 묵시문학 78
9. 요한계시록 이후 79

〈물음3〉역사의 교훈, 무엇인가? 83
1. 재해석 83
2. 이스라엘 역사 84
3. 새 계약/교회사 88
4. 재해석 91

〈물음4〉 묵시와 예언, 어떻게 다른가? 92

제 2 부 〈여는 글〉(1:1~3:22)

2

〈물음5〉 요한 계시록의 배경은 무엇인가? 102
〈물음6〉 계시록, 어떻게 시작하고 있나? 104
〈물음7〉 왜 일곱 교회에 보내는 편지인가? 110
〈물음8〉 계시록, 어떤 상태에서 쓰여졌나? 115
〈물음9〉 에베소교회의 사자에게 하신 말씀은 무엇인가? 122
〈물음10〉 서머나교회의 사자에게 하신 말씀은 무엇인가? 142
〈물음11〉 버가모교회의 사자에게 하신 말씀은 무엇인가? 147
〈물음12〉 두아디라교회의 사자에게 하신 말씀은 무엇인가? 152
〈물음13〉 사데교회의 사자에게 하신 말씀은 무엇인가? 160
〈물음14〉 빌라델비아교회의 사자에게 하신 말씀은 무엇인가? 163
〈물음15〉 라오디게아교회의 사자에게 하신 말씀은 무엇인가? 170

제 3 부 〈세 편의 설교〉(4:1~19:21)

3

【 첫 번째 설교 】

〈물음16〉 이 일 후에 무엇을 보았는가? 179
〈물음17〉 무엇이 두루마리의 인봉을 떼게 하는가? 188
〈물음18〉 심판, 어떻게 진행되는가? 194
〈물음19〉 첫 번째 심판(일곱 인봉), 어떻게 진행되는가? 197
1. 심판과 기도 198
2. 일곱 인봉 개봉 209
3. 십사만 사천 211
4. 기도의 응답 215

【 두 번째 설교 】

〈물음20〉 두 번째 심판(일곱 나팔), 어떻게 진행되는가? 218
1. 자연과 인간 219
2. 성전측량 240
3. 일곱 번째 나팔(1) 248
4. 666표 272
5. 적그리스도 275

【 세 번째 설교 】

〈물음21〉 마지막 심판, 어떤 의미인가? 292
〈물음22〉 세 번째 심판(일곱 대접), 어떤 재앙인가? 298
1. 아마겟돈 전쟁. 311
2. 일곱 번째 대접 315
〈물음23〉 일곱 대접 이후, 어떻게 진행되는가? 317
〈물음24〉 대심판, 어떻게 마무리 되는가? 335
1. 사망 선고 335
2. 법대로 346
3. 하관식 357
〈물음25〉 하나님나라, 어떻게 임하는가? 364
1. 예수님의 등장 365
2. 예수님의 이름 366
〈물음26〉 적그리스도, 누구인가? 373
1. 적그리스도와 거짓선지자 374
2. 하나님의 큰 잔치 380

제 4 부 〈마무리 글〉(20:1~22:21)

4

〈물음27〉 천년왕국, 무엇을 말하는가? 384
1. 천년왕국설 384
2. 천년왕국의 의미 387
3. 천년왕국의 실현 389
4. 순교자들의 부활 390
〈물음28〉 곡과 마곡 전쟁, 무엇을 말하는가? 392
〈물음29〉 최후의 종말, 어떻게 진행되는가? 397
〈물음30〉 하나님나라 완성, 어떤 모습인가? 401
1. 새 예루살렘성 강림 402
2. 새 예루살렘성의 외부 409
3. 새 예루살렘성의 내부 413
〈물음31〉 계시록의 결론, 무엇을 말하는가? 416

제 5 부 〈우리의 갈 길〉

5

〈물음32〉 계시록 이후, 교회는 어디로 갔는가? 424
1. 박해의 시대 424
2. 박해 종식/공인 431
3. 새 가나안 입주 432
4. 기독교 왕국시대 434
5. 어둠의 시대 438
6. 인간주의 시대 439
7. 인류 멸종 위기 442
8. 귀환기 443
〈물음33〉 현대교회, 무엇을 했는가? 444
1. 계약파기 444
2. 종교개혁 445
〈물음34〉 교회의 남은 과제, 무엇인가? 447
1. 성경으로 돌아가자. 448
2. 거룩한 나라를 만들자. 448
3. 왜 대한민국인가? 450

〈표 차례〉

〈표1 일곱 재앙의 비교〉 195
〈표2 일곱 재앙의 비교〉 300

〈그림 차례〉

〈 그림 1 계시록의 일곱교회 〉 111
〈 그림 2 아데미 신전의 유적과 여신상〉 128
〈 그림 3 천상구조〉 184
〈 그림 4 안티오코스의 동전〉 242
〈 그림 5 언약궤 모형〉 250
〈 그림 6 로마제국 국경〉 268

머릿글

아무리 **읽어도** 무슨 뜻인지 통 알 수가 없고, 아무리 **들어도** 말하는 사람들마다 해석이 서로 달라서 누구의 말이 옳은지 도무지 혼란스럽기만 하고, 아무리 **보아도** 혼란이 해결될 기미는 전혀 보이지 않고……

'요한계시록'이라는 책 때문에 빚어지는 일들이다. 왜 요한계시록을 종말에 관하여 계시로 기록한 책이라고 생각할까? 그 이유는 계시록을 읽어보면 계시에 의해 쓰였고 또 종말을 언급하는 신비한 내용이 많기 때문이다. 이런 이유로 요한계시록이 종말에 관해 말한 책이라는 사실을 아무 의심없이 받아들인다. 단지 그 시기 예측이 쉽지 않아서 맞추지 못한다고 생각할 뿐이다. 사실 계시록에 기초한 종말의 시기는 늘 관심의 대상이면서 논란의 중심에 서 있었다. 그리고 시한부 종말론 등을 비롯하여 많은 문제를 일으켰으며, 지금도 계속되고 있다. 아마도 세상 끝 날까지 이런 혼란은 지속될 것 같다. 이 문제를 해결하기 위한 어떤 방법은 없을까? 이런 문제를 염두에 두면서 다른 각도에서 근본적인 물음을 던져 보고자 한다.

요한계시록은 과연 종말의 시기를 말하는 책일까?

아니다. 절대로 그렇지 않다.

무엇을 근거로 이런 말을 하는가? 그렇다면 요한계시록은 무엇을 말하는 어떤 책일까? 무엇 때문에 이런 시도를 하는가? 또 이런 접근이 가능한가? 등의 의문이 들 수도 있겠지만, 이 책에서는 이런 문제를 다루고자 한다. 쉽지 않은 일이겠지만 그렇다고 어려운 일도 아니다. 왜냐하면 그 이유는 지극히 단순하다. 본래 요한

계시록은 종말을 말하는 게 아니며, 종말 예고가 아닌 다른 이유와 목적을 위해 쓰였기 때문이다.

요한계시록은 기독교 역사에서 대단히 중요한 역할을 해낸 책이다. 그 첫 번째 이유는 교회가 가장 어려운 시기를 맞았을 때 그 위기를 돌파할 방법을 제시했으며, 또 그 방법대로 교회는 위기를 극복했기 때문이다. 33년경 예루살렘에서 교회가 시작된 지 60여 년(AD 95년)만에, 즉 신생 교회가 아직 뿌리도 내리기 전에 로마제국 차원의 박해를 받으면서 자칫 흔적도 없이 사라질 수 있었다. 그 후 박해는 200년 이상 지속되었는데, 사실 신생 교회가 이렇게 긴 기간 동안 박해를 받으면서 살아남았다는 사실 자체가 기적이었다. 어떻게 이것이 가능했을까? 그 대답이 요한계시록에 들어있다. 요한계시록은 박해에 대처하는 방법을 제시하기 위해 쓰여 졌으며, 교회는 계시록을 읽으면서 그 지침을 따랐고 그 결과 위기를 기회로 만들어내는 기적을 일으켰다.

계시록이 중요한 또 다른 이유는 계시록은 당면한 박해의 문제만을 다루는 게 아니라, 박해의 종식을 기정사실화 하면서 교회가 가야 할 방향을 제시했기 때문이다. 사탄이 지배하는 박해가 종식된 후에 예수님께서 다스리시는 나라가 올 것이며, 그 나라에서는 성도들이 예수님과 더불어 다스리게 된다고 했다. 그리고 이런 예측은 놀라울 정도로 정확하게 맞아 떨어졌다. 교회가 살아남을 가능성이 전혀 없어보이던 시기에 어떻게 박해 이후까지를 내다보면서 교회의 통치시대를 말할 수 있었는지 참으로 놀랍다. 이는 구약의 예레미야가 바벨론에게 나라를 빼앗기고 포로로 끌려가는 유대인들을 향하여 전혀 멸망할 것 같지 않던 바벨론의 종말을 선포하면서 70년 후 유다의 귀환을 예고했던 것과 너무 흡사하다. 사실 요한은 계시록에서 로마제국을 바벨론에 비유하면서 멸망을 선포했고 또 그대로 실현되었다.

구약의 이스라엘역사에서 포로기 이전의 예언자들이 선포한 말씀은 그 이후의 역사에서 정확하게 실현되어 포로기의 유대인들은 다시 나라를 되찾아 귀환할 수 있었다. 유대인의 귀환은 식민 지배를 받고 있다가 독립하는 것과는 차원이 다르다. 나라가 멸망하여 백성들이 포로로 잡혀가거나 쫓겨나고, 먼 지역의 다른 나라 사람들이 들어와서 그 땅을 차지하고 있었다. 그런데 유대인들은 포로지에서 돌아왔고 나라를 다시 세웠다. 어떻게 이런 일이 가능했을까? 예레미야를 비롯한 예언자들이 미리 이런 상황을 예고했고 또 대처방법을 알려주었으며, 포로기의 유대인들은 예언자들의 지침대로 따랐는데 놀랍게도 그대로 되었다. 이는 세계 역사에서 전무후무한 기적에 해당된다.

그런데 신약성경의 맨 마지막에 들어있는 요한계시록이 그와 같은 역할을 해냈다. 박해받던 시대에 계시록은 박해에 대처하는 방법으로 '순교'라는 의외의 방법을 제시했다. 도무지 실천 불가능한 방법이라고 생각되는데, 그런데 교회는 이런 순교적인 신앙을 받아들여 실천으로 옮겼다. 많은 성도들이 순교를 기독교인이 받을 수 있는 가장 큰 영광으로 여기며 개선장군처럼 의연하게 죽어 갔다. 결과는 어떻게 되었을까? 200년 이상의 긴 싸움이었지만 교회의 완승이었다. 박해를 받으면서 교회는 급성장했으며 로마제국이 교회 앞에 무릎을 꿇었고, 교회에 나라의 통치권을 넘겨주었다. 이로써 교회는 로마제국을 다스리는 위치에 올라섰다. 계시록에 예고한 대로 사탄이 다스리던 시대의 종말이 오고 성도들이 예수님과 더불어 다스리는 시대가 왔다. 이와 같이 계시록에서 많이 언급하는 종말은 세상과 인류의 종말이 아니라 세상권세를 잡은 악의 세력의 종말을 말한다. 단지 계시록의 기록 방식이 계시를 기반으로 하는 묵시문학이라는 독특한 표현방법을 사용하기 때문에 읽어내기가 쉽지 않을 뿐이다.

이런 해석은 일부의 주관적인 견해가 아니라 오히려 계시록에 대한 역사적이고 객관적인 해석이며, 더 나아가 자명한 결론이라고 말할 수 있다. 다시 말하자면 요한계시록에 대하여 이런 해석 이외에 다른 해석이란 있을 수 없으며, 또 있어서도 안 된다. 이는 마치 1+1은 누가 말해도 2가 되는 이치와 같다. 1+1=2에 대해서는 어떤 의견이나 견해의 차이가 있을 수 없다. 본래 1+1=2이기 때문이다. 요한계시록도 마찬가지다. 묵시문학이라는 특이한 방법으로 기록되어 있어서 그렇게 보이지 않았을 뿐이다. 그러나 묵시문학에 대하여 기본만 이해한다면 위의 사실들이 명확하게 드러난다.

그런데 요한계시록을 해석하다 보면 견딜 수 없는 안타까움을 느끼게 된다. 초대교회는 계시록의 지침대로 순교라는 방식으로 박해를 이겨냈을 뿐만 아니라 로마제국의 국교가 되어 로마제국을 예수님께서 통치하시는 시대, 성도들이 주님과 더불어 왕 노릇하는 시대를 열어 놓았다. 세계 역사에서 이보다 더 큰 기적은 이전에도, 이후에도 없었다. 그런데, 그런데, 그 다음이 문제였다. 중세교회는 예수님과 더불어 통치하는 시대를 만들지 못했으며, 시간이 지나면서 교회가 통치하는 시대 역시 그 이전의 시대와 다를 바 없이 되어 갔다. 단지 교회가 통치자의 자리에 있었을 뿐이다. 이러다 보니 중세기가 지난 그 다음 시대에는 교회가 지탄의 대상으로 전락하고 말았다. 이보다 더 안타까운 일이 없다. 이는 교회는 물론이고 세계사의 비극이다. 이런 직무유기로 말미암아 그 이후의 역사는 혁명, 세계대전 등과 같은 피의 회오리바람이 온 세상에 몰아쳤다.

오늘 우리는 요한계시록을 왜 읽어야 하는가? 여기에서 가장 중요한 대답을 찾아야 하기 때문이다. 무슨 대답인가? 오늘 우리 교회도 요한계시록이 쓰일 당시는 물론이고 그 이후와 너무 비슷한 상황을 맞이하고 있기 때문이다. 교회는 존폐여부가 걱정스러울 만큼 심각한 위기를 맞이했지만 그 대책과 대안은 보이지 않는다. 문제를 지적하는 소리들은 무성하나 무엇을 어떻게 해야 하는지, 어디로 가야 하는지를 말하는 계시의 음성은 메말라 있다. 그런데, 지금 우리가 당면한 현실보다 더 심각한 상황에서 쓰여진 계시록에서 그 대안과 통찰력을 얻을 수 있다. 이런 이유로 요한계시록은 지난날에도 중요했지만 오늘날에는 더더욱 중요하다. 거듭 말하거니와 요한계시록의 중요성은 아무리 강조해도 지나치지 않다.

오늘 우리가 요한계시록을 읽으면서 찾아내야 할 가장 중요한 대답은 바로 이런 '대안'이다. 계시록은 가장 큰 위기를 가장 큰 기회로 만들어간 이야기이며, 우리가 계시록에서 얻어야 할 지침은 종말에 대한 시간표가 결코 아니다. 그동안 우리는 요한계시록을 너무 오해했고 또 그 해석에서 너무 많은 오류를 빚었다. 많은 사람들이 계시록을 통해서 종말의 시기를 알아내려고 했으나 늘 실패한 까닭은 계시록의 기록 목적이 세상의 종말이나 그 시점을 알려주는데 있는 게 아니기 때문이다. 우리는 계시록에 대해서 전혀 잘못 짚고 있었다. 이제 계시록을 다시 읽어가면서 오늘 우리 교회가 당면한 문제의 해결책을 찾아내야 하는데 이를 위해서는 몇 가지 선이해가 필요하다.

첫째, 계시에 대한 바른 이해가 있어야 한다.

'계시'에 대한 사전적인 이해는 어렵지 않다. 그러나 계시(啓示)는 경험의 영역이기 때문에 경험이 결여되면 문자적인 의미로만 이해하게 되며, 이는 곧 한계에 부딪힐 수밖에 없다. 경험없이 문자로 이해하면 계시를 '알려 주심'이라고 생각하게 된다. 그러나 성경의 계시는 알려 주심이라기보다는 '알게 하심'이다. 알려 주심은 계시를 받는 자가 주어지는 대로 받아들이면 되지만, 알게 하심은 깨달아 알아가는 과정이 있어야 한다. 이런 과정에는 고도의 영성수련이 들어있다. 그러나 사탄의 방법은 이런 과정이 생략된 채 일방적으로 신비하게 알려준다. 흔히 신접하는 경우가 그러하며, 귀신의 영에 '씌운다'는 표현이 적절하다. 그러나 하나님의 계시는 하나님과 인격의 교감이 선행되어야 한다. 따라서 성경의 계시는 오랜 영성수련을 거친 후 깨달아 알게 하시는 방법으로 주어진다. 하나님의 계시는 일방적으로 '알려 주심'이 아니라 깨달아 '알게 하심'이다.

깨달아 알게 하시는 이유는 계시를 받은 자는 하나님의 역할을 대신해야 하기 때문인데, 이를 위해서 그 역할을 대신할 사람으로 만드는 훈련을 시키신다. 이를 위해 이에 적절한 사람을 찾으시는데 그 기준은 하나님과 서로 관심이 일치해야 한다. 하나님과 서로 관심이 다르면 하나님의 일을 할 수가 없다. 관심이 같은 사람을 부르시어 두 단계의 일치 훈련을 시키신다. 먼저는 '마음의 일치'이다. 마음의 일치는 성경에 대한 깊은 이해와 깨달음을 통해 하나님과 뜻이 맞추어지는 단계이다. 하나님을 경험하면서 성령이 임하게 되면 그 전에는 전혀 생각하지 못했던 관점에서 성경을 깨달아 알게 되는데, 성경의 핵심과 본질을 하나님의 입장과 심정으로 통찰하기 때문이다. 그 다음에는 '방법의 일치'가 일어난다. 하나님께서 계시를 허락하시는 이유는 그 사람을 통해서 특정한 일을 하시기 위함이므로 이제 그 사람으로 하여금 그 일을 처리할 방법을 또한 깨달아 알게 하신다. 이런 마음의 일치와 방법의 일치는 관심의 일치에서 출발한다. 이런 일들이 있기 전에, 하나님의 영이 임하기 전에 평소에 가지고 있던 관심과 생각이 하나님과 어느 정도 일치되어 있어야 한다. 하나님께서 마음을 감찰하신다는 말씀은 이런 뜻이다. 그냥 선하고 착하며, 하나님을 신뢰하는 마음에서 더 나아가 평소의 생각과 관심이 하나님의 관심사와 일치해야 한다.

둘째, 성경의 전체와 핵심에 대한 이해가 있어야 한다.

요한계시록이 성경의 맨 마지막에 놓인 것은 결코 우연이 아닐 수 있다. 사실 요한계시록이 바르게 해석되려면 그 앞에 놓인 신구약 성경은 물론이고 그와 관련된 역사와 신학을 꿰뚫어 통찰해야 한다. 이는 마치 구약성경의 말라기를 해석할 때 그 이전의 전반을 알아야 하는 이치와 같다. 성경의 부분들에 대한 파악이 아닌 전체와 그 핵심과 역사적인 흐름이 파악되어야 한다. 요한계시록이라는 나무를 알기 위해 그와 관련된 숲의 전반을 알지 못하면 계시록에 대하여서는 결국 부분적인 이해에 그치게 될 뿐이다.

특히 구약의 포로기 이후에 전개된 신학의 흐름에 대한 이해는 필수 중의 필수다. 포로기와 그 이후의 신학은 신명기 신학, 지혜문학, 율법서 편집, 묵시문학 등으로 이어지는데, 이 과정에 대한 이해는 계시록은 물론이고 구약과 신약 성경 이해에 반드시 필요하다. 포로기 신학에 대한 중요성은 아무리 강조해도 지나치지 않다. 포로기 신학을 이해하기 위해서는 그 이전의 역사와 신학의 흐름에 대한 이해가 필요하다. 결국 전체와 그 핵심을 보기 위해서는 이스라엘 역사 전체에 대한 이해가 선행되어야 한다.

계시록을 쓰면서 많이 고심한 문제가 바로 이 부분이다. 이를 위해서 계시록 본문해석으로 들어가기 전에 간추린 역사를 수록했다. 간단명료하게 쓰려고 했지만 쉽지 않아서 분량이 적지 않다. 그러나 계시록을 바른 방향으로 이해하려면 이 부분에 대한 충분한 이해가 반드시 필요하므로 가능하면 다른 서적들을 통해서라도 더 보충할 필요가 있다고 생각한다.

셋째, 예언문학과 묵시문학에 대한 이해가 있어야 한다.

구약의 예언서인 예언문학은 율법에 기초해 있으므로 율법을 알지 못하면 예언서를 알 수가 없다. 율법서와 예언서는 서로 뗄 수 없는 관계다. 율법서와 예언서의 기초 위에서 묵시문학의 이해가 가능해진다. 묵시문학은 박해라는 독특한 환경에서 태어난 예언문학이라고 할 수 있다. 단지 환경이 특별했으므로 독특한 방식으로 기록되어 있다. 예언과 묵시는 둘 다 하나님의 계시에서 출발하는데, 표현방식이 예언서는 설교형식이고, 묵시서는 신비형식이라는 점이 다를 뿐이다. 계시록은 묵시문학이므로 묵시문학의 표현방식을 먼저 익혀야만 한다.

마지막으로 요한계시록은 유기적으로 해석해야 한다.

계시록은 성경의 맨 마지막 시기에 기록되었으며, 또 기록 당시 이후에 일어날 일들을 말하고 있기 때문에 그 이전은 물론이고 그 후의 역사와 서로 유기적으로 연결되어 있다. 이는 마치 몸의 모든 기관이 유기적인 관계를 가지는 것과 같다. 두통을 치료하려면 두통의 원인이 될 수 있는 모든 사항들을 다 염두에 두고 진단을 내려야 한다. 성경의 모든 책이 그러하지만 요한계시록은 성경의 어느 책보다도 유기적인 해석을 필요로 하며, 또한 앞에서도 언급한 바와 같이 계시에 대한 경험이 기본으로 필요하다. 이런 몇 가지 조건 중 어느 하나만 결여되어도 계시록은 바르게 해석될 수가 없다. 요한계시록의 해석이 쉽지 않은 이유는 여기에 있다.

이런 몇 가지 문제들에 대하여 제1부에서 다뤘다. 간략하게 쓰려고 했지만 적지 않은 분량이다. 이 내용이 요한계시록에 대한 전체적인 이해에 도움이 되므로 꼭 필요하다고 생각된다. 그러나 읽는 데에 부담이 되는 분들은 제1부를 건너뛰고 제2부의 본문해석부터 읽어도 큰 무리가 없으리라고 생각한다. 본문을 해석하면서 필요하다고 생각되는 경우 간략하게 반복했기 때문이다.

이 책이 쓰이기까지는 많은 분들의 도움이 있었습니다. 10여 년 동안 세미나에 꾸준하게 참여하면서 이 책이 나오기를 기다리시며 기도해 주신 분들 때문에 이 책이 가능했습니다. 바쁘다는 핑계로 교회에 전혀 신경 쓰지 못하는 불성실한 목자를 끝까지 참아주시는 성도님들에게 감사를 드리며, 교회와 성도님들에게는 늘 죄지은 심정임을 고백하지 않을 수 없습니다. 책을 쓸 때마다 교정으로 수고를 아끼지 않으신 분들에게 또한 지면을 통해 감사를 드립니다.

끝으로 객기 넘치는 졸저를 읽어 주시는 분들에게 진심으로 감사를 드리며, 조금이나마 도움이 된다면 더 없이 기쁘겠습니다.

2017년 1월 1일 길 동 무

제1부 : 해석을 위한 준비

<물음1> 계시, 무엇이며 누구에게 주어질까?
1. 관심과 도전
2. 만남
3. 수련
4. 알게 하심
5. 대행자
<물음2> 요한계시록과 역사, 어떤 관계인가?
1. 원역사
2. 이스라엘 공동체의 태동
3. 출애굽과 기니안 입주
4. 가나안 입주 이후
5. 분단이후
6. 포로기
7. 포로기 이후
8. 요한계시록과 묵시문학
9. 요한계시록 이후
〈물음3〉역사의 교훈, 무엇인가?
1. 재해석 42
2. 이스라엘 역사 42
2. 새계약/교회사 44
3. 재해석 45
<물음4> 묵시와 예언, 어떻게 다른가?

물음 1 계시, 무엇이며 누구에게 주어질까?

예수 그리스도의 계시라.

요한계시록의 첫 구절은 "예수 그리스도의 계시라."라는 말로 시작된다. 요한계시록을 이해하려면 먼저 '계시'를 알아야 하는데, '계시'라는 단어가 많은 혼란을 준다. 계시(啓示)의 사전적인 의미는 어렵지 않지만,[1] 성경에서 쓰이는 계시는 사전적인 의미 이외에도 독특한 의미를 가지고 있다. 성경에서 말하는 계시의 의미를 알기 위해서는 먼저 성경에서 계시가 어떤 사람에게 어떤 방법으로 주어지는 지를 살펴보아야 한다. 이를 간략히 살펴보면 다음과 같다.

1. 관심과 도전

어느 시대 어느 사회에나 부유하게 살면서 인생을 즐기는 사람은 소수이고 다수의 사람들은 먹고사는 문제도 힘겨워하며 살아간다. 이런 현실 앞에서 누구나 여유 있는 소수가 되고 싶어 하며 이를 위하여 온갖 수단과 방법을 동원한다. 그런 와중에 힘들게 사는 다수를 보면서 그들의 딱한 처지가 너무 불쌍하게 여겨져서 "사람은 누구나 다 똑같으므로 모든 사람이 다 골고루 행복하게 살아야

---

1) 계시(啓示)의 사전적인 의미는 "사람의 지혜로는 알 수 없는 진리를 신(神)이 깨우쳐 알게 함"이다. 요한계시록에 사용된 헬라어는 *'αποκάλυψις*는 '*απο*' + '*κάλυψις*'의 합성어로서 그 뜻은 "감추인 것을 드러낸다.", "씌웠던 것을 벗긴다."라는 의미를 가지고 있다. *'αποκάλυψις*는 영어로 Revelation 또는 Apocalyse로 번역되며, 우리말로는 계시, 또는 묵시로 번역된다.

하는데 무슨 방법이 없을까?"라는 문제를 가지고 고민하며 방법을 찾아보는 사람들이 간혹 있다. 그러나 그런 방법이란 없으며, 또 그런 세상은 현실적으로 불가능하다는 것을 곧 알게 된다. 모든 사람이 골고루 잘 살기 위해서는 무엇보다도 사회제도가 바뀌고 또 큰돈이 있어야 하며, 사람들의 변화가 있어야 하는데 그런 것이 가능할 리가 없다. 아마도 세상을 살아가면서 문득 이런 고민을 하지 않은 사람들은 거의 없을 것이다. 그러나 방법이 없으니, 또 자기 자신의 삶을 꾸려나가기도 벅차니 그런 생각을 지속할 여유도 없이 고단한 삶의 현장에서 허덕인다. 마음이 없는 것은 아니지만 방법이 없으니 포기할 수밖에 없다.

그런데 간혹 해결 불가능한 이런 문제를 가지고 평생 동안 가슴앓이를 하는 무모(無謀)한 사람들이 있다. 이들은 실현 불가능한 현실을 누구보다 잘 알면서도 포기하지 못한다. 왜 그럴까? 가능하다고 생각해서일까? 아니다. 단지 똑같은 인간으로 태어나서 사람대접 못 받고 살아가는 모습이 너무 불쌍하고 안타까워 견딜 수 없는 심정으로 씨름하고 있을 뿐이다. 이는 마치 불치병에 걸려 죽어가는 자식을 둔 부모의 심정과 유사하다. 남들은 포기하지만 부모는 자기 자식을 포기하지 못한다. 자식이 아무리 악한 짓을 하고 있어도, 죽을 병에 걸려있어도 부모는 포기하지 않는 게 아니라 포기가 되지 않는다. 못된 짓을 하기 때문에, 병들어 죽어가기 때문에 오히려 더 견딜 수 없어서 늘 눈물과 통곡으로 살아간다. 병들어 죽어가거나 제 앞가림 못하는 장애인 자식을 둔 부모에게는 세상의 그 어떤 즐거움도 눈에 들어오지 않는다. 무엇을 보아도 자식 생각에 한숨과 탄식만이 있을 뿐이다.

그런데 내 자식이 아닌 세상의 수많은 가난하고 병든 사람들, 잘못된 길을 가는 사람들을 향하여 평생을 이런 포기되지 않는 마음으로 사는 무모한 사람들이 있다. 이들은 안 되는 줄 알면서도 방법을 찾고 또 찾아보기를 수없이 반복하며 평생을 보낸다. 이들이 마지막으로 도달하는 곳은 어디일까? 이 세상에서는 아무리 찾아도 방법이 없으니 다음으로는 하늘의 하나님을 향하게 된다. 이 세상이 있다면, 세상에서 살아가는 사람들이 있다면, 세상과 사람을 지으신 분이 있어야 하며, 문제가 있다면 해결 방법도 있어야 한다는 단순한 생각으로, 안타까운 마음으로 하늘의 하나님을 향하여 가슴의 응어리와 절규를 쏟아 놓는다. 이는 마치 불치병을 앓은 자식을 둔 부모가 인위적인 방법을 다 해보다가 마지막으로 기도하는 이치와 같다.

이들은 하늘을 향하여 무어라고 부르짖을까? "세상을 만드셨다면, 사람들을 만드셨다면, 모든 사람이 다 행복하게 살아갈 방법도 있어야 하지 않습니까? 왜 그 방법은 만드시지 않았습니까?" 이런 기도로 이들은 하늘의 하나님을 향하여 도전적인 질문을 하며 이제는 하늘을 향하여 승부수를 던진다.

2. 만남

이와 같은 심정으로 하나님을 향하여 도전하며 승부수를 던지면 어떻게 될까? 하늘의 하나님께서는 이 도전을 기꺼이 받아주신다. 그리고 찾아오셔서 기쁘게 만나주시며 말씀하신다. "내가 너를 기다렸다. 내가 네 마음을 잘 안다." 다른 신이 아닌 성경의 하나님을 만나는 사람들은 다 이와 같은 사람들이다. 하나님을 뵈옵는 지름길은 멀리 있지도, 특별하지도 않으며, 누구에게나 열려있다. 이런 마음을 가진 사람들을 그분은 틀림없이 만나주시기 때문이다.[2)] 왜 그런가? 하늘의 하나님, 이 세상의 만물과 인간을 만드신 하나님께서는 인간을 지켜보시면서 포기되지 않는 마음을 가진 무모한

2) 나는, 나를 사랑하는 사람을 사랑하며, 나를 간절히 찾는 사람을 만나 준다.(잠언 8:17, 표준새번역)

사람들과 같은 생각과 마음을 가지고 계시기 때문이다. '여호와'라는 이름의 뜻이 이를 말해준다.

> 나는 여호와, 여호와이다. 불쌍한 이들을 한없이 측은히 여기며 가난한 이들을 바라보면 가슴 아파 견디지 못하는 하나님이다.(출애굽기 34:6, 현대어성경)[3]

유유상종(類類相從) 즉 "끼리끼리 사귄다."는 말이 있다. 하나님을 만나려면 하나님과 관심이 같아져야 한다. 영성에 대한 그 어떤 수도나 그 어떤 열정보다, 세상의 모순과 가난하고 병들어있고 사람 취급받지 못하는 사람들을 향한 "안타까운 마음, 견딜 수 없는 마음, 포기되지 않는 마음"이 곧 하나님을 만나는 지름길이다. 노아, 아브라함, 요셉, 모세, 사무엘, 예언자들은 다 이런 사람들이었다. 하나님을 만나면 그 다음에는 무슨 일이 일어날까?

3. 수련

찾아오셔서 만나주시는 '경험'이 일어난다. 하나님은 인간이 찾아가서 만날 수 있는 분이 아니다. 찾아오셔야만 만난다. 계시의 첫 번째 경험은 이렇게 시작된다. 그런데 그 만나는 과정이 좀 독특하다. 왜냐하면 하나님은 인간과는 다른 차원으로 계시기 때문이다. 이 과정을 간략히 단계별로 살펴보면 다음과 같다.

1) 신비체험

다른 차원에 계시는 하나님을 직접 만나기 위해서는 인간에게 하나님의 차원으로 격상되는 경험이 일어나야 하는데, 이 과정은 신비체험으로 진행된다. 이런 직접 경험은 꿈이나 환상, 환청, 입신 등과 같은 간접 경험과는 전혀 다르며, 서로 대면한 상태와 비

---

3) 개역개정은 다음과 같다. 여호와라. 여호와라. 자비롭고 은혜롭고 노하기를 더디하고 인자와 진실이 많은 하나님이라.

숫하게 진행된다. 이 과정에서 말로만 듣던 하나님을 직관(直觀)하면서 그 전에는 이해하기 어렵던 부분을 알게 되며, 자기성찰을 통하여 인간의 내면에 들어있는 죄성(罪性)의 껍데기가 벗겨진다. 이를 영성신학에서는 정화와 조명이라고 한다.

2) 하나님의 침묵

신비체험은 하나님으로부터 '가장 가까이'와 '가장 멀리'가 반복되면서 진행된다. 가까이는 신비로 다가오고 멀리는 침묵으로 다가온다. 둘 다 하나님을 알아가는 과정인데, 가까이의 신비에서는 황홀경의 상태에서 직관으로 하나님과 성경, 신학을 알게 되지만, 반대로 멀리에서는 침묵의 상태에서 메마름과 무미건조함, 버림받은 느낌이 주는 극단의 고통을 맛보게 된다. 그런데 이런 침묵의 과정을 통해 죄성의 정화가 일어나고 죄의 지배에서 벗어나게 된다. 하나님의 일을 하려면 무엇보다도 죄의 지배를 받지 않아야 한다. 하나님의 침묵은 견디기 힘든 시간인데, 이따금 가까이가 허락되기 때문에 이 힘듦을 이기게 된다. 이렇게 가까이와 멀리를 반복하면서 그 사람에게 필요한 영성수련이 진행된다.

3) 깨달음

긴 침묵의 시간은 깨달음의 시간이다. 수련에서 가장 중요한 과정은 바로 침묵을 통한 깨달음이다. 하나님의 계시는 신비상태에서 일방적인 '알려 주심'으로 주어지기 보다는 침묵의 상태에서 스스로 깨닫게 하시는 '알게 하심'으로 주어진다. 이 과정에서 알게 하심을 좀 더 구체적으로 설명하면 다음과 같다.

① 하나님에 대한 깨달음

하나님의 일을 하는 사람에게 먼저 필요한 것은 하나님에 대한 올바른 이해다. 이를 잘 아시는 하나님께서는 그 사람이 해야 할 사역에 따라서 하나님을 직관으로 알게 하는데 이 과정에서 여러 신비체험이 일어난다. 그런데 하나님에 대한 경험은 삼중으로 진행된다. 하나님을 경험하는 만큼 자신을 보게 되고, 또 동시에 악마를 경험하게 된다. 자신을 보는 자기성찰의 이치는 마치 거울 앞에서 자신의 모습이 드러나듯이, 하나님께 가까이 갈수록 하나님의 거룩한 빛 앞에 자신의 내면이 드러난다. 이는 마치 하나님은 거룩한 거울과 같아서 그분 앞에서 나의 내면의 실상이 그대로 드러나는 것과 같다.

마귀는 이런 과정에 개입하여 하나님 직관과 자기성찰을 방해하는 세력으로 경험되는데, 그 과정에서 마귀의 실상을 보게 된다. 초기단계에서는 마귀가 외부에서 나를 공격하는 형태로 경험되다가 경험이 깊어질수록 내 안에 들어 있는 타락한 죄성이 마귀의 본성과 일치함을 보게 되면서 신비체험은 절정을 이룬다. 내 안의 죄성과 마귀의 속성이 일치함을 알게 되면 자신에 대한 신뢰를 포기하며, 자신을 절대 부정하고 오직 하나님만 긍정하며 신뢰하게 된다. 하나님에 대한 절대긍정과 절대신뢰의 과정을 겪고 나서야 비로소 하나님의 일을 할 기본이 갖추어지게 된다. 신비체험을 통해서 경험한 하나님에 대한 이해는 다음의 경험에서 좀 더 구체화된다.

② 성경과 신학에 대한 깨달음

하나님의 신비를 경험하는 과정은 성경의 말씀들이 육화(肉化)되는 과정과 밀접한 관련이 있다. 하나님을 경험하는 만큼 성경을 이해하게 되고, 성경을 깨달은 만큼 하나님을 깨닫게 된다. 하나님을 경험하는 신비만큼 성경을 깨닫는 신비도 경이롭다. 성령의 조명과 도우심으로 전혀 다른 측면에서 성경의 핵심을 깨닫게 된다. 성경의 구절들을 읽는 독자의 입장이 아닌 성경의 등장인물의 입장과 심정에서 보게 된다. 영감으로 기록된 성경을 영감으로 해석한다는 의미를 이 과정에서 비로소 경험으로 이해한다. 성경을 기록자, 즉 하나님의 입장과 관점에서 보며 그 깊은 의미를 알게 된다.

특히 성경을 깨달아 가는 과정에서 중요한 비중을 차지하는 부분은 의외로 개신교인들이 별로 관심을 가지지 않는 구약의 율법과 예언서, 지혜서 등이다. 이들을 충분히 깨닫고 나면 예수님께서 율법과 예언자들을 완성하러 오셨다는 말씀을 비로소 이해하게 된다. 그 외에 여러 교리와 신학들을 다시 이해하며 그 핵심과 본질을 보게 된다. 특히 삼위일체론, 신론, 기독론 등 하나님과 관련된 교리는 물론이고, 구원론, 교회론, 성만찬신학 등을 단순하면서도 쉽게 이해하게 된다. 특히 교리와 신학에 대해서는 그 형성의 흐름 속에서 새로운 해석이 가능해진다.

③ 자연에 대한 깨달음

하나님을 직접 대면하고 나면 거짓말처럼 자연 만물을 다시 만나게 되는데 왜 그럴까? 그 이치는 너무나 단순하다. 자연 만물 속에 들어있는 창조주 하나님의 마음과 손길이 그대로 느껴지기 때문이다. 꽃 한 송이, 이름 모를 잡초에 맺힌 이슬방울, 하늘의 구름, 일출과 석양의 장관들, 넓은 바다와 파도, 바닷가의 모래알 등을 기적처럼 다시 만난다. 자식을 낳아 기르면서 부모의 심정을 이해하게 되고 나이를 먹어갈수록 어릴 때 어머니가 만들어주시던 음식의 손맛을 그리워하는 것과 같다. 그 속에 부모님의 정성과 마음이 깃들어 있기 때문에 세상의 경험이 늘어날수록, 철이 들수록 그 맛의 깊이를 아는 이치와 같다.

자연 만물을 바라보면 나를 향한 하나님의 안타까운 마음, 불쌍히 여기시는 마음들이 그냥 그대로 와 닿는다. 자연만물이 마치 나에게 "제발 행복하게 잘 살아다오."라는 어머니의 유언처럼 마음에 다가오면서 쏟아지는 눈물을 주체할 수 없게 된다. 자연이 마치 하나님의 분신처럼 느껴지고, 더불어 오염되고 훼손되어있는 자연 환경을 보면 견딜 수 없는 아픔을 느끼게 된다. 자연을 통한 창조주 하나님을 경험하는 것보다 더 좋은 환경보호 프로그램은 없다고 생각된다.

④ 역사(歷史)에 대한 깨달음

인간이 등장한 이후의 이야기들인 역사가, 지난날의 죽은 이야기가 지금 여기에서의 살아있는 이야기로 재현되어 나타난다. 무엇이 왜 재현되는 것일까? 인간을 불행으로 몰아넣었던 수많은 이야기 속에 들어있는 하나님의 안타까운 마음이 인간의 역사 속에서 그대로 묻어나기 때문이다. 이는 마치 늙어가면서 지난날을 돌이켜 볼 때 부모의 마음은 전혀 이해하지 못한 채 철부지 문제아로 방황하던 나 때문에 부모님이 얼마나 속상하고 힘드셨을 지를 회상하면서 느끼는 감정과 너무 비슷하다. 이제 역사적으로 철이 들며, 역사 속에서 역사를 주관하시는 하나님을 만나게 된다.

특히 성경의 역사와 관련된 이야기들은 그 당시 상황에서 하나님께서 어떤 심정으로 예언자들을 통해 말씀하셨는지가 가슴으로 와 닿는다. 성경을 해석하려면 그 당시 역사적인 정황이 재현되어야 하는데, 하나님의 입장에서 가슴으로 성경을 읽으면서 그 상황이 재현되어진다.

이런 역사는 인간의 역사만이 아니라 자연과학자들이 말하는 우주의 역사를 대하면서도 비슷하게 느껴진다. 상상이 안될 만큼 광활한 우주의 긴 역사에 담긴 하나님의 손길들이 크게 와 닿는다. 자연과학의 분야가 신학과 다르지 않고 동일하게 하나님을 표현한다고 느껴진다.

이런 과정을 겪으면서 성경과 자연과 역사를 통해 하나님을 다시 만난다.

⑤ 원리와 이치에 대한 깨달음

하나님체험을 통하여 보이지 않는 하나님 세계의 원리와 이치를 터득하게 되면, 하나님께서 만드신 보이는 세계인 자연의 원리와 이치를 알게 되고 인간의 역사 속에 들어있는 문제들의 근본과 핵심을 보게 된다. 그 이후에는 성경, 자연, 역사, 철학 등 제 분야를 분리하여 보지 않고 통합하는 통합적 사고를 하게 된다. 이원론이 아닌 일원론을, 직선적 사고가 아닌 곡선적인 사고가 자연스럽게 터득되며, 매사를 그 원리와 이치에서 간단하고 단순하게 대하게 된다.

4) 일치

일치와 합일은 영성신학에서 관심이 많은 부분이며, 고대의 수도사들은 이 경지를 경험하기 위하여 은둔, 금욕, 고행으로 평생을 바치며 생명을 걸었다. 그러나 그들이 추구한 일치는 헬라문화에 기초한 초월적인 일치이며, 성경에서 말하는 일치와는 많이 다르다. 성경에서 말하는 일치는 마음의 일치와 방법의 일치이다. 이런 일치가 깨달음과 더불어 진행되면서 수련의 막바지에 이르게 된다.

① 마음의 일치

마음의 일치는 하나님과의 관심의 일치로부터 이어진다. 세상의 모든 사람이 골고루 잘 살기를 소원하며 포기되지 않는 마음을 가진 사람들에게 하나님과의 일치를 경험하게 하신다. 가까이와 멀리를 오가면서 신비와 침묵을 통해 하나님을 체험하며, 이 과정에서 하나님의 심정과 마음, 감정이 주어진다. 이제는 하나님의 입장에서 세상과 성경을 보게 되며, 하나님과 내가 마음과 감정에서 일치가 된 상태에서 하나님의 말씀을 선포하게 된다. 일인칭 화법 즉

"나 여호와가 말하노라."라고 하나님의 말씀을 선포하던 구약의 예언자들은 이런 일치상태에서 말한 사람들이다. 일인칭 화법의 말씀은 문장을 축자(蓄字)영감으로 알려주시는 게 아니라, 깨달아 알게 하신 말씀을 하나님의 심정으로 선포한 말씀이다. 이런 이유로 예언자들은 아무런 감정 없이 말하는 도구들이 아니라 하나님의 심정과 가슴으로 울고 통곡하며 말하는 대언자들이다. 하나님의 심정이 어렵게 느껴지겠지만, 이는 여러 자녀를 둔 부모의 심정으로 쉽게 유비(類比)가 된다.[4] 여러 자녀를 둔 부모가 자녀들에게 바라는 오로지 한 가지의 소원은 자식들이 다투거나 경쟁하지 않고 서로 도우며 골고루 행복하게 잘 사는 것이다. 부모가 가장 신뢰할 수 있는 자식은 어떤 자식일까? 혼자만 잘 살려고 하지 않고 병들고 가난하고 어렵게 사는 형제를 걱정하며 돌봐주려는 자식이다. 부모는 그런 자식에게 자신의 재산을 다 물려주고 다른 형제들을 돌보라고 맡길 수밖에 없다.

② 방법의 일치

"세상 모든 사람들이 골고루 행복하게 잘 살아야 한다." 이 명제에는 반드시 그렇게 되어야 한다는 절대당위성이 있다. 누구나 인정하는 이런 당위성과 하나님의 뜻은 크게 다르지 않다. 그러나 이 당위성의 실현은 온갖 이해관계가 얽힌 인간 세상에서는 이루어지기 어려운 이상일 뿐만 아니라 실현 불가능하게 느껴진다. 많은 사람들이 이런 이상을 꿈꾸며 추구하지만 곧 실망하거나 좌절하여 날개를 접어 버린다. 그러나 포기되지 않는 사람들은 불가능한 줄 알면서도 끊임없이 방법을 찾으며, 이런 과정에서 하나님을 만나고 경험하게 되며, 그 이후에도 그는 계속해서 '어떻게'를 묻

4) 유비(類比) : 두 개의 사물이 몇 몇 성질이나 관계를 공통으로 가지며, 또 한쪽의 사물이 어떤 성질이나 관계를 가질 경우, 다른 사물도 그와 같은 성질이나 관계를 가질 것이라고 추리하는 일.

게 된다. 이러한 '어떻게'가 쌓이고 쌓여서 하나님의 방법을 깨달아 알게 된다. 이런 방법 역시 하나님께서 일방적으로 알려 주심이 아니라 스스로 깨달아 알게 하심이다.

요셉이 17세에 노예로 팔려갔지만 그는 애굽의 불쌍한 이들을 바라보며 포기되지 않는 마음으로 '어떻게'를 물었고, 결국 하나님께서 그에게 알게 하시고, 그로 하여금 풍년과 흉년의 기간 동안에 애굽 모든 사람들을 골고루 잘 살게 하는 총리 역할을 하게 하셨다.[5] 모세 역시 마찬가지로 애굽의 노예들을 보면서 그들의 문제를 해결하기 위하여 나이 80이 될 때까지 가슴앓이를 하다가 하나님을 만나게 되고, 구체적인 해결방법으로 율법을 만들어냈다. 구약의 율법은 하나님께서 일방적으로 알려 주신 계시가 아니라 모세가 평생을 바쳐 씨름하다가 하나님을 만난 후 성령의 도우심으로 깨달아 알게 하신 계시이다.

4. 알게 하심

성경에서 말하는 계시는 이와 같으며, 단순하게 계시라는 단어의 사전적 의미와는 많이 다르다. 성경의 계시는 꼭 필요한 경우에는 축자영감으로 알려 주시기도 하지만, 이는 예외적인 경우이고 일반적으로는 알게 하신다. 이런 알려 주심과 알게 하심의 대상은 일치가 일어난 사람들이다. 즉 성경의 계시의 의미는 일치와 알게 하심이라고 할 수 있다.

5. 대행자

알려 주심에서 더 나아가 알게 하심으로 관심과 마음, 방법에서 일치가 되어 지면 그 다음으로는 하나님의 일을 대행하는 사역의

5) 요셉은 총리가 되어 애굽을 골고루 잘 살게 했는데 이에 대해서는 졸저 「창세기」에서 상세하게 다루었다.

단계로 이어진다. 이런 과정을 겪지 않아도 교회의 성도는 모두가 하나님의 일을 하는 사람들이지만 이 과정을 겪은 사람들은 조금 더 독특하게 하나님을 대행하게 된다. 성경에 등장하는 하나님의 사람들, 특히 예언자들은 모두가 이런 과정을 거친 사람들이다.

창조주이시면서 역사의 주관자이신 하나님, 인간의 생사화복을 주관하시는 하나님, 그런데 그분은 세상역사를 어떻게 이끌어 가실까? 보이지 않는 손길, 알 수 없는 섭리가 그분께서 사용하시는 주요 방법일까? 그분께서 세상을 이끌어 가시는 구체적인 방법은 무엇일까? 그분은 '통해서' 일할 사람을 찾으시고, 그분과 일치된 사람을 통해서 일하신다. 관심이 일치된 사람을 부르셔서 영성수련의 과정에서 얻어지는 깨달음을 통하여 마음과 방법이 일치되고, 스스로를 부정하는 사람을 통해서 일하신다. 이런 사람들의 모임이 구약에서는 광야의 이스라엘 공동체이고 신약에서는 교회 공동체이다. 즉 하나님께서는 이런 일치가 일어난 사람들이 모인 공동체를 통해서 일하신다. 그런데 하나님께시는 그런 사람, 그런 공동체를 찾아볼 수 없어서 고민을 하신다.

그렇게도 없느냐! 안타까운 마음
그렇게도 없느냐! 견딜 수 없는 마음
그렇게도 없느냐! 포기되지 않는 마음
그렇게도 없느냐! 골고루 잘 살게 하려는 자
그렇게도 없느냐! 나를 대신 할 자
　그에게 하늘의 재물을 맡기고 싶은데
　그에게 하늘의 권세를 맡기고 싶은데
어디에도 없느냐! 하늘의 재물을 맡을 자
어디에도 없느냐! 하늘의 권세를 맡을 자
어디에도 없느냐! 나를 대신 할 자!

물음 2 요한계시록과 역사, 어떤 관계인가?

모든 분야, 모든 문제에 대한 의견은 다양할 수 있으며 또 다양해야 한다. 이런 다양성은 많은 경우에 부정적이기보다는 긍정적인 역할을 한다. 그러나 다양성이 오류와 직접 관련이 있을 때에는 얘기가 다르다. 오류의 결과가 많은 문제를 일으키거나 누군가에게 피해를 주기 때문이다. 성경에 대한 해석과 설교의 경우가 그렇다. 성경에 대한 잘못된 해석과 그 설교는 듣는 자에게 심각한 피해를 줄 수 있으며, 경우에 따라서는 그 사람의 평생을 좌우하게 된다. 이런 이유로 예수님께서는 "너희는 랍비(선생)라 칭함을 받지 말라."고 하셨다.[6] 성경을 해석하고 설교하는 사람은 오류를 범하지 않도록 유의해야 한다. 그런데 성경 중에서도 요한계시록은 늘 문제의 중심에 서 있었으며, 초대교회로부터 많은 사람들이 시한부 종말론 등으로 큰 피해를 입었다. 계시록 해석에서 이런 오류를 막을 수 있는 어떤 객관적 기준은 없을까? 있다면 무엇일까?

계시록 해석의 객관성은 그 역사성에서 찾아야 한다. 계시록은 그 이전의 오랜 역사적인 흐름 위에 서 있으며, 기록 당시의 역사적인 상황에서 당면한 문제를 해결하기 위하여 구체적인 대안을 내놓았고, 또 나아갈 역사적인 방향을 제시했다. 교회는 계시록에서 제시한 대안대로 실천했고, 그 결과 계시록에서 예고한 일들이 그 이후의 역사에서 대부분 실현되었다. 아직 실현되지 않은 부분

6) 마태복음 23:8. 내 형제들아 너희는 선생 된 우리가 더 큰 심판 받을 줄을 알고 선생이 많이 되지 말라.(야고보서 3:1)

은 역사를 완성시키는 종말의 문제인데, 이는 지금 우리 교회가 가야할 방향이며 과제다. 그러므로 계시록은 이와 같이 과거와 현재와 미래의 역사적인 흐름과 그 유기적인 연관성 속에서 해석되어야 한다.

그렇다면 요한계시록 해석에서 살펴보아야 할 역사는 어떤 역사일까? 요한계시록은 성경의 맨 마지막에 편집되어 있다. 여러 이유가 있지만 그 이유 중의 하나는 계시록이 성경에서 맨 마지막 시기에 기록되었기 때문이다. 따라서 요한계시록이 바르게 해석되려면 성경 전체의 역사적인 흐름을 알아야 한다. 이는 요한계시록뿐만 아니라 모든 성경 해석에서 기본 중의 기본에 해당된다. 요한계시록을 해석하는데 그 해석이 서로 상반되는 가장 큰 이유는 이 기본에서 벗어났기 때문이다.

성경에 담긴 역사는 대단히 길다. 긴 역사의 흐름을 간략하게 살펴보면 다음과 같다.

1. 원역사

창세기를 구분할 때 '원역사'(原歷史), 또는 '전역사'(前歷史)라는 용어를 쓰는데 구약 성경에서 중심 역할을 하는 이스라엘 민족과 관련이 있다. 이스라엘 민족의 시조는 아브라함이므로 전역사는 창조 이후부터 아브라함 이전의 역사이다. 창세기 1~11장에 들어 있는 원역사의 주요 내용은 천지창조, 최초의 인간 아담과 하와, 선악과, 노아홍수, 바벨탑 등의 이야기들이다.

2. 이스라엘 공동체의 태동

이스라엘 민족의 시조 아브라함은 BC 2천 년경에 메소포타미아 지역의 유프라테스와 티그리스 강의 하류인 갈대아 우르에 살았다. 우상장사의 집안에서 태어났지만 그는 어릴 때부터 평생 동안 참 하나님을 진지하게 찾았다. 아브라함이 하나님을 찾은 이유는 세상의 가난하고 병든 사람들과 노예로 사는 불쌍한 사람들을 보면서 이 문제의 해결은 사람에게서는 불가능하고, 하나님만이 해결할 수 있으며, 그분이 정말로 계시다면 이 문제를 해결하여 세상 모든 사람이 골고루 잘 살게 되기를 원하실 것이며, 그 하나님을 믿는 사람은 그 일을 해야 한다는 생각에서였다. 늙어가면서도 이런 생각을 포기하지 못하고 있던 그는 결국 75세에 찾아오시는 하나님을 만났으며, 하나님의 말씀에 순종하여 가나안으로 이주하게 된다.[7]

가나안에서 살던 아브라함은 자신의 고향이던 메소포타미아의 강대국이 가나안의 힘없는 사람들을 군사력으로 정복하고 약탈하며 많은 사람들을 전쟁 포로로 붙들어가는 것을 보고 분개하여 유목민 318명을 이끌고 가서 최소한 수만 명 이상의 정규군을 물리치고 전쟁으로 피해당한 사람들을 회복시켜 주었다.[8] 아브라함이 이와 같은 불가능한 모험을 한 이유는 모든 사람이 골고루 행복하게 잘 살아야 한다는 평소의 생각 때문이었다. 하나님께서는 아브라함의 이런 마음을 보시고 그에게 함께 하셔서 불가능한 싸움에서 승리하게 하셨다. 성경에는 이런 전쟁의 이야기가 많이 나오는데 이를 가리켜 성전(聖戰)이라 한다.

아브라함의 이런 정신은 그의 아들 이삭과 손자 야곱과 증손자 요셉으로 이어지는데, 야곱의 아들 요셉은 17세에 노예가 되어 애굽으로 팔려갔지만, 아브라함에게 물려받은 신앙의 정신으로 가난하고 힘없는 노예들을 불쌍히 여기며 섬기는 삶을 실천하면서 그들의 문제를 해결할 방법을 찾아내려고 골몰하자, 하나님께서는

7) 창세기 12장.

8) 창세기 14장.

요셉에게 기회를 주셔서 애굽의 총리가 되게 하셨다. 바로에게서 애굽의 전권을 위임받은 요셉은 7년 풍년에 양식을 비축했다가 7년 흉년을 이용하여 애굽의 모든 재물과 토지를 확보한 후 모든 인력을 동원하여 대대적인 토목공사를 벌여 다시는 가뭄으로 인한 기근이 들지 않도록 수리시설을 확충했다. 토지에 공개념을 적용하여 대지주를 철폐하고 토지를 골고루 분배하였으며, 세금을 20%로 크게 낮추어서 모든 사람이 골고루 잘 살게 했다.[9] 고대에 농민이 내는 세금이 75~90%였던 것에 비하면 요셉의 정책이 얼마나 혁명적인지를 가늠할 수 있다. 창세기의 마지막을 장식하는 요셉의 이런 이야기는 성경 전체의 안내와 주제의 역할을 한다.

요셉이 애굽에서 총리의 지위에 오른 까닭에 야곱의 가족 70여 명이 애굽으로 이주하여 고센땅에 머무르게 된다. 야곱의 다른 이름이 '이스라엘'이고 그의 아들이 열둘이어서 야곱의 열두 아들의 후손을 이스라엘인이라고 부른다. 시간이 지나면서 이스라엘 민족의 인구가 급증하고 애굽의 왕조가 바뀌자 이스라엘 사람들은 노예로 전락하여 400여 년 동안 큰 고통을 겪게 된다.[10]

3. 출애굽과 가나안 입주

이스라엘 사람들이 애굽에서 고된 노예생활을 하면서 400여 년을 지날 무렵 이스라엘 사람 중에 '모세'라는 사람이 태어났다. 그는 어릴 때 강가에 버려졌다가 산책 나온 애굽 공주의 눈에 띄었는데, 아들이 없던 공주는 그를 데려다가 자신의 아들로 키웠다. 모세는 공주의 양자가 되어 애굽 왕궁에서 왕자교육을 받으면서 자랐는데, 왕자들 중 기량이 특출하여 바로(애굽의 왕)의 후계자로

9) 이런 해석은 수천 년 전에 은폐, 함축, 암시적인 방법으로 기록된 성경의 문자 뒤에 들어 있는 이면적인 해석을 통해서 가능해진다. 창세기의 이런 해석은 졸저 「창세기」와 「하비루의 길」에서 자세히 다뤘다.

10) 창세기 12~50장, 출애굽기 1~3장.

주목을 받았다. 그러나 모세는 애굽의 왕위보다 이스라엘 민족을 비롯한 애굽의 수많은 노예들의 비참한 삶에 더 관심을 가지고 그 해결 방법을 찾는 데에 골몰하였다. 이는 애굽의 정책과 반대여서 결국 모세는 애굽의 왕 바로에게 반역자가 되어 오지(奧地) 미디안 광야로 쫓겨 갔다. 가장 하층인 유목민으로 전락한 모세는 그곳에서도 노예계층인 하비루들의[11] 애환이 포기되지 않아서 평생을 가슴앓이하며 늙어가던 중 양을 치러 나갔다가 떨기나무 불꽃 가운데서 하나님을 만나게 된다. 광야에서 40년 동안 양을 치면서 안타까운 마음으로 끊임없이 방법을 모색하던 모세는 결국 하비루의 문제는 참 하나님에게서만 해결될 수 있다는 결론에 이르게 되었다. 이후 모세는 하늘을 향해 탄식과 통곡을 털어 놓았으며 그 결과 찾아오시는 하나님을 만났다. 모세는 하나님으로부터 "네가 나를 대신해서 그 문제를 해결하라!"는 사명을 받고 애굽으로 내려가게 된다. 400여 년 동안 노예살이를 하던 이스라엘 사람들은 모세에 의해 BC 1500년경 해방되어 애굽에서 나오게 되는데 이를 '출애굽'이라고 한다.[12] 노예에서 해방된 이스라엘 사람들은 광야(시나이반도)의 시내산에 이르러 하나님과 계약을 맺고 율법을 부여받으며, 독립된 한 신앙공동체로 거듭나게 된다.

이스라엘인들이 하나님과 맺은 계약법인 '율법'은 모세가 평생 동안 씨름하면서 찾아낸 방법이면서 동시에 하나님의 계시인데, 그 안에는 모든 사람들이 골고루 행복하게 잘 사는 법이 들어있다. 하나님께서 왜 모세를 선택하셨을까? 그 이유는 모세와 하나님의 관심사가 일치했기 때문이다. 세상의 많은 민족 중에서 왜 이스라엘 사람들을 선택하셨을까? 이에 대해서도 같은 이치로 대답할 수

---

11) 하비루(Habiru)는 히브리(Hebrew)의 원어에 해당되는데, 노예와 같이 가장 비천한 사람들을 총칭하는 용어다.

12) 모세와 출애굽에 관한 이야기는 출애굽기 2장에서부터 자세하게 들어 있으며, 성경 이외에도 유대인의 문헌에서 많이 발견된다.

있다. 그들의 조상 아브라함은 관심과 마음이 하나님과 서로 일치되었으며, 그런 정신은 이삭, 야곱, 요셉을 거치면서 그 후손들의 정신으로 뿌리내리고 있었기 때문이다. 성경에는 족보가 자주 나온다. "아브라함은 이삭을 낳고, 이삭은 야곱을 낳고, 야곱은 열두 아들을 낳고…". 그런데 성경의 족보는 단순히 생물학적인 계보를 말하려는데 있지 않고 관심과 마음이 일치된 신앙의 계보를 말한다. 아브라함과 이삭에게는 한 아들만 있었던 게 아니다. 하나님께서는 지금도 관심과 마음이 하나님과 일치된 사람들을 찾으신다.

모세는 이스라엘인들을 광야로 데리고 가서 40년 동안 율법을 실천으로 옮기는 훈련, 즉 모든 사람이 골고루 행복하게 잘 사는 삶을 살게 한다. 광야에서는 신분. 지위, 빈부의 격차를 없애는 강도 높은 교육과 훈련을 받았다. 40여 년 동안 율법을 실천하는 훈련을 받고 나서 가나안(지금의 이스라엘)으로 들어가게 된다. 40년간 이스라엘을 율법으로 교육시킨 모세는 마지막으로 이를 요약한 유언 설교집인 신명기(申命記)를 남겨놓았다. 신명기는 모세의 설교 세 편으로 구성되었는데, 이는 하나님의 계시가 어떤 것인지를 잘 말해준다. 성경에서 말하는 계시는 곧 설교이며, 하나님은 같은 관심을 가지고 깨달아 알게 된 사람을 통해서 말씀하신다. 이런 이유로 모세는 거룩한 말씀을 잘 깨우친 후에 자녀들에게 어렸을 때부터 그 말씀대로 살도록 부지런히 가르치라고 신신당부했다.

모든 사람이 골고루 잘 사는 삶을 가리켜 율법에서는 거룩한 삶이라고 한다. 율법 특히 레위기에 "내가 거룩하니 너희도 거룩하라."는 말씀이 누차 반복되는데, 이는 "나는 모든 사람이 골고루 잘 살기를 바라니 너희는 그렇게 살아야 한다."는 뜻이다.[13] 하나

13) 레위기 17~26장을 가리켜 성결법전이라 하는데, 하나님과 계약을 맺은 이스라엘은 특별히 거룩하게 살아야 함을 강조한다. 그러나 자칫 '거룩함'을 세속과 거리가 먼

님과 계약을 맺은 이스라엘은 이제 이런 나라를 만들어야 할 의무가 주어졌고, 하나님께서는 그들을 도우실 책임을 맡으셨다. 이스라엘이 계약법으로 살아갈 가나안을 가리켜 성경에서 '계약의 땅', '약속의 땅', '거룩한 땅'이라 부르는 이유는 그 땅에서 이스라엘은 거룩한 나라, 즉 하나님나라의 모형을 만들어야 하기 때문이다. 하나님께서는 이스라엘을 통하여 이 세상에 하나님나라가 임하게 하여 모든 사람이 다 행복하게 사는 모습을 세상 사람들에게 보여주시고 그들로 하여금 그 삶을 본받아 살게 하려고 계획하셨다.

이것이 하나님의 구원계획이요 방법이며, 율법의 핵심이자 성경의 중심이다. 후일 예언자들은 이스라엘이 계약을 위반하자 이 계약법(율법)으로 돌아가지 않으면 심판을 면하지 못한다고 선포했고 또 그대로 되었다. 한 번 더 기회가 주어졌지만 이스라엘이 결국 실패하자 예수님께서는 율법과 예언자들이 말한 것을 완성시키기 위하여 다시 교회 공동체를 세우셨다. 이제 교회의 사명은 이 땅에서 하나님나라의 모습을 삶으로 보여 주어야 한다. 이를 가리켜 예수님께서는 "하나님나라가 가까이 왔다."라고 하셨다. 성경에서 말하는 구원은 죽은 후에 하늘에 있는 하나님나라로 영혼만 장소 이동을 하는 것이 아니라, 살아 있는 동안 이 땅의 교회 공동체 속에서 하나님나라를 실현하며 완성시켜가는 것이다. 이런 사람들에게 죽은 후에 영원한 하나님나라의 영생이 주어진다. 하나님께서는 이 계약 공동체가 이 땅에서 하나님을 대행하게 하신다. 따라서 교회는 이 세상에서 가장 중요한 기관이다. 성경에 대한 이런 이해는 요한계시록 해석과도 직결되므로, 이에 대한 이해가 결여되어 있으면 요한계시록은 바르게 해석되지 않는다.

모세는 후계자 여호수아와 이스라엘 사람들에게 이런 내용을 세 번 반복해서 설교한 후 가나안에 들어가서는 신명기의 말씀대로

초월적인 어떤 것으로 오해할 수 있다.

살도록 신신당부했다.[14] 신명기는 모세의 설교집이면서 유언인 셈이다. 후일 이스라엘에 가장 큰 영향을 준 성경이 신명기인 이유는 여기에 있다.

4. 가나안 입주 이후

1) 신정(神政)

가나안에 들어간 이스라엘 민족은 모세의 당부대로 제사장 중심의 신정정치를 실천하며 율법을 지켰다. 이 시기를 다루는 책이 여호수아서와 사사기이다. 가나안에 들어가서 계약법대로 땅을 골고루 분배하고 지파 중심으로 살았으며, 왕과 군대를 두지 않았기 때문에 세금과 병역, 노역 등이 없었고 신분과 지위, 빈부의 차별이 생기지 않았다. 이들의 이런 거룩하고 평등한 삶은 주변 가나안 일곱 부족들에게 영향을 주어서 그들은 자연스럽게 이스라엘에 편입되었다. 여호수아서에 가나안 사람들을 다 죽여 없애는 기록이 있는데, 그 대상은 율법정신을 끝까지 받아들이지 않고 거부하는 사람들이다. 하나님께서 이스라엘에게 가나안 사람을 다 죽여 없애고 그 땅을 차지하여 살라고 하셨을 리가 없다. 수천 년 전에 독특한 방식으로 기록된 성경을 문자대로 해석하면 자칫 모순에 빠진다. 성경 전체에서 부분을 보며, 그 정신과 의미를 살려서 해석해야 한다.

가나안 내부에서는 이스라엘과 가나안 부족이 평화적으로 화합이 되었지만, 주변 나라인 블레셋, 에돔, 모압, 암몬, 아람 등과는 갈등관계가 빚어졌다. 이스라엘에 왕과 정규군이 없는 틈을 타서 이 나라들이 수시로 침략하여 약탈을 일삼았기 때문이다. 이런 시

14) 이와 같은 해석 역시 문자가 아닌 문자에 담긴 은폐, 함축, 암시의 해석으로 가능해지며, 구체적인 해석은 졸저 「하비루의 길」과 「십계명 & 주기도문 다시보기」에 들어있다.

달림이 지속될 때 마다 걸출한 신앙의 사람들이 등장하여 군사적 방법이 아닌 거룩한 전쟁이라는 신앙의 방법으로 해결해 나갔다. 이를 성전(聖戰)이라 하는데, 성전은 계약 공동체가 하나님과 맺은 계약을 지키다가 어떤 위기를 맞게 되면 하나님께서 직접 개입하셔서 승리하게 하시는 전쟁을 말한다. 성경에는 이런 거룩한 전쟁의 이야기가 많이 나오며, 요한계시록도 일종의 거룩한 전쟁의 이야기로 볼 수 있다. 하나님께서 교회가 계약을 지키는 문제 때문에 위기에 처하게 되자 개입하셔서 교회로 하여금 죄악과의 싸움에서 이기고 승리하게 하셨다. 계시록에는 하나님의 개입과 심판의 이야기가 7번씩 3회나 반복되고 있다. 이는 하나님께서 박해와의 전쟁에서 교회로 하여금 틀림없이 이기게 하시리라는 사실에 대한 묵시적인 선언이었고 또 그대로 되었다. 이처럼 계시록은 성경 전반의 이야기와 유기적으로 연결되어 있다.

사사기에서는 이런 신앙의 지도자들을 사사(士師)라고 했다. 이런 사사들이 다스린 기간이 400여 년 지속되었다는 것은 역사적인 기적이라고 할 수 있다. 사사기는 그 시대가 지나고 나서 500여 년 뒤에 기록되었는데, 기록당시의 신명기 역사관의 영향으로 배교-징계-회개-구원의 도식으로 기록되어 있어서 실패한 것 같이 보이지만 실제로는 전혀 다르다. 그 당시에 왕과 군대, 세금이 없고, 신분과 빈부의 격차가 없는 삶이 400년 지속되었다는 것은 역사에서 유례를 찾아볼 수 없다. 이런 공동체를 가리켜 구약성경에서는 '거룩한 나라'라고 하며, 신약성경에는 이를 '하나님의 나라'라고 불렀다. 성경에서 말하는 '거룩함'은 오늘의 '평등'과 비슷하지만 법적인 평등만이 아니라 경제적인 평등까지 포함된 개념이다.

2) 왕정(王政)

사사기에서 가나안 일곱 부족이 평화적으로 이스라엘에 동화된 이후 사무엘이라는 사람이 등장한다. 그는 이스라엘과 전혀 다른 체제로 살아가고 있는 주변 나라들이 군사력을 앞세워 약탈을 일삼고 그 때마다 이스라엘이 시달리는 현실을 안타깝게 여기면서 이런 문제를 근본적으로 해결하고, 주변 나라들을 이스라엘에 동화시키려는 작업에 착수했다. 이를 위해 그는 전국을 돌아다니며 율법을 가르친 후 지도자들을 미스바에 모아놓고 계약을 갱신하며 신앙으로 무장시켰다. 그리고 사사들의 수비위주의 성전(聖戰)에서 주변나라를 변화시키기 위해 사울을 선발하여 '왕'이라는 칭호를 주고 거룩한 성전을 수행하게 했다. 이 시기가 BC 1000년경이며 이후를 왕정기라고 한다.[15] 사무엘이 왕을 세웠지만 그 왕의 개념은 주변 나라들의 왕과는 전혀 달랐다.

성전(聖戰)은 군사력이나 무기, 병법에 의지하지 않고 믿음으로 나아가서 하나님의 개입으로 승리하는 전쟁인데, 이를 수행하려면 무엇보다도 율법에 대한 명확한 이해와 하나님에 대한 확고부동한 믿음이 필요했다. 그러나 사울은 이를 제대로 실행할만한 그릇이 되지 못해 사무엘의 원대한 꿈이 수포로 돌아가고 말았기에 사울을 대신할 자로 어린 다윗을 선발했다. 다윗은 재능은 출중했지만 사무엘이 노환으로 세상을 떠나자 신앙교육을 받을 기회가 없었으며, 신앙이 제대로 확립되지 못한 채 사울에게 10년을 쫓기다가 결국 적국 블레셋에 망명하고 말았다. 블레셋에서 망명 생활을 하면서 다윗은 이방나라의 왕과 다름없이 되었다. 겉으로는 신앙을 앞세웠으나 실제로는 군사력과 무기, 군사적인 전략과 전술에 의지하여 사울이 죽은 후 이스라엘 왕으로 등극했다.

15) 사무엘상하, 열왕기상하, 역대기상하가 왕정기를 다루고 있다.

다윗이 등극한 이후 이스라엘에는 율법 정신이 사라지고 세속적인 정치 논리가 지배하기 시작했고, 다윗은 월등히 앞선 군사력으로 주변 나라를 침략하여 식민지로 만들고 약탈을 감행했다. 사무엘은 왕을 세워 주변 나라들의 약탈전쟁을 근절하려고 시도했으나 반대로 다윗은 약탈전쟁을 일삼는 모순과 비극을 저질렀다. 사무엘서에서 "하나님께서 다윗에게 함께하시고, 전쟁에서 승리하게 하셨다."라는 식의 표현이 반복되는데 이는 당시 다윗의 심복인 궁중예언자와 제사장들이 한 말이었다. 그리고 이렇게 기록된 이유는 포로기에 신명기 사학자들이 지난날을 돌이켜 보며, 이방인과 다름없이 신앙생활 했던 것을 회개하기 위해 있었던 일을 그대로 기록으로 남겼기 때문이다. 다윗이 군사력을 앞세워 주변 나라를 침략하여 수많은 사람을 죽이고 약탈하며 포로들을 붙들어다가 노예로 팔아먹고 식민지배하는 일에 하나님께서 함께하시고, 또 이렇게 얻은 재물을 하나님의 축복이라고 말한다면 이는 하나님에 대한 모독이다.

이런 다윗을 최고의 신앙인으로 해석하는 시각은 유대인의 관점이다. 근대에 접어들어 서양의 기독교 국가들이 신앙을 앞세워 전 세계로 돌아다니며 약탈을 일삼고 식민지를 건설한 것은 다윗식 신앙 때문이었다. 기독교 국가에서 다윗을 유대인식으로 해석하면서 모범적인 신앙인으로 여기고 제국주의를 정당화한 행위는 역사적인 비극이며 이는 속히 회개해야 할 주요 과제다.

다윗이 주변 나라들을 침략하여 약탈한 재물들은 금이 10만 달란트(1달란트=35kg), 은이 100만 달란트이고 철과 놋은 무게를 측정할 수 없을 만큼 많았고 그 외에도 무수한 석재와 목재까지 있었다.[16] 석재와 목재는 쓸만한 건물을 헐고 가져온 것들인데,

---

16) 다윗은 솔로몬에게 다음과 같이 유언하고 있다. "내가 준비해 놓은 성전 건축 재료들을 생각해 보아라. 나는 숱한 어려움 속에서도 10만 달란트의 금과 100만 달란트의

다윗은 이런 약탈물로 성전을 지으려고 했다. 이는 이방인들이 하던 행위 그대로다. 이방인들은 자신의 신들의 이름으로 약한 나라를 침략하여 죽이고 약탈하고 사람들을 끌고 와서 자기 신을 위한 신전을 짓게 하면서, 자기의 신이 다른 나라의 신보다 더 위대해서 이기고 승리하게 했다고 선전했다. 다윗은 계약법의 신앙을 완전히 뒤집어 엎은 사람이다. 다윗 이후 이스라엘은 패망의 길로 접어들고 말았다.

다윗은 약탈 물자들로 성전을 지으려고 했으나 백성들의 반발에 부딪혀 추진하지 못하고 아들 솔로몬에게 물려주었다. 역대기의 기록에는 다윗이 전쟁에서 피를 많이 흘려서 하나님께서 허락하지 않으셨다고 말하고 있으나, 실상은 국민들이 성전 건축을 받아들이지 않았기 때문이었다.[17] 고대에 성전 건축은 국가의 재물과 노동력 등을 모두 쏟아 부어야 하는 초대형 사업이어서 백성들의 고초가 이만저만이 아니었다. 솔로몬이 성전을 건축할 때 다윗이 모은 재물과 나라의 모든 돈을 다 쏟아 붓고도 모자라 나라 땅의 일

은을 마련해 놓았고, 무게를 달아 볼 수 없을 만큼 많은 쇠와 구리를 비롯하여 목재와 석재도 준비해 두었다. 이 모든 물자에 네가 더 보충할 수도 있을 것이다. 또 내가 마련한 부역장에는 석수와 목수를 비롯하여 성벽을 쌓는 기술자들과 금속 세공업자들이 셀 수 없이 많이 있으니 네가 그들을 데려다 성전 공사에 쓸 수 있을 것이다."(역대상 22:14~15) 목재와 석재는 건물을 헐고 뜯어낸 약탈물이며, 수많은 기술자들의 대부분은 포로들인데, 이는 고대의 제국들이 하던 방식 그대로였다.

17) 다윗이 솔로몬에게 이르되 "내 아들아 나는 내 하나님 여호와의 이름을 위하여 성전을 건축할 마음이 있었으나 여호와의 말씀이 내게 임하여 이르시되 '너는 피를 심히 많이 흘렸고 크게 전쟁하였느니라. 네가 내 앞에서 땅에 피를 많이 흘렸은즉 내 이름을 위하여 성전을 건축하지 못하리라. 보라 한 아들이 네게서 나리니 그는 온순한 사람이라. 내가 그로 주변 모든 대적에게서 평온을 얻게 하리라. 그의 이름을 솔로몬이라 하리니 이는 내가 그의 생전에 평안과 안일함을 이스라엘에게 줄 것임이니라. 그가 내 이름을 위하여 성전을 건축할지라.. 그는 내 아들이 되고 나는 그의 아버지가 되어 그 나라 왕위를 이스라엘 위에 굳게 세워 영원까지 이르게 하리라.' 하셨나니 이제 내 아들아 여호와께서 너와 함께 계시기를 원하며 네가 형통하여 여호와께서 네게 대하여 말씀하신 대로 네 하나님 여호와의 성전을 건축하며 여호와께서 네게 지혜와 총명을 주사 네게 이스라엘을 다스리게 하시고 네 하나님 여호와의 율법을 지키게 하시기를 더욱 원하노라.(역대상 22:8~12)

부를 팔아야 했다.[18] 다윗은 죽음에 임박하자 성전건축에 걸림돌이 될 만한 자들을 먼저 제거하라고 솔로몬에게 유언하며 성전건축을 당부했고 솔로몬은 그대로 실행에 옮겼다.

솔로몬이 지은 성전이 등장한 이후 이스라엘의 신앙은 율법과는 정반대로 갔으며, 고대의 다른 우상종교와 다를 바 없이 되고 말았다. 우상종교에서는 신전과 신상을 대단히 크고 호화롭게 만들어 놓고 제사의식을 성대하게 치르면 신이 기뻐하며 복을 내려준다고 선전했다. 솔로몬이 성전을 지은 후 이스라엘의 신앙은 성전제사 위주로 흐르고 말았으며, 이는 율법과 정반대의 신앙이다. 율법에서는 성전 자체를 허락하지 않으며, 번제와 화목제의 제사는 신을 섬기는 제사가 아니라 자신의 죄와 가족-친지간의 화목을 위한 제사였다. 율법에서 가장 중요하게 강조하는 부분은 땅과 재산을 골고루 분배하여 부가 편중되지 않게 하는 데에 있다. 율법을 실천하려면 왕을 비롯한 귀족들도 평민과 동등한 삶을 살아야만 한다.

다윗과 솔로몬이 성전을 지으려고 집착한 이유는 겉으로는 하나님을 위한다고 말하지만 속으로는 왕권의 정통성을 확보하고 부귀영화를 누리며, 왕위를 세습하기 위함이다. 율법에서는 왕이 있지도 않지만 세습은 결코 허락하지 않는다. 모세는 자신의 후계자를 자식이 아닌 여호수아로 정했다. 율법을 약화시키는 성전과 제사중심의 신학은 왕과 귀족의 부귀영화를 허락해주는 일종의 면죄부였다. 이런 이유로 예언자들은 하나같이 성전을 헐어버리고 제사를 폐지하라고 질타했으며, 고아와 과부와 나그네를 돌봄이 제사이고 기도이며 금식이라고 선언했다.

---

18) 솔로몬이 두 집 곧 여호와의 성전과 왕궁을 이십 년 만에 건축하기를 마치고 갈릴리 땅의 성읍 스무 곳을 히람에게 주었으니 이는 두로 왕 히람이 솔로몬에게 그 온갖 소원대로 백향목과 잣나무와 금을 제공하였음이라.(열왕기상 9:10~11)

3) 분단(分斷)

흔히 솔로몬이 일천 번제 등의 제사로 하나님을 잘 섬기고 성전을 짓자 하나님께서 복을 주셔서 솔로몬이 부귀영화와 장수를 누렸다고 생각한다. 그러나 이는 당시 궁중의 제사장과 예언자들이 한 말이다. 솔로몬은 소비하는 물자를 공급받기 위해 나라를 12지방으로 나누어 한 지역이 한 달씩 물자를 공급하게 했는데 그 물량이 어마어마했다.[19] 궁녀 이외에 후궁 700명, 첩을 300명이나 두고 솔로몬은 역사 이래 가장 호화로운 부귀영화를 누렸는데, 이를 하나님의 축복이라고 말한다면 이는 하나님에 대한 모독이다. 솔로몬 치세 동안 초근목피로 연명하던 백성들은 솔로몬이 죽자 그 아들 르호보암에게 짐을 덜어달라고 요청했으나 르호보암이 거절했다. 이에 거국적인 반란이 일어나서 열두 지파 중 열 지파가 다윗 왕가의 세속 왕정에 반기를 들어 나라가 이스라엘과 유다로 분단되었으며, 다윗 왕가를 계승한 유다는 유다 지파와 베냐민 지파로 겨우 명맥을 이어가야 했다.[20] 분열왕국 시대에 식량 자급이

---

19) 솔로몬의 왕실에서 일하는 사람도 아주 많았다. 그들이 하루에 소비하는 식량은 고운 밀가루가 120여 섬, 거칠게 빻은 밀가루가 240여 섬, 우리에서 사육한 소가 10마리, 목장에서 키운 소가 20마리, 양이 100마리였고, 그 밖에도 사슴과 노루와 산양과 날짐승들이 있었다. 이는 궁중에서 일하는 모든 관리와 그 가족과 수많은 손님과 전국에 배치된 용병들이 먹는 식량까지 모두 포함시킨 것이다. 솔로몬왕은 군마와 전차도 많이 보유하고 있었다. 4천 대의 전차와 1만 2천 필의 군마를 보유하고 있었는데 이런 군마의 사육에 필요한 것들도 전국의 지방장관들이 책임을 졌다. 솔로몬왕이 세운 12도의 지방장관들은 궁중에서 먹고 사는 모든 이의 식량을 어느 것 하나 빠짐없이 대주었는데, 각 지역마다 한 달씩 책임지고 모든 식량을 제공하였다. 그들은 이렇게 사람에게 필요한 식량만을 대준 것이 아니라 군마와 짐수레를 끄는 짐승들을 위해서도 보리와 밀짚을 제공하였다. 이 점에서도 그들은 일정한 분량을 책임지고 지정된 장소에 운반해 놓았다.(열왕기상 4:22~23, 27~28. 현대어성경)

20) 다윗을 다루고 있는 사무엘상하는 500여 년 뒤에 신명기 사학자들이 회개를 촉구하기 위하여 기록한 역사서인데, 지금으로부터 2500년 전에 독특한 표현 양식으로 기록되었기 때문에 세심한 해석이 필요하다. 아무 생각없이 문자대로 해석하면 정반대의 해석이 될 수도 있다. 오늘 우리 기독교의 설교자들이 가장 큰 오류를 빚는 해석 중의 하나가 사무엘상하다. 문자대로 해석하면 군사력으로 주변 나라들을 식민지로 삼으면서 악랄하

안 되는 유다는 이스라엘의 속국과 다름이 없었다. 다윗과 솔로몬의 학정에 시달리던 주변 식민지 국가들도 모두 반란을 일으켜 독립했음은 물론이다.

다윗-솔로몬의 성적표는 초라했다. 다윗은 군사력을 앞세워 왕이 되고 주변 나라들을 식민지배하는 제국을 건설하여 아들에게 물려주고, 솔로몬은 정적을 숙청한 후 성전을 짓고 40년 동안 부귀영화를 누렸으나 그 결과는 나라의 분열이었다. 이후 이스라엘은 분열된 채 서로 대결하면서 주변 나라들에게 사실상 속국으로 연명하다가 결국 멸망하고 말았다. 이는 모두가 다윗이 뿌린 대로 거두어들인 결과이다. 그런데 아직도 다윗과 솔로몬이 모범적인 신앙인이며, 이들에게 하나님께서 함께하시고 복을 주셨다고 설교하는 목회자들이 허다하다. 이런 자들을 어떻게 뭐라고 설명을 해야 할까? 성경에서는 바로 이런 자들을 가리켜 삯군이며 악마의 앞잡이라고 한다.

5. 분단 이후

1) 예언자의 등장

나라가 분열된 이후에도 이스라엘이 계약을 지키지 않고 세속국가와 다름없이 되어가자 예언자들이 등장하여 하나님의 말씀을 대언했다. 예언자들은 율법(광야)의 전통을 이어가는 사람들인데, 율법논리가 사라지고 정치논리가 지배하는 왕정을 비판하면서 율법정신으로 돌아가도록 촉구했다. 그들은 하나같이 율법으로 회귀하지 않으면 하나님께서 이스라엘을 멸망시키시고 다시 노예로 돌아가게 하리라고 예고했으나 끝내 듣지 않았다. 예언자들이 책망한 주요 대상은 제사와 성전 중심의 잘못된 신앙이었다. 권력자들과

게 약탈한 일을 하나님께서 허락하신다는 모순이 빚어지며, 이는 정반대의 해석이 되고 만다. 이런 오류 때문에 서양에서 기독교 국가들이 제국주의로 흐르게 되었다. 이보다 더 안타까운 것은 아직도 다윗을 이상적인 신앙의 대상으로 알고 있다는 것이다.

사제귀족들은 성전을 섬기며 동물제사를 드리는 일에 온 힘을 기울이고 있었는데, 이런 신앙이 자신들의 권력과 재산을 지키는 방패막이였기 때문이다.

2) 책망, 불순종, 멸망

이스라엘이 책망 받은 이유는 신앙생활을 등한시하거나 포기했기 때문이 아니라 잘못했기 때문이었다. 신앙생활에 지나치리만큼 열의를 내서 새벽기도는 물론이고 새벽마다 동물제사를 드리며, 한 주에 두 번 십일조를 드리고 감사헌금과 특별헌금을 수시로 드렸다.[21] 이와 같은 성전신앙과 동물제사 신앙에 대하여 예언자들은 하나님께서는 짐승을 태우는 연기에 구역질을 내고 계시며, 동물제사를 드리지 못하도록 성전 문을 걸어 잠그라고 책망했다.[22] 또 솔로몬이 지은 성전이 하나님의 성전이라는 제사장들의 거짓말에 속지 말라고 백성들에게 말하면서[23] 하나님께서 갈대아 사람들을 불러다가 성전을 헐어버리실 것이라고 예고했다.

아모스, 호세아 등의 예언자들은 율법전승을 중요시하는 북왕국

---

21) 너희는 벧엘에 가서 범죄하며 길갈에 가서 죄를 더하며 아침마다 너희 희생을, 삼일마다 너희 십일조를 드리며 누룩 넣은 것을 불살라 수은제로 드리며 낙헌제를 소리 내어 선포하려무나. 이스라엘 자손들아, 이것이 너희가 기뻐하는 바니라. 주 여호와의 말씀이니라.(아모스 4:4~5)

22) 너희 소돔의 관원들아 여호와의 말씀을 들을지어다. 너희 고모라의 백성아 우리 하나님의 법에 귀를 기울일지어다. 여호와께서 말씀하시되 "너희의 무수한 제물이 내게 무엇이 유익하뇨? 나는 수양의 번제와 살진 짐승의 기름에 배불렀고 나는 수송아지나 어린 양이나 수염소의 피를 기뻐하지 아니하노라. 너희가 내 앞에 보이러 오니 그것을 누가 너희에게 요구하였느뇨 내 마당만 밟을 뿐이니라. 헛된 제물을 다시 가져 오지 말라. 분향은 나의 가증히 여기는 바요 월삭과 안식일과 대회로 모이는 것도 그러하니 성회와 아울러 악을 행하는 것을 내가 견디지 못하겠노라. 내 마음이 너희의 월삭과 정한 절기를 싫어하나니 그것이 내게 무거운 짐이라. 내가 지기에 곤비하였느니라."(이사야 1:10~14)
만군의 여호와가 이르노라 너희가 내 단 위에 헛되이 불 사르지 못하게 하기 위하여 너희 중에 성전 문을 닫을 자가 있었으면 좋겠도다 내가 너희를 기뻐하지 아니하며 너희 손으로 드리는 것을 받지도 아니하리라.(말라기 1:10)

23) 너희는 이것이 여호와의 성전이라, 여호와의 성전이라, 여호와의 성전이라 하는 거짓말을 믿지 말라.(예레미야 7:4)

이스라엘에서 먼저 등장하여 활발하게 활동했다. 그러나 이스라엘은 아무리 호소하고 책망을 해도 듣지 않다가 BC 721년에 앗수르(앗시리아)에게 멸망당했다. 앗수르는 이스라엘 말살정책을 펴서 저항하는 사람들을 다 죽이고, 지도층에 해당되는 사람들은 죽이거나 포로로 끌어가고, 이스라엘 땅에는 먼 지역의 사람들을 이주시켜 놓았다. 북왕국이 멸망당하는 것을 보면서도 남왕국은 돌이키지 않다가 BC 586년에 바벨론(바빌로니아)에게 역시 멸망하였다. 남왕국에서 활동한 대표적인 예언자는 미가, 이사야, 예레미야 등인데, 예레미야는 알몸으로 멍에를 둘러메고 예루살렘 거리를 활보하며 눈물로 호소했지만 듣지 않았다. 유대인들이 살던 가나안에는 이민족이 이주하고, 유대인들은 전쟁포로가 되어 끌려가거나 주변 나라로 흩어져서 나그네가 되고 말았다. 고대에 가장 처량한 신세가 전쟁포로와 나그네였는데, 이스라엘은 그런 신세가 되었다.

시내산 율법을 중요하게 생각했던 예언자들은 계약정신에 따라 이스라엘의 역할은 이 세상에서 하나님의 뜻이 실현되는 모형의 삶을 사는 데에 있다고 강조했다. 이들은 하나님은 창조주이실 뿐 아니라 세상 역사의 주관자라는 확고한 믿음에 기초하여 하나님의 시각에서 역사를 해석했다. 그들은 하나님과 계약을 맺은 공동체가 계약을 실천하는 여부에 따라 자국의 역사는 물론 세계 역사가 결정된다고 선포했는데 후일 그대로 실현되었다. 율법의 정신이 역사 속에서 실현되어야 한다는 이들의 신앙은 구약은 물론 신약에서도 핵심에 해당된다. 예수님께서 율법과 예언자들을 완성시키러 오셨다는 말씀은 이런 것을 말한다. 율법과 복음은 별개의 것이 아니다. 율법의 완성이 복음이다. 바울은 율법이 아닌 복음으로 구원을 받는다고 말했는데 여기에서의 '율법'은 당시에 조항으로 만들어 지키던 할례, 안식일 법 등 유대교의 율법을 말하는 것이다.

시내산 율법과 유대교 율법은 명확히 구분되어야 한다.

6. 포로기

앗수르에 멸망당한 북왕국 이스라엘의 유민과 포로들은 각지로 흩어졌지만, BC 586년 남왕국 유다의 포로들은 바벨론제국의 수도인 바벨론으로 끌려가 집단으로 수용되었다. 이 당시 이들의 국가명이 '유다'였기 때문에 이들을 '유대인'이라 부르는데, 유대인들은 BC 538년 극적으로 다시 조국을 찾아 귀환하게 된다. 고대에 전쟁포로로 잡혀가 노예로 전락한다는 것은 회복 불가능한 가장 비참한 상황이 되는 것이며, 다시 귀환하여 사라진 국가를 재건한 예는 전무하다. 그런데 유대인들은 다시 귀환했을 뿐만 아니라 사라져버린 나라를 재건했다. 어떻게 유대인들에게는 이런 역사적인 기적이 가능했을까?

전쟁포로로 끌려갔던 이 시기를 '포로기'라고 부르며, 1차 유배로부터 대략 70여 년의 기간에 불과하지만 오늘의 구약성경은 물론이고, 신약성경에도 지대한 영향을 주었다. 따라서 포로기에 대해 명확하게 파악하지 못하면 구약성경과 신약성경을 비롯하여 기독교 신앙에 대한 올바른 이해가 전혀 불가능하다고 단언할 수 있다. 포로기에 대한 이해가 없으면 해석이 편향되거나 왜곡되지 않을 수 없다. 성경 해석과 기독교 신학, 특히 요한계시록 이해에 있어서 포로기 신학의 중요성은 아무리 강조해도 지나치지 않다. 지금까지 포로기 이전의 역사를 간략히 살펴 본 이유는 포로기 이전의 역사에 대한 이해가 없으면 포로기와 그 이후의 신학을 이해할 수 없기 때문이다.

여기서 이 문제를 자세하게 다룰 수는 없겠지만 그 흐름과 전체적인 성격에 대하여 간략하게 살펴보고자 한다.

1)신명기 신학

고대에서 전쟁포로가 되는 것은 가장 큰 재앙이었는데, 유대인들은 이런 절망적인 상황을 극복하고 70여년 만에 자기 땅으로 돌아와 나라를 재건했다. 역사적 유례가 없는 이런 기적은 유대인들의 독특한 신앙 때문에 가능했는데 그러나 이런 신앙은 저절로 생겨난 것이 아니다. 이를 가능하게 한 일군의 예언자들이 있었으니, 이들을 역사에서 '신명기 신학자'라고 부른다.[24] 이들이 구약성경 신명기에 기초하여 가르쳤기 때문에 붙여진 이름인데, 이들의 가르침을 간단히 요약하면 다음과 같다.

① 계약

신명기 신학의 출발은 '계약'이다. 창조주이시며 역사의 주관자이신 하나님 여호와와 이스라엘은 계약이라는 특별한 관계에 있다는 해석이다. 애굽에서 가장 비참한 노예로 살던 이스라엘인들을 하나님께서는 모세를 통해서 특별한 방법으로 해방시키시고 그들과 계약을 맺으셨는데, 계약의 골자는 "내가 너희를 노예에서 해방시키고 땅이 없던 너희에게 땅을 주겠으니 너희는 신분, 지위, 빈부격차가 없는 골고루 잘 사는 나라를 만들어야 한다."이다. 계약법 특히 레위기에서는 "내가 거룩하니 너희도 거룩하라."라고 수 없이 반복하는데, 하나님께서 "내가 거룩하니"라고 하신 말씀은 "나는 세상 모든 사람들이 신분, 지위, 빈부의 격차가 없이 골고루, 평등하게 잘 살기를 바라니"라는 뜻이며, "너희도 거룩하라."는 말씀은 "나와 계약을 맺은 너희는 반드시 그렇게 살아야 한다."는 뜻이다. 하나님께서 이스라엘과 계약을 맺으신 이유는

24) 이들을 신명기 신학자라는 이름과 더불어 '신명기 예언자'또는 '신명기 역사가'라고 부른다. 모두가 신명기를 기초로 활동했기 때문에 붙여진 이름인데, 신명기 역사가라는 이름은 신명기의 역사관으로 그들의 역사를 해석하고 기록했기 때문에 붙여졌다.

이스라엘만을 위함이 아니라 이스라엘을 통해 이런 거룩한 나라의 모형을 만들어 놓고 세상 모든 나라가 따라 배워서 온 세상이 다 골고루 행복하게 살게 하기 위함이었다. 이것이 계약의 정신이며, 성경의 핵심이다. 성경을 구약과 신약으로 구분하는데 이는 계약의 책이라는 뜻이다.

② 배교

신명기 예언자들은 물론 포로기 이전의 예언자들도 하나같이 이스라엘의 계약위반을 고발했다. 가나안에 들어간 후 지파제도를 기초로 각 가정에 땅을 골고루 분배해주고 토지와 주택에 공개념을 적용하여 남의 땅이나 집을 빼앗거나 차지하지 못하게 했다. 이런 율법에 의하면 대지주나 귀족, 노예 등이 출현할 수 없었다. 그런데 이스라엘은 다윗이 등장하면서 이런 율법의 정신이 사라지기 시작했다. 다윗은 무력으로 예루살렘을 강탈하여 사유지를 확장하고 수도로 삼았으며, 언약궤를 예루살렘으로 옮기고 제사와 예배중심의 신앙으로 율법을 변형시켰다.

신앙의 방식을 신분, 지위, 빈부의 격차가 없는 율법의 정신을 지키는 데에서 제사로 바꾸어 놓은 것이다. 이렇게 한 이유는 왕권과 권력, 부를 축적하고 확장하기 위함이었다. 율법에 의하면 귀족의 출현과 부귀영화는 있을 수 없는 일이다. 이스라엘의 귀족층은 제사라는 면죄부를 주자 매일 아침마다 동물제사를 드리고 일주일에 두 번씩 십일조를 드릴 만큼 신앙에 열심을 냈다. 왕과 고위 관료들은 전쟁과 권력으로 재산을 증식했고, 사제들은 동물제사를 독려함으로써 수입이 증가되어 귀족 생활을 누릴 수가 있었다. 그리고 사회는 신분과 지위, 빈부의 격차가 점점 더 심화되어갔다.

신앙을 이렇게 변형시키기 위하여 다윗은 제사장을 왕의 봉신으로 전락시켰고, 궁중예언자를 고용하여 성전과 제사중심의 신앙을 독려하게 했다. 제사장 사독이나 예언자 나단과 갓은 이런 사람들이었다. 이들은 다윗의 무력전쟁과 식민지배, 약탈을 하나님께서 허락하신 축복이라며 거짓 신탁을 남용했는데, 다윗과 솔로몬 치하에서는 이런 거짓 신탁이 난무했다. 따라서 사무엘서를 읽을 때에는 이를 가려서 읽어야 한다. 성서 히브리문학은 자세하게 설명하는 방식으로 기록하지 않고 은폐-함축-암시의 방식을 사용하기 때문에 세심한 해석이 필요하다. 문자대로 해석하면 정반대가 되는 경우가 허다하다.

③ 징계

신명기 예언자들은 신명기를 기초로 율법을 계약의 관점에서 해석하면서[25] 이스라엘 국가가 남북으로 분열되었다가 멸망한 원인은 이스라엘이 다윗의 왕정기 이후에 이 계약법을 위반했기 때문이라고 가르쳤다. 계약을 위반하면 그 결과로 징계를 받는데, 징계를 받은 증거는 성전(교회당)이 파괴되고 사제들이 도륙당하며, 땅과 주권과 자유를 상실하고 다시 노예로의 복귀이다. 이스라엘과 유다가 나라가 멸망하여 성전이 파괴되고 땅과 주권, 백성이 사라지고, 남의 나라에 전쟁 포로로 끌려가거나 유랑민이 되어 남의 나라를 떠돌아다니게 된 이유는 하나님과 맺은 계약위반 때문이었다.

④ 회개

그러면 이제 어떻게 해야 하는가? 단순하게 식민 지배를 받는 상황, 즉 국가의 3대 구성요소에서 땅과 백성은 남아있고 주권만 잃은 경우에는 나라, 즉 주권을 다시 찾을 가능성이 남아 있으며

25) 구약성경의 첫 다섯 권인 창세기 출애굽기 레위기 민수기 신명기에 이런 계약법인 율법이 들어있어서 '율법서'라고 한다. 율법서 중에서 신명기는 출애굽기의 계약법(20:22~33:33)과 레위기의 성결법(17~26장), 민수기의 광야생활을 40여 년 뒤에 재해석한 모세의 가르침이다. 신명기 예언자들은 신명기에 기초해서 율법서를 해석하고 가르쳤다.

그런 예들은 많이 있다. 그러나 나라가 멸망한 뒤 백성들이 쫓겨나거나 전쟁포로가 되어 먼 나라로 끌려가 노예시장에서 팔려 나가고, 자신들이 살던 땅에는 먼 지역에 있던 다른 나라 사람들을 이주시켜 놓은 상태에서, 즉 국가의 3대 요소인 땅과 주권과 백성이 다 사라진 상태에서 그 나라를 다시 찾는다는 것은 도무지 가능한 일이 아니었다. 그런데 신명기 신학자들은 "아직 늦지 않았다. 아직 가능성이 있다."라고 말했다. 이들이 이렇게 말한 근거는 신명기의 다음과 같은 기록 때문이다.

> 내가 네게 진술한 모든 복과 저주가 네게 임하므로 네가 네 하나님 여호와로부터 쫓겨 간 모든 나라 가운데서 이 일이 마음에서 기억이 나거든, 너와 네 자손이 네 하나님 여호와께로 돌아와 내가 오늘 네게 명령한 것을 온전히 따라 마음을 다하고 뜻을 다하여 여호와의 말씀을 청종하면, 네 하나님 여호와께서 마음을 돌이키시고 너를 긍휼히 여기사 포로에서 돌아오게 하시되 네 하나님 여호와께서 흩으신 그 모든 백성 중에서 너를 모으시리니, 네 쫓겨 간 자들이 하늘가에 있을지라도 네 하나님 여호와께서 거기서 너를 모으실 것이며 거기서부터 너를 이끄실 것이라. (신명기 30:1~4)

신명기 신학자들은 이 말씀에 기초하여 회개운동을 다음과 같이 구체적으로 전개했다.

첫째, 역사적인 회개였다. 신명기 신학자들은 이스라엘의 배교 사례를 그들의 역사를 회고하면서 조목조목 지적해 내려갔다. 그리고 기록으로 남겼다. 그 기록이 지금의 여호수아, 사사기, 사무엘상하, 열왕기상하인데, 신명기의 관점에서 기록했기 때문에 '신명기 역사서'라고 부른다. '역사서'는 당대의 기록이 아닌 후대의 기록이며 과거의 사건에 대한 해석이다. 따라서 역사서를 해석하려면 사건당시와 기록당시의 상황과 사관을 염두에 두면서 사건을 재구성해야 한다. 이를 무시하고 문자대로 해석하면 전혀 딴 이야기가 되고 만다.

둘째, 성경으로 돌아갔다. 왕정기에 접어들면서 이스라엘의 신앙은 성전과 제사중심의 신앙이었다. 그런데 이제 이런 거짓 신앙을 청산하고 성경, 즉 율법으로 돌아가는 운동을 펼쳤다. 신명기에 의하면 계약실천의 첫 걸음은 계약법을 똑바로 이해하고 가정에서 가족(자녀)들에게 가르치는 것이다. 이에 대한 신명기의 대표적인 구절은 다음과 같다.

> 이스라엘아 들으라! 우리 하나님 여호와는 오직 유일한 여호와이시니, 너는 마음을 다하고 뜻을 다하고 힘을 다하여 네 하나님 여호와를 사랑하라. 오늘 내가 네게 명하는 이 말씀을 너는 마음에 새기고, 네 자녀에게 부지런히 가르치며, 집에 앉았을 때에든지 길을 갈 때에든지 누워 있을 때에든지 일어날 때에든지 이 말씀을 강론할 것이며, 너는 또 그것을 네 손목에 매어 기호를 삼으며 네 미간에 붙여 표로 삼고, 또 네 집 문설주와 바깥 문에 기록할지니라. (신명기 6:4~9)

흔히 '쉐마'[26]라고 알려진 이 말씀은 신명기 11:19~21에서 다시 반복되며, 신명기에서 지켜야 한다고 수없이 반복하는 규례, 계명, 법도 등은 계약법의 정신을 올바로 깨우치고 자녀에게 그 정신을 심어주어 장성한 후 그 가치관을 그들이 실천하게 하라는 뜻이다. 신명기에 의하면 하나님에 대한 사랑과 말씀에 대한 순종은 쉐마를 지키는 것을 말한다.

신명기 신학자들로부터 계약준수의 첫 걸음을 이와 같이 배운 유대인들은 낮에는 중노동에 시달려서 힘들었지만 밤이면 '회당'에 모여서 율법을 공부했다.[27] 이들이 어느 정도로 이런 신명기운동

---

26) 쉐마(מ'ש)는 '듣고 행하라'라는 뜻이다.

27) 다윗이 준비하고 솔로몬이 지은 '성전'은 율법의 정신과 어긋난다. 모세는 광야에서 '성막'을 만들었는데, 이는 성전과는 개념이 다르다. 성막은 규모가 지극히 작았고(성소와 지성소의 크기는 가로 13..7m, 세로 4.1m, 높이 7.7m), 이동식 천막인데 이는 고대 불가사의로 남아있는 이방 신전과는 너무나 대조적이다. 솔로몬 성전은 이방신전을 모방한 것으로 왕권을 강화하기 위한 방편이었다. 이에 예언자들은 하나님께서 갈대아인들을 동원하여 성전을 허물어 버리리라고 예언했고 또 그대로 되었다. 이를 경험한 유대인들은 포로지에서 성전의 동물 제사를 포기하고 모여서 율법을 공부했는데,

에 적극적이었는가 하면, 성년식을 할 때(12~13세)에는 대부분의 아이들이 율법서 전체를 암송할 정도였다고 한다. BC 500년경에 시작된 유대인의 이런 전통은 수천 년이 지난 지금도 이어지고 있으며, 유대인의 정체성을 지탱하는 주춧돌이 되었다.

신명기 신학자들이 전개한 회개운동은 막연한 회개가 아니다. 성경을 바르게 배워 자녀들에게 가르치지 않고 성전과 제사신앙에 치우친 것을 회개하라고 말했다. 율법에서 제시하는 거룩한 삶, 즉 모든 사람이 법 앞에서 뿐만 아니라 신분-지위-빈부의 차이가 없는 평등은 인간이 추구할 수 있는 최고의 가치관이다. 이 가치관을 어릴 때부터 계속 가르치면 아이들이 장성하여 그 말씀대로 실천하게 된다. 이런 이유로 신명기에서는 말씀을 바르게 배워 자녀에게 가르치라고 했다. 율법의 특징 중 하나가 교육의 강조다. 고대에는 기득권층이 우민정책을 실시했기 때문에 서민은 교육을 받을 기회가 전혀 없었다. 그런데 모세는 어릴 때부터 전 국민이 교육을 받게 했다. 국민교육이라는 개념은 르네상스 이후에 비로소 유럽에서 등장한 개념이다. 성경의 말씀들은 당시의 시대상황에서 보면 탄복할 만큼 놀라운 가치관을 담고 있다. 모세가 제시하는 종교는 교육중심의 종교였다. 이를 염두에 두면 신전 제사중심의 이방종교와 어떤 차이점이 있는지 분명하게 알게 된다.

⑤ 구원

신명기 예언자들은 "그러면 이제 어떻게 해야 하는가?"라는 물음에 대하여 "늦었지만 이제라도 하나님께로 돌아가서 계약위반을 회개하고 율법을 지키면 하나님께서 용서하시고 반드시 계약을 회복시키고 조국으로 돌아가서 계약을 지킬 기회를 다시 주시리라."고 가르치면서 동시에 그들의 지난 역사를 이런 계약의 관점에서

이를 '회당'이라고 하며, 지금도 유대인은 세계 곳곳에 흩어져 있어도 몇 가정 이상이 모이면 회당을 짓고 율법을 공부한다.

해석했다. 이들은 '배교-징계-회개-구원'이라는 독특한 역사관으로 이스라엘이 가나안에 들어간 이후의 역사를 해석하고 기록으로 남겼다. 이런 관점은 이스라엘이 가나안에 들어간 이후부터 왕정기 이전을 다루는 역사서인 '사사기'에서 뚜렷하게 드러난다.

바벨론의 포로들은 신명기 예언자들의 설교를 들으면서 이런 독특한 방법으로 회개하면 하나님께서 다시 회복시켜 주시리라는 믿음을 어떻게 가질 수 있었을까? 그런 믿음을 가졌다는 그 자체가 놀라운 일이다. 전례가 없는 불가능한 일을 믿고 공동체가 실천으로 옮길 수 있었던 이유는 둘이 있는데 첫째는 포로기 이전 예언자들이 예고했던 말씀들이 그대로 실현되었기 때문이다. BC 721년 북왕국 이스라엘이 멸망하기 30여 년 전부터 아모스, 호세아, 미가, 이사야, 예레미야 등 여러 예언자들은 하나같이 계약을 지키지 않으면 다시 노예로 전락하게 된다고 가르쳤었다. 소수의 예언자들이 이런 말을 할 때에 다수의 주류에 속하는 성직자인 제사장들과 궁중 예언자들은[28] 이와 반대로 가르쳤는데, 요지는 "하나님께서는 성전에 계시면서 동물제사를 기쁘게 받으실 뿐만 아니라 하나님이 계시는 성전을 결코 멸망하게 하시지 않는다."라고 했다.[29] 백성들은 그 당시에는 소수에 속하는 평신도인 예언자들의

28) 이스라엘 역사의 왕정기에 예언자들 가운데에 하나님께서 보내신 예언자들만 있었던 것이 아니다. 다윗을 비롯한 왕들이 참모로 임명한 궁중 예언자들이 있었는데, 대표적인 예언자가 나단, 갓이다. 이들은 하나님의 뜻을 전달하기 보다는 왕이 하고자 하는 일을 '하나님께서 허락하신 하나님의 뜻'이라고 가르쳤다. 구약성경을 읽을 때에는 궁중예언자와 하나님의 예언자를 구분하면서 읽어야 한다. 하나님의 예언자들은 자신들의 말이 하나님으로부터 온 것임을 강조하기 위하여 '여호와께서 가라사대'라는 독특한 표현을 쓰면서 일인칭 화법으로 말씀을 선포했다. 이들의 공통점은 성전과 동물제사를 비판하면서 하나님께서 기뻐하시는 제사와 제의는 고아와 과부와 나그네를 돌보는 율법정신의 실천임을 강조하였다.

29) 궁중 예언자와 제사장들의 이런 거짓설교는 주로 이런 문제를 직접 겨냥하는 포로기 이전의 예언자들의 고발을 통해서 엿볼 수 있다. 예를 들면 다음과 같다.
그들이 내 백성의 상처를 가볍게 여기면서 말하기를 "평강하다. 평강하다." 하나 평강이 없도다.(예레미야 6:14)
그 두령은 뇌물을 위하여 재판하며 그 제사장은 삯을 위하여 교훈하며 그 선지자는 돈

말을 믿지 않고 박해했으나, 막상 나라가 망하고 나자 예언자들의 말이 옳았다는 것을 알게 되었다. 다른 또 하나는 나라의 멸망과 포로로 잡혀가는 비극이 일어나자 그런 일이 일어나지 않으리라고 장담하던 자들은 자취를 감춰버렸지만, 반대로 신명기 신학자들은 포로가 아니면서도 포로지에 찾아와 포로들과 같은 생활을 하면서 가르쳤다. 이들의 헌신적인 삶과 노력에 대한 감동이 무엇보다도 큰 역할을 했을 것이다.

⑥ 귀환령

이런 실천운동이 두 세대를 이어갈 무렵인 BC 538년, 누구도 예상치 못한 경악할 일이 일어났는데, 결코 멸망할 것 같지 않던 바벨론이 너무나 허망하게 무너진 것이다. 그들이 쌓아 올린 바벨론 성은 그 견고와 높이에서 전무후무했다. 100년 치 식량을 비축해 놓고, 성 한복판으로 강이 흐르기 때문에 식수가 고갈될 걱정이 없어서 적군이 포위한 상황에서도 전혀 개의치 않고 전쟁으로 가라앉은 분위기를 돋우기 위해서 잔치를 벌였다고 한다. 어느 누구도 바벨론이 그렇게 쉽게 망하리라고 예상하지 못했다. 그런데 예언자들은 바벨론의 멸망을 이미 말하고 있었다.

놀랄만한 또 다른 하나는 바벨론을 무너뜨리고 파사(페르시아)를 세운 고레스는 건국하자마자 유대인의 귀환을 명령했을 뿐만 아니라 유대인이 고국으로 돌아가서 나라와 신앙을 회복하는 일을 제국의 차원에서 지원하겠다고 포고했다.[30] 이런 경천동지할 사건을 경

을 위하여 점치면서 오히려 여호와를 의뢰하여 이르기를 여호와께서 우리 중에 계시지 아니하냐 재앙이 우리에게 임하지 아니하리라 하는도다.(미가 3:11)
너희는 이것이 여호와의 전이라, 여호와의 전이라, 여호와의 전이라 하는 거짓말을 믿지 말라.(예레미야 7:4)

30) 이를 '고레스 칙령'이라한다. 고레스가 이런 칙령을 내린 이유는 그가 여호와 하나님에 대한 어떤 신앙이 있어서가 아니라 정치적인 이유에서다. 메소포타미아 문화권을 재통일한 고레스는 경쟁상대인 이집트를 견제하기 위해서는 길목에 해당되는 가나안에 위성국가를 만들어 놓을 필요성이 있었기 때문에 유대인들에게 귀환해서 나라를 다

험한 유대인들은 포로기 이전의 예언자들은 물론 신명기 예언자들의 가르침이 옳았다는 것을 역사 속에서 다시 확인을 했고, 또 그들의 하나님 여호와께서 자신들은 물론 세상 모든 나라를 지배하시는 '역사의 주관자이신 하나님'이라고 믿어 의심치 않게 되었다.

이런 역사적인 경험에 의하면, 성경에서 말하는 '죄'는 하나님과의 계약을 위반한 것이며, '회개'란 계약위반에서 돌이키는 것을 말하며, 회개하고 하나님의 말씀대로 산다는 것 역시 성경을 똑바로 깨우치고 자녀들에게 가르치는 것이다. 결코 막연한 회개, 피상적인 '말씀대로'가 아니다. 계약법을 지키려는 사람들은 사회 윤리와 도덕의 요구는 당연히 지킬 뿐만 아니라 그 이상을 실천하게 되어있다. **회개**와 **말씀실천** 뿐만 아니라 성경에 등장하는 주요 용어들 하나하나는 수천 년의 긴 역사를 거치면서 일반적인 개념과 다른 독특한 개념을 가지고 있다. 이를 파악하지 않고 사전적인 의미로 성경을 읽고 해석하면 대부분 성경의 본뜻과는 전혀 상관없이 되어 버린다. 예수님은 이에 대하여 "나는 너희에게 이르노니"라는 표현을 쓰시면서 성경 본래의 의미를 재해석하셨고, 사도바울은 "의문(儀文, 문자)은 죽이는 것이요 영은 살리는 것이니"라고 말하면서 성경의 말씀들을 '표면적(문자적)의미와 이면적(본래의) 의미'로 구분하여 해석했다. 성경을 해석할 때 유의해야 할 기본 중의 기본은 바로 이것이다

시 세우라고 명령을 했는데, 바벨론의 멸망을 예고하던 당시의 신명기 예언자들은 이를 하나님께서 하신 일이며, 이는 여호와 하나님은 이스라엘만의 하나님이 아니라 이방 모든 나라를 지배하시는 역사의 주관자라는 사실에 대한 증거라고 해석했다.

7. 포로기 이후

2) 지혜문학[31)]

역사적인 기적을 경험하면서 고국으로 귀환한 유대인들은 어떤 삶을 살려고 했을까? 신명기 신학자에게서 배운 신앙을 실천하려고 최선의 노력을 다했다. 특히 하나님 말씀대로 살지 않으면 다시 징계를 받아 또 나라가 멸망하고 그 땅에서 쫓겨나 노예살이로 전락하게 된다는 바벨론 포로의 경험에 따라 다시는 배교하지 않으려고 했다. 안식일이면 회당을 중심으로 성경을 공부하고 집에 돌아가서는 자녀들에게 한주일 내내 가르쳤다. 유대인들이 이런 실천을 어느 정도로 철저하게 했는가하면 성년식을 하기 전에 아이들이 율법서 전체를 암기할 정도였고, 이 전통을 지금까지 이어오고 있다.

귀환 이후의 유대인들에게는 "율법을 지키지 않으면 징계를 받는다."라는 신앙이 너무나 확고하게 뿌리를 내린 결과 시간이 지나면서 불의의 재앙, 질병 등 어떤 어려운 문제가 생기면 배교의 결과라고 생각하게 되었고 이를 교리로 만들었다. 이 교리를 '인과응보'(因果應報)라고 하는데, 이 교리는 유대교신앙의 기초가 되었다.

인과응보교리를 중요하게 여기며 매사에 적용하다보니 시간이 지나면서 가난, 질병, 사고 등이 모두 하나님께 죄를 지은 결과가 되고 말았다. 이런 전통은 계속 이어져서 복음서 도처에서 그 흔적을 찾아볼 수 있다. 예수님과 제자들이 길을 가다가 소경으로 태어난 사람을 만났을 때 제자들이 예수님께 "이 사람은 누구의 죄 때문에 이렇게 되었습니까?"라고 묻는 이야기가 그 대표적인 예이다.[32)] 태어날 때부터 시각장애자가 된 사람은 죄를 지을 겨를이

31) 지혜문학은 포로기 이후의 신학에서 신명기 신학에 이어서 진행되었으므로 50페이지의 1)신명기 신학에 이어 번호를 2)번으로 처리했음.

32) 요한복음 9장. 이런 예는 많이 있다. 흔히 '선한 사마리아인의 비유'라고 불리는 이

없었으므로 어떤 죄인지 쉽게 대답하기 어려웠지만 분명 죄 때문에 그런 징계를 받았다는 데에는 의문의 여지가 없었다. "당사자나 또는 부모의 죄 때문에 장애인으로 태어났지만 누구의 죄 때문인지는 하나님만 아신다."라고 유대인들은 가르쳤다. 이에 대해 예수님께서는 죄의 결과가 아니라 하나님께서 하시는 일을 드러내기 위함이라고 말씀하셨다.(요한복음 9:3) 복음서에는[33] 예수님께서 병자를 치료하시는 이야기가 많이 나오고 있다. 오늘 우리에게는 초자연적인 기적의 이야기로 느껴지겠지만 당시의 입장에서는 병자들의 질병 원인이 죄지은 결과가 아니라고 예수님께서 확인시켜 주시는 사건이었다. "예수님께서 죄인을 구원하러 오셨다."라는 말씀은 그 당시에는 "이런 불쌍한 사람들은 죄인이 아니라 하나님의 자녀라고 선언하려 오셨다."는 뜻이었다. 병자치유 이외에도 실로암 망대사건(누가복음 13:4~5), 선한 사마리아인의 비유(누가복음 10:25~37) 등의 말씀도 인과응보교리와 관련이 있다.

포로에서 귀환한 이후 시간이 지나면서 인과응보론 때문에 유대인 사회에는 다수의 죄인과 소수의 의인으로 양분되었다. 이렇게 되자 본래 율법의 의도와는 정반대로 부자, 건강한 자, 출세한 사람은 의인이 되었고 가난한 사람, 비천한 사람, 병든 사람은 다 죄인이 되는 모순에 빠지고 말았다. 가난하고 병든 사람의 문제를 해결하기 위한 율법이 오히려 그들을 정죄하여 죄인으로 만들게 된 것이다. 이런 안타까운 비극을 지켜보면서 지각있는 소수의 사람들이 이에 대해 시정하는 목소리를 내고 또 글로 남겼는데, 그 대

야기(누가복음 10:25~37)에 보면 길을 가다가 강도를 만나 죽어가는 사람을 제사장, 레위인이 돕지 않고 그냥 지나쳐가는데 이것은 유대인들의 인과응보교리에 의해 강도 만난 사람을 돕는 것은 하나님의 업무를 방해한다고 생각했기 때문이다. 몰인정하거나 사랑이 없어서가 아니다. 예수님은 이 비유를 통해서 당시 이스라엘 사람들의 잘못된 신앙을 지적하셨다.

33) 예수님의 활동에 관한 기록이 담긴 마태복음, 마가복음, 누가복음, 요한복음을 '복음서'라고 한다.

표적인 말씀이 '욥기'이다.

욥기는 문학가들에게는 '최고의 문학작품'으로 평가되고 있지만[34] 해석하기가 결코 쉽지 않은 책이다. 42장으로 구성된 욥기에서 산문체로 쓰인 서론의 1~2장과 결론인 42장의 내용은 어렵지 않다. 이에 기초하여 "유복하게 살던 욥에게 불의의 재앙으로 말미암아 큰 어려움이 왔지만 욥은 고난을 잘 이겨냈고, 그 결과 두 배의 축복을 받았으므로 어떤 고난이 와도 하나님을 원망하지 말고 잘 견뎌내면 하나님께서 더 큰 복을 주신다."라고 생각한다. 그러나 욥기에서 말하려는 핵심은 운문체로 구성된 본론(3:1~42:6)에 들어있는 욥과 친구들의 대화, 하나님의 말씀 등에 들어있다. 그런데 이 대화를 이해하기가 대단히 어렵다. 욥기가 의인의 고난과 악인의 형통 등을 다룬다고 생각될 수 있지만 이는 부차적이고 중요한 주제는 따로 있다.

본론에 등장하는 욥의 친구인 엘리바스, 빌닷, 소발, 엘리후 등은 신명기 신학의 인과응보 교리와 세속 지혜인 인과론의 옹호자들이다. 이들은 하나같이 신명기 신학을 기초로 욥이 지금 큰 재앙을 당한 원인은 죄를 지은 결과이므로 회개하면 하나님께서 회복시켜 주시리라고 욥에게 설교하는데, 욥은 이를 계속 거부하면서, 나는 이런 재앙을 당할만한 죄를 지은 일이 없으므로 억울하다고 항변한다. 욥의 이런 모습이 친구들에게는 불신앙과 하나님에 대한 항거로 비춰져서 노발대발하지만, 욥은 끝까지 굽히지 않고 자신의 결백을 주장하며 하나님께서 자신의 억울함을 해결해 주시기를 탄원한다. 욥기의 대부분을 차지하는 욥과 친구들의 대화(4~37장)를 읽어 보면 욥의 친구들이 하는 말이 오히려 전적으로

34) 빅토르 위고(Victor–Marie Hugo, 1802~1885, 프랑스의 시인 · 소설가 · 극작가)는 "내일 모든 문학서적들이 다 사라지고 나에게 단 한권의 책만 남겨야 한다면 나는 욥기를 남기겠다."라고 했다.

옳게 생각되며 어떤 문제점을 찾기가 쉽지 않은 반면, 욥의 말은 하나님에 대한 불평과 항거로 가득 차 있다. 친구들과의 대화에서 보여지는 욥은 결코 자신이 받는 고난에 대하여 아무런 불평 없이 인내하는 모습이 아니며, 이는 서론에서 보여준 모습과 상반된다.

양측의 주장이 서로 팽팽하게 맞서서 어떤 결론이 나지 않자 결국 하나님께서 개입하셔서 길게(38~41장) 말씀 하신다. 그러나 하나님의 말씀은 자연만물에 대한 질문으로 이어지는데 도무지 무슨 뜻인지 종잡을 수가 없다. 그런데 하나님의 말씀을 들은 욥은 깊은 깨달음을 얻었다며 자신의 무지를 고백한다. 42장에서 하나님께서는 아무런 설명 없이 욥이 옳고 친구들이 잘못했다고 결론을 내리시고 욥에게 두 배의 축복을 내리신다.

욥의 친구들은 무슨 잘못을 했는가? 친구들이 말한 내용에는 전혀 오류가 없어 보이므로 욥기에서 그들의 잘못을 지적해 내기란 쉽지 않다. 사실 그들의 잘못은 포로기에서만 적용했어야 할 인과응보교리를 시대가 바뀐 귀환-재건기에 적용시키는 데에 있다. 시대 상황이 바뀌었는데도 예전의 교리를 그대로 적용하는 것은 시대착오다. 욥이 친구들과의 대화에서 하나님에 대하여 항거하는데 그 하나님은 욥의 친구들이 말하는 하나님이다. 신정론(神正論)[35]을 대변하는 친구들에 대하여 욥은 그런 도그마에 갇힌 하나님은 모순이라고 지적한다. 욥이 저항하는 하나님은 성경의 하나님이 아닌 도그마(Dogma)[36]화된 하나님, 신정론의 하나님이다. 결국 욥기에서 욥과 친구들은 '하나님'이라는 같은 단어를 쓰면서 서로 개념이 다른 하나님을 말하고 있는 셈이다. 욥기는 인과응보교리

35) 신정론(theodicy,'신'이라는 뜻의 theos와'정의'라는 뜻의 dike에서 유래)은 하나님이 선하시고 또 전능하시며 세상을 지배하신다면 왜 세상의 악과 특히 악인의 형통을 방관하는가라는 문제에 대하여 신의 잘못이 아니라고 변호하는 이론이다.

36) 교리가 불완전할 수 있다는 가능성을 인정하지 않고 절대적으로 옳다고 주장되는 일방적인 개념이나 태도를 말하며, 철학적으로는 독단론(獨斷論)의 의미로 사용되는 개념.

가 포로기 때는 정통신앙으로서 죽은 이스라엘을 살리는 역할을 했지만 귀환 이후에는 반대로 이스라엘을 죽이는 역할을 하고 있음을 지적한다. 이것이 욥기에서 말하려는 핵심이다. 또한 의인의 고난 등도 중요하게 다루는 주제지만 이는 부차적인 문제다.

예수님께서는 욥의 친구들과 같은 오류에 빠진 서기관과 바리새인을 향하여 "일기의 변화는 보면서 어찌 시대의 변화는 보지 못하느냐!"라고 탄식하시면서,[37] 새 술은 새 부대에 담아야 한다고 말씀하셨다. 무슨 말씀일까? 아무리 옳은 교리라고 해도 매 세대마다 다시 재해석해야 한다는 말씀이다.[38] 서기관과 바리새인들이 저주를 받아 마땅한 죄목은 예전의 교리를 재해석하지 않고 그대로 적용하는 데에 있다. 그들이 무슨 특별한 잘못을 한 게 아니라고 생각할 수도 있다. 그런데 이는 마귀의 대리자 역할이며, 지옥의 심판을 면하지 못할 중대한 범죄라고 예수님은 책망하셨다. 이 문제는 설교자들이 두고두고 명심, 또 명심해야할 가장 중대한 문제다. 이를 소홀히 하면 욥의 친구들처럼 하나님의 일을 한다고 확신하지만 실제로는 사탄의 앞잡이가 되고 만다. 오늘 우리 시대의 설교자들 중에 이에서 자유로운 자가 과연 몇이나 될까? 참으로 두렵고 떨리는 일이 아닐 수 없다.

그렇다면 욥이 당하는 의인의 고난은 어떻게 해석해야 하는가? 결론부터 말하자면 영성수련에 해당된다. 성경의 영성수련은 하비루를 향한 안타까운 마음을 포기하지 못하는 사람들에게 하비루들의 아픔을 머리로만 이해하지 않고 직접 하비루가 되어 같은 입장에서 경험으로 이해하게 한다. 아브라함의 가나안 이주, 요셉의 노

37) 아침에 하늘이 붉고 흐리면 오늘은 날이 궂겠다 하나니 너희가 날씨는 분별할 줄 알면서 시대의 표적은 분별할 수 없느냐?(마태복음 16:3)

38) 새 포도주를 낡은 가죽 부대에 넣지 아니하나니 그렇게 하면 부대가 터져 포도주도 쏟아지고 부대도 버리게 됨이라 새 포도주는 새 부대에 넣어야 둘이 다 보전되느니라.(마태복음 9:17)

예생활, 모세의 광야생활, 이스라엘의 노예 400년 등이 이런 경험이다. 욥의 고난은 이런 일치의 경험이며 수련이다. 직접 하비루 중의 하나가 되어서도 하비루들을 향한 안타까운 마음, 포기되지 않는 마음이 유지되면서 그 해결법을 고심하면 그 다음에 그 방법을 깨닫게 하신다. 마음의 일치에서 이제 방법의 일치가 일어난다. 이 해결 방법을 가리켜 성경에서는 '지혜'라고 한다.

모세의 율법은 이런 과정을 거치면서 만들어 졌다. 하나님의 계시는 당면한 문제에 대하여 해결 방법을 알게 하심이며, 이 알게 하심이 곧 하나님의 지혜이다. 결국 하나님의 계시와 지혜는 같은 것이다. 고난을 통해서 고난당하는 자들의 아픔을 경험하고 그 문제를 해결하는 사람이 되어가는 과정이 욥기에서 말하려는 의인의 고난이며, 지혜를 터득하는 과정이다. 이것이 성경에서 의도하는 영성수련이다.

자연 만물에 대하여 질문공세로 이어지는 하나님의 말씀은 무엇을 말하는가? 하나님께서 만드신 자연 만물의 원리와 이치 속에 해답이 들어 있다는 뜻이다. 기도를 통해 영적인 깊은 세계를 경험하면 영적인 세계의 원리와 자연 세계의 원리가 같다는 것을 깨닫게 되고 동시에 자연만물의 원리를 터득하게 되며 그와 함께 해법을 알게 된다. 욥은 도무지 알아들을 수 없는 하나님의 질문공세를 듣고 나서 "내가 주께 대하여 귀로 듣기만 하였사오나 이제는 눈으로 주를 뵈옵나이다."(42:5)라는 말을 하는데, 이제 하비루의 입장에서 그들의 문제를 해결할 방법을 깨달아 알게 되었다는 고백이다. 욥기의 저자는 이런 영성체험의 소유자였고, 욥기는 이런 깊은 영성을 기록하고 있어서 그 영성으로 해석해야만 명료해진다. 욥기가 난해한 수수께끼로 여겨지는 이유는 영적인 체험이 없이 이성으로 이해하려고 하기 때문이다.

욥기의 저자는 욥기를 통해서 신명기 신학이 포로기를 극복하는 위업을 달성했지만 이제는 시대와 상황이 달라졌으므로 신명기 신학의 인과응보교리를 재해석하여 그 한계에서 벗어나야 한다고 역설하고 있다. 새로운 시대마다 재해석을 하지 않으면 신앙은 오류에 빠지게 되어있다. 신앙생활에 있어서 재해석의 중요성은 아무리 강조해도 지나치지 않다. 예수님 당시의 성경해석자들이었던 서기관과 바리새인들의 오류는 재해석을 멈춘 채 수백 년 전의 인과응보교리를 신앙의 잣대로 사용한 데에 있다. 성경해석자에게 있어서 이런 오류는 결코 저주를 피할 수 없는 가장 큰 죄목이다.

구약 성경의 욥기, 시편, 잠언, 전도서를 '지혜문학'이라고 한다. 그 이유는 여기에서 지혜를 다루기 때문인데, 잠언과 전도서는 인간의 지혜를 다루고, 욥기는 하나님의 지혜를 다루며, 시편에서는 율법이 곧 지혜라고 말한다. 그 이유는 율법 속에 하비루의 문제를 해결할 방법이 들어있기 때문이다. 유대인들은 포로기를 보내면서 율법의 중요성을 절감하고 그 이후 율법을 부지런히 배우고 가르쳐서 성년식을 할 때에는 율법서를 암송할 정도가 되게 했다. 율법을 암송한다고 그 뜻을 제대로 알았다고 할 수는 없겠지만, 유대인들의 율법에 대한 열정만큼은 인정해주어야 한다. 오늘 우리 개신교의 심각한 문제점 중의 하나는 율법의 중요성에 대한 관심과 이해가 너무 없다는 데에 있다. 이는 속히 해결해야 할 문제가 아닐 수 없다.

150편으로 구성된 시편 역시 욥기 못지않게 해석이 난해하다. 시편은 문자 그대로 시(詩)이기 때문에 읽다보면 해석할 필요도 없이 공감되는 부분이 감성으로 다가온다. 이런 이유로 시편은 초기 교회 때부터 가장 사랑받는 성경이었다. 그러나 시편읽기와 시편해석은 서로 다른 별개의 문제다. 모세에서 시작하여 포로기까지 오랜 동안 기록된 시편해석의 실마리는 그 편집에서 찾아야 한다. 유대인들이 시편을 다섯 권으로 편집한 이유는 율법서 다섯 권(모세 오경)을 염두에 둔 것이며, 시편의 내용을 주제별로 분류하여 신명기 신학의 배교-징계-회개-구원의 도식으로 편집했으며, 율법이 곧 지혜이므로 율법으로 살아야 한다고 선언한다. 무명의 시인이 쓴 첫 번째 시편[39]이 곧 시편 전체의 주제라고 할 수 있다. 잠언은 문자 그대로 격언, 속담 등과 같은 삶의 경험을 통해서 터득한 지혜를 모아 놓은 책이며, 전도서 역시 잠언과 같은 맥락의 지혜를 다루고 있다.

이상에서 살펴본 바와 같이 지혜문학은 신명기 신학에 대한 재해석이라고 할 수 있다. 포로기 이후에 신명기 신학에서 지혜문학으로 넘어오는 과정에 대한 이해는 성경을 해석하고 설교하기 위해서는 반드시 필요하다. 이런 역사의 경험에 의하면 **성경해석은 곧 재해석이어야 한다.** 이를 무시하거나 게을리하면 사탄의 앞잡이가 되고 만다. 고대 그리스의 철학자 플라톤은 자신이 운영하는 학교 아카데미아의 정문에 "기하학을 모르는 자는 이 문을 들어서지 말라."라고 써 놓았다. 오늘 우리 교회는 입구에 이렇게 써 놓아야 한다.

포로기의 신학을 모르는 자는 설교하지 말라.

3)구약 성경 편집

오늘의 구약성경은 어떻게 해서 오늘의 형태로 기록되었을까? 처음부터 오늘의 순서와 형태대로 기록되었을까? 아니다. 수천 년

39) 복 있는 사람은 악인들의 꾀를 따르지 아니하며 죄인들의 길에 서지 아니하며 오만한 자들의 자리에 앉지 아니하고
오직 여호와의 율법을 즐거워하여 그의 율법을 주야로 묵상하는도다.
그는 시냇가에 심은 나무가 철을 따라 열매를 맺으며 그 잎사귀가 마르지 아니함 같으니 그가 하는 모든 일이 다 형통하리로다.
악인들은 그렇지 아니함이여 오직 바람에 나는 겨와 같도다.
그러므로 악인들은 심판을 견디지 못하며 죄인들이 의인들의 모임에 들지 못하리로다.
무릇 의인들의 길은 여호와께서 인정하시나 악인들의 길은 망하리로다.

전에는 기록이 쉽지 않아서 대부분 구전(口傳)에 의존했다. 성경도 일부는 기록으로 나머지는 구전으로 오랜 기간 동안 전해져 내려왔다. 그 많은 내용 중에서 오래된 것은 천 년 이상 구전으로 전달되는 과정에서 독특한 문학양식이 발전했다. 암기에 수월하도록 운율을 사용했고, 내용을 은폐-함축-암시적으로 표현했다. 이런 문헌과 구전의 전승들이 오늘 우리가 사용하는 성경으로 편집이 된 시기는 포로기이다. 왜 이시기에 문서로 기록되었을까? 나라가 멸망하여 사람들이 흩어졌으니 구전이 단절될 위기를 맞았고, 또 율법과 성경에 대한 중요성을 새로 발견했기 때문이다. 구약성경의 율법을 비롯한 주요 책들은 이렇게 오늘의 형태를 갖추게 되었다. 이런 편집에 대한 이해는 구약성경은 물론이고 신약성경과 요한계시록의 해석을 위해서도 필요하므로 간략하게 다뤄보고자 한다.

① 율법서

신명기 신학자들이 회개와 더불어 성경을 공부하고 가르친 신명기 운동은 자연히 성경에 대해 관심을 가지게 했는데, 일차로 관심을 가진 것은 율법서였다. 문서와 구전(口傳)으로 전해지던 자료들을 모아 지금 형태의 오경으로 편집을 마무리 지은 시기는 포로기이다. 포로 귀환은 3회에 걸쳐 진행되는데,[40] BC 457년 성경학자였던 에스라가 돌아와서 율법을 가르칠 때에는 현재의 율법서 편집이 완성되었다고 추정된다. 따라서 율법서가 포로기에 편집되었으므로 율법서는 신명기 신학의 관점에서 편집되었다고 할 수 있다. 이런 편집의 흔적은 율법서 곳곳에 남아있어서 그 추적을 가능하게 한다.

40) 1차 귀환은 BC 537년 스룹바벨, 예수아에 의해 5만여 명이 귀국하였으며, 2차 귀환은 BC 457년 에스라에 의해 2천여 명이, 3차 귀환은 BC 445년 느헤미아와 수행원들이 돌아왔다.

② 신명기 역사서

신명기 신학자들이 신명기의 배교-징계-회개-구원의 관점에서 자신들의 역사를 기록해서 이를 '신명기 역사서'라고 하는데, 여호수아, 사사기, 사무엘상하, 열왕기상하가 여기에 해당된다. 유대인들은 이 책들을 '전기 예언서'라고 부르는데, 예언자들이 해석한 역사이기 때문이다.[41] '역사서'는 당대의 기록이 아니라 '후대의 기록'이고, 기록목적과 사관이 들어있으며, 과거의 사건을 통해 현재를 말하는 역사해석이다.[42] 당대의 기록은 역사서라고 하지 않는다. 신명기 역사서는 포로지에서 쓴 망국사(亡國史)인 셈이다. 출애굽한 이스라엘인들이 여호수아의 지도하에 가나안에 입주하는 내용이 담긴 여호수아서의 주제는 가나안은 하나님께서 이스라엘에게 약속하신 땅이므로 반드시 다시 회복해야 한다는 데에 있다. 여호수아서에서 드러나는 특징 중의 하나는 "이방인을 다 진멸하라"는 독특하고 배타적인 표현이다. 도대체 무슨 뜻일까? 포로기에 가나안에는 유대인들은 추방되고 먼 나라에서 이주한 이방인들이 뒤섞여 살고 있었다. 이런 상황에서 유대인들은 지금 자기 나라에 살고 있는 이방인들을 몰아내고 그 땅을 다시 찾아야 한다고 생각하는 유대인들의 간절한 염원을 "이방인을 다 진멸하라"는 방식으로 표현했다. 본래 역사서는 과거사를 통해서 현재를 말하기 위한 역사해석이다. 이런 역사서를 해석하려면 사건당시와 기록당시의 상황을 염두에 두면서 재구성해야 한다. 이를 무시하고 문자대로 해석하면 큰 혼란과 모순에 빠진다.

---

41) 유대인들이 신명기 역사서를 전기예언서라고 부르는 이유는 예언자들을 다루기 때문이 아니라, 하나님과 이스라엘의 관계를 계약의 관점에서 보면서 예언자들이 기록한 역사해석이기 때문이다. 이는 예언자들의 역할을 중요하게 생각한다는 반증이다.

42) 신명기 역사가들이 사용한 자료는 구전(口傳)과 문서로 내려오던 전승(傳承)을 비롯하여 민속설화(民俗說話), 전기(傳記), 역대 왕들의 연대기(年代記), 예언전승, 왕실서고(王室書庫)와 재산 목록, 납세 보고서 등이다.

그렇다면 불가능한 그 일을 어떻게 해낼 것인가? 이 문제를 다루는 책이 사사기이다. 사사기는 가나안 입주에서 사울/다윗왕정이 등장하던 시기까지의 400여 년을 다루는데, 사사들의 활동을 다루면서 배교-징계-회개-구원의 도식으로 해석하고 있다. 이스라엘이 가나안에 입주한 이후 "배교 때문에 블레셋을 비롯한 주변 나라들에게 식민 지배를 받았는데 회개하자 하나님께서 사사들을 보내셔서 구원해주셨다."라는 신명기사관의 입장에 의한 기록이며, 사사들은 하나님께서 보내신 구원의 구체적인 손길이었다. 사사기에는 10여 명의 사사들이 등장하는데 이들을 하나같이 배교-징계-회개-구원의 도식으로 기록하고 있다. 그 이유는 신명기 신학자들이 포로기의 암담한 현실에서 "지금 우리도 회개하기만 하면 하나님께서 틀림없이 구원의 길을 열어주셔서 국가를 다시 회복할 수 있다."라는 확신을 가지고 가르치고 설교했기 때문이다. 따라서 사사기는 신명기 신학자들의 눈물의 절규라고 할 수 있다. 사사기 역시 사건당시와 기록당시의 두 배경을 염두에 두면서 읽고 또 해석해야 한다. 사사기는 결코 실패한 시대가 아니라 반대로 주변 나라들의 약탈에 시달리면서도 왕과 군대없이 오로지 신앙만으로 대처하면서 주변 가나안 일곱 부족을 동화시킨 위대한 승리의 시대였다.

왕정기로 접어드는 초기의 이야기를 담은 사무엘상하는 아이를 낳지 못해 서러움을 당하다가 기도로 아들을 얻은 한 여인의 이야기로 시작한다. 왜 이런 이야기로 시작할까? 당시에 여인이 아이를 낳지 못하여 대가 끊기면 그 여인은 죽은 목숨과 다름없었는데, 아이를 낳지 못하는 한나의 서러움은 곧 나라를 잃은 포로들의 서러움이며, 한나가 기도로 아들을 얻는 이야기에서 말하고자 하는 것은, 회개와 기도는 곧 나라를 다시 얻는 첩경이라는 것이다. 이는 당시 유대인들의 간절한 염원이었기 때문에 이 책의 이름을 '기도로 얻은 아이'라는 뜻의 사무엘로 붙였다. 사무엘의 지도하에 세워지는 사울/다윗 왕국의 이야기를 담은 사무엘서는 하나님께서 사무엘과 같은 지도자를 보내셔서 포로인 자신들에게 다시 다윗왕국과 같은 나라를 허락하시리라는 간절한 염원을 담고 있다. 이와 동시에 다윗의 잘못된 신앙을 회개하기 위하여 밧세바 사건과 약탈 등 다윗의 치부를 있는 그대로 기록해 놓았다. 이런 사실은 같은 사건을 다루는 역대기와 비교해보면 더욱 명확해진다. 포로귀환 이후에 기록한 역대기에는 다윗의 치부들이 전혀 없으며, 다윗을 이상적인 왕으로 기록하고 있다. 그 이유는 역대기에서는 '다윗', '솔로몬', '성전' 등이 국가와 민족을 상징하기 때문이다. 야곱, 다윗, 솔로몬 등의 이름이 율법서와 역사서, 예언서 등에서 고유명사인 당사자들을 지칭하는 경우가 있는가하면 이스라엘 나라와 민족을 상징하는 보통명사로 쓰이는 경우가 있다. 사무엘서의 곳곳에서 "하나님께서 다윗과 함께하셔서 전쟁에서 승리했다."는 표현에는 이새의 아들 다윗(고유명사, 과거)의 잘못된 신앙을 회개하는 의미와 더불어, 귀환 이후 온갖 어려움에 처해있는 이스라엘 나라와 민족을 상징하는 다윗(보통명사, 현재)의 이중적 의미가 들어있다. 이런 구절들은 회개하면 하나님께서 우리와 함께하셔서 이 나라를 형통하게 하시리라는 의미였다. 그동안 이와 같은 이중적인 의미가 파악되지 않았기 때문에 다윗의 제국주의를 정당화시키는 오류와 모순을 범하고 말았다. 따라서 포로기 신학의 중요성은 아무리 반복해도 지나치지 않다.

이런 오류는 성경해석의 기본이 무시되었기 때문에 일어난 현상이며 비극이기에 하루속히 청산해야 될 대상이다. 후대의 기록인 역사서를 해석하려면 이와 같이 사건당시의 배경과 기록당시의 배경을 먼저 파악하고 기록 목적과 표현 방식 등을 알아야 한다. 이를 무시하고 역사서를 사건 당시의 기록으로 생각하고 문자대로 해석하면 큰 모순과 혼란에 빠지게 된다. 설교자는 바르게 성경을 해석하고 말해야 할 책임이 있다. 이를 등한히 하면 직무유기이며, 그 결과는 하나님의 저주와 심판의 대상이 된다. 예언서와 예수님의 말씀에서 이런 경고가 수없이 반복되고 있지만 아직도 시정되지 않고 있다. 사탄의 속임수에 지배받고 있다는 명확한 증거라고 밖에는 달리 할 말이 없다.

10여 명의 사사들과 사무엘은 회개할 때 하나님께서 보내주시는 지도자의 표상인데, 이 표상은 포로기를 지나면서 유대인들에게 나타나는 메시아사상의 초기 형태라고 할 수 있다. 지난날에 구원자인 사사를 보냈던 하나님께서는 이제 다시 특별한 구원자를 보내셔서 포로기 이후에 당면한 식민지배의 문제를 비롯한 제반 문제를 해결하시리라는 신앙이 메시아 신앙이다. 유대인들이 메시아를 '다윗의 후손'이라고 부르는 이유는 그가 다윗처럼 제국을 이루리라는 기대 때문이다.

다윗 이후 솔로몬과 남북 왕국의 제왕들을 다루는 열왕기에서는 여러 왕들의 치적을 신명기신학의 관점에서 평가하는데, 배교 때문에 징계가 왔다는 독특한 해석으로 일관하고 있다. 이런 해석은 결국 북왕조와 남왕조의 멸망은 하나님을 저버리는 계약위반 때문이라는 결론에 이르게 된다.

③ 예언서, 역대기

예언서를 읽어보면 예언자들은 "하나님께서 가라사대"라는 독특한 표현을 쓰고 있다. 그 이유는 당시의 궁중 제사장들과 예언자들이 왕의 입김을 받아서 말하는 꾸며낸 거짓 신탁과 구별하기 위함이다. 즉 예언자들은 "지금 내가 하는 말은 하나님께서 직접 하시는 말씀이다."라는 선언이었다. 그러나 "하나님께서 가라사대"라는 표현은 단지 설교의 표현 방식에 불과하지 않고 그들의 영성의 상태를 드러낸다. 다시 말하면 예언자들은 그 말씀을 선포할 때 하나님과 영성에서 일치된 상태였기 때문에 그렇게 말할 수 있었다. 이를 직접 경험해보면 평상시 아무 때나 그렇게 말하지 않을 뿐만 아니라 할 수도 없다. 하나님에 대한 두려움 때문에 그분의 이름을 함부로 도용할 수 없게 된다. 일인칭화법의 설교는 그런 영적인 일치의 상태가 되었을 때에만 가능하다.

유대인들은 예언자들이 활동하던 당시에는 예언자들의 말을 무시했지만 포로기를 맞으면서 평신도였던 소수 예언자들이야 말로 하나님께서 보내신 사람들이었다는 것을 경험으로 확인했고, 동시에 그들에 대한 자료들을 수집하여 오늘의 예언서로 편집했다. 일차로는 아모스, 호세아, 미가, 예레미야, 이사야를 비롯한 포로기 이전의 예언자들이 대상이었다. 포로기 이후에는 예언자를 중요하게 생각했기 때문에 포로기 이후 예언자들의 활동도 기록으로 남겼다.

포로기를 보내면서 신명기 신학자들이 가르친 역사해석의 중요성을 경험한 유대인들은 포로기 이후에 다시 새로운 관점에서 그들의 역사를 기록했는데 역대기상하가 그것이다. 고레스 칙령까지를 다루는 역대기의 주제는 유대인의 정체성확립이 주요 목적이다. 앞에서도 말한 바와 같이 역대기에서는 다윗, 솔로몬, 성전, 제사, 예루살렘 등이 나라와 민족의 의미로 사용되고 있기 때문에 다윗의 치부 등이 빠져있고 다윗을 이새의 일곱 번째 아들이라고 말한다. 같은 내용을 담은 신명기 역사서와 비교해보면 뚜렷한 차이가 드러나는 이유는 여기에 있다.

④ 성문서

욥기, 시편, 잠언, 전도서 등을 성문서라고 하는데 이는 '지혜문학'으로 분류된다. 지혜문학은 귀환 이후의 새로운 환경에서 신명기 신학의 한계를 넘어서는 새로운 신학이다. 이에 대해서는 앞에서 이미 다룬 바와 같다.

유대인들은 구약성경을 편집하면서 율법서, 예언서(전기, 후기), 성문서 등으로 분류하는데, 신명기 역사서인 여호수아, 사사기, 사무엘상하, 열왕기상하를 역사서라고 하지 않고 전기예언서라고 부른다. 그 이유는 지난 과거에 대한 예언자들의 해석이므로 예언서와 다름없다는 생각에서이다. 이는 포로기 이후 그들이 예언자들을 얼마나 소중하게 생각했는가를 반영하고 있다.

이상에서 간략히 살펴 본 바와 같이 오늘의 구약성경은 전적으로 포로기와 직접 관련이 있다. 따라서 포로기 이후의 신학을 모르면 구약성경을 해석하기 어렵다는 결론에 이르게 된다. 그런데 포로기 이후에 진행되는 신학은 여기까지가 아니다. 이제부터 요한계시록 해석과 직접 관련된 중요한 신학이 전개된다.

4) 묵시(黙示)문학

귀환하여 나라의 기틀을 만들어가는 유대인들에게 이제까지와는 전혀 다른 새로운 환경이 찾아왔다. 그리스의 북방 마케도니아 출신의 20대 청년이 등장하여 그리스 전역에서 패권을 차지한 후 여기서 그치지 않고, 전 세계를 지배하려는 야심을 품었다. 알렉산더(Alexander, BC 356~BC 323, 재위 BC 336~BC 323)라 불리는 이 청년은 아리스토텔레스에게서 교육을 받은 영향으로 그리스 문화가 세계최고의 문화이며, 그의 사명은 이 앞선 문화로 미개한 세계를 개화시키는 일이라고 확신하고 그 일을 착수하기 시작했다. 스무 살 청년이 한 일이라고는 도무지 믿기지 않는, 세계역사를 바꾸는 일을 그것도 10여 년 동안에 해냈는데, 그는 오리엔트 지역(메소포타미아, 이집트)을 넘어서서 인도에까지 이르는 대 제국을 건설했을 뿐만 아니라 이 지역을 고대 그리스문화로 개화시

켜 놓았다. 이 문화를 헬레니즘이라고 한다.[43)]

스무 살 청년 알렉산더가 소수의 병력으로 페르시아의 대군을 궤멸시킨 전쟁의 전략과 전술도 놀랍지만, 그 넓은 지역을 헬라화 시키는 방법은 그에 비할 바가 아니다. 그는 전쟁터에 문화 전문가를 대동하고 다니며 자신이 점령한 요충지에 신도시를 건설함과 동시에 경기장, 극장 등을 세운 후 주말에 열리는 문화행사와 운동경기를 통해서 주변을 헬라화 시키기 시작했는데, 그 파급효과로 말미암아 수천 년 간 지속된 고대 오리엔트문화(메소포타미아, 이집트 문화)는 짧은 시간 내에 역사에서 사라지고 말았다. 이는 20세에 시작하여 33세에 죽은 젊은 청년이 10여 년 동안에 해낸 일이라고는 도무지 믿기지가 않는 역사의 기적이었으며, 그 이후 알렉산더의 영향으로 헬라문화는 지금까지도 전 세계에 지대한 영향을 끼치고 있다.

그런데 유일하게 헬라문화에 맞서서 버티는 아주 작은 문화가 하나 있었으니, 유대인들의 종교문화인 유대교였다. 유대교는 어떻게 살아남았나? 바벨론 포로기를 이겨낸 경험에서 나오는 신앙과 지혜 때문이었다. 헬라문화에 대처하는 유대인의 기본자세는 한마디로 타협불허였다. 헬라문화와 타협하면 유대교는 사라진다고 판단했으며, 그 판단이 옳았다. 이들이 대처한 방법을 좀 더 구체적으로 살펴보면 다음과 같다.

① 선민의식

설교자들은 자신들이 하나님과 계약을 맺은 민족이라는 사실을 집중적으로 각인시켰다. 자신들은 하나님으로부터 특별하게 선택받았다는 선민의식을 강하게 심어주면서 유대인의 정체성을 확립시켰다.

---

43) 헬레니즘(Hellenism)은 고대 그리스인들이 자신들을 부르는 이름이던 Hellas와 관련이 있는데, '헬라인처럼 사는 문화'라는 뜻이다.

② 할례

할례를 특별히 강조하게 된 배경은 헬라문화의 경기 중에서 나체로 경기하는 씨름 때문이었다. 이 씨름은 선풍적인 바람을 일으켜서 아이들은 너나 할 것 없이 벌거벗고 씨름에 매달렸다. 그러다 보니 유대인 아이들의 할례가 드러나서 놀림의 대상이 되었고 아이들은 성형수술로 할례의 흔적을 없애려고 했다. 이렇게 할례가 기피의 대상이 되자 서기관들은 할례에 특별한 의미를 부여하면서 선민의식을 고취시켰다. 할례와 선민의식은 같은 짝이라고 할 수 있다.

③ 안식일

스포츠 경기는 대부분 주말인 안식일에 열렸는데 너나 할 것 없이 다 경기장으로 몰려갔다. 이런 상황에서 서기관들은 안식일에 특별한 의미를 부여하지 않을 수 없었고, "안식일을 지키면 모든 율법을 지킨 것과 같다."라고 하며, 안식일에 지켜야 할 조항을 구체적으로 명시하여 경기장에 출입하지 못하게 했다.

④ 정결례

유대인과 이방인을 엄격히 구분하면서 이방인과 그 문화를 멀리하게 했다. 이방인과의 접촉 금지는 헬라씨름을 염두에 둔 법이며, 먹거리를 구별하여 이방인의 음식을 먹지 않게 했다. 유대인은 지금도 안식일을 지키지 않는 이방인이 만든 음식을 아예 입에 대지 않는다.

포로기와 귀환 이후의 모진 어려움을 이겨낸 유대인들은 율법을 조항으로 만들어서 헬라문화의 거센 파도를 극복해 나갔다. 지나치게 엄격하고 배타적이라고 생각되지만 그 이후의 역사는 유대인의 판단이 옳았음을 보여준다. 이런 태도 때문에 유대인은 그 당시는 물론 지금까지도 유대인의 정체성을 이어가면서 전 세계에서 타의 추종을 불허하는 독특한 삶을 살고 있다.

유대인들이 타협하지 않고 헬라제국에 맞섰던 이런 자세는 방법은 다르지만 요한계시록에서 고스란히 찾아볼 수 있다. 요한은 로마제국의 압력에 타협하지 말라는 정도에 그치지 않고 더 나아가 박해에 죽음으로 맞서라고 독려하고 있기 때문이다. 이에 대해서는 계시록 해석에서 구체적으로 살펴보게 될 것이다.

유대인의 이런 배타적인 태도를 헬라인들이 그냥 두고 볼 리가 없었다. 이를 못마땅하게 여긴 헬라제국은 유대인들을 강제로 헬라화 시키기 위하여 무력을 동원하여 예루살렘을 점령한 후, 성전에 이방 제우스신상을 세워놓고 이방신의 제의를 지내게 했으며, 성전의 방들을 성창(聖娼)으로 만들어 버렸다. 이 일을 추진한 사람이 안티오코스 4세(Antiochos IV BC 215~164, 재위 BC 175~164)였다.

이에 대하여 유대인들은 두 방향으로 강력하게 저항했다. 첫째는 칼로 대항했는데 이에 대한 기록은 외경의 마카비서에 상세하게 기록되어있다. 소수 유대인들이 결사적으로 저항하여 헬라의 시리아 대군을 물리쳤다.[44] 이 전쟁은 사무엘서에 기록된 골리앗과 다윗의 싸움의 재현이었다고 평가할만하다. 다른 또 하나의 저항은 연필이었다. 연필로 시리아와 맞섰다는 것이 무슨 뜻일까? 중과부적인 유대인들이 어떻게 끝까지 포기하지 않고 무력으로 저항할 수 있었을까? 이 당시의 설교자들이 설교는 물론이고 연필로 설교문을 써서 백성들을 깨우치고 독려하며 시리아군을 이길 수

44) 알렉산더가 세운 제국은 그의 사후 여러 제국으로 분열되는데, 시리아는 그의 부하였던 셀류쿠스(Seleucus 1세- B.C. 312-281년)가 소아시아와 메소포타미아 지역에 세운 왕조로 일명 '셀류쿠스 왕조'라고 하는데, 그 수도가 수리아 안디옥이어서 수리아 즉 시리아라고도 부른다.

있다는 소망을 불어넣었기 때문이다. 이 설교문을 가리켜 '묵시문학'이라고 한다.[45] '묵시'(αποκάλυψις)는 숨겨진 것을 드러낸다는 뜻인데, 박해자에게는 숨기면서 자신들에게만 알려주기 위해 기록된 문서가 묵시문학이다. 이는 유대인과 시리아와의 전쟁 당시 점령군인 시리아인들은 읽어도 무슨 뜻인지를 모르고 유대인들만 알 수 있도록 기록한 책이며, 이는 일종의 비밀문학이라고 할 수 있다.

묵시문학의 특징은 우선 상대방이 쉽게 알지 못하도록 천사와 마귀, 하나님, 환상, 환청, 꿈 등의 계시를 뜻하는 단어와, 특별한 의미를 지닌 숫자, 때, 심판 등을 동원하면서, 상징과 은유를 사용하여 신비하게 표현을 한다. 상대방이 알지 못하도록 독특하게 기록하는 이유는 현재 식민지배하는 권력자인 상대방을 악마와 죄의 세력과 동일시하면서 그들은 하나님의 심판으로 말미암아 곧 멸망하리라는 내용 때문인데, 이는 상대방을 자극하지 않으면서 자국민들에게는 신앙적인 위로와 확신을 주기 위함이다. 이런 묵시문학은 대단히 활발했으며, 지금까지도 많이 남아있다.[46] 구약의 묵시문학은 나라와 신앙이 존폐위기에 처했을 때 이 문제를 신앙으로 대처하기 위해 특별한 방식으로 표현한 당시의 설교집이다. 유대인들은 이런 설교에 도전을 받고 신앙의 힘에 의지하여 시리아의 대군을 물리치고 독립을 쟁취했다. 유대인의 승리는 전적으로 묵시문학의 승리라고 해도 결코 과언이 아니다. 나라와 민족이 존망의 갈림길에 섰을 때 묵시문학은 이처럼 중요한 역할을 해냈다.

유대인들의 이와 같은 승리로 말미암아 유대교는 사라지지 않고

45) 묵시문학은 BC 200여년 경부터 AD 100여 년 사이에 기록되는데 이 시기를 묵시문학의 시대라고 할 수 있다.

46) 구약에서 묵시문학에 속하는 책은 에스겔, 다니엘, 스가랴 등이 있고, 외경으로는 에녹서, 시빌의 신탁서, 솔로몬의 시편, 솔로몬의 송시, 12족장의 유언, 희년서, 제2 에스드라서, 바룩의 계시, 모세 승천기, 아브라함의 계시 등이다.

건재해서 헬레니즘과 대비되는 헤브라이즘을 가능하게 했다. 유대인들이 헬라문화를 이겨낸 공적은 높이 평가해야 한다. 유대인들이 헤브라이즘을 지켜냈기 때문에 기독교가 등장할 수 있었다. 유대인들이 범한 오류는 지난 시대에 적용되었던 율법조항을 정통이라는 이름으로 고수하고 재해석을 하지 않은 채 새 시대에도 그대로 적용시키는 데에 있었다. 예수님은 이런 화석화된 신앙에 대하여 누누이 경고하셨으나 유대인들은 돌이키지 않다가 결국 AD 70년 로마에 비참하게 멸망당하고 말았다. 이런 역사의 교훈에 비추어 보면 오늘 교회도 마찬가지로 시대가 변했음에도 불구하고 재해석하지 않고 수천 수백 년 전의 정통교리를 수호하고 있다. 오늘 우리 교회의 제1차 개혁의 대상은 바로 이 부분이다. 이를 놔두고 다른 어떤 것을 고친다고 해도 미봉책일 수밖에 없다.

8. 요한계시록과 묵시문학

신약성경의 요한계시록은 묵시문학이며, 또 신약 시대에 쓰인 기독교 묵시문학은 요한계시록 외에도 여럿이 있었다.[47] 그러므로 요한계시록은 전적으로 묵시문학의 해석방법에 따라 기록 당시의 역사적인 배경을 염두에 두면서 신비적사건이 아니라 역사적사건으로 해석하고, 또 계시록에서 예고한 사건 중에서 지나간 역사 속에서 실현된 것들은 그 시대의 역사적인 사건으로 해석해야 한다. 이를 무시하고 요한계시록을 어떤 특별한 '계시'에 의지하여 계시로 해석을 하고 미래 종말에 대한 계시로만 결론을 내려고 하면 오류를 피할 방법이 없다.

요한계시록을 해석하려면 반드시 요한계시록은 묵시문학이라는 점을 먼저 염두에 두어야한다. 묵시문학은 독특한 환경에서 태어

47) 신약의 묵시문학은 요한계시록이며, 외경으로는 아담과 하와의 생애, 이사야 승천기, 헤르마스의 묵시, 베드로의 계시, 바울의 계시, 위작(僞作) 요한계시록 등이 있다.

난 독특한 문학이므로 독특하게 해석을 해야 한다. 묵시적인 표현을 사실적인 표현으로 혼동하지 말아야 한다. 요한계시록을 하나님께서 요한에게 보여주신 '종말에 관한 특별한 계시'라고 생각하면서 문자적으로 해석하면 이는 묵시적인 표현과 사실적인 표현을 혼동하는 것이다. 유대인들은 포로기 이후 수백여 년 간의 식민 지배를 받으면서, 특히 시리아의 말살정책을 겪으면서 묵시문학을 발전시켰다. 묵시문학을 해석하기 위해서는 먼저 묵시문학의 기본적인 특징을 파악해야 하는데 대체로 다음과 같다.

- 묵시문학은 박해를 받는 시기에 등장하며 대부분 익명으로 기록한다.
- 자신들만 알고 박해하는 상대방이 알지 못하도록 신비스러운 비밀언어로 기록한다.
- 비밀언어로는 계시, 환상, 입신, 꿈, 환청, 천국과 지옥, 심판, 천사, 상징적인 숫자와 때 등을 사용한다.
- 박해하는 상대방을 사탄, 마귀, 짐승, 음녀 등 악한 세력으로 표현하며, 자신들은 선한 자로 표현한다.
- 악한 세력은 하나님의 개입과 심판으로 곧 멸망한다는 것을 누차 강조한다.
- 박해와 어려움을 겪고 있는 자신들이 결국 하나님의 도우심으로 반드시 승리하리라고 말한다.

9. 요한계시록 이후

1) 박해의 지속

요한계시록 이후의 역사는 어떻게 진행되었을까? 계시록에서 예고한 대로 박해는 마흔두 달 지속되었다.[48] 마흔두 달은 1260

48) 성전 바깥마당은 측량하지 말고 그냥 두라. 이것은 이방인에게 주었은즉 그들이 거룩한 성을 마흔두 달 동안 짓밟으리라.(11:2)

일, 세 때 반이며, 이는 묵시적인 표현으로 고난의 기간 중 가장 긴 시간에 해당되는데 실제 역사에서는 220여 년(AD 95~313) 지속되었다. 계시록을 기록하기 이전인 네로황제의 박해로부터 계산한다면 무려 250여 년이나 된다. 요한계시록이 쓰일 당시인 도미티아누스황제 때에 황제숭배 문제로 로마제국 전역에서 시작된 박해는 황제가 바뀔 때 마다 황제의 성향에 따라 정도의 차이는 있었지만 계속되었다. 황제숭배는 제국의 통일성을 유지하려는 로마 중앙정부의 일관된 정책이었기 때문이다.

2) 교회 급성장

그런데 놀랍게도 교회는 박해를 받으면서 급속도로 성장했다. 박해의 정도는 형식적인 수준이 아니라 기독교인이라는 사실이 드러나면 재산을 몰수당하고 죽임을 당했으며, 황제신상에 절하고 받은 증명서가 없으면 통행이나 물건 매매를 할 수가 없었다. 그런데도 기독교인은 급증해서 제국 인구의 10% 정도를 차지했으며, 그 구성원은 노예나 하층민만이 아니라 상당수의 상류 귀족층이나 황제 측근까지 포함되어 있었다.

어떻게 이런 일이 가능했을까? 요한계시록에서 제시하는 방법대로 실천했기 때문이다. 계시록은 박해에 대하여 피하거나 타협하지 말고 예수님께서 걸어가신 십자가의 방법, 즉 빼앗으면 내어주고, 죽이면 죽고, 내쫓으면 쫓겨나고, 오른 쪽을 때리면 왼 쪽을 내어주고… 등으로 대처하라고 했다. 과연 이런 방법을 실천할 수 있을까? 또 실천하면 교회가 살아남을 수 있을까? 이런 의문이 들지 않을 수 없다. 그러면 초대교회는 어떻게 했으며 결과는 어떠했을까?

박해당시의 교인들은 해냈다. 해내도 기대 이상으로 해냈다. 순교자들은 대부분 대형 경기장에서 죽임을 당했다. 화형을 당하면서, 굶주린 사자의 밥이 되어가면서, 사지와 목이 차례로 잘려 나가면서, 여인들은 뱀이 들어있는 자루에 담겨 물에 던져지면서도 하나같이 죽음을 두려워하거나 죽이는 자들을 원망하지 않고 복을 빌어주면서 의연하게 죽어갔다. 그들은 개선장군처럼 경기장에 입장하여 순교를 가장 큰 영광으로 받아들이고 감사하면서 죽어갔다. 이와 더불어 교인들끼리는 서로 내 몸처럼 아끼고 사랑하면서 재산을 공유하는 것은 물론이고 신분과 지위의 차별이 없이 동등하게 대했다. 세상의 삶에서도 기독교인들은 성실과 진실, 신용 등 도덕 그 자체였다. 이런 삶의 모습들이 많은 사람들로 하여금 죽음의 위험을 무릅쓰고 기독교를 선택하게 했으며, 박해를 받거나 죽어가면서도 기독교인이라는 사실을 스스로 자랑스럽게 여겼다.

3) 박해 종식

계시록에서 예고한 대로 로마제국의 악마적인 박해 세력은 심판을 받았고 멸망했다. 그러나 그 멸망의 방법은 계시록의 기록처럼 대재앙과 파멸이 아니었다. 박해가 종식되는 과정은 계시록의 내용이 사실적인 표현이 아니라 묵시적인 표현이며, 하나님은 결코 세상을 파멸하시는 분이 아니라 구원하시는 분이라는 사실을 역사 속에서 확인해주고 있다.

콘스탄티누스(272~337)라는 황제가 있었다. 그는 306년 로마제국의 황제가 된 후 로마의 앞날이 걱정되어 고심하며 로마가 나아갈 길을 찾고 있었다. 원로원을 비롯한 행정기구, 정치인, 관료 그 어느 곳도 타락하지 않은 곳이 없었지만 막을 방법이 없었다. 그런데 어느 날 말로만 듣던 기독교인들이 박해 당하면서도 죽음을 두려워하지 않고 자랑스럽게 죽어가는 모습을 눈여겨보며 큰 충격을 받았다. 그는 기독교인들을 직접 만나 그들이 살아가는 모습을 확인한 후 로마제국의 살길은 기독교 정신에 있다고 정치적인 판단을 했다. 콘스탄티누스가 먼저 기독교 신앙을 가지고 신앙적 결단을 내린 것이 아니라 정치적인 이유로 정치적 판단을 내려서 기독교의 박해를 종식시키는 칙령을 선포했다. 이 칙령을 313년 로마의 행정수도 밀란에서 반포했다고 해서 역사에서는 밀란칙령이라고 한다. 황제의 칙령 중 세계역사에 가장 큰 영향을 끼친 것은 밀란칙령인데 이로 인해 세계역사가 바뀌었기 때문이다.

4) 교회의 통치

계시록 20장에서는 사탄(박해)의 세력이 멸망한 후에 성도들이 예수님과 더불어 왕 노릇하리라고 말한다. 무엇을 말하는 것일까? 박해가 종식된 이후의 역사가 그것을 말한다. 박해가 종식된 후 각 지역에 정부의 재정으로 교회들이 세워지고 교회에서 재정과 행정, 사법을 집행했다. 교회는 정부의 기관이 된 셈이며, 로마시민들은 국법에 의해 기독교인이 되어야 했다. 교회는 이제 로마제국의 통치의 자리에 서게 되었고 이어지는 중세기는 기독교가 유럽대륙을 다스리는 교회왕국 시대였다.

계시록에서 끊임없이 언급하는 심판과 종말은 로마제국의 악행의 종식을 말한다. 묵시문학의 관심과 목표는 현재의 당면한 문제와 그 해결이지 결코 세상 마지막 종말에 초점이 맞추어져 있지 않다. 묵시문학인 계시록을 역사 속에서 역사적인 사건으로 해석하고 역사적인 결말을 내야하는 이유가 여기에 있다.

계시록은 가장 큰 위기를 가장 큰 기회로 만들어간 책이기 때문에 오늘 우리에게도 대단히 중요하다. 오늘 우리 기독교는 동서양을 막론하고 심각한 위기에 처해있다. 과연 교회가 다음 시대에 살아남을 수 있을까를 걱정해야 될 지경에 이르렀다. 무엇을 어떻게 해야 하나? 우려 섞인 진단은 많지만 해결할 근본적인 대책은 나오지 않고 있다. 그런데 요한계시록이 그 길을 제시하고 있다. 계시록에서 그 길을 찾아야 한다. 종말의 무슨 시간표에 초점을 맞출 때가 아니다. 사탄은 가장 중요한 책을 가장 문제의 책으로 만들어 놓았다. 이제 요한계시록에서 말하는 진가를 드러나게 해야 한다.

물음 3 역사의 교훈, 무엇인가?

지나간 역사가 중요한 이유는 그 역사 속에서 많은 교훈을 얻을 수 있기 때문이다. 그 교훈 중에서 빼 놓을 수 없는 것은 지나간 역사를 더듬으면서 현재의 위치를 알 수 있고 앞으로 나아갈 방향을 가늠할 수 있는 역사의 방향과 미래에 대한 예측이다. 이런 이유로 탈무드에서는 "배를 몰고 갈 때에는 앞을 보지 말고 뒤를 보라."고 했다. 여기서는 앞에서 다룬 역사를 다른 시각에서 다시 정리하면서 지난 이스라엘 역사와 교회사에서 얻어야 할 가장 큰 교훈이 무엇인가를 짚어보고자 한다.

1. 재해석

구약과 신약의 신앙공동체 역사에서 얻어야 할 가장 큰 교훈은 무엇일까? 재해석이다. 즉 시대가 바뀌면 예전의 정통신앙을 다시 해석해야 한다는 것이다. 예수님께서는 이 문제를 "새 술을 새 부대에 담아야 한다."라고 하셨다. 사실 예수님과 당시 이스라엘의 설교자였던 서기관/바리새인들과의 충돌은 이 문제와 직결되어 있다. 예수님의 설교는 율법과 예언서에 대한 재해석이었으며, 이를 가리켜 "율법과 예언자를 완성시키러 왔노라."라고 하셨다. 예수님의 이런 재해석은 사도 바울에게로 이어졌다. 이런 재해석의 관점으로 지난 4천 년을 간략히 돌이켜 보면 다음과 같다.

2. 이스라엘 역사

① 모세/계약체결

모세가 한 중요한 역할은 이스라엘 사람들을 애굽에서 해방시킨 후 시내산에서의 계약체결이다. 계약 체결과 광야생활 40년에 대한 기록은 출애굽기와 레위기, 민수기에 기록되어 있다. 광야 40년은 계약의 말씀을 삶으로 실천하는 훈련의 시간이었다.

② 모세/계약갱신

광야생활을 마친 후 모세는 광야에서 태어난 새로운 세대들이 가나안이라는 새로운 환경에서 어떻게 살아야 하는지를 지침으로 남겨주었는데, 신명기가 바로 그 책이다.[49] 신명기에는 모세의 설교 세 편이 들어있는데, 이 설교는 시내산 계약에 대한 재해석이다. 이 재해석을 가리켜 '계약갱신'이라 하는데, 신명기는 시내산 계약에 대한 첫 번째 갱신이다. 출애굽세대에서 광야세대로 세대가 바뀌자 모세는 시내산에서 체결한 계약의 책을 그대로 전해주지 않고, 계약을 다시 갱신하며, 재해석해 주었다. 모세는 시내산에서 처음 계약을 체결한 후 40년 뒤에 계약을 다시 갱신하며 재해석했다는 것을 거듭 명심해야 한다. 계약체결의 장소는 시내산이었지만 계약갱신의 자리는 가나안이 바라보이는 모압 평지에 있는 느보산이었다.

율법서에는 계약체결의 책인 출애굽기, 레위기, 민수기가 있으며 마지막으로 이를 갱신한 신명기가 들어있다. 따라서 계약체결

---

49) 신명기(申命記)라는 명칭은 '설교집'이라는 뜻이다.

의 내용과 재해석의 책은 같은 내용을 다루지만 해석이 달라질 수 있다. 이를 반드시 고려하며 읽어야 한다. 예를 들자면 계약법에서 많이 다루는 성막, 제사 등은 신명기에서는 거의 언급조차 없으며, 절기(유월절, 초막절)에 대한 해석은 전혀 다르다. 이런 경우 신명기의 해석을 따라야 한다. 모세는 이스라엘 사람들에게 신명기에서 지금 자신이 해석해주는 말씀대로 살아야 한다고 누누이 강조하고 있기 때문이다. 후일 다윗과 유대인들은 이를 무시하고 '율법대로'라는 미명하에 성전을 짓고 제사에 치중하다가 계약정신에서 멀어지고 말았다. 예언자들은 신명기의 입장에서 말씀을 선포했다. 똑같이 '율법'이라는 용어를 사용해도 이중적인 의미가 있을 수 있다. 이점을 반드시 유념해야 한다. 성경의 역사를 계약과 갱신(재해석)의 시각에서 다시 해석해야 하는 이유도 여기에 있다.

③ 여호수아

모세의 뒤를 이은 여호수아의 중요한 역할은 두 가지이다.

첫째, 이스라엘을 이끌고 가나안으로 입주하여 가나안에 정착시키고 땅을 골고루 분배하였다. 그의 활동에 대한 기록은 여호수아서에 기록되어 있다. 입주할 당시 여리고성을 비롯한 일부의 저항이 있었으나 가나안 일곱 부족과 평화롭게 살아가는 기초를 만들어 놓았다.

둘째, 여호수아와 함께 가나안에 입주한 사람들은 광야에서 태어난 세대였는데, 가나안에 입주한 후 또 40년이 지나자 세대가 가나안세대로 교체되었다. 여호수아는 죽기 전에 가나안에서 태어난 세대들을 세겜에 모아놓고 그들과 다시 계약을 갱신했다. 세겜의 계약갱신에 관한 기록은 여호수아서 23~24장에 들어있다.

④ 사사(士師)들

여호수아가 죽은 후 이스라엘을 신앙으로 이끈 지도자들을 사사라고 한다. 사사기의 기록은 500~1000년 뒤 바벨론 포로기에 신명기 신학자들에 의해 배교/징계/회개/구원이라는 독특한 사관으로 기록되어서 사사시대는 불신앙만 거듭한 것처럼 느껴지지만 실제는 다르다. 왕과 군대가 없었기 때문에 주변나라들로부터 약탈에 시달리면서도 신분, 지위, 빈부의 격차가 없이 신앙으로 살던 시대였다. 이 시기의 400여 년 동안에 10여명의 사사들이 있었는데, 이들에 대한 기록은 주변나라들과 치룬 거룩한 전쟁의 이야기로 남아있다. 사사기에 기록된 거룩한 전쟁은 결국 계약갱신에 해당된다. 성전(聖戰)과 계약갱신, 즉 재해석은 서로 직접 관련이 있다.

⑤ 사무엘

마지막 사사인 사무엘은 50여 년 동안 온 나라를 두루 다니며 계약을 가르친 후 지도자들을 미스바에 모아놓고 계약을 갱신하는 집회를 열었다.[50] 그 당시는 블레셋이라는 나라에 식민 지배를 받고 있었는데, 미스바에 전국의 지도자들이 모인 틈을 타서 블레셋 사람들이 총공세를 감행했다. 사무엘이 블레셋의 군사력에 신앙으로 맞서자 하나님께서는 천둥과 번개를 보내셔서 물리쳐 주셨고, 이로 인해 이스라엘은 평화와 안정을 누릴 수가 있었다. 미스바집회는 계약갱신과 더불어 거룩한 전쟁의 자리였다. 이처럼 거룩한 전쟁과 계약갱신은 직결되어 있다.

⑥ 다윗왕조/계약실종

모세의 계약 체결 이후 매 세대마다 이어오던 계약갱신은 다윗

50) 이 이야기는 사무엘상 7장에 기록되어 있다.

에 이르러 맥이 끊기고 말았다. 사무엘상하를 읽어보면 다윗이 모범적인 신앙인으로 보이지만 이는 위장이었고 실제로는 시내산 계약을 정면으로 위배한 왕이었다. 다윗은 군사력으로 왕권을 획득했으며, 또 주변나라를 침략하여 제국을 이루었고 동시에 율법정신은 사라지고 말았다. 다윗의 아들 압살롬이 반란을 일으키자 백성들이 거국적으로 다윗을 등지고 압살롬을 지원한 이유는 여기에 있다.

⑦ 엘리야/엘리사

다윗/솔로몬 이후 계약정신이 사라지자 예언자들이 등장하여 율법정신을 주창하고 나섰다. 그 대표자가 엘리야다. 엘리야의 독특한 사역은 계약갱신과 관련이 있다. 엘리야가 아합왕과 온 나라의 지도자들을 갈멜산에 모이게 하고 바알과 아세라 선지자와 대결하여 하늘에서 불을 내리게 한 후 바알과 아세라 선지자를 처단하는 이야기는 계약갱신의 이야기이다. 즉 갈멜산 사건은 다윗 이후 중단되었던 계약갱신이며 신앙에 대한 재해석이다. 엘리야의 사역은 엘리사로 이어지는데, 엘리사는 거룩한 전쟁으로 아람의 군사력을 막아냈다. 엘리야, 엘리사와 관계된 초자연적인 기적의 이야기는 결국 거룩한 전쟁의 이야기이며 율법에 대한 재해석이다.

⑧ 문서 예언자

예언서를 남겨놓은 아모스, 호세아, 미가, 이사야, 예레미야 등 포로기 이전의 예언자들은 그들 당시에 계약을 갱신하며 율법을 재해석한 사람들이다. 그들이 사용한 "여호와께서 가라사대"라는 독특한 표현은 곧 재해석의 용어다. 예언자들은 다윗 이후 성전과 제사중심으로 치우친 왜곡된 정통신앙에 대하여 정면으로 도전하면서 율법으로 돌아가지 않으면 계약이 파기되고 다시 노예로 전락하게 된다고 경고했다.

⑨ 신명기 예언자

예언자들의 경고를 무시하다가 이스라엘은 결국 나라가 멸망당하고 다시 출애굽 이전의 노예살이로 복귀했다. 전쟁포로로 잡혀간 포로지에서 신명기 예언자들의 가르침을 받아 철저하게 회개하자 하나님께서는 파기된 계약을 다시 회복시켜 주셨다. 고레스 칙령(BC 538년)에 의한 귀환은 계약 회복의 증거였다.

⑩ 에스라/느헤미야

천신만고 끝에 귀환한 이스라엘 사람들은 성전과 성벽을 재건한 후 성문광장에 모여 계약갱신의 집회를 열었다. 율법학자 에스라의 설교를 들으면서 대성통곡으로 회개한 이스라엘 사람들은 총독 느헤미야를 비롯하여 모든 사람들이 율법을 지키기로 서약을 했다. 이 에스라를 유대교의 아버지라고 하며, 유대교는 여기에서부터 시작되었다. 귀환이후의 계약갱신과 재해석의 이야기는 구약성경 에스라와 느헤미야에 기록되어 있다.

⑪ 지혜자와 묵시자

포로기 이후의 예언자들과 더불어 특히 지혜자와 묵시자들은 에스라 집회 이후 기존의 정통신앙인 신명기 신학에 대하여 신앙을 재해석한 사람들이다. 이에 대해서는 앞에서 약술한 바와 같다.

3. 새 계약/교회사

시내산 계약으로 시작된 이스라엘 공동체는 계약이 파기되었다가 회복되었지만 그마저도 이어가지 못하고 다시 계약이 파국에 이르렀다. 그리고 새로운 계약이 다시 체결되어 교회가 등장하게 되었다. 그 과정에서 있었던 옛 계약의 파기와 새 계약의 체결과정을 간략히 살펴보고자 한다.

① 서기관/바리새인

옛 계약의 파기에 직접 관련된 사람들은 서기관과 바리새인들이다. 이들의 오류는 신명기 신학과 유대교 율법으로 고정된 정통신앙을 재해석하지 않고 답습했다는 데에 있다. 복음서에 기록되어 있는 예수님의 말씀들 대부분은 당시의 정통신앙을 재해석하는 말씀이다. 이를 한 문장으로 압축한다면 "내가 율법이나 선지자를 폐하러 온 줄로 생각하지 말라 폐하러 온 것이 아니요 완전하게 하려 함이라."(마태복음 5:17) 라는 말씀이다. 예수님께서는 "나는 너희에게 이르노니"라는 말씀으로 율법을 재해석하셨지만 유대인들은 끝내 받아들이지 않았고, 그 결과 계약은 파기되고 말았다. 계약이 파기된 증거는 AD 70년에 로마에 의해 예루살렘이 멸망하고 유대인들은 전쟁포로로 잡혀가거나 전세계에 난민이 되어 흩어진 데에 있다.

② 세례요한

세례 요한은 새로운 계약을 예견하고 선포한 사람이다. 그는 성전의 제사를 폐지하고 요단강에서 세례를 줌으로써 서기관과 바리새인이 하지 못한 율법에 대한 재해석을 시도했다. 세례 요한은 이런 점에서 중요하다.

③ 예수님, 새 계약 체결

온 이스라엘에서 죄인들을 대상으로 활동하시던 예수님은 죄인들의 대표자인 12사도들과 성만찬의 자리에서 당신의 살과 피로 새로운 계약을 선언하시고 이어서 십자가에서 살과 피를 내어주심으로 계약을 체결하셨다. 3일 만에 부활하셔서 40일 동안 제자들에게 부활을 확인시키고 승천하신 후 10일 만에 성령을 보내셔서 새로운 계약 공동체인 교회가 탄생하게 되었다. 교회에는 이제 이스라엘 공동체를 대신하는 역할이 주어졌다.

④ 사도바울

사도바울이 한 역할은 다방면으로 크고 중요한데 그 중에서도 가장 주요한 역할은 유대교를 재해석하여 기독교신학을 정립한 데에 있다. 그는 기독교와 유대교가 어떻게 다른지를 명확히 규명하여 기독교를 유대교에서 독립시켰다. 그의 가르침으로 말미암아 안디옥에서 처음으로 기독교인이라는 칭호가 사용되었다. 바울이 겪은 가장 큰 고초는 유대인들이 아니라 유대교와 기독교를 구분하지 못하는 유대적 그리스도인들 때문에 생겨났다. 온갖 고초에도 굴하지 않고 바울은 기독교의 정체성을 확립해 놓았다. 그의 서신들, 특히 갈라디아서와 로마서는 예수님의 말씀을 한 세대 후에 재해석한 책이다. 바울의 재해석이 아니었으면 기독교는 유대교의 영역에서 벗어나지 못했을 것이다.

⑤ 요한복음/요한계시록

12사도 중에 요한은 유일하게 순교하지 않고 자연사했다고 한다. 요한의 중요한 업적은 사도시대의 마지막 시점에서 예수님에게서 시작된 말씀(공관복음서)과 바울의 재해석(바울서신)을 다시 재해석했다는 데에 있다. 요한복음을 읽어보면 예수님의 말씀과 행적을 전혀 다른 관점에서 해석하고 있다. 그 이유는 다시 해석했기 때문이다. 예수님은 30년경 활동하셨고, 바울의 해석은 60년경이었으며, 요한의 해석은 90년경이다. 사도시대에 대략 30여년 마다 재해석된 셈이다. 사도 중에 요한이 순교하지 않고 유일하게 살아서 100여세까지 장수한 이유는 그에게 사도시대의 신앙을 총정리해야 할 역할이 주어졌기 때문이다. 요한복음은 구약의 신명기에 해당된다. 요한복음과 비슷한 시기에 같은 사람에 의해 묵시적인 방법으로 쓰인 요한계시록은 당시의 신앙에 대하여 재해석의 성격을 가지고 있다.

신약에서 복음서는 구약에서 율법서와 같은 비중을 차지한다. 율법서에 계약체결과 재해석(갱신)이 들어있듯이 복음서도 마찬가지다. 복음서에서 성령이나 종말, 구원 등을 이해하려면 예수님께서 말씀하시던 30년경과 서신과 공관복음이 기록되던 60년경의 재해석과, 마지막으로 90년경에 요한이 재해석한 것을 차례대로 해석한 후 최종적인 해석 즉 요한복음의 해석에 가장 큰 비중을 두어야 한다. 이를 무시하면 유대인들이 범했던 오류를 피할 방법이 없다. 이는 성경해석에서 반드시 염두에 두어야 할 필수 중의 필수이며, 그 중요성은 아무리 반복해도 지나치지 않다.

4. 재해석

이상에서 간추린 바에 의하면 지난 역사에서 얻어야 할 가장 중요한 교훈은 '재해석'이라는 것을 알 수 있다. 이스라엘 역사는 곧 재해석의 역사였다고 해도 결코 과언이 아니다. 계약갱신 즉 재해석이 멈추는 순간 신앙의 비극은 시작된다. 그런데 그 이후의 교회사를 보면 이 재해석이 제 역할을 하지 못했다. 유대교의 계약파기가 재해석의 단절 때문이었는데, 교회사 역시 이 한계를 벗어나지 못했다. 그 이유는 역사의 교훈을 등한히 했기 때문이다. 지난 역사를 통해서 이렇게 말할 수 있다.

오늘의 교회,

재해석에서 길을 찾아야 한다.

물음 4 묵시와 예언, 어떻게 다른가?

흔히 구약의 말라기 이후 세례 요한이 등장할 때까지 수백여 년간 예언자가 없는 공백기였다고 말한다. 그러나 그 기간은 결코 공백기가 아니라 묵시문학의 시대였다. 묵시자들은 활동하는 방법이 예언자들과 달랐을 뿐이다. 앞에서 본 바와 같이 BC 3세기부터 등장한 헬라문화의 침투시기에 예언자들은 묵시로 활동했다. 예언과 묵시는 동일하게 하나님의 영을 받은 사람들의 활동인데 단지 상황에 따라 다르게 활동했을 뿐이다. 또한 여러 면에서 예언문학과 묵시문학은 뚜렷한 차이를 보이고 있다. 이 차이에 대한 이해는 계시록은 물론 성경을 이해하는 데에 대단히 중요하다.

이스라엘 역사에 예언자가 먼저 등장했고 묵시자(默示者)는 후기에 등장했다. 양자 사이에 큰 차이를 보이는 부분은 다음과 같다.

1. 시대와 역사 이해

예언자들은 율법과 계약정신을 따르는 사람들로서 이스라엘의 사명은 율법정신을 이 세상, 이 땅에서 실현하는 데에 있다고 강조한다. 뜻이 하늘에서 이루어진 것처럼 이 세상 역사에서 실현되어야 한다고 주장하면서, 이를 어기면 계약 공동체는 존재 이유와 가치가 없기 때문에 하나님으로부터 버림받을 수밖에 없다고 선포한다. 이렇게 말하던 포로기 이전의 예언자들은 나라가 실제로 멸망하자 이는 계약위반 때문이라고 해석했다. 포로기의 예언자들은 신명기에 기초하여 회개하고 비록 나라가 멸망했지만 다시 율법을 실천하면 하나님께서 한 번 더 기회를 주신다고 가르치면서 신명기 운동을 전개하였고, 또 말한 대로 이스라엘을 귀환시키는 데에 성공했다. 이와 같이 예언자들은 이 세상, 이 땅, 세상 역사를 하나님의 뜻이 실현될 장으로 보기 때문에 이 세상을 대단히 중요하게, 긍정적으로 생각한다. 이들은 이 세상 속에 하나님의 나라가 임해야 한다고 보기 때문에 이 세상과 다음 세상을 분리하지 않고 하나로 생각한다. 구약의 율법이나 포로기 이전의 예언자들에게서 내세에 대한 어떤 언급을 찾아볼 수 없는 이유도 여기에 있다.

이에 반해 묵시자들은 당면한 시급한 위기를 어떻게 극복할 것인가에 초점을 맞춘다. 이들은 세상의 역사를 현재 시대와 오는 시대로 구분하면서 죄악이 지배하는 현 시대를 개혁하거나 구원시키는 것은 불가능하므로 현 시대는 파괴와 멸망의 대상이라고 비관적으로 보면서 다음 세상을 기대한다. 다음 세상에는 죄의 권세가 사라지고 평화와 공의, 완전한 선이 실현된다고 생각했다. 이와 같은 시대는 인간의 어떤 노력이나 방법으로는 불가능하고 오직 하나님의 초자연적인 개입으로 가능하다고 보았으며, 그 때를 '주님의 날' 또는 '여호와의 날'이라고 했다.

그러면 예언문학과 묵시문학은 동일하게 성경에 들어있고 또 하나님의 말씀을 전하는데, 왜 시대를 이해함에 있어서 이렇게 극명한 차이를 보일까? 어느 입장을 따라야 하는가? 이에 대한 해결은 앞에서 본 바와 같이 묵시문학은 독특한 상황에서 독특하게 주제를 다루고 있다는 사실에 대한 이해 여부에 달렸다. 묵시는 식민지배와 박해로 인하여 신앙이 멸절의 위기에 처했을 때 이에 대응하기 위하여 등장한 특별한 문학이라는 사실을 반드시 염두에 두어야 한다. 당시 대제국으로부터 주어지는 불가항력적인 위기를 타개하기 위해, 묵시문학은 박해받는 현재 시기를 사탄과 죄악이 지배하는 시대라고 규정하면서 이는 개선이나 구원의 대상이 아니라 하나님의 도우심으로 도말해야 할 대상이라고 볼 수밖에 없었다. 이런 악마적인 시대를 달리 무어라고 말하겠는가? 동시에 하나님께서 특별하게 개입하셔서 해결해주시는 주님의 날, 또는 여호와의 날에는 이 모든 죄의 권세가 사라지고 하나님의 공의가 실현되며, 평화와 안정이 온다는 주장은 그 당시 상황에서는 지극히 당연할 뿐만 아니라 달리 말할 방법이 없었다. 이런 점을 유의한다면 묵시문학에서 말하는 파멸당할 수밖에 없는 현시대는 세상 모든 시대가 아니라 박해를 가하는 특정의 시대를 말하며, 오는 시대란 세상 종말의 어떤 시대가 아닌 박해가 종식되는 시대라는 것을 알 수 있다. 따라서 묵시문학은 특정한 시기에 등장해서 그 시기의 문제에 초점을 맞추면서 역사의 한 부분을 다루었으므로 이를 전 역사로 확대해석해서는 안 된다는 사실이 명확해진다.

구약의 묵시문학인 다니엘, 에스겔, 스가랴 등과 외경의 많은 묵시문학은 포로기 이후의 절박한 상황에서 생겨나서 절박한 그 당시의 문제를 다루고 있으며, 신약의 계시록을 비롯한 외경의 묵시문학도 마찬가지다. 따라서 역사와 시대에 대한 묵시적인 이해를 사실적인 표현으로 받아들여 역사 전체로 확대하여 역사의 종말에 대입하는 것은 본래의 취지와 전혀 맞지 않는다. 묵시자들의 의도와 활동 방법을 오해하여 예언과 묵시가 서로 다른 것을 말한다고 잘못 이해했는데, 주로 유대인들이 그러했다. 즉 현시대와 오는 시대를 묵시적인 시각으로 구분하는 방법은 유대인의 방법이다. 유대인들은 신명기 역사서, 특히 사무엘서의 다윗에 대해서도 문자 그대로 해석하여 다윗제국을 정당화시키고 있으며, 묵시문학을 사실적인 표현으로 보면서 그들이 기다리는 메시아가 오면 다윗 왕처럼 전 세계를 지배하는 메시아 왕국을 만들리라고 생각한다. 이스라엘의 국기가 다윗의 별인 이유도 여기에 있다. 오늘의 기독교인이 생각하는 세상이 파멸되는 종말론은 안타깝게도 유대인의 종말론에 가깝다. 기독교와 유대교는 종말론이 다르다. 그런데 이 둘이 전혀 구별되지 않고 있다.

2. 표현과 전달 방법

예언과 묵시는 동일하게 하나님의 말씀을 선포하지만 그 표현과 전달 방법은 서로 상이하다. 예언은 설교이기 때문에 간혹 비유를 쓰기는 하지만 사실적인 표현을 주로 쓰면서 율법과 계약을 해석하고 그 실천을 강조하며, 책망하고 권고한다. 단지 간혹 구전의 흔적인 함축, 암시, 은폐의 특징을 띄고 있다. 예언문학을 읽을 때는 사건 당시와 기록 당시, 그리고 편집 당시의 상황을 염두에 두면서 그 당시의 의미를 찾아낸 후에 오늘에 적용하면 된다. 예언은 설교이므로 구두로 선포되었고 설교자가 명시되었다.

그러나 묵시문학은 박해 상황에서 비밀언어인 환상, 환시, 환청, 상징 등을 사용하여 신비적으로 기록했기 때문에 일반인은 읽어도 무슨 뜻인지 잘 알 수가 없다. 오늘 우리가 이를 이해하려면 묵시문학의 표현 방법에 대하여 충분히 연구한 다음 그 당시의 상황을 재구성하여 본래 말하려는 의도들을 찾아내야 한다. 이는 묵시문학을 이해하는데 필수요건이다. 반드시 기억해야 할 요점은 묵시문학은 사실적인 표현을 쓰지 않으므로 이를 사실적으로 받아들이면 큰 오류에 빠진다는 점이다. 이단을 비롯하여 요한계시록에 관심을 가지는 이들에게서 일어나는 혼란도 바로 여기에 있다. 묵시문학은 구두가 아닌 문서로 전달되었고 비밀문서이기 때문에 모두가 가명으로 기록되며, 신비한 내용들을 묵시적으로 표현한다. 묵시문학 중에서 실명으로 기록된 것은 요한계시록뿐이다. 묵시문학의 이런 특징 때문에 일부 학자들은 계시록에서 밝힌 저자 '요한'은 실명이 아니라 가명이라고 보고 있다.

3. 예언인가? 묵시인가?

예언문학은 별로 논란이 되지 않는데, 묵시문학이 늘 논란의 대상이 되는 이유는 묵시문학의 특징 때문이다. 오늘 우리는 자신도 모르는 사이에 묵시문학의 지배를 받고 있다. 특히 시대에 대한 이해와 종말론에서 그렇다. 예수님께서 재림하시면 현시대는 하나님의 심판으로 파멸에 이르고 구원받은 사람들은 천국으로 직행한다고 생각하는 종말론은 전적으로 묵시적인 이해에 기인한다. 왜 이렇게 되었을까? 묵시문학에 대한 이해부족 때문이다. 묵시문학의 시대 이해는 한정된 시기에 적용될 대상이다. 이를 역사 전체로 확대해석했기 때문에 초대교회 때부터 시한부 종말론이 등장했고 또 많은 물의를 빚었다.[51] 그러면 예언문학과의 관계에서 묵시문학을 어떻게 해석해야 하는가?

① 예언문학의 큰 흐름 속에서 묵시문학을 해석해야 한다.

현시대의 역사는 하나님의 심판으로 파멸에 이른다는 묵시적인 표현을 예언문학으로 해석하여 심판과 파멸의 대상을 세상이 아닌 죄의 세력으로 국한해야 한다. 예언문학은 하나님의 창조와 세상의 역사를 중요하게 여기며, 계약 공동체를 통하여 이 세상에서 하나님의 뜻이 실현되어야 함을 강조한다. 계약 공동체는 이 세상에서 하나님나라의 모델이 되어 하나님나라가 임하게 해야 한다. 이를 등한히 하면 계약 공동체의 존재이유가 사라지고 심판의 대상으로 전락한다. 예언문학에 의하면 하나님의 일차 심판의 대상은 이 세상이 아니라 계약을 실천하지 못하는 계약 공동체이다. 이런

51) 기독교 역사에서 최초로 등장한 시한부 종말론은 몬타누스운동((Montanism)이었다. 몬타누스는 156년경 등장하여 종말을 예언하면서 많은 추종자들이 생겨났으며 교회에 많은 물의를 일으켜 177년 이단으로 파문되었으나 그 영향은 그 이후에도 오랫동안 지속되었다. 이단이 아니라도 시한부 종말론을 제시한 지도자들은 수없이 많았다. 종교 개혁자 루터도 그 중의 한 사람이다.

이유로 포로기 이전의 예언자들은 이스라엘의 멸망을 예고했다. 이에 반해 묵시문학은 계약 공동체를 방해하는 악마적인 세력은 물론이고 이 세상 자체를 심판의 대상으로 삼는다. 그러나 예언문학의 시각에 의하면 파멸의 대상은 결코 이 세상이나 세상 역사가 아니며 세상을 지배하는 죄의 권세와 박해 세력에 국한된다. 따라서 예언문학의 큰 흐름 속에서 묵시문학의 작은 흐름을 해석해야 한다.

② 복음의 큰 틀 속에서 묵시문학을 해석해야 한다.

예언문학이 이 세상에서 하나님나라의 뜻을 실현하는 데에 관심을 가지는 이유는 그 뿌리가 율법이며, 율법은 이 세상의 모든 사람이 다 골고루 행복하게 잘 살게하는 법이기 때문이다. 그런데 복음은 율법의 폐지가 아니라 율법과 예언의 완성이다. 복음에서는 율법과 예언의 완성을 '하나님의 나라'라고 하며, 예수님은 이 하나님의 나라를 이 땅에 임하게 하시기 위하여 오셨다. 세례요한과 예수님의 첫 선언이 "하나님 나라가 가까이 왔다."인 이유는 여기에 있다. 복음은 이 땅에서 사탄의 세력을 몰아내고 하나님나라를 임하게 하는 기쁜 소식이다. 이런 복음의 틀 속에서 묵시를 이해하면 하나님께서 심판하시고 멸망시키시는 대상은 이 땅에 임하는 하나님 나라를 방해하는 사탄의 세력임을 알게 된다. 그러므로 복음으로 묵시문학을 해석해야 한다.

그런데 예수님께서 인간의 영혼을 구원하여 죽은 후에 하나님나라에 가게 하시고, 재림하실 때에 세상을 심판하신다는 종말론은 복음에 대한 묵시적이고 유대교적인 해석이다. 이는 복음으로 묵시문학을 해석한 것이 아니라 반대로 묵시문학으로 복음을 해석한 것이다. 복음의 큰 틀에서 묵시문학의 작은 틀을 해석해야 한다.

③ 기독교의 종말론은 유대교의 종말론과 다르다.

성경의 종말론, 즉 기독교의 종말론은 이 땅에서 인간이 시작한 하나님나라가 확산되기는 하지만 완성될 수는 없다는 것을 기본전제로 한다. 즉 인간에 의한 지상천국은 불가능하다. 율법의 정신인 복음이 실현되는 하나님나라가 이 땅에 임해야하는데, 그 방해물이 세상의 죄악이다. 하지만 하나님의 도우심으로 죄악의 권세를 물리치고 하나님나라가 이 땅에서 겨자씨처럼, 누룩처럼, 빛이 어두움을 몰아내듯이 번지다가 결국 종말의 때에 하나님의 초자연적인 개입으로 완성된다는 종말론이 성경의 종말론이다. 예언문학은 이 세상을 중요하게 여기지만 결코 인간의 힘으로 지상낙원이 실현된다고 말하지 않으며, 내세의 종말적인 완성을 부정하지 않고 오히려 강조한다. 하나님의 나라는 지금 여기서 하나님의 인도하심으로 시작되며, 종말에 이르러 완성된다고 보기 때문이다.

그러나 묵시문학의 시대구분을 문자대로 받아들이는 유대교 종말론은 이 세상, 이 시대 자체를 악하게 보며 파멸의 대상으로 보기 때문에 이 세상이나 이 세상에 임하는 하나님나라를 중요하게 생각하지 않고 다음 세상에 치중하게 한다. 이런 유대교 종말론은 또 유대인 중심의 메시아왕국에 초점을 맞춘다. 초인적인 메시아가 오면 무력을 사용하여 세계를 지배하는 제국을 만들며, 유대인들이 그 왕국을 통치하리라고 생각한다.

④ 기독교의 하나님나라는 유대교의 메시아왕국과 다르다.

그런데 기독교 역사를 돌이켜 보면 유대교의 종말론과 메시아왕국을 분별없이 받아들였다. 기독교가 로마제국의 주인이 된 다음에도 묵시적인 시대 이해를 문자적으로만 잘못 해석하여 세상을 파멸의 대상으로 보고 말았다. 그 결과 중세 기독교왕국 시대에서 왕정독재나 신분제도, 빈부의 격차는 더 심화되었고, 그런 문제들은 죽어서 하늘나라에 가면 모두 해결된다고 했다. 안타깝게도 유럽의 봉건제도(장원제도)와 농노(農奴)는 기독교의 산물이다. 산업혁명 이후 기독교 국가들은 전 세계를 돌아다니며 무력으로 식민지를 건설했다. 이런 신앙을 가진 이들은 메시아왕국을 중요시하는데 이는 유대교의 메시아왕국과 다를 바 없다. 유대인들이 생각하는 메시아왕국과 성경에서 말하는 하나님나라는 전혀 다르다. 오늘 우리 기독교의 문제점은 유대교와 기독교가 어떻게 다른지를 구별하지 못하는 데 있다. 중세기가 암흑기가 된 가장 큰 이유는 여기에 있다.

중세 암흑기를 배경으로 르네상스의 인본주의가 등장해서 왕정과 노예제도를 혁명으로 해결하자 기독교는 설 자리를 잃고 외면당했다. 이런 사실은 기독교인들에게 역사의 수치다. 그런데 그 비극적인 오류가 지금도 정통신앙이라는 이름으로 버젓이 행세하고 있다. 이는 우리가 속히 청산해야 할 과제다. 이런 측면에서 요한계시록에 대한 올바른 해석의 중요성은 아무리 강조해도 지나치지 않다.

오늘의 교회,

요한계시록에서 길을 다시 찾아야 한다.

제2부 : 여는 글:(1:1~3:22)

〈물음5〉 요한계시록의 배경은 무엇인가?

〈물음6〉 요한계시록, 어떻게 시작하고 있나?

〈물음7〉 왜 일곱 교회에 보내는 편지인가?

〈물음8〉 요한계시록, 어떤 상태에서 쓰였나?

〈물음9〉 에베소교회의 사자에게 하신 말씀은 무엇인가?

〈물음10〉 서머나교회의 사자에게 하신 말씀은 무엇인가?

〈물음11〉 버가모교회의 사자에게 하신 말씀은 무엇인가?

〈물음12〉 두아디라교회의 사자에게 하신 말씀은 무엇인가?

〈물음13〉 사데교회의 사자에게 하신 말씀은 무엇인가?

〈물음14〉 빌라델비아교회의 사자에게 하신 말씀은 무엇인가?

〈물음15〉 라오디게아교회의 사자에게 하신 말씀은 무엇인가?

물음 5 요한계시록의 배경은 무엇인가?

요한계시록의 본문을 해석하려면 먼저 기록 당시의 상황을 파악할 필요가 있다.

① 역사적인 배경

계시록의 기록 시기는 로마제국의 도미티아누스(Domitianus 81~96년 재위)[52]황제가 교회를 박해하던 85~95년경이다. 지중해를 중심으로 수많은 나라를 식민통치하던 로마제국은 수백 년간 반란이 없는 로마의 평화(Pax Romana)를 누렸다.[53] 어떻게 식민지의 반란이 없는 제국이 가능했을까? 그것은 로마의 정치제도인 공화정과 식민지에 자치권을 허락하는 포용정책 때문이었는데, 이로 인해 식민지 국가들은 살기가 더 좋아졌다. 이에 식민지 국가들 중에는 로마제국에 감사하는 마음으로 아우구스투스 등의 황제를 신으로 섬기는 나라도 있었다[54]. 초기의 황제들은 오히려 자신을 신격화하지 못하게 했으나 식민지 백성들은 황제신상에 제의를 계속했다. 황제숭배는 이렇게 시작되었는데, 시간이 지나면서 로

52) 도미티아누스 황제는 예루살렘을 멸망시킨 티투스(Titus 79~81년 재위)의 동생으로 사치와 향락을 즐겼으며, 자신을 신격화 시키다가 암살로 생을 마감했다.

53) 아우구스투스(Gaius Julius Caesar Augustus BC 27~AD 14) 황제 때부터 마르쿠스 아우렐리우스(Marcus Aurelius 161~180) 황제 때까지 지중해 세계가 비교적 안정을 누렸던 200년의 기간을 일컫는 말이다. 그 이후에도 로마제국은 내부에서 정권다툼은 있었지만 식민지의 반란이나 외부 세력의 침략을 받지 않았다. 식민지들은 거의 저항하지 않았으나 유대인은 예외적으로 저항을 하다가 로마제국에 의해 멸망당했다.

54) 자발적인 신격화의 대상이 된 황제로는 주로 카이사르(Gaius Iulius Caesar BC 100년~44년), 옥타비아누스(Octavianus BC 63~AC 17년), 클라우디우스(Claudius BC10~AC 54년) 등이다.

마정부는 수많은 나라와 민족, 다양한 문화로 구성된 제국의 정신적 통일성을 유지하기 위해 황제숭배를 허용했다. 하지만 이와 같은 황제 신격화는 정치적인 목적을 띈 것이기에 종교적인 의미가 없었고 또 강요하지도 않았다.

그러나 도미티아누스는 살아있을 때 스스로 자신을 신격화하여 신으로 부르게 하고 또 신의 칭호로 공문서를 보내고 받게 했다. 또 제국 도처에 자신의 동상을 만들어 놓고 신으로 섬기며 제의를 드리게 했을 뿐만 아니라 제의에 참여한 자에게 확인증을 발부했으며, 황제숭배를 거부하는 자를 색출해서 죽였다. 당시는 다신교 시대여서 황제숭배가 이방신을 섬기는 사람들에게는 별 문제가 되지 않았다. 그러나 다른 신을 섬기기를 거부하는 기독교인들에게는 사활이 걸린 문제가 되었고, 이로 인해 기독교는 대대적인 박해의 대상이 되었다. 유대교인들은 일찍부터 황제숭배, 병역의무 등을 면제받고 있었기 때문에 박해를 피해갔지만, 기독교인들은 박해를 피할 방법이 없어서 박해의 주요 대상이 되고 말았다.

② 기록자

계시록의 저자는 요한이라고 본문에 언급되어 있는데 그는 일반적으로 사도 요한이라고 인정된다. 왜 계시록의 기록자가 사도 요한이었을까? 사도 요한은 당시 에베소교회의 목회자였다. 에베소는 로마제국의 4대 도시 중 하나에 들어갈 만큼 큰 도시였고, 마술이 성행했으며, 아데미 신전이 있었다. 에베소교회는 사도 바울이 3차 여행 때 세운 교회인데, 사도 바울의 노력에 힘입어 3년여 만에 마술사들이 은 오만(10억$)에 해당되는 마술 책을 스스로 불태우고, 아데미 신전이 쇠락할 정도로 교회가 성장을 했다.55) 바울

55) 이에 대한 기록은 사도행전 19장에 상세히 기록되어 있다. 불태운 마술 책의 가격이 은화 5만개에 해당했으며, 아데미 신전은 고대 7대 불가사의 중 하나이고 신전에는 5만 명을 수용하는 신전 뜰이 있었고, 신전의 신상은 풍요의 여신상이었다. 아데미신은

의 선교전략은 거점(據點) 선교인데, 그 이유는 넓은 지역을 다 다니며 선교하기가 어려우므로 대도시에 큰 교회를 세우고 그 교회를 통하여 인근지역에 지교회를 세우는 방식이었다. 이 전략에 따라 에베소 주변에는 많은 지교회들이 생겨났는데, 계시록에 등장하는 일곱 교회들은 다 여기에 해당된다. 에베소교회와 지교회들이 크게 성장했기 때문에 도미티아누스의 박해 때 이 지역에서 가장 많은 순교자들이 나왔다. 전해지는 바에 의하면 에베소 항구에는 배가 출항하는 시기가 되면 로마로 압송되는 순교자들로 항구가 붐빌 만큼 많았다고 한다. 에베소의 목회자 요한은 순교의 위기에 내몰린 교인들을 위해 묵시적인 방식으로 설교해야만 했다.

③ 기록 목적

기록 당시 요한도 역시 밧모섬에 유배되어 있었다. 사도 요한은 박해로 말미암아 순교의 형장으로 끌려가는 교인들을 격려하고 유가족들을 위로하기 위해 유배지에서 설교형식으로 편지를 써야 했다. 계시록은 순교자들에게 보내는 편지인데, 도처에 기독교인들을 색출하는 감시의 눈이 있었기 때문에 박해자들에 대한 자극과 충돌을 피하기 위하여 그 형식을 묵시적인 방법으로 하지 않을 수 없었다. 결국 계시록은 묵시문학의 형식으로 쓰인 설교집인 셈이다.

이런 사실들은 요한계시록이 묵시문학이므로 묵시의 방식으로 해석해야 한다는 것을 말해주고 있다.

고대에 가장 유명한 신 중의 하나이고, 에베소가 그 중심지여서 많은 순례객들이 찾아왔었는데, 에베소 교회로 말미암아 순례객의 발길이 끊기고 신전이 쇠퇴하자 신전 관련 상인들이 폭동을 일으켰다.

물음 6

계시록, 어떻게 시작하고 있나?

본문 : 〈 1장 〉

1 예수 그리스도의 계시라. 이는 하나님이 그에게 주사 반드시 속히 일어날 일들을 그 종들에게 보이시려고 그의 천사를 그 종 요한에게 보내어 알게 하신 것이라.

2 요한은 하나님의 말씀과 예수 그리스도의 증거 곧 자기가 본 것을 다 증언하였느니라.

3 이 예언의 말씀을 읽는 자와 듣는 자와 그 가운데에 기록한 것을 지키는 자는 복이 있나니 때가 가까움이라.

이제 요한계시록의 본문으로 들어가서 해석해 보고자 한다.

【1】 예수 그리스도의 계시라.

이 구절을 문자적인 사실로 받아들이면 '예수 그리스도께서 요한에게 알려주신 특별한 계시'라는 뜻이 된다. 그러나 묵시적인 표현으로 보면 '사도 요한이 묵시적인 방법으로 쓴 설교'가 된다. 설교는 인간이 하지만 하나님의 말씀을 대언하므로 하나님의 말씀과 동일시된다. 따라서 설교와 계시는 권위와 비중에서 차이가 없다. 설교는 영감으로 주어지는 계시이며, 계시는 설교로 선포된다. 이런 이유로 구약의 예언자들은 계시된 하나님의 말씀을 설교로 선포했다.

요한은 계시록 서두에서 자신이 묵시적인 방식으로 쓴 계시, 즉 설교문이라는 것을 분명히 밝히고 있다. 본문의 '계시'라는 단어는 설교의 묵시적인 표현이다. 묵시문학에서는 계시의 형식으로 설교를 한다. 왜 이렇게 할까? 그래야 박해하는 자들이 무슨 뜻인지를 모르게 하면서 듣는 자들에게는 하나님의 위로와 격려의 말씀이 되기 때문이다.

【1】 반드시 속히 일어날 일들을

'반드시 속히 일어날 일'은 무엇을 말하는 것일까? 현재 성경을 읽는 우리 입장에서는 자칫 임박한 세상의 종말처럼 느껴질 수 있겠지만 당시의 상황으로 돌아가 보면 전혀 그렇지 않다. 로마제국의 박해로 말미암아 수많은 사람들이 순교의 형장으로 끌려가고 있는 급박한 상황을 염두에 둔다면 미래 세상의 종말을 말하는 것이 아니라는 것은 의문의 여지가 없다. 요한계시록을 비롯한 묵시문학은 먼 미래의 세상 종말을 말하는데 목적이 있는 것이 아니라 현재 그들이 겪고 있는 심각한 상황을 말하는 데에 있다. 그러면 왜 계시록에서는 미래의 세상 종말처럼 표현하고 있을까? 비밀언어로 기록해서 박해하는 사람들에게는 자신들을 지칭한다는 사실을 모르게 하면서 그 당시의 고난받는 교인들을 격려하기 위함이다. '반드시 속히 일어날 일들'은 당시의 당면한 박해의 문제가 '틀림없이 곧 해결될 일'이라는 뜻이다.

【1】 그 종들에게 보이시려고 그의 천사를 그 종 요한에게 보내어 알게 하신 것이라.

사람을 통해서 일하시는 하나님께서는 '통해서' 일할 만한 사람에게 계시를 허락하신다. 본문에서 "그 종들에게 보이시려고…… 그 종 요한에게 보내어 알게 하신 것이라."는 이런 의미이다. 역사의 주관자이신 하나님께서는 지금도 사람을 통해서 일하시며, 통해서 일할 사람을 찾고 계신다. 그러나 통해서 일할 만한 사람, 이 땅에 하나님의 나라가 임하게 할 사람이 없어서 고민이시다. 사후천국에 가려는 사람은 넘쳐나지만 생전에 뜻이 하늘에서 이루어진 것처럼 이 땅에서 하나님의 나라를 임하게 하려는 사람은 찾아보기가 어렵다. 주기도문은 암송하지만 실제의 신앙과 삶은 주기도문과는 너무나 거리가 멀다. 성경에서 말하는 '하나님의 종'은 하나님의 '대행자'를 말하며, 모세, 예언자 등과 같은 사람에게 붙이

는 칭호다.[56]

유대인들은 하나님과 인간이 직접 접촉할 수 없으므로 중간에 '천사'가 중재를 한다고 생각했다. 모세가 십계명을 받을 때도 하나님으로부터 직접 받지 않고 천사가 전달해 주었다고 한다. 이런 이유로 탈무드를 비롯한 유대인의 문헌에는 천사가 중요한 비중을 차지하며, 천사에 대하여 많은 연구들을 했다. 오늘 기독교에서의 성령의 역할과 비슷하게 보면 된다. 또 묵시문학은 비밀을 유지하기 위해 신비적인 방법으로 기록을 하기 때문에 천사가 자주 등장하며 또 중요한 역할을 한다. 본문에서 하나님께서 요한에게 직접 계시하지 않으시고 천사를 통해서 알게 하셨다고 말하는 이유도 여기에 있다.

【2】 요한은 하나님의 말씀과 예수 그리스도의 증거 곧 자기가 본 것을 다 증언하였느니라.

목회자 요한은 박해로 말미암아 교인들이 순교의 길을 가게 되자 많이 기도하지 않을 수 없었을 것이다. 또 깊은 기도와 하나님께서 주시는 영감과 계시로 이 박해를 하나님께서 묵과하지 않으시고 반드시 해결해주시리라는 확신을 가지게 되었다. 그리고 그 사실을 교인들에게 직접 설교하거나 기록으로 전해주었다. 이를 "자기가 본 것을 다 증언하였느니라."라고 표현했다.

【3】 이 예언의 말씀을

'예언'에 대해 생각해 볼 필요가 있다. 구약성경에 들어있는 예언자들의 예언은 그 당시에는 설교였다. 성경에서 말하는 예언은 하나님의 말씀선포를 말한다. 앞날의 길흉화복이나 일어날 일들을 점치는 세속의 예언과는 그 개념이 전혀 다르다. 율법에서는 길흉

56) 종은 히브리어로는 에베드(עֶבֶד), 헬라어로는 둘로스(δου'λος)이며, '하나님의 종'은 가장 영광스런 칭호로 쓰인다.

화복을 예언하는 자는 돌로 쳐 죽이라며 엄단했다.[57] '이 예언의 말씀'은 목회자 요한의 설교를 말하며, 오늘 교회에서 선포되는 말씀도 예언에 속한다. 이 설교 속에 앞으로 일어날 일들이 포함되는 이유는 말씀대로 살면 복이 임하고, 말씀대로 살지 않으면 재앙이 임하며, 하나님의 말씀은 역사 속에서 실현되기 때문이다. 길흉화복을 점치는 세속의 예언과는 그 동기와 성격부터가 다르다.

【3】 읽는 자와 듣는 자와 그 가운데에 기록한 것을 지키는 자는 복이 있나니

'읽는 자'는 누구를 말하는 것일까? 당시 상황으로 돌아가 보면 어렵지 않게 알 수 있다. 당시에는 교회마다 목회자가 있는 게 아니라 한 목회자가 여러 교회를 맡거나 목회자 없이 교인들끼리 예배를 드려야 했고, 기록이 쉽지 않았기 때문에 교회마다 다 성경을 가지고 있지도 못했다. 사도들의 편지나 기록들을 교회별로 돌아가면서 전달해서 주로 예배 시간에 설교를 대신해서 읽어 주었다. '읽는 자'는 교회에서 예배시간에 대표로 서신을 읽는 사람을 말한다. 지금 성경을 읽는 독자를 말하는 게 아니다. 계시록은 교회에 보낸 편지이지 개인들이 읽을 수 있는 기록이 아니다. 읽는 자와 듣는 자가 복이 있다는 뜻은 박해시대이기 때문에 예배에 참석하면 체포될 위험성이 늘 있었는데 이런 상황에서 죽음을 무릅쓰고 예배에 참석하는 사람들이 읽는 자와 듣는 자였다. '지키는 자'란 죽음을 감수하며 순교의 길을 가는 사람들을 말한다.

목회자 요한은 교인들을 향해서 설교의 서두에서 죽음의 위험에도 불구하고 예배에 참석하는 사람들, 더 나아가 순교의 길을 가는 사람들을 향해 '복이 있나니'라고 위로와 격려를 하고 있다. 이런 말씀을 읽고 들은 사람들은 죽음을 두려워하지 않고 교회에 출석했으며, 피하지 않고 순교의 길을 개선장군처럼 당당하게 걸어갔

57) 출애굽기 22:18, 신명기 18:10~11절을 비롯하여 여러 곳에서 말하고 있다.

다. 요한계시록을 해석하려면 당시의 상황으로 돌아가서 그 상황을 재현해야 한다. 이것이 기본 중의 기본이다. 초대교회는 이런 상황에서 신앙생활을 했는데 어떻게 교회가 유지될 수 있었을까? 놀랍게도 교인들이 현상 유지에 머물지 않고 급속도로 늘어나서 제국인구의 10~15%가 기독교인이었으며, 최상류 귀족층, 황제 측근 중에도 기독교인들이 많이 생겼다. 어떻게 그런 일이 가능했을까? 죽어가면서도 이 땅에서 부활과 하나님나라를 이루어가는 삶의 모습이 너무나도 큰 충격으로 다가갔기 때문이다.

오늘 우리가 요한계시록을 해석하는 이유는 요한계시록에 담겨진, 현실의 위기를 극복하고 기회로 바꾸어가는 이와 같은 신앙의 생명력을 다시 회복하기 위함이다. 요한계시록을 통해서 이런 지혜와 능력이 다시 부활되어야 한다. 반면에 종말의 시간표, 세상의 종말과 심판의 시간을 알아맞히며 계산해내려는 시도는 요한계시록과는 전혀 무관할 뿐만 아니라 오히려 계시록의 의도와는 달리 혼란과 불신만을 조장한다. 이를 명심해야 한다.

【3】 때가 가까움이라.

'때', '기한' 등의 표현은 묵시문학의 일반적인 표현법인데, 이 때는 하나님께서 정하신 때이며, 또 개입하실 때이다. 지금은 박해의 밤이 캄캄하고 깊으며 오래갈 것 같지만 곧 새벽이 오고 어둠이 물러가리라는 선언이다. 이 '때'는 '반드시 속히 일어날 일들'에서 살펴본 바와 같이 박해 종식의 때를 말한다. 결코 세상의 종말을 말하는 것이 아니다. 요한계시록은 당시의 역사 속에서 일어난 역사적인 사건을 기록한 것이므로 이에 대해 역사적인 해석을 해야 한다. 계시록을 미래 종말에 일어날 사건에 대한 예언이라고 생각하면서 계시록과 그 역사를 분리하는 순간 모순과 비극은 시작된다.

물음 7 왜 일곱 교회에 보내는 편지인가?

본문 : 〈 1장 〉

4 요한은 아시아에 있는 일곱 교회에 편지하노니, 이제도 계시고 전에
도 계셨고 장차 오실 이시며 그의 보좌 앞에 있는 일곱 영과
5 또 충성된 증인으로 죽은 자들 가운데에서 먼저 나시고 땅의 임금들
의 머리가 되신 예수 그리스도로 말미암아, 은혜와 평강이 너희에게
있기를 원하노라. 우리를 사랑하사 그의 피로 우리 죄에서 우리를
해방하시고,
6 그의 아버지 하나님을 위하여 우리를 나라와 제사장으로 삼으신 그
에게 영광과 능력이 세세토록 있기를 원하노라. 아멘.
7 볼지어다. 그가 구름을 타고 오시리라. 각 사람의 눈이 그를 보겠고,
그를 찌른 자들도 볼 것이요, 땅에 있는 모든 족속이 그로 말미암아
애곡하리니 그러하리라. 아멘.
8 주 하나님이 이르시되, "나는 알파와 오메가라. 이제도 있고 전에도
있었고 장차 올 자요 전능한 자라." 하시더라.

【4】 요한은 아시아에 있는 일곱 교회에 편지하노니

아시아에 있는 일곱 교회는 어떤 교회일까? 왜 다른 교회에는 편지를 보내지 않고 이 교회들에게만 보냈을까? 이 교회들은 어떤 특별한 이유가 있어서일까? 이 문제를 이해하기 위해서는 일곱 교회가 있던 당시의 지도가 도움이 된다. 〈그림1〉의 지도를 보면 ① 에베소교회를 시작으로 일곱 교회가 있는데, 이 일곱 교회는 사도 요한의 목회지였다. 그는 주로 모교회인 에베소교회에 머물렀지만 인근 지교회들을 수시로 순회하며 설교했다. 일곱 교회의 순서는 그가 순회하던 순서로서 에베소교회에서 시작하여 시계방향으로 배치되어 있음을 알 수 있다. 에베소에 머물던 요한이 설교문을 써

서 교회로 보내면 주변 교회들은 주일마다 그 편지를 돌아가면서 예배시간에 읽었다. 요한계시록을 쓰기 이전부터 요한은 설교를 기록하여 편지로 보냈었다. 요한은 에베소교회에 머물며 30여 년을 목회했는데, 그는 이런 식으로 설교를 써서 회람용 편지로 보내곤 했다.

〈그림1 계시록의 일곱교회〉

이런 내용을 파악하고 나면 요한계시록은 요한이 자신의 목회지였던 일곱 교회에 보낸 설교편지였음을 알 수 있으며, 또 이런 사실을 본문에서 명확하게 밝히고 있다. 다른 지역의 교회에 쓰지 않은 이유는 다른 사람의 목회지에 자신이 관여할 일이 아니기 때문이다. 요한계시록은 요한이 박해시대에 밧모섬에 유배되어 있으면서 자신이 목회하던 교회들에게 묵시의 형식으로 써 보낸 세 편의 설교편지이다. 세 편인 증거는 일곱 번으로 진행되는 심판이 인봉, 나팔, 대접 등으로 세 차례 진행되는 사건에서 확인된다. 묵시문학은 대부분 익명으로 되어 있는데, 계시록에서 유독 실명을 밝히는 이유는 계시록은 자신의 목회지에 보내는 설교편지이기 때문이다.

그러나 본문에 나오는 '일곱 교회'는 단지 계시록에 등장하는 일곱 교회만이 아니라 모든 교회를 포함한다. 왜냐하면 에베소 주변의 지교회는 지도에서 볼 수 있는 일곱 교회들만 있었던 것이 아니다. 잘 알려진 골로새교회를 비롯하여 히에라폴리스, 마그네시아, 트랄레스에도 교회가 있었으며, 좀 더 확대하면 지금의 터키 전역에 교회가 이미 있었다. 그럼에도 불구하고 '일곱' 교회로 한

정한 이유는 '일곱'이라는 숫자가 가지는 특별한 의미 때문이다. 유대인들은 '일곱'을 완전수라고 생각해서 천사장도 일곱이라고 했으며[58], 계시록에서도 일곱이라는 숫자가 많이 쓰이고 있다. 사도시대의 마지막 시점에서 사도요한은 사도의 대표로서 당시에 박해를 당하는 모든 교회들에게 계시록을 쓰고 있다고 볼 수 있다.

【4,8】 이제도 계시고 전에도 계셨고 장차 오실 이시며,……주 하나님이 이르시되, "나는 알파와 오메가라 이제도 있고 전에도 있었고 장차 올 자요 전능한 자라." 하시더라.

이 구절은 예수님에 대한 독특한 설명이다. 예수님은 시간을 초월하여 과거-현재-미래에 동시적으로 계시며, 알파와 오메가이시고[59] 시작과 끝이시다. 예수님을 '이제도 계시고 전에도 계셨고 장차 오실 이'라는 표현으로 4절과 8절에서 문단의 시작과 끝에 배열한 이유는 예수님의 영원하심을 특별히 강조하는 강조법이다. 박해받아 죽어가는 이들을 염두에 두면 예수님을 왜 이렇게 말하고 있는지 이해가 된다. 젊은 나이에 죽음의 길로 가는 사람들에게 죽음은 끝이 아니라 시간의 세계에서 영원한 세계로 들어가는 문이며, 그 길을 예수님께서 구세주가 되셔서 인도해 주시리라는 특별한 격려의 표현이다.

【4~5】 그의 보좌 앞에 있는 일곱 영과, 또 충성된 증인으로 죽은 자들 가운데에서 먼저 나시고 땅의 임금들의 머리가 되신 예수 그리스도로 말미암아, 은혜와 평강이 너희에게 있기를 원하노라.

본문에서 우선 눈에 띄는 구절은 보좌 앞에 있는 '일곱 영'인데,

58) 천사에 관심이 많던 유대인들은 일곱 천사장에게 이름을 부여했는데 Uriel, Rafael, Raguel, Michael, Gabriel, Saiquael, Jeremiel 등이다.(토빗 12:15, 에녹서 20)

59) 알파(α)와 오메가(Ω)는 요한계시록을 기록한 헬라어 알파벳의 첫 자와 마지막 자이다.

해석이 쉽지 않아 다양한 의견들이 있다. 여러 해석이 가능하지만 계시록 기록 당시의 관심사는 박해받는 교회이므로 일곱 교회와 관련지은 해석이 적절하다고 생각된다. 우선 보좌 앞에 있는 '영'은 하나님의 영인데, 일곱 영은 일곱 교회에 계시는 영이라고 할 수 있다. 박해당하는 교회를 향하여 하나님의 영은 지금 교회에 계시며, 하나님의 영이 계시는 교회는 하나님의 보좌 앞에 있는 일곱 영과 같다고 격려하고 있다.

성경에 의하면 교회는 이 땅에 하나님의 나라를 임하게 하는 역할을 해야 하기 때문에 하나님이 함께하시며, 하나님의 영이 계시므로 교회는 하나님의 보좌라고 할 수 있다. 하나님을 어디에서 어떻게 만나야 하는가? 교회 공동체에서 하나님을 만나야 한다. 하늘의 하나님나라가 이 세상에 임하게 하는 교회 공동체의 사역에서 하나님을 만나야 한다. 교회 공동체는 하나님의 현존의 현장이며, 더 나아가 하나님의 보좌다. 계시록의 서두에서 요한은 교회의 중요성을 이같이 강조하고 있다.

또 예수님을 언급하면서 "충성된 증인으로 죽은 자들 가운데에서 먼저 나시고 땅의 임금들의 머리가 되신 예수 그리스도로"라는 긴 수식어를 사용하고 있는데, 무엇을 말하려는 것일까? '충성된 증인', '죽은 자들 가운데서 먼저 나시고' 등은 당시의 위급한 상황의 반영으로 보여 진다. 이런 표현은 예수님께서 직접 인간으로 계실 때 보여주신 것처럼, 박해에 굽히지 말고 끝까지 충성된 증인이 되어 우리도 죽음의 위협에 죽음으로 대처하자는 격려이며, 그 죽음은 결코 헛된 죽음이 아니라 다시 사는 부활에 참여하리라는 위로이다. 더 나아가서 이런 순교의 길을 가는 사람들은 예수님께서 십자가의 길을 가심으로 땅의 임금들의 머리가 되신 것처럼 이 세상을 통치하는 가장 고귀한 삶을 사는 것이라는 소망의 말씀이다. 특히 예수님께서 땅의 임금들의 머리가 되신다는 표현은 당시 로마제국의 황제가 박해를 하고 있지만 예수님은 그 황제를 통치하시므로 곧 박해가 종식되리라는 말씀이다.

이런 위로와 격려에 힘입어 박해를 견뎌낸 교인들과 순교자들의 희생은 헛되지 않아 후일 밀란칙령(313년)이후에 교회는 로마제국의 실질적인 통치의 자리에 올랐다. 이는 오로지 박해를 견뎌낸 교인들의 희생을 통한 결과였다.

【7】 볼지어다. 그가 구름을 타고 오시리라. 각 사람의 눈이 그를 보겠고, 그를 찌른 자들도 볼 것이요, 땅에 있는 모든 족속이 그로 말미암아 애곡하리니 그러하리라. 아멘.

'구름'은 성경에서 하나님 현현(顯現)에 등장하는 현상이며, 묵시적인 표현이다. 인간과 다른 차원에서 다른 방식으로 존재하시는 하나님을 인간의 언어로 사실적인 표현을 하는 것은 불가능하므로 묵시적인 표현을 쓸 수밖에 없다. 구약의 시내산에서 계약 체결시에 임하는 구름과 예수님의 승천이나 재림과 관련된 구름, 나팔소리, 흰옷 등은 모두가 사실적인 표현이 아니라 묵시적인 표현이다. 구름타고 오시리라는 묵시적인 표현의 의미는 오시는 방법을 말하려는 데에 있지 않고 "하나님의 권세를 가지고, 하나님처럼 오시리라." 즉 하나님의 개입을 말하려는 데에 있다. 그분이 모든 사람이 알 수 있도록 오실 때, 그를 박해하고 찌르고 거부하던 사람들은 통곡하리라는 말씀 역시 당시 박해 상황에 대한 반영이며, 박해당하는 상황은 곧 반전되리라는 의미다. 이런 사실을 "아멘"으로 다시 확인시키고 있다.

물음 8

계시록, 어떤 상태에서 쓰여졌나?

본문 : 〈 1장 〉

9 나 요한은 너희 형제요 예수의 환난과 나라와 참음에 동참하는 자라. 하나님의 말씀과 예수를 증언하였음으로 말미암아 밧모라 하는 섬에 있었더니,

10 주의 날에 내가 성령에 감동되어 내 뒤에서 나는 나팔 소리와 같은 큰 음성을 들으니.

11 이르되 네가 보는 것을 두루마리에 써서 에베소, 서머나, 버가모, 두아디라, 사데, 빌라델비아, 라오디게아 등 일곱 교회에 보내라 하시기로.

12 몸을 돌이켜 나에게 말한 음성을 알아보려고 돌이킬 때에 일곱 금 촛대를 보았는데.

13 촛대 사이에 인자 같은 이가 발에 끌리는 옷을 입고 가슴에 금띠를 띠고.

14 그의 머리와 털의 희기가 흰 양털 같고 눈 같으며 그의 눈은 불꽃 같고.

15 그의 발은 풀무불에 단련한 빛난 주석 같고 그의 음성은 많은 물 소리와 같으며.

16 그의 오른손에 일곱 별이 있고 그의 입에서 좌우에 날선 검이 나오고 그 얼굴은 해가 힘있게 비치는 것 같더라,

17 내가 볼 때에 그의 발 앞에 엎드러져 죽은 자 같이 되매 그가 오른손을 내게 얹고 이르시되 두려워하지 말라. 나는 처음이요 마지막이니,

18 곧 살아 있는 자라. 내가 전에 죽었었노라. 볼지어다. 이제 세세토록 살아 있어 사망과 음부의 열쇠를 가졌노니,

19 그러므로 네가 본 것과 지금 있는 일과 장차 될 일을 기록하라.

20 네가 본 것은 내 오른손의 일곱 별의 비밀과 또 일곱 금 촛대라 일곱 별은 일곱 교회의 사자요 일곱 촛대는 일곱 교회니라.

〈 1번째 장면 : 1:9~3:22 〉

본문은 사도 요한이 하나님을 직접 경험한 신비체험의 기록이다. 이와 같은 신비체험을 경험 없이 설명하려면 어렵게 느껴지지만 경험을 하고나면 이해와 설명이 단순해진다. 하나님을 경험하는 방법은 다양한데 주요 방법은 다음과 같다.

① 성경을 읽거나 예배의 설교를 들으면서 어떤 깊은 감동으로 하나님을 경험하고 만난다. 특히 어떤 집회를 통해서 이런 경험이 흔히 일어난다.

② 깊은 기도를 통한 경험이다. 이때 주로 나타나는 현상은 환상, 환청, 입신, 꿈 등이며, 이 과정에서 하나님을 뵈옵거나 하나님의 음성을 듣거나, 하나님의 응답을 받았다는 경험과 확신이 주어진다. 이 과정에서 초기의 신비현상이 나타나기도 하는데, 방언, 예언 등의 현상이 그것이다. 이때에 반드시 염두에 두어야 할 사항은 이런 현상들은 지극히 초보적인 단계이며 불확실하다는 점이다. 이런 현상들을 중요하게 생각하면 자칫 사탄이 개입하여 "기도를 열심히 했더니 하나님께서 사명과 그 사명을 감당할 능력을 주셨다."라고 거짓 확신을 주는데 이에 속지 말아야 한다. 하나님의 사명과 능력은 이런 상태에서 주어지지 않는다. 이런 현상은 다음 단계로 가는 과정에서 나타나는 일반적인 현상일 뿐이다. 이를 오해하고 여기에 집착하면 틀림없이 마귀에게 속아 넘어가서 자신도 모르는 사이에 마귀의 종노릇을 하게 된다. 사실 이런 현상의 단계까지 가는 것도 적지 않은 기도가 있어야 한다. 그러나 이런 현상의 단계는 영적인 단계에서 지극히 초보의 단계라는 사실을 거듭 명심해야 한다. 이 단계에서는 아직 갈 길이 멀다.

③ 하나님을 직접 뵈옵는 단계인데, 이는 영성의 긴 여정에서 최종 단계에서 나타나는 경험이다. 문자 그대로 하나님과 얼굴을

서로 마주하는 면전의 상태인데 여기까지 가려면 앞에서 이미 말한 바와 같이 많은 영적수련이 필요하다. 그 특징을 다시 설명해보면 먼저 자기긍정의 과정을 지나서 자기부정에 도달해야 한다. 이는 하나님께 가까이 가면서 뚜렷하게 나타나는 현상인데, 가까이 갈수록 자신의 그 어떤 것도 긍정하지 못하고 오직 하나님만 긍정하며, 매사에 무자격자 의식에 사로잡히게 된다. 하나님 앞에 자신이 비추어지면 자신은 죄 그 자체이며, 더 나아가서 자신의 존재 자체가 아무것도 아니라고 느껴지게 된다. 다음으로는 하나님과 성경에 대한 깊은 이해와 깨달음이다. 하나님이 깊이 경험되면서 동시에 성경의 의미들이 새롭게 다가온다. 특히 성경 이해는 단순히 어떤 구절이나 부분 이해에 머물지 않고 성경 전체의 의미와 그 핵심을 통찰하게 된다. 그 다음으로는 지난 역사와 현 시대의 흐름이 다시 보이게 된다. 특히 성경을 읽으면서 그 시대적인 상황이 재현되어지고 그 시대 상황에서의 의미가 무엇인지 분명하게 다가온다. 다른 또 하나는 자신과 악마의 존재에 대해서 새롭게 이해하게 된다. 하나님께 가까이 가는 것은 마치 자신의 내면을 거울에 비추어보는 것과 유사하게 자신의 죄의 실상이 드러나는데, 그 죄성 속에서 악마의 모습을 보게 된다. 특히 자기 성찰이 깊어질수록 마귀와 치열한 싸움이 일어나면서 사탄의 존재와 그 속성을 자신의 내면에서 경험을 통해 알게 된다. 이런 것들이 유기적으로 경험되면서 하나님의 말씀을 대언하는 역할이 주어진다. 구약의 예언자들은 하나님의 말씀을 일인칭 화법으로 선포했는데, 이런 과정을 통해서 말씀의 대언이 가능해진다.

이런 경험에 기초해서 본문을 크게 두 장면으로 나누어 설명해보면 다음과 같다.

첫째, 하나님 면전에서.

【17】 내가 볼 때에 그의 발 앞에 엎드러져 죽은 자 같이 되매 그가 오른손을 내게 얹고 이르시되 "두려워하지 말라……"

위의 구절은 하나님 면전에서 나타나는 두드러진 현상인데, 하나님 면전에 서면 죽은 자와 같이 되며, 경외감과 어떤 두려움에 사로잡히게 된다. 이 상태는 어떤 꿈이나 환상, 환시, 입신의 상태가 아니라 실제의 상태에서 일어나는 현상이며, 이 경험은 감당하기 어려운 충격으로 다가오기 때문에 죽은 자처럼 되며, 견딜 수 없는 어떤 전율 때문에 두려움을 느끼게 된다. 이때의 두려움은 무서움과 다르며, 경외감이 극치에 이른 현상이다. "두려워하지 말라."는 말씀은 이런 죽은 자와 같은 상태에서 벗어나 하나님을 대면하여 말씀을 듣게 되는 상태를 말한다.

둘째, 사명이 주어진다.

하나님 면전은 왜 경험되어지는가? 어떤 사명을 직접 주시기 위함이다. 사명을 받는 방법도 다양하다. 일반적인 것은 기도나 예배를 통해서, 또는 성경을 읽다가 환상이나 음성, 마음의 감동 등을 통해서 하나님께서 나를 부르신다는 어떤 사명을 느끼는 경우다. 그 다음으로는 위에서 언급한 것처럼 직접 하나님을 대면하고 사명의 말씀이 주어지는 경우다. 이때의 사명은 어떤 생각이나 마음이 아니라 구체적인 말씀으로 직접 명확하게 주어진다. 그 이유는 오해의 소지를 없애기 위함이다. 이런 면전의 경험은 통해서 일할 사람을 찾으시는 하나님의 눈에 띄어 발탁된 사람들에게 구체적인 사명을 주실 때 나타나는 현상이다. 성경에 등장하는 모세나 예언자, 사도들은 이런 과정을 거친 사람들이며, 이렇게 주어진 사명과 말씀은 반드시 실현되도록 그 사람을 인도해주신다.

본문에서는 마지막 남은 사도인 요한에게 이런 면전의 상태를 경험하게 하시고, 박해로 말미암아 멸절의 위기에 처해있는 교회에 어떻게 대처해야하는 지를 알려주라는 사명이 주어지고 있다. 그런데 이때에 선포하도록 주어지는 말씀은 하나님께서 직접 주시는 어떤 말씀도 있지만, 대부분은 여기까지 오는 과정에서 요한이 오랫동안 생각하고 정리하고 말하던 내용들이다. 그 내용들이 "네가 이제까지 한 말들이 내 뜻과 부합하니 이제 내 이름으로 선포하라."고 하시는 말씀이 일인칭 화법의 상태로 다가오면서 하나님의 말씀으로 경험된다. 하나님께서 주시는 계시의 말씀이 이미 자신이 생각하고 말하고 있던 것들이라고 하면 아마도 의아하게 생각될 수 있다. 직접 경험하기 전에는 하나님의 계시는 감추어져 있던 어떤 일이 신비한 방법으로 계시를 받는 자에게 알려지는 것으로 생각된다. 또 '계시'라는 단어의 문자적인 의미가 그렇게 생각하게 한다. 그러나 계시를 실제로 경험해보면 이와 상반된다. 왜 그럴까? 이치는 단순하다. 어떤 문제에 대하여 하나님께서 계시해주시는 말씀을 선포하는 사람이 그 문제에 대하여 아무런 관심도, 생각해본 적도 없으면서, 수동적으로 주어지는 말씀을 전한다면 거기에 그 사람의 마음과 감정이 동반될 수 있을까? 이런 경우에는 선포하는 사람은 단지 생각 없는 도구에 불과하며, 하나님과의 어떤 인격적인 관계를 기대하기 어렵다. 하나님의 말씀을 선포하는 사람은 하나님과 마음의 일치, 생각의 일치가 먼저 되어야 한다. 선포자는 단순히 수동적으로 순종하는 도구가 아니라 하나님의 입장에서 하나님을 대신하는 대행자다. 하나님으로부터 수동적으로 주어지는 영감과 인간에게서 능동적으로 나오는 안타까운 마음이 서로 만나야 한다. 수동과 능동이 하나가 되어야 하나님의 말씀 선포가 가능해진다.

사도 요한이 밧모섬에서 받은 계시는 요한이 전혀 관심도 없었고 생각하지도 않았던 생소한 말씀이 아니다. 그가 이곳에 오기 이

전에 이미 기도하면서 수없이 생각하고, 정리하고 선포하던 말씀이다. 밧모섬에서의 계시는 하나님 면전에서 그 말씀을 하나님의 말씀으로 재 경험하고, 또 선포할 사명을 확인하는 사건이었다. 물론 이런 계시의 과정을 겪으면서 기존의 생각이 좀 더 심화되고 미처 생각하지 못했던 새로운 부분이 다시 보여 질 수도 있다.

본문에서는 사명이 주어지는 장면을 다음과 같이 기록하고 있다.

【10~11,19】 주의 날에 내가 성령에 감동되어 내 뒤에서 나는 나팔 소리와 같은 큰 음성을 들으니. 이르되 "네가 보는 것을 두루마리에 써서 에베소, 서머나, 버가모, 두아디라, 사데, 빌라델비아, 라오디게아 등 일곱 교회에 보내라." 하시기로…… 그러므로 네가 본 것과 지금 있는 일과 장차 될 일을 기록하라.

하나님을 면전에서 뵈오면 그분은 어떤 모습이실까? 그분은 어떤 형상으로 보이지 않는다. 단지 어떤 느낌이라고 할까, 어떤 영적인 상태에서 육체의 시각이 아니라 마음과 영으로 뵙는다. 그렇다면 "어떤 형상이나 모습을 보거나 들리는 음성이 없는데, 하나님 면전에서 그분을 뵙고 있다는 것을 어떻게 알 수 있을까?"라는 의문이 들 수 있다. 하나님 면전의 상태는 지상에서는 경험되지 않는 어떤 독특한 상태이며, 그 상태에서는 보고 듣는 감각기능이나 언어의 방법이 아닌 직접 마음과 영으로 주고받는 직관(直觀)으로 더 명확한 소통과 인식은 물론이고 마음과 감정까지 전달이 가능해진다.

【12~18】 몸을 돌이켜 나에게 말한 음성을 알아보려고 돌이킬 때에 일곱 금 촛대를 보았는데 촛대 사이에 인자 같은 이가 발에 끌리는 옷을 입고 가슴에 금띠를 띠고 그의 머리와 털의 희기가 흰 양털 같고 눈 같으며 그의 눈은 불꽃같고 그의 발은 풀무불에 단련한 빛난 주석 같고 그의 음성은 많은 물소리와 같으며 그의 오른손에 일곱 별이 있고 그의 입에서 좌우에 날선 검이 나오고 그 얼굴은 해가 힘있게 비치는 것 같

더라. 내가 볼 때에 그의 발 앞에 엎드러져 죽은 자 같이 되매 그가 오른손을 내게 얹고 이르시되 두려워하지 말라. 나는 처음이요 마지막이니 곧 살아 있는 자라. 내가 전에 죽었었노라. 볼지어다. 이제 세세토록 살아 있어 사망과 음부의 열쇠를 가졌노니

【20】 네가 본 것은 내 오른손의 일곱 별의 비밀과 또 일곱 금 촛대라 일곱 별은 일곱 교회의 사자요 일곱 촛대는 일곱 교회니라.

나팔소리 같은 음성, 눈이나 양털같이 흰 머리, 불꽃같은 눈, 풀무불에 단련된 빛나는 주석 같은 발, 좌우에 날선 검을 가진 입, 해처럼 빛나는 얼굴 등과 같은 예수님에 대한 표현은 사실적인 표현이 아니라 묵시적인 표현이다. 다른 차원에 계시는 분을 인간의 언어로 표현하기가 어려우므로 이와 같이 묵시적으로 표현하고 있다. 그러나 이 본문에서는 부활승천하신 예수님의 모습을 단지 표현상의 어려움 때문만이 아니라 묵시적으로 표현하면서 독특한 의미들을 전달한다. 예를 들면 '불꽃같은 눈'은 모든 것을 꿰뚫어보시는 통찰력을, '풀무불에 단련된 빛나는 주석 같은 발' 은 온 세상을 지배하시는 통치력을, '좌우에 날선 검을 가지신 입'은 능력있는 말씀을 의미한다.

일곱 금 촛대, 일곱 별은 본문에서 밝히고 있는 바와 같이 교회와 교회의 목회자에 대한 묵시적 표현이다. 일곱 금 촛대, 예수님의 오른 손에 잡힌 일곱 별 등은 교회와 목회자들을 하나님께서 얼마나 중요하게 여기시는가를 말해준다. 예수님께서 요한에게 하시는 말씀 중에 "나는 처음이요 마지막이니, 곧 살아 있는 자라. 내가 전에 죽었었노라. 볼지어다. 이제 세세토록 살아 있어 사망과 음부의 열쇠를 가졌노니"(1:18) 라는 표현이 있다. 왜 예수님께서 이렇게 말씀을 하실까? 이 역시 박해의 상황을 염두에 두면 해석이 어렵지 않다. 예수님은 대속의 죽음을 죽으셨으나, 죽으셨기 때문에 다시 영원히 사신 분이실 뿐만 아니라 사망과 음부의 열쇠를

가지신 분이시다. 마찬가지로 예수님을 따르는 이유로 죽임을 당하는 사람은 예수님처럼 영원히 살게 된다는 사실을 강조하는 표현이다.

마지막으로 10절에서 쓰인 '주님의 날'(ἐν τη,' κυριακη,' ἡμέρα)을 생각해 보고자 한다. 본문의 주님의 날은 "하나님께서 세상 역사에 개입하셔서 사탄과 악의 세력을 심판하시고 새로운 세상을 여시는 날"이라는 뜻으로 쓰이는 종말론적인 '주님의 날'(ἡμέρα του' ἀρνί κυρίου)과 개념이 다르다. 본문에서 사용되는 '주님의 날'은 오늘날의 주일이라고 생각하면 되는데, 이런 개념으로는 여기에서 처음이자 마지막으로 쓰이고 있다. 유대인들은 토요일을 안식일로 지켰으나 교회에서는 초기 사도 시대부터 주님께서 부활하신 주일을 지켰으며,[60] 이는 교부들의 글에서도 확인이 된다.[61] 본문에서 주님의 날에 이 말씀을 주시면서 일곱 교회에 보내라고 하시는 말씀은 계시록이 일곱 교회에 보낼 주일 설교의 목적으로 쓰였음을 암시하고 있다.

물음 9 에베소교회의 사자에게 하신 말씀은 무엇인가?

본문 : 〈 2장 〉

1 에베소 교회의 사자에게 편지하라. 오른손에 있는 일곱 별을 붙잡고

---

60) **매주 첫날에** 너희 각 사람이 수입에 따라 모아 두어서 내가 갈 때에 연보를 하지 않게 하라.(고린도전서 16:2)
그 주간의 첫날에 우리가 떡을 떼려 하여 모였더니…(사도행전 20:7)

61) 이에 대한 최초의 기록은 12사도의 교훈집인 디다케(Didachke), 교부 안디옥의 이그나티우스(Ignatius)의 편지, 사데의 멜리도(Melido)의 글에서 찾아 볼 수 있다.

일곱 금 촛대 사이를 거니시는 이가 이르시되,
2 내가 네 행위와 수고와 네 인내를 알고 또 악한 자들을 용납하지 아니한 것과 자칭 사도라 하되 아닌 자들을 시험하여 그의 거짓된 것을 네가 드러낸 것과,
3 또 네가 참고 내 이름을 위하여 견디고 게으르지 아니한 것을 아노라.
4 그러나 너를 책망할 것이 있나니 너의 처음 사랑을 버렸느니라.
5 그러므로 어디서 떨어진 것을 생각하고 회개하여 처음 행위를 가지라. 만일 그리하지 아니하고 회개하지 아니하면 내가 네게 가서 네 촛대를 그 자리에서 옮기리라.
6 오직 네게 이것이 있으니 네가 니골라 당의 행위를 미워하는도다. 나도 이것을 미워하노라.
7 귀 있는 자는 성령이 교회들에게 하시는 말씀을 들을지어다. 이기는 그에게는 내가 하나님의 낙원에 있는 생명나무의 열매를 주어 먹게 하리라.

【1】 에베소 교회의 사자에게 편지하라.

일곱 교회에 보내는 편지를 보면 수신자가 '교회'가 아니라 교회의 '사자'라는 점이 먼저 눈에 띈다. 왜 수신자가 교회가 아니라 교회의 사자일까? 그리고 이 '사자'는 누구이며 무슨 뜻일까? 먼저 사자(使者)의 헬라어를 보면 앙겔로스(ἀγγέλος)이며, 흔히 천사라고 번역되는 이 단어는 계시록에서만 68회 쓰이고 있다.

계시록뿐만 아니라 신약성경에서는 앙겔로스라는 단어가 세 가지 의미로 사용된다. 첫째는 하늘의 천사를 의미하며 가장 많이 쓰이고 있다. 둘째로 땅에 있는 하나님의 사람들을 의미한다. 본문에서는 교회의 목회자들을 앙겔로스라고 부르고 있다. 셋째는 놀랍게도 사탄의 대리자들에게도 똑같은 단어인 앙겔로스를 사용한다.[62] 이상에서 본 바와 같이 앙겔로스는 '대리자'라는 뜻이다. 세

62) 사탄의 대리자도 앙겔로스라고 표현한 구절은 다음과 같다. 마태복음 25:41, 마귀와 그 사자들(τῷ διαβόλῳ καὶ τοῖς ἀγγέλοις αὐτοῦ), 고린도후서 12:7 내 육체에 가시 곧 사탄의 사자(αγγελος Σατανα)를 주셨으니, 요한계시록 12:7 용과 그의 사자들(ὁ δράκων ἐπολέμησεν καὶ οἱ αγγελοι αὐτοῦ)도 싸우나

상에는 두 대리자가 있다. 하나는 하나님의 대리자인데, 하나님의 대리자는 영적인 존재인 천사와 지상에서 하나님의 일을 하는 사람들이다. 다른 하나는 사탄의 대리자로서 영적인 존재인 온갖 귀신과 마귀들이며 또 사탄의 앞잡이인 거짓선지자들이다. 특히 거짓선지자들에게도 앙겔로스라는 단어를 쓰고 있다.

그런데 여기서 가장 주의해야 할 부분은 사탄의 대리자들이다. 대부분의 사탄의 대리자들 즉 거짓선지자들이 스스로는 하나님의 대리자라고 착각하고 있다는 점이다. 사탄의 가장 무서운 무기는 속임수인데, 사탄은 하나님의 일을 하고 있는 설교자들을 속여서 자신도 모르는 사이에 사탄의 대리자 역할을 하게 한다. 이렇게 속아 넘어간 사람들은 죽을 때까지 자신들이 하나님의 대리자 역할을 한 줄로 알게 된다. 다음의 말씀은 이런 사람들을 향한 경고다.

> 또 왼편에 있는 자들에게 이르시되 "저주를 받은 자들아 나를 떠나 마귀와 그 사자들을 위하여 예비된 영원한 불에 들어가라."(마태복음 25:41)

마귀의 대리자 역할을 하는 경우는 몇 가지로 구분된다. 첫째는 말씀을 잘못 배워서 잘못 가르치고 있는 사람들이다. 예수님 당시의 서기관과 바리새인이 여기에 속하며, 예수님은 이들을 향해서 "화 있을진저!, 너희가 어떻게 지옥의 판결을 면하겠느냐?"라고 저주를 선포하셨다.(마태복음 24장, 누가복음 11장). 성경을 가르치는 사람은 자신이 가르친 것에 대해 책임을 져야 한다. 참으로 두렵고도 심각한 말씀이 아닐 수 없다. 잘못 배운 것이 변명의 사유가 되지 못한다. 마귀가 가장 심혈을 기울이는 부분은 성경을 가르치는 사람들로 하여금 잘못 배우고 잘못 가르치게 하는 것이다. 마귀는 항상 그 시대의 교회에서 '정통'이라는 이름으로 행세한다. 구약의 예언자들과 예수님의 경우가 그렇다. 예수님은 당시 유대교 정통신앙인들에게 이단이라는 누명을 쓰고 돌아가셨다. 이에 대한 중요성과 위험성을 강조하기 위하여 마태복음에서는 8복 가운데 “나로 인해 너희를 이단이라고 할 때에는 복이 있나니”라고 하셨다.(마태복음 5:11~12) 둘째, 하나님의 일을 어떤 특별하고 거창하며 초월적인 것으로 생각하게 한다. 하나님의 일은 세상 모든 사람들이 골고루 행복하게 잘 살게 하는 데에 있다. 사탄은 이런 것들은 하찮게 여기며, 영적인 어떤 능력을 행하고 병자를 고치고 예언하는 것을 중요하게 여기게 한다. 마태복음에서 ‘마귀와 그 사자들’이라고 지칭한 사람들이 그들이다.[63] 셋째, 성경의 핵심, 즉 작은 자들을 돌보는 일을 도외시한 채 영적인 어떤 능력으로 귀신을 내쫓고 병자를 고치고 능력 행하는 것을 좋아하며 하나님의 일을 한다고 생각하는 사람들이다.(마태복음 7:22~23) 넷째, 주어진 역할을 게을리 하거나 직무를 소홀히 하는 사람들이다. 달란트의 비유, 깨어있으라는 말씀, 등잔의 기름을 떨어뜨린 자들은 이런 사람들이다. 다섯째, 잘못된 가르침과 이단에 물든 사람들이다. 오늘의 개신교회는 교구제가 아닌데다 온갖 교파와 교회가 난립해있기 때문에 교회를 선택하는 사람들에게도 바른 교회, 바른 가르침을 선택할 책임이 있다. 잘못 가르치는 사람은 물론이고 잘못 배운 사람들도 용서받을 수 없다.

사탄의 계략은 열심히 신앙 생활하는 사람들에게 잘못 가르치거나 잘못 배우게 한다. 이런 사람들은 다 마귀의 대리자들이다. 하나님의 대리자들은 성경과 신앙을 바르게 이해하려고 끊임없이 배우고 노력하면서 동시에 열심을 내는 사람들이다. 어떤 결론을 내지 않고 끊임없이 묻고 또 물으면서 자신의 신앙을 점검해야만 마

63) 또 왼편에 있는 자들에게 이르시되 저주를 받은 자들아 나를 떠나 마귀와 그 사자들을 위하여 예비된 영원한 불에 들어가라.(마태복음 25:41)
그 날에 많은 사람이 나더러 이르되 “주여, 주여, 우리가 주의 이름으로 선지자 노릇 하며 주의 이름으로 귀신을 쫓아 내며 주의 이름으로 많은 권능을 행하지 아니하였나이까?” 하리니 그 때에 내가 그들에게 밝히 말하되 “내가 너희를 도무지 알지 못하니 불법을 행하는 자들아 내게서 떠나가라.” 하리라.(마태복음 7:22~23)

귀의 속임수에서 벗어날 수 있다.

그러면 본문에서 말하는 '교회의 사자'는 누구를 지칭하는 것일까? 에베소 교회의 목회자이다. 교회는 성도들의 모임이고 목회자는 그 모임의 대표자이면서 동시에 하나님의 대리자 즉 천사이다. 목회자만 '천사'일까? 아니다. 목회자가 사역의 현장인 교회에서 하나님의 대리자라면 성도들은 세상에 나가서 하나님의 대리자 역할을 해야 한다. 목회자와 성도는 단지 직분의 차이일 뿐 신분의 차이가 아니다. 따라서 요한계시록에서 교회를 '천사들의 모임'이라고 해도 이는 과언이 아니다.

천사의 이야기가 많이 나오는 요한계시록에서는 하나님께서 쓰시는 천사가 두 그룹으로 나누어진다. 첫째는 하늘의 천사다. 하늘의 천사들은 하늘에서 하나님의 뜻을 받드는 존재들이다. 이 천사에 대해서는 고대 유대인들이 많은 관심을 갖고 많이 연구했으며, 중세 교회 역시 천사에 대해 많은 관심을 가져서 수호천사의 역할을 인정했다. 유대교와 중세교회에서 천사에 대해 관심을 가지는 이유는 인간이 하나님과 직접 소통할 수 없으므로 천사가 중간에서 어떤 중재적인 역할을 해 주어야 한다는 생각에서이다. 그러나 개신교에서는 하나님과 인간이 직접 교통할 수 있다고 생각하므로 (만인제사장설) 천사의 중재역할에 대해 별로 관심을 기울이지 않는다. 대신 하나님께서 우리에게 직접 내려주시는 성령을 중요하게 생각한다. 요한계시록에서 하늘의 천사의 언급이 많은 이유는 천사에 대한 관심보다는 천상의 세계에 대하여 신비적으로 표현하는 묵시문학의 특징 때문이다.

둘째는 땅의 천사들인데 앞에서 살펴본 바와 같이 교회의 목회자는 물론 성도들을 천사라고 지칭하고 있다. 성도들을 천사라고 지칭하는 이유는 이들이 땅에서 하나님의 뜻을 실현해야 하기 때문이다. 비록 천사라는 용어를 쓰지 않고 '성도'라고 표현하고 있어도 이는 곧 천사와 같은 의미를 지닌다고 할 수 있다. 이렇게 본다면 요한계시록은 결국 땅에서 육체를 지니고 세속의 삶을 사는 성도들이 박해의 위기를 맞아 땅의 천사의 역할을 어떻게 해야 하는가를 다루는 책이다.

이런 사실은 영성의 경험을 통해서도 분명하게 확인된다. 마음의 일치와 방법의 일치를 거쳐 사역의 일치에 이르는 과정이 하나님께서 당신의 사람을 만드시는 수련의 과정이다. 이 과정을 통해서 그는 전적으로 하나님의 대행자가 된다. 왜 하나님께서는 이런 대행자가 필요하신가? 인간 세상과는 다른 차원에 계시는 하나님께서는 인간을 통해서 세상의 일을 하시기 때문이다. 성경에 등장하는 많은 사람들은 이와 같은 하나님의 대행자들이었다. 이런 이유로 교회의 목회자와 성도들을 천사라는 단어로 부르고 있다.

이런 사자(대행자)들은 어디에서 어떤 방법으로 하나님의 역할을 대신하는가? 여호와를 하나님으로, 예수님을 구세주로 섬기며 믿고 따르는 사람들이 모인 교회에서 먼저 하나님나라의 모형을 만드는 일로 사자의 역할을 한다. 이런 이유로 계시록에서 하나님께서는 교회의 사자들에게 편지를 보내라고 말씀하신다.

육체를 지닌 인간이, 온갖 약점과 모순투성이인 인간이, 각종 죄악이 판을 치는 세상에서 하나님의 역할을 대신 할 수 있을까? 불가능에 가까울 만큼 어려운 일이다. 목회자에게 윤리 도덕적인 문제, 실천적인 문제는 차치하고라도 성경을 올바르게 해석하여 하나님의 말씀으로 선포하는 것이 가장 어려운 일이다. 사탄은 교묘한 방법으로 속임수를 쓰는데, 그 속임수에 넘어가지 않는다는 게 결코 쉽지 않다. 마귀에게 속고 있다는 확실한 증거는 "나의 신앙에는 오류가 없다."는 확신이며, 또 내가 지금 마귀에게 속아서 그의 대행자 노릇을 할지도 모른다는 지적에 대한 거부감이다. 마귀가 주로 쓰는 방식 중의 하나는 지나친 확신이며, 반면에 성령께서는 늘 자신을 점검하게 하신다. 하나님의 말씀을 대언하며, 보이지 않는 하나님의 보이는 형상이어야 하는 목회자의 길은 인간으로서 감당할 일이 결코 아니다. 이런 사실을 누구보다도 잘 아시는 예수님께서는 이렇게 말씀하신다.

【1】 오른손에 있는 일곱 별을 붙잡고 일곱 금 촛대 사이를 거니시는 이가 이르시되,

무슨 뜻일까? '별'은 목회자들이고 '금 촛대'는 교회를 말한다. 즉 예수님께서는 교회에 오셔서 목회자들을 오른 손으로 붙들어 주신다는 뜻이다. 교회와 목회는 하나님께서 붙드시지 않으면 감당할 수 있는 자리가 아니다.

이제 에베소교회에 하시는 말씀을 이해하기 위해서는 먼저 에베소와 에베소 교회를 이해할 필요가 있다.

〈그림2 아데미 신전의 유적과 여신상〉

먼저 에베소는 어떤 곳이었을까? 당시 소아시아의 수도는 버가모였으나 에베소는 가이스터(Cayster) 강을 낀 항구도시로서 아시아의 관문이었기 때문에 소아시아는 물론 모든 교역로가 연결된 요지였고 로마제국 내에서도 4대 도시 중 하나로[64] 인구가 25만여 명이었다. 정치적으로는 로마로부터 '자유도시'라는 특권을 부여받아 자치가 인정되었고, 매년 아시아에서 가장 큰 경기가 치러졌다. 종교적으로는 마술이 성행했으며,

64) 4대 도시는 로마, 알렉산드리아, 안디옥, 에베소이다.

고대 7대 불가사의에 속하는 유명한 아데미(Ademi) 신전과[65] 2만 5천석 규모의 극장이 있었다.

다음으로 에베소교회는 어떤 곳이었을까?

각 교회를 향하여 말씀하시는 예수님의 모습에 대한 표현이 서로 다르다. 에베소 교회를 향해 말씀하시는 예수님에 대한 소개가 "오른손에 있는 일곱 별을 붙잡고 일곱 금 촛대 사이를 거니시는 이가 이르시되"라고 했는데, 무슨 뜻일까? 계시록 1:20절에 의하면[66] 일곱 별은 일곱 교회의 사자를, 일곱 금 촛대는 일곱 교회를 뜻한다고 했다. 일곱 교회의 지도(111쪽)를 보면 왜 에베소 교회에 이런 표현을 쓰고 있는지를 알 수 있다. 이미 설명한 바와 같이 에베소 교회는 사도바울이 세운 교회이며, 그가 머물던 3년 동안 도시전체가 변화될 만큼 크게 성장했고, 이어서 주변에 여러 지교회들이 생겨났다. 계시록을 쓸 당시 에베소교회는 일곱 교회 중에 모교회이자 중심을 이루고 있었으며, 요한은 이 교회를 맡고 있었다. 이런 이유로 "오른손에 있는 일곱 별을 붙잡고 일곱 금 촛대 사이를 거니시는 이가 이르시되"라고 표현했다.

'붙잡다'(κρατέω)라는 단어는 '붙들다', '소유하다', '강하다'라는 뜻을 가지고 있다. 즉 '일곱 별을 붙잡고'라는 말씀은 교회의 사자는 예수님의 대리자이자 소유이므로 예수님께서 강한 힘으로 붙들고 계신다는 뜻이 된다. 왜 이렇게 강한 표현을 쓰고 있을까? 두 가지 의미가 있다고 볼 수 있다. 먼저는 목회자

65) 아데미 신전은 늪을 메워 건물을 지었는데, 그 토목공사 자체가 불가사의로 평가되며, 건물의 규모도 너비 67m, 길이 130m 이며, 높이가 18m인 기둥이 127개가 있었고 5만 명을 수용하는 신전 뜰이 있었다. 정신질환자의 방화와 지진으로 폐허가 되었는데, "아데미 신은 정신병자의 방화도 막지 못할 만큼 무력한가?"라는 질문에 "아데미 여신은 그 때 알렉산더 대왕의 탄생을 축하하려고 출타중이었다."라고 변명했다고 한다.

66) 네가 본 것은 내 오른손의 일곱 별의 비밀과 또 일곱 금 촛대라 일곱 별은 일곱 교회의 사자요 일곱 촛대는 일곱 교회니라.(계시록 1:20)

의 독특한 위치 때문이다. 목회야 말로 쉽지 않은 일이다. 목회를 해보지 않고는 목회자의 고충을 이해하지 못한다. 목회에 대하여 교인의 자리에서 보는 것과 목회자의 자리에서 보는 것은 많은 차이가 있다. 세상 일 가운데 쉽지 않은 일이 없겠지만 목회야 말로 쉽지 않으며, 시간이 지나 갈수록 어렵게 느껴진다. 그 이유는 갖추어져야 할 것이 너무나 많기 때문이다. 목회자의 자리가 하나님을 대행하는 역할이라는 것을 알고 나면 매사가 두려울 뿐이며, 맡고 있는 교회는 물론 그가 살았던 시대를 책임져야 한다는 중압감은 뭐라고 표현할 길이 없다. 목회자의 자리는 하나님께서 오른 손으로 특별히 붙들어 주시지 않으면 절대로 감당할 수가 없기 때문이다.

다른 하나는 목회자의 정체성 문제인데 전적으로 목회자는 주님의 '소유'이다. 다른 말로 하면 목회자는 '종'이어야 한다. 이를 위해서는 내면에서 자신은 죽어지고 주님만 사시는 영성의 상태가 유지되고 있어야 된다. 이런 영성 없이 주님의 종이 된다는 것은 요원한 일이다. 주님의 면전을 직접 경험하지 않고는 '종'의 개념조차 제대로 파악하기 어렵다. 교회와 목회 현장에 목회자의 사심이 개입되는 순간 이미 주님과는 상관이 없게 된다. 이런 의미에서 목회자는 주님의 오른 손에 강하게 붙들려 있어야 한다.

'일곱 금 촛대 사이를 거니시는 이'란 일곱 금 촛대는 일곱 교회이므로 예수님은 교회 사이를 거닐고 계신다는 뜻이다. 왜 예수님께서 천국이나 세상이 아닌 교회 사이에 계신다고 말하고 있을까? '교회'가 그만큼 중요하기 때문이며, 이런 이유로 교회를 '금 촛대'라고 표현했다. 건물이 아니라 예수님을 그리스도로 믿는 사람들이 모인 모임을 교회(ἐκκλησία)라고 하는데, 교회란 무엇일까? 한마디로 말하면 보이지 않는 하나님나라의 '보이는 모형'이다. 구약에서는 이스라엘 공동체를 통하여 가나안에 하나님나라의 모형을 만들어 놓고 가나안 일곱 부족은 물론 주변 나라들이 보고 구원받게 하셨다. "내가 거룩하니 너희도 거룩하라."는 말씀은 너희가 세상에서 보이지 않는 하나님나라를 보여주라는 뜻이다. 하나님나라를 보여준다는 것은 무엇을 어떻게 하는 것일까? 막연하게 생각될 수도 있지만 율법서, 특히 신명기에 의하면 지극히 단순하다. 신분과 지위와 빈부의 격차가 없이, 모든 면에서 평등하게 골고루 행복하게 잘사는 그런 공동체가 율법에서 말하는 하나님나라의 모형이다. 3500여 년 전에 율법에서는 이스라엘로 하여금 이런 삶을 살게 했는데, 그 당시에는 '평등'이라는 개념조차 없을 때였다. 인류 역사에서 르네상스 이후에 비로소 평등이라는 개념이 등장했으나 이는 법적인 평등이며, 경제적인 평등과는 상관이 없었다.

이스라엘 공동체가 실패하자 예수님께서 오셔서 새로운 계약을 맺으시고 교회 공동체가 그 역할을 대신하게 하셨다. 하나님께서는 교회를 통해 세상에서 하나님나라를 보여주시고, 모든 사람이 그 하나님 나라를 보고 구원받기를 원하신다. 교회를 통해서 이 땅에 하나님나라의 모형이 만들어지는 것을 가리켜 "하나님 나라가 임한다."라고 한다. 그렇다고 이 땅에서 하나님나라가 인간에 의해서 완성된다는 뜻이 아니다. 교회를 통해서 시작된 하나님나라는 이 땅에서 확산되기는 하지만 완성되지는 못하고 하나님께서 초자연적으로 개입하실 때 완성된다. 그 때를 '종말'이라 한다. 자칫 구원을 죽은 다음에 천국에 가는 것이라고 생각하기 쉬운데 이는 이교의 내세 사상이다. 성경에서 말하는 천국의 삶은 죽은 다음이 아니라 지금 여기서 교회에 다니며 예수님을 믿는 순간 시작되고 죽은 다음의 종말에 완성된다. 기독교의 종말은 세상 그 자체의 종말이나 심판이 아니라 하나님나라를 가로막는 죄악과 그 세력에 대한 심판이요 종말이다. 하나님은 세상을 심판하시는 분이 아니라 구원하시는 분이시며[67], 죄와 그 세력은 자기 죄 때문에 스스로 멸망하게 된다. 이를 하나님의 심판이라고 한다.

이런 의미에서 볼 때 교회의 중요성은 아무리 강조해도 지나치지 않다. 이 교회를 세우시기 위하여 하나님께서 친히 인간의 몸을 입고 사람으로 오셨으며, 이 교회를 위하여 대신 죽으시고, 부활을 통해서 교회가 시작되게 하셨다. 예루살렘에서 시작된 교회는 예수님의 부활을 경험한 사람들의 모임이었다. 부활하신 예수님께서는 지금 이 교회에 계신다. 교회는 전적으로 예수님의 몸이며, 예수님께서 교회의 머리가 되신다. 교회에서는 예수님의 뜻만이 받들어져야 한다. 인간적인 그 어떤 간교나 술수 등은 절대 용납될 수 없으며, 목회라는 이름으로 목회자나 교인들의 뜻이 개입되어서는 안 된다. 오직 하나님의 뜻만이 실현되어야 한다.

왜 예수님은 금 촛대 사이, 즉 교회를 순회하고 계실까? 모든 교회는 다 예수님의 교회이며 한 몸이기 때문이다. 특히 에베소 교회를 향하여 말씀하실 때 "일곱 교회를 순회하며 계신다."라고 한 이유는 에베소 교회의 담임 목회자였던 요한이 일곱 교회를 순회하며 목회하고 있었음을 암시한다. 요한계시록은 요한이 자신의 목회지에 보낸 설교편지이며, 이 설교문은 에베소교회를 시작으로 일곱 교회를 순회하면서 읽혀졌다.

67) 하나님이 그 아들을 세상에 보내신 것은 세상을 심판하려 하심이 아니요 그로 말미암아 세상이 구원을 받게 하려 하심이라.(요한복음 3:17)

에베소 교회에 대한 예수님의 평가는 다음과 같다.

【2~3】 내가 네 행위와 수고와 네 인내를 알고, 또 악한 자들을 용납하지 아니한 것과, 자칭 사도라 하되 아닌 자들을 시험하여 그의 거짓된 것을 네가 드러낸 것과, 또 네가 참고 내 이름을 위하여 견디고 게으르지 아니한 것을 아노라.

예수님은 왜 이런 평가를 내리셨을까? 이 평가는 예수님의 평가이면서 동시에 목회자 요한의 평가이기도 하다. 에베소교회의 목회자였던 요한은 누구보다도 에베소 교회를 잘 알고 있었기에 이런 평가를 내릴 수 있었으며, 이 평가에는 당시 에베소 교회의 상황이 그대로 반영되어 있다. 이 말씀은 요한이 평소 에베소 교회에서 했던 설교일 수도 있다. 이렇게 말하면 아마도 의아해 할 수 있다. 계시를 경험해보지 않으면 계시를 일방적인 알려 주심으로만 생각하게 된다. 물론 알려주시는 경우도 있지만 이는 예외적인 경우나. 계시에 대해 다시 간략히 언급하고자 한다.

깊은 기도, 계시의 상태에 이르러 보면, 간혹 사람들의 현재의 생각과 마음은 물론 그의 과거와 현재와 미래의 모습들이 보여지는 경우가 있다. 예수님께서는 이런 상태에서 활동하셨기 때문에 베드로를 향하여 "네가 오늘 밤 닭이 울기 전에 세 번 나를 모른다고 하리라."라고 하실 수가 있었다. 그러나 인간에게는 이런 상태가 늘 지속되지 않을 뿐만 아니라, 이렇게 보여 질 때는 주로 그들의 현재 아파하고 힘들어 하는 부분을 보게 하신다. 즉 이렇게 보게 해 주시는 이유는 누군가의 허물과 죄나 비밀을 들춰내기 위함이 아니라, 아픔과 상처를 치유하시기 위함이다. 하나님의 영으로 말미암아 이런 상태가 되어있는 사람은 절대로 이를 내색하지 않는다. 즉 그 인격의 수련이 이런 신비적인 상태에 지배받지 않으면서 타인에게 드러내지 않는 사람들에게 이런 일을 허락하신다. 내색하지 않는 이유는 자신은 결코 이런 일들에 합당한 자가 아니라는 자기 부정의 생각 때문이다.

그러나 비슷한 현상이 마귀의 영으로부터 올 때도 있는데, 주로 누군가의 비밀이나 죄악을 들춰내게 하며, 하나님께서 내게 이런 특별한 능력을 주셨다고 생각하게 된다. 누군가의 아픔이나 힘든 부분을 느끼며 불쌍히 여기기보다는 그 사람의 허물을 들춰내며 회개하라고 야단치고 책망한다. 그러나 성령으로 말미암은 사람은 감히 이런 생각을 못하는데, 그 이유는 남의 죄가 보이기 이전에 먼저 자신의 허물과 죄가 더 크게 느껴지기 때문이다. 물론 하나님께서 특별한 경우, 누군가의 죄를 지적하고 책망하게 하신다. 그러나 이런 경우에도 그 대상은 주로 신앙의 지도자와 같이 공적인 자리에 있는 사람들의 업무와 관련된 것이며, 개인의 치부를 드러내는 것을 대상으로 하지 않는다.

이미 앞에서 말한 바와 같이 하나님께서 계시로 주시는 말씀도 대부분은 평소 자신이 고민하며 생각하던 문제와 일치한다. 이런 이유로 예수님께서 요한에게 각 교회의 지도자들에게 보내라고 주시는 말씀은 평소 요한이 순회목회하며 했던 설교와 크게 다르지 않다고 할 수 있다. 그러나 계시에 대한 깊은 경험이 없으면 성경의 계시를 이렇게 생각하기가 쉽지 않으며, 특별하고 신비한 어떤 초자연적인 알려 주심으로만 여기게 된다.

본문에서 말하는 '수고'(κόπος)는 신약성경에서 자주 쓰이는 단어로써 힘든 일에 몸 사리지 않고 심신이 기진맥진(氣盡脈盡)할 때까지 사력을 다하는 것이며, '인내'(ὑπομον)는 소극적으로 참음이 아니라 어려운 상황을 기꺼이 받아들여 더 나은 기회와 영광으로 바꾸는 역동적인 변화의 능력을 말한다. '악한 자를 용납지 아니하고'는 에베소가 항구도시이고 아시아의 길목이어서 폭력배를 비롯하여 비행을 저지르는 자들이 많았고, 특히 교회를 대상으로 구걸과 돈을 갈취하는 자들이 많았는데, 에베소교회는 이런 악행을 용납하지 않았다는 뜻이다. 게으르고 나태한 사람들을 무조건 돕는 것만이 능사는 아니다. 에베소교회는 이런 문제에 단호하게 대처했다.

"자칭 사도라 하되 아닌 자들을 시험하여 그의 거짓된 것을 네가 드러낸 것과 또 네가 참고 내 이름을 위하여 견디고 게으르지 아니한 것을 아노라."는 당시의 교회 내의 문제와 관련된 지적이다. 초기 교회는 건물이 따로 있었던 게 아니라 가정에서 모였으며, 교회별로 담당 목회자가 없이 교인들끼리 모여서 예배를 드렸는데 이런 교회들을 사도들이 순회하며 가르치고 예배를 드렸다. 또 사도의 숫자가 한정되어 있었기에 이런 사역에 관심과 능력이 있는 사람들이 동참했다. 그러나 아직 통일된 신학교육과 지침이 미비했기 때문에 온갖 부작용이 일어났는데, 특히 사도를 사칭하며 자신의 주관적인 견해를 참 신앙이라고 주장하거나 아니면 가르침의 댓가로 금품을 요구하는 사례들이 빈번했다. 특히 예루살렘 출신의 유대적 그리스도인들은 예수님을 그리스도로 믿더라도 율법을 지켜야 구원을 받는다고 주장하고 다녔다. 이는 사도바울이 선교를 시작하던 초기부터 있었는데, 사도바울은 갈라디아에서 유대적 그리스도인들에 대해 저주를 선언할 만큼 엄하게 질책했다.[68] 에베소 교회는 사도바울이 세운 교회 중에서 규모뿐만 아니라 그 역할에서 가장 중요한 모교회였다. 교회로 말미암아 에베소 도시 전체가 변화되었고 주변 넓은 지역에 여러 지교회들이 생겨났으며, 요한계시록을 쓸 당시 순교자들이 이 지역에서 가장 많이

---

68) 다른 복음은 없나니, 다만 어떤 사람들이 너희를 교란하여 그리스도의 복음을 변하게 하려 함이라. 그러나 우리나 혹은 하늘로부터 온 천사라도 우리가 너희에게 전한 복음 외에 다른 복음을 전하면 저주를 받을지어다. 우리가 전에 말하였거니와 내가 지금 다시 말하노니, 만일 누구든지 너희가 받은 것 외에 다른 복음을 전하면 저주를 받을지어다.(갈라디아서 1:7~9)

나왔다. 요한계시록이 에베소 교회를 비롯한 주변 교회들을 대상으로 기록된 이유도 여기에 있다.

사도바울이 에베소를 떠나면서 장로들에게 남기는 말을 보면 이런 거짓된 신앙에 대해 엄격하게 대처하도록 당부하고 있다.69) 예루살렘에서 교회가 시작되어 이방지역으로 확산되는 시점에서 맞은 가장 큰 위기는 유대인들의 박해와 같은 외부 요인이 아니라 교회 내부의 문제였다. 본래 바리새인과 정통 유대교 출신의 교인들은 이방인도 유대인이 지키는 유대교율법의 조항 즉 할례와 정결례 등의 율법을 지켜야 한다고 생각했으며, 그 주장을 끝까지 굽히지 않았다. 이들은 사도바울이 세운 이방지역의 교회들을 찾아다니며 바울의 가르침이 잘못되었다고 현혹했다. 사도바울이 이방선교를 하면서 당면한 가장 큰 어려움은 이런 유대적 그리스도인들로부터 야기되었다. 그들은 고의는 아니었으나 결과적으로 거짓선지자로서 사탄의 앞잡이 노릇을 하고 말았다. 설교자들이 가장 경계해야 할 문제가 바로 이것인데, 누구도 여기에서 자유로울 수 없다. 성경과 전통교리, 신학, 영성, 역사, 자연, 인간 등 신앙과 관련된 분야를 넓은 범위에서 전체적으로 이해하고 또 그 핵심을 파악하면서 어느 한 쪽에 치우치지 않아야 오류에 빠지지 않게 된다. 사도바울의 가장 큰 공적은 유대교에서 기독교를 독립시키며 바른 신학의 기초를 놓았다는 점이다. 이 시기에 바울이 아니었으면 기독교는 유대교에 흡수되고 말았으며, 아마도 오늘의 기독교는 불가능했다고 할 수 있다

사도바울의 이런 가르침에 따라 에베소 교회는 잘못된 신앙의 침투를 가로막는 중요한 역할을 해냈다. 앞에서 살펴본 '수고'(κόπος)와 '인내'(ὑπομον)는 이와 관련되어 있으며, 이런 문제들에 대하여 "네가 참고 내 이름을 위하여 견디고 게으르지 아니한 것을 아노

69) 사도행전 20:17~38.

라."라고 예수님께서 높이 평가하셨다. 일곱 교회에 보내는 편지의 내용을 분석해보면 거짓 신앙에 대한 지적이 가장 많음을 알 수 있으며, 에베소 교회는 이 거짓 신앙의 문제를 잘 분별해서 적절하게 대처했다. 일곱 교회에 보내는 편지 가운데서 이 문제를 처음으로 다루는 이유도 이 문제가 가장 중요하기 때문이었다. 사도 요한은 박해라는 외부의 문제에 앞서 바른 신앙이라는 내부의 문제를 가장 먼저 거론하고 있다. 이스라엘 역사와 교회사 4천 년을 돌이켜보면 바른 신앙을 지키기가 가장 중요한 문제이면서 동시에 가장 어렵다는 사실을 재삼 확인하게 된다. 초기 사도시대에 이 중요한 역할을 에베소 교회가 해냈으니, 그 업적은 아무리 강조해도 지나치지 않다고 할 수 있다.

앞에서 살펴본 바와 같이 잘못된 신앙을 가르치는 자들은 사탄의 대리자들이다. 이 문제가 중요하면서 심각한 이유는 대부분의 경우에 '정통신앙'의 범주에서 이런 가르침이 진행되기 때문에 가르치는 자나 배우는 자가 전혀 눈치 채지 못한다는 사실이다. 눈에 띄는 이단 신앙은 누구나 경각심을 가지고 대처할 수가 있지만 정통의 이름으로 자행되는 거짓 가르침은 전혀 그렇지 않다. 정통이 거짓이 되는 이유는 그 정통이 신앙의 초기에는 바른 신앙이었지만 시간이 지나면서 다른 시대에는 맞지 않아서 나타나는 현상이기 때문에 수정하기도 알아채기도 쉽지 않기 때문이다. 예를 들자면 인과응보교리가 포로기에는 맞는 신앙이었지만 귀환 이후에는 맞지 않는 신앙이 되고 말았다. 이 오류를 지적하는 책이 욥기였다. 유대인들은 욥기가 있음에도 불구하고 예수님 당시까지 인과응보 교리를 재해석하지 못하다가 책망을 받았다. 할례와 안식일법, 정결례법 중심의 유대교 율법조항들도 헬라문화가 침투할 당시에는 헬라문화를 막아내는 중요한 정통교리였다. 그러나 그런 상황이 종료된 이후인 예수님 시대에도 계속 정통신앙이라고 고집하다보니 거짓 가르침이 되고 말았다. 이 문제의 중요성에 대해서는 무한 반복하여 가르쳐야 한다.

예수님께서, 교리를 재해석하지 않으면 사탄의 대리자가 될 수밖에 없다고 수없이 지적하셨음에도 불구하고 유대인들은 도무지 이해도 받아들이지도 못하다가 계약이 파기되어 비참하게 멸망하고 말았다. 그런데 기독교 역시 과거는 물론이고 아직도 유대인들이 범했던 오류에서 벗어나지 못하고 있다. 이보다 더 안타까운 것은 지금 우리는 이런 문제점과 위험성을 전혀 인식하지 못한 채 우리의 정통신앙에는 아무 문제가 없다고 생각하고 있다는 점이다. 마귀의 가르침은 정통의 옷을 입고 있기 때문에 그 속임수를 벗어나기가 어렵다. 예전의 정통신앙이 지금은 마귀의 교리가 될 수 있다는 교훈을 잊지 말아야 한다. 신앙과 관련하여 이보다 더 중요한 문제는 없다. 오늘 우리의 교회도 마찬가지다. 오늘 우리에게 가장 심각한 문제는 거짓신앙에 지배받고 있으면서도 전혀 의심하지 않을 뿐만 아니라 관심조차 없다는 점이다. 다시 말하지만 오늘 우리에게 이보다 더 심각하며 중요한 문제는 없다.

【2~6】 그러나 너를 책망할 것이 있나니, 너의 처음 사랑을 버렸느니라. 그러므로 어디서 떨어진 것을 생각하고 회개하여 처음 행위를 가지라. 만일 그리하지 아니하고 회개하지 아니하면 내가 네게 가서 네 촛대를 그 자리에서 옮기리라. 오직 네게 이것이 있으니 네가 니골라 당의 행위를 미워하는도다. 나도 이것을 미워하노라.

에베소 교회는 올바른 신앙을 지키기 위하여 엄격하게 대처하지 않을 수 없었다. 그러나 그 부작용도 있었으니, 엄격함으로 말미암아 시간이 지나면서 분위기가 냉각되고 말았다. 본문에서 말하는 '처음 사랑'은 초기의 열심과 교인 간의 사랑의 감격을 말한다. 처음 사랑의 지속은 에베소 교회만이 아니라 신앙생활을 오래 하다보면 누구나 부딪히며 고민하지만 해결이 쉽지 않은 우리 모두의 과제다. 영성수련에 나태하지 않고 더 열심을 내야만 처음 사랑을 회복할 수 있다. 예수님께서는 회개하고 돌이키지 않으면 촛대를 옮기리라고 엄하게 책망하신다. 촛대를 옮긴다는 말씀은 교회로 인정하지 않겠다는 뜻이다. 왜 이렇게까지 말씀하실까? 교회는 이 땅에서 하나님나라를 보여주는 모형이어야 하기 때문이다. 이는 두고두고 명심해야 한다.

책망과 더불어 에베소 교회가 니골라당의 행위를 금한 것을 칭찬하신다. 에베소교회는 사도바울의 당부에 따라 유대적 그리스도인들의 문제와 더불어 니골라당에 대하여 적절하게 대처하여 거짓 가르침의 침투를 막는 역할을 충실히 해냈다. 에베소교회는 소아시아를 비롯한 헬라문화권에 세워진 대표적인 교회였기 때문에, 에베소교회가 해야 할 가장 중요한 역할은 바른 신앙의 확립이었다. 에베소교회는 모교회로서 이 역할을 모범적으로 해내서 바른 신앙을 지켰다.

니골라당이 무엇인지에 대하여 본문에는 아무 언급이 없으나, 계시록 2:15절에 이어지는 버가모교회에 보내는 서신에 이에 대한 언급이 들어있기 때문에 그 대략을 알 수 있다. 니골라당은 니골라 추종자들을 말하는데 니골라는 사도행전에 등장하는 일곱 사역자 중 하나라고 전해진다.[70] 니골라는 사도들의 가르침을 받아 사역자로 출발했으나 이단으로 기울어지고 말았다. 왜 그렇게 되었을까? 이를 알기 위해서는 버가모 교회에 보낸 편지에서 이에 대한 내용을 먼저 살펴보아야 한다.

> 그러나 네게 두어 가지 책망할 것이 있나니, 거기 네게 발람의 교훈을 지키는 자들이 있도다. 발람이 발락을 가르쳐 이스라엘 자손 앞에 걸림돌을 놓아 우상의 제물을 먹게 하였고 또 행음하게 하였느니라. 이와

70) 온 무리가 이 말을 기뻐하여 믿음과 성령이 충만한 사람 스데반과 또 빌립과 브로고로와 니가노르와 디몬과 바메나와 유대교에 입교했던 안디옥 사람 **니골라**를 택하여 사도들 앞에 세우니 사도들이 기도하고 그들에게 안수하니라.(사도행전 6:5~6)

같이 네게도 니골라 당의 교훈을 지키는 자들이 있도다.(계시록 2:14~15)

위의 본문에 의하면 니골라당은 발람과 관련이 있음을 알 수 있다. 발람은 민수기에 등장하는 주술사(呪術師)인데, 모압왕 발락의 사주를 받아 광야에서 가나안으로 향하던 이스라엘 민족을 저주하려고 했으나 여호와 하나님의 영이 가로막아 할 수가 없었다. 주술로 이스라엘을 저주할 수 없게 되자 그는 우회적인 방법으로 이스라엘을 유혹하여 이방인의 제사에 참여하여 혼음하게 했고 이로 말미암아 하나님의 재앙이 이스라엘에 내리게 했다.[71] 발람의 방식은 현실과 타협하는 일종의 혼합신앙을 말하는데, 니골라당은 이 발람의 신앙과 연관되어 있다. 그렇다면 초대교회 당시에 니골라당의 혼합신앙은 어떤 형태였을까?

이를 이해하려면 당시의 상황을 알아야 한다. 다신교 시대 사람들의 주요 일상사는 자신이 믿는 신을 섬기는 제사에 가까운 사람들을 초대하여 서로 제사 음식을 나누어 먹으며 교제하는 것이었다. 이들은 서로 이웃의 제사에 참여하여 음식을 나눠먹고 그 사람이 섬기는 신의 이름으로 복을 빌어 주었다. 그런데 풍요를 비는 기복종교 제사는 제사에 참여한 사람들이 서로 혼음을 행하는 것이었다. 고대 기복종교에서 풍요와 다산을 기원하는 제사와 혼음은 뗄 수 없는 관계였기 때문이다. 고대 종교에서 이런 혼음을 엄격하게 금한 종교는 구약성경 이외에는 찾아볼 수 없다. 당시에는 사업을 비롯한 어떤 사회적인 활동을 하려면 이런 교제를 피할 수 없었으며, 만일 이를 회피한다면 그는 따돌림을 받고 고립될 수밖에 없었다.

이 문제가 중요한 이유는 당시의 교인들이 세상에 나아가 살아가는 현장에서 정면으로 부딪히는 일상사였기 때문이다. 신앙의

---

71) 발람과 관련된 기록은 민수기 22~25장, 31 : 1~16 등에 길게 기록되어 있다.

원칙을 고수하자면 사실상 사업적인 활동은 물론이고 가까운 이웃, 친지들과의 관계를 포기해야만 했다. 이 당시에 기독교인이 되려면 이런 어려운 현실에 직면해야 했으며, 더 나아가서 로마제국으로부터 정치적인 박해까지 받아야 했으니 그 고충이 얼마나 컸을지는 능히 짐작이 되고도 남는다.

이런 상황에서 니골라는 하나의 타협책을 내 놓았는데 요약하면 다음과 같다. 니골라는 구원에 있어서 중요한 것은 육체가 아니고 영이므로 육체의 행위는 영적인 구원에 영향을 미치지 않는다고 가르쳤다. 이런 방법은 영과 육을 구분하여 영을 중시하고 육을 경시하는 당시 성행하던 헬라의 사상을 받아들인 결과였다. 니골라는 기독교인들은 율법이 아닌 은혜로 말미암아 이미 영은 구원을 얻었으며 무슨 일에서나 하나님께서 은혜로 함께하시고 지켜주시므로 육체의 행위는 중요하지 않다고 생각했다. 이런 신앙은 이방신의 제사에 참여하여 혼음하는 것을 용인하게 된다. 이런 이유로 니골라당을 구약의 발람과 동일시했다.

에베소에는 풍요의 여신 아데미 신전이 있어서 수많은 사람들이 몰려들었고 성적으로 문란할 수밖에 없었다. 그런데 에베소교회는 이에 물들지 않은 것은 물론이고 더 나아가 에베소의 이런 풍속 자체를 변화시켜 아데미 신전이 쇠락했고, 이와 이해관계가 얽힌 사람들의 대대적인 폭동이 일어났다. 사도바울은 에베소에서 유대적 그리스도인들의 신앙을 척결했을 뿐만 아니라 당시의 이방적 신앙의 풍조에 대해서 결코 타협을 하지 않고 명확하게 구별을 했다. 에베소교회는 이런 전통을 이어 가면서 니골라당에 엄격하게 대처했고 이에 대해 칭찬을 받았다.

【7】 귀 있는 자는 성령이 교회들에게 하시는 말씀을 들을지어다. 이기는 그에게는 내가 하나님의 낙원에 있는 생명나무의 열매를 주어 먹게 하리라.

"귀 있는 자는 성령이 교회들에게 하시는 말씀을 들을지어다." 라는 말씀은 모든 교회에 동일하게 주어지는 말씀이다. 유대인들처럼 잘못된 신앙으로 생겨나는 고정관념과 편견의 신앙에 사로잡히지 말고, 열린 마음으로 귀담아 들으며 잘못된 신앙을 고치라는 말씀이다. 고정관념과 편견 중에 가장 무서운 것은 잘못된 신앙에 의해 생겨진 고정관념과 편견이며, 이는 눈과 귀를 멀게 한다. 예수님께서는 이에 대한 위험성을 누누이 강조하시며 "귀 있는 자는 들을지어다."라고 탄식하셨다.[72]

'이기는 그에게는'은 누구를 말하는 것일까? 올바른 신앙을 가지고 잘못된 신앙을 파헤치고 뜯어 고치며, 현실과 타협하지 않으며, 초기 신앙의 첫사랑을 유지하며, 고정관념으로 굳어진 신앙에 사로잡히지 않고 늘 배우는 자세를 가지는 사람이다. 그 사람에게 하나님의 낙원에 있는 생명나무의 열매를 주어서 먹게 하시리라고 말씀하신다. 영원한 하나님나라의 구원은 이런 사람들에게 주어진다.

물음 10 서머나교회의 사자에게 하신 말씀은 무엇인가?

본문 : 〈 2장 〉

8 서머나 교회의 사자에게 편지하라. 처음이며 마지막이요 죽었다가 살아나신 이가 이르시되,

72) 그러므로 내가 그들에게 비유로 말하는 것은 그들이 보아도 보지 못하며 들어도 듣지 못하며 깨닫지 못함이니라. 이사야의 예언이 그들에게 이루어졌으니 일렀으되 "너희가 듣기는 들어도 깨닫지 못할 것이요 보기는 보아도 알지 못하리라. 이 백성들의 마음이 완악하여져서 그 귀는 듣기에 둔하고 눈은 감았으니 이는 눈으로 보고 귀로 듣고 마음으로 깨달아 돌이켜 내게 고침을 받을까 두려워함이라." 하였느니라.(마태복음 13:13~15)

9 내가 네 환난과 궁핍을 알거니와 실상은 네가 부요한 자니라. 자칭 유대인이라 하는 자들의 비방도 알거니와 실상은 유대인이 아니요 사탄의 회당이라.
10 너는 장차 받을 고난을 두려워하지 말라. 볼지어다. 마귀가 장차 너희 가운데에서 몇 사람을 옥에 던져 시험을 받게 하리니 너희가 십 일 동안 환난을 받으리라. 네가 죽도록 충성하라. 그리하면 내가 생명의 관을 네게 주리라.
11 귀 있는 자는 성령이 교회들에게 하시는 말씀을 들을지어다. 이기는 자는 둘째 사망의 해를 받지 아니하리라.

에베소에 이어 서머나교회에 두 번째로 편지를 보내는 이유는 에베소교회를 중심으로 주변 지교회들을 순회할 때 지리적으로 서머나교회가 먼저였기 때문이다. 편지를 보내는 교회 순서는 순회의 순서와 일치한다.

먼저 서머나라는 지역의 특징을 간략히 살펴보고자 한다. 해안에 위치한 서머나는 당시 소아시아에서 가장 아름다운 도시로 소문이 나서 아시아의 왕관, 아시아의 꽃으로 불렸고, 서머나 항구는 모든 항구 중에서 가장 안전했다고 한다. BC 1000여 년경 헬라의 식민지배를 받던 이 도시는 폐허가 되었다가 우여곡절 끝에 BC 200년경 신도시로 재개발되면서 가장 아름다운 도시로 거듭났다. 구획정리, 도로포장이 잘 된 황금의 거리라는 도로가 있었고, 파고스 언덕에 신축된 신전들을 비롯한 다양한 건축물들은 멀리서 보면 왕관처럼 보여서 서머나는 '아시아의 면류관'이라고 했다. 서머나는 미관과 더불어 상업과 예술 등이 크게 발전한 도시였다.

이런 도시에 있던 서머나교회에 대한 예수님의 평가는 다음과 같다.

【8】 처음이며 마지막이요 죽었다가 살아나신 이가 이르시되, 내가 네 환난과 궁핍을 알거니와 실상은 네가 부요한 자니라.

'죽었다가 다시 살아나신 이'는 폐허가 되었다가 다시 재건된 서머나의 역사와 부합하며, "내가 네 환난과 궁핍을 알거니와"는 서머나교회의 실상을 잘 드러낸다. 서머나교회에는 남달리 많은 시련이 있었기 때문이다. 그 시련을 살펴보면 다음과 같다.

첫째, 가난과 궁핍이었다. 여기에 사용된 단어 '궁핍'(πτωχεία)은 여유가 없는 정도가 아니라 철저한 가난을 말한다. 서머나 교회 교인들은 왜 이렇게 가난했을까? 두 가지 원인에서다. 하나는 교인들이 최하층민, 또는 노예들이었기 때문이다. 이들은 가난을 몸으로 체득한 사람들이었다. 다른 또 하나는 기독교인이라는 이유로 가난해졌다. 앞에서도 말한 바와 같이 당시 충실한 기독교인으로 살기 위해서는 경제활동을 비롯한 모든 사회활동을 포기해야 했으며, 또 약탈에 시달리고 재산을 몰수당했다. 당시에 기독교인이 된다는 것은 단순히 신앙만의 문제가 아니라 이런 모든 것이 결부되어 있었다. 서머나 교회가 책망은 받지 않고 칭찬만 받은 교회였다는 것은 이런 고난을 영광으로 알고 기꺼이 기쁨으로 받아들였다는 것을 말한다. 단순히 신앙생활의 열심만을 말하지 않는다. 에베소 교회에서 경계하는 니골라당은 현실 타협의 신앙을 말한다. 서머나 교회는 현실 타협을 받아들이지 않고 신앙의 원칙을 고수했고, 그 결과는 극도의 가난과 온갖 시련이었으나 기꺼이 감수했다. 이런 서머나 교회를 향하여 예수님께서는 실상으로는, 즉 하나님 보시기에는 부요하다고 하셨다. '죽었다가 다시 살아나신 이'는 서머나라는 도시가 폐허가 되었다가 아시아에서 가장 아름다운 도시로 복원되었음을 염두에 둔 표현인데, 서머나 교회가 지금은 니골라당을 거부하고 신앙 때문에 가난에 시달리고 있지만 가장 아름다운 결과를 가져오리라는 말씀이다. 서머나가 아시아의 면류관이었듯이 서머나교회는 아시아교회의 면류관이었다.

【9】 자칭 유대인이라 하는 자들의 비방도 알거니와 실상은 유대인이 아니요 사탄의 회당이라.

둘째, 환란과 시련이었다. 이런 어려움의 원인은 주로 유대인들로부터 오는 어려움이었다. 당시 신도시가 건립되면 시민을 유치하기 위해 몇 가지 특혜를 주었는데, 지중해 세계에 흩어져 살면서 아직 정착하지 못한 유대인들이 신도시로 몰려들어 복원된 도시 서머나에는 유대인들이 많았다. 유대인들은 기독교에 대하여 적개심이 높았다. 사도바울은 이방 선교를 시작할 때 그 지역 회당에서 먼저 선교를 시작했는데, 회당에 있던 경건한 사람이라 불리는 이방인들이 먼저 복음을 받아들이고 이들을 통해 다른 이방인들이 기독교인이 되면 어김없이 유대인들이 방해하고 폭동을 일으키며 박해를 일삼는 것을 볼 수 있다. 이런 현상은 그 이후에도 지속되었는데 서머나가 특히 그랬다. 서머나의 유대인들은 자신들의 모임을 '여호와의 총회'라고 불렀는데[73], 본문에서는 이를 빗대어 '사탄의 회당'이라고 했다. 여기서 쓰인 '사탄'은 '거짓 고발자'라는 뜻이다. '자칭 유대인이라 하는 자들의 비방도 알거니와'는 이처럼 유대인의 거짓 고발과 박해를 일컬음이다.

유대인들은 매일 세 번 반복하는 기도문에 기독교(이단)에 대한 저주문을 삽입했고,[74] 기독교에 대한 온갖 악의에 찬 소문을 퍼뜨

---

73) 민수기 16:4, 20:4, 31:16 등에서 이스라엘을 여호와의 총회(회중)라고 했던 것에서 붙인 이름.

74) 유대인이 매일 세 번 드리는 기도는 18개로 구성되어 있었기 때문에 쉐모네 에스레이(Shemoneh Esrei, '18'의 의미)라고도 불리는데, 야브네(Yavneh; AD70년 예루살렘 성전파괴후 산헤드린이 거처를 옮긴 지역)시절에 **이단(기독교)에 대한 저주가 12번째 기도에 추가**되어 현재는 19개이며, 다음과 같다.
1. 아보트(Avot 조상들); 아브라함의 하나님, 이삭의 하나님, 야곱의 하나님을 찬양함
2. 게부로트(Gevurot 능력); 하나님의 능력과 힘을 찬양함
3. 케두샤트 하쉠(Kedushat ha-Shem 성호); 하나님의 성호를 찬양함
4. 비나(Binah 명철); 우리에게 명철과 지혜를 주실 것을 간구함
5. 테슈바(Teshuvah 회개); 토라를 지키는 삶으로 회개할 수 있도록 간구함
6. 셀리하(Selichah 용서); 우리의 죄를 용서해 주시기를 간구함
7. 게울라(Geulah 구속); 이스라엘을 구속해 주시는 하나님을 찬양함
8. 레푸아(Refuah 치유); 치유를 간구함
9. 비르카트 하샤님(Birkat HaShanim 풍년); 풍년을 기원함

리며 박해했다. 그 내용은 성만찬 예식을 근거로 인육을 먹는 식인종이라 했고, 기독교 신앙 때문에 가정에 갈등이 일어나므로 가정파괴범이며, 종말의 불 심판을 말한다하여 방화범으로, 신상(神像)이 없는 예배를 드리므로 무신론자, 황제신상을 섬기지 않으므로 로마정부에 대한 반역자 등으로 비방했다. 이런 박해와 비방은 기독교인이 있는 곳이면 어디에서나 있었지만 서머나에서 유독 심했는데, 다수를 차지하는 유대인들이 기독교를 집중적으로 공격했기 때문이다.

【10】 너는 장차 받을 고난을 두려워하지 말라. 마귀가 장차 너희 가운데에서 몇 사람을 옥에 던져 시험을 받게 하리니 너희가 십 일 동안 환난을 받으리라.

시련은 이것으로 끝이 아니라 10일 동안 환난을 받을 것이며, 몇 사람은 투옥되리라고 말씀하시고 있다. 실제로 서머나 교회의 목회자였던 폴리캅(Polycap)은 155년 2월 23일(토요일)에 빌라델비아교회 성도 11명과 함께 경기장에서 화형을 당했다. 수많은 군중이 모인 경기장에서 유대인들은 "무신론자들을 없애라!", "폴리캅을 없애라!"라고 고함치며 군중을 선동했고, 안식일임에도 불구하고 유대인들이 앞장서서 화형에 쓸 나무들을 경기장으로 옮겨왔다. 폴리캅을 비롯한 교인들은 화형을 피하거나 두려워하지 않

10. 갈루요트(Galuyot 'diasporas'); 흩어진 유대인들이 이스라엘 땅으로 다시 모일 것을 간구함
11. 비르카트 하딘(Birkat HaDin 공의); 공의의 회복을 간구함
12. **비르카트 하미님(Birkat HaMinim 이단); 이단을 멸하여 주시기를 간구 (*야브네 당시 첨가된 항목)**
13. 짜디킴(Tzadikim 의인); 의인에 대한 축복을 간구함
14. 보네 예루살라임(Bo'ne Yerushalayim 예루살렘의 재건); 예루살렘의 재건을 간구함.
15. 비르카트 다비드(Birkat David 다윗의 자손); 메시아의 도래를 간구함
16. 테필라(Tefillah 기도); 우리의 기도를 받아주시기를 간구함
17. 아보다(Avodah 성전제사); 성전제사를 회복시켜 주실 것을 간구함
18. 호다(Hoda'ah 감사); 하나님께 감사를 드림
19. 심 샬롬(Sim Shalom 큰 평강); 하나님의 축복과 자비를 간구함

고 의연하게 자신들을 죽이는 자들을 용서해주시기를 큰 소리로 기도하면서 화염의 불길과 함께 사라져 갔으며, 그들의 장엄한 모습은 군중들의 가슴 속에 깊이 새겨졌고 경기장을 압도했다. 기독교는 이렇게 박해를 받으면서도 악의의 소문을 불식시키며 널리 퍼져나갔다. 본문에서 말하는 '십 일'은 묵시적인 숫자다. 묵시에서 10이라는 숫자는 완전수인데 상당히 긴 시간 동안 어려움을 받으리라는 뜻이다.

【10】 네가 죽도록 충성하라. 그리하면 내가 생명의 관을 네게 주리라. 이기는 자는 둘째 사망의 해를 받지 아니하리라.

서머나 교회는 이 말씀대로 죽도록 충성했으며, 죽음으로써 박해를 이겨냈다. 이들이야 말로 죽었으나 산 자들이요, 궁핍했으나 부요한 자들이며, 아시아에서 가장 아름다운 도시 서머나 보다 더 아름다운 생명의 면류관을 받은 자들이며, 둘째 사망을 이기고 영원히 산 사람들이다. 첫째 사망은 육체의 죽음이며, 둘째 사망은 하나님 앞에서 받는 지옥의 심판을 받아 영원한 죽음의 세계로 들어가는 것을 말한다.

물음 11 버가모교회의 사자에게 하신 말씀은 무엇인가?

본문 : 〈 2장 〉

12 버가모 교회의 사자에게 편지하라. 좌우에 날선 검을 가지신 이가 이르시되,

13 네가 어디에 사는 것을 내가 아노니, 거기는 사탄의 권좌가 있는 데라. 네가 내 이름을 굳게 잡아서 내 충성된 증인 안디바가 너희 가운데 곧 사탄이 사는 곳에서 죽임을 당할 때에도 나를 믿는 믿음을 저버리지 아니하였도다.

14 그러나 네게 두어 가지 책망할 것이 있나니, 거기 네게 발람의 교훈을 지키는 자들이 있도다. 발람이 발락을 가르쳐 이스라엘 자손 앞에 걸림돌을 놓아 우상의 제물을 먹게 하였고 또 행음하게 하였느니라.
15 이와 같이 네게도 니골라 당의 교훈을 지키는 자들이 있도다.
16 그러므로 회개하라. 그리하지 아니하면 내가 네게 속히 가서 내 입의 검으로 그들과 싸우리라.
17 귀 있는 자는 성령이 교회들에게 하시는 말씀을 들을지어다. 이기는 그에게는 내가 감추었던 만나를 주고 또 흰 돌을 줄 터인데 그 돌 위에 새 이름을 기록한 것이 있나니, 받는 자 밖에는 그 이름을 알 사람이 없느니라.

오랜 역사를 가진 버가모는 400여 년간 아시아의 수도였으며, 아시아에서는 가장 위대한 도시라고 평가받았다. 특히 문화의 중심지였는데, 알렉산드리아 도서관 다음의 큰 도서관이 있었고, 양피지 두루마리 책이 20만 권이 넘었다고 한다. 파피루스를 대체하는 양피지가 버가모에서 개발되어, 양피지(prachment)라는 이름이 버가모(Pergamum)라는 이름에서 생겨났다. 또 버가모는 종교의 도시여서 제우스 신전, 아테네 신전, 에스큘레피어스(Aesclepios) 신전 등 여러 유명한 신전들이 있었다.

이런 고대 신전보다 더 중요한 것은 버가모는 아시아의 수도로서 총독이 주재했으며, 동시에 황제 숭배의 중심지였다는 점이다. 아시아에서 가장 먼저(BC 29년) 황제 신전이 이곳에 세워졌다. 모든 주민은 일 년에 한 번씩 이 신전에 가서 분향을 하면서 "가이사는 주님이시다."라고 고백을 하고 증명서를 받아야 했다. 황제 숭배는 앞에서도 언급한 바와 같이 식민지에서 로마 정부에 감사의 마음을 표현하기 위해 자발적으로 시작되었으며, 로마정부는 제국의 정치적인 통일성을 유지하는 방법으로 이용했다. 따라서 황제 숭배는 로마정부에 대한 정치적인 충성의 표시여서 다신을 믿는 사람들에게는 아무런 문제가 되지 않았다. 그러나 기독교인은 하나님 이외에는 어느 누구에게도 '주님'(*Κύριος*, Dominus)이라는 칭호를 사용하지 않았기 때문에 생사가 걸린 문제가 되었는데, 버가모는 그 중심지였다. 다음의 말씀은 이런 상황을 잘 반영하고 있다.

【12,13】 좌우에 날선 검을 가지신 이가 이르시되, 네가 어디에 사는 것을 내가 아노니, 거기는 사탄의 권좌가 있는 데라. 네가 내 이름을 굳게 잡아서 내 충성된 증인 안디바가 너희 가운데 곧 사탄이 사는 곳에서 죽임을 당할 때에도 나를 믿는 믿음을 저버리지 아니하였도다.

버가모는 아시아의 수도로 총독부와 황제 신전이 있으며, 황제 신상에 절하지 않는 자를 죽이는 권세(칼)를 가지고 있으나 진정한 칼, 좌우에 날선 검의 권세는 예수님에게 있음을 본문은 말하고 있다. 예수님께서는 버가모 교회가 처한 어려운 상황과, 사탄의 권좌에 의해 죽어가면서 안디바가 어떻게 예수님을 드러냈는지를 잘 아시고 '나의 충성된 증인'이라고 하셨다. 이런 이유로 '증인'(μάρτυς)을 '순교'(martyr)라고 번역한다. 즉 신약성경에서는 증인이라는 단어와 순교는 같은 말이며, 성도들이 부활하신 예수님의 증인이 되는 것은 보이지 않는 예수님을 죽음을 두려워하지 않는 죽음으로써 보여주는 것이다. 우리가 잘 아는 "오직 성령이 너희에게 임하시면 너희가 권능을 받고 예루살렘과 온 유대와 사마리아와 땅 끝까지 이르러 내 증인이 되리라"라는 말씀에서 증인이 된다는 것은 곧 순교자가 되는 것이다.

전해지는 말에 의하면 안디바는 놋쇠 가마솥에서 서서히 구워지며 죽임을 당했다고 한다. 초대교회 교인들은 순교를 가장 큰 영광으로 알고 눈물로 감사하며 피하지 않고 기꺼이 받아들였고, 이를 지켜보던 군중들은 죽음을 초월한 모습에 큰 충격을 받았다. 주로 경기장과 같이 사람이 많이 모인 장소에서 기독교인들이 순교를 당했는데, 이는 놀랍게도 선교, 즉 증인의 기회였다. 죽음을 초월한 이런 증인(순교자)들로 말미암아 기독교는 박해를 받으면서도 급속도로 성장했고, 후일 로마제국의 국교가 되었다. 그러나 이런 버가모 교회에도 회개해야 할 다음과 같은 문제가 있었다.

【14,15】 그러나 네게 두어 가지 책망할 것이 있나니, 거기 네게 발람의 교훈을 지키는 자들이 있도다. 발람이 발락을 가르쳐 이스라엘 자손 앞에 걸림돌을 놓아 우상의 제물을 먹게 하였고 또 행음하게 하였느니라. 이와 같이 네게도 니골라 당의 교훈을 지키는 자들이 있도다.

【16】 그러므로 회개하라. 그리하지 아니하면 내가 네게 속히 가서 내 입의 검으로 그들과 싸우리라.

발람을 따르는 니골라당에 대해서는 에베소에 보낸 편지에서 이미 다뤘다. 초대교회 교인들에게 순교 못지않게 어려운 문제는 신앙의 원칙을 고수하면 사회적으로 고립되어 아무것도 할 수 없었다는 것이다. 일단 황제신상에 절한 증명서가 있어야 공식적으로 물건을 매매하거나 통행을 할 수 있었으며, 어떤 사업을 하려면 그들과 어울려 교제와 식사를 해야 하는데 그 어느 것도 할 수가 없었다. 당시의 식사는 이방신전에서 제사에 참여하고 그 제사음식을 나눠먹는 것이었으며, 식사와 음주 후에는 혼음이 동반된 종교행사가 진행되었다. 식사와 교제는 이방제사 참여와 같은 의미였다. 그리고 시장에서 장사를 하려고 해도 상인조합 등에 가입해야 하는데 할 수가 없었고, 육류를 비롯하여 시장에서 거래되는 물건들은 대부분 이방신전을 통해 흘러나왔으며, 의류 제조나 판매 역시 이방 제사장의 옷을 취급해야 했다. 사실 기독교인으로서 할 수 있는 직업이나 일은 거의 없었다.

발람의 교훈, 니골라당의 신앙은 이런 현실에서 신앙과 세속 활동을 동시에 할 수 있도록 융통성을 발휘한 타협안이었다. 요즘으로 말하면 음주와 접대문화, 뇌물수수, 이면계약, 탈세, 투기를 허용하는 것과 같다. "현실과 타협하지 않고 어떻게 살 수가 있단 말인가? 누군들 타협이 좋아서 하겠는가? 어쩔 수 없어서 하지!"라고 변명할 수 있다. 그러나 이런 타협에 대하여 초대교회는 명확하게 못을 박아 놓고 금지했다. 그 결과는 서머나교회 교인들이 겪은 것과 같은 극도의 궁핍과 박해였다. 흔히 말하는 "초대교회로 돌아가자!"라는 구호는 이런 신앙으로 돌아가자는 의미이다. 오늘 우리들 가운데 이런 신앙을 고수하는 사람이 몇이나 될까? 본문은 이런 타협에 대해 회개하라고 책망하고 있다. 그렇지 않으면 예수님께서 적절히 타협하는 신앙을 가르치는 자들과 직접 싸워 칼로 도륙을 내겠다고 말씀하신다. 이는 타협하는 신앙에 대한 무서운 경고의 말씀이다.

다음은 온갖 불이익과 극도의 가난과 박해를 감수하는 사람들에게 하시는 말씀이다.

【17】 이기는 그에게는 내가 감추었던 만나를 주고 또 흰 돌을 줄 터인데 그 돌 위에 새 이름을 기록한 것이 있나니, 받는 자 밖에는 그 이름을 알 사람이 없느니라.

'만나'는 이스라엘 사람들이 광야에 머무는 동안 먹었던 하늘의 양식이다. 왜 감추인 하늘의 만나를 말씀하실까? 여러 설명이 가능하겠지만, 당시의 교인들이 기독교인이라는 이유 때문에 절대 가난에 시달려야 했다는 사실을 염두에 둘 필요가 있다. 이들에게 사람이 알지 못하는 감추어진 하늘의 양식을 내려 주시며, 하늘의 권세로 도우시겠다는 뜻이다. 여기에서 더 나아가 새 이름이 새겨진 흰 돌을 은밀하게 주시겠다고 말씀하신다. 계시록에 자주 나오는 표현 가운데 흰 옷, 흰 보좌, 새 하늘, 새 땅, 새 이름 등에서 보듯이 '흰'과 '새'가 있는데, 여러 해석이 가능하지만 새로운 생명, 새로운 인격 등 영원한 나라의 영원한 삶에 대한 약속이라고 할 수 있다. '돌'은 승리자에게 주는 증표로 보면 된다. 따라서 하늘의 만나와 새로운 이름이 새겨진 흰 돌의 약속은 지금 이 세상에서의 현실적인 도움과 더불어 내세의 영원한 생명에 대한 약속이다. 이는 모든 것을 다 포기하고 예수님을 따른 제자들에게 하신 다음의 약속과 같은 말씀이다.

베드로가 여짜오되 "보옵소서, 우리가 우리의 것을 다 버리고 주를 따랐나이다." 이르시되 "내가 진실로 너희에게 이르노니, 하나님의 나라를 위하여 집이나 아내나 형제나 부모나 자녀를 버린 자는 현세에 여러 배를 받고 내세에 영생을 받지 못할 자가 없느니라." 하시니라(누가복음 18:28~30)

물음 12 두아디라교회의 사자에게 하신 말씀은 무엇인가?

본문 : 〈2장 〉

18 두아디라 교회의 사자에게 편지하라. 그 눈이 불꽃같고 그 발이 빛난 주석과 같은 하나님의 아들이 이르시되,

19 내가 네 사업과 사랑과 믿음과 섬김과 인내를 아노니 네 나중 행위가 처음 것보다 많도다.

20 그러나 네게 책망할 일이 있노라. 자칭 선지자라 하는 여자 이세벨을 네가 용납함이니 그가 내 종들을 가르쳐 꾀어 행음하게 하고 우상의 제물을 먹게 하는도다.

21 또 내가 그에게 회개할 기회를 주었으되 자기의 음행을 회개하고자 하지 아니하는도다.

22 볼지어다. 내가 그를 침상에 던질 터이요, 또 그와 더불어 간음하는 자들도 만일 그의 행위를 회개하지 아니하면 큰 환난 가운데에 던지고,

23 또 내가 사망으로 그의 자녀를 죽이리니 모든 교회가 나는 사람의 뜻과 마음을 살피는 자인 줄 알지라. 내가 너희 각 사람의 행위대로 갚아 주리라.

24 두아디라에 남아 있어 이 교훈을 받지 아니하고 소위 사탄의 깊은 것을 알지 못하는 너희에게 말하노니 다른 짐으로 너희에게 지울 것은 없노라.

25 다만 너희에게 있는 것을 내가 올 때까지 굳게 잡으라.
26 이기는 자와 끝까지 내 일을 지키는 그에게 만국을 다스리는 권세를 주리니,
27 그가 철장을 가지고 그들을 다스려 질그릇 깨뜨리는 것과 같이 하리라 나도 내 아버지께 받은 것이 그러하니라.
28 내가 또 그에게 새벽 별을 주리라.
29 귀 있는 자는 성령이 교회들에게 하시는 말씀을 들을지어다.

두아디라 교회에 보내는 편지는 일곱 교회에 보낸 편지 중에서 가장 길고 해석하기가 제일 어렵다고 한다. 먼저 두아디라라는 도시에 대해 살펴볼 필요가 있다. 두아디라는 일곱 도시 중 가장 작고 이름 없는 도시였다. 해안이 아닌 내륙에 있으며, 수도 버가모와 사데, 비잔틴으로 가는 길목으로서의 중요한 위치를 차지하고 있었으나, 평지인 지형 때문에 전쟁에서의 요충지가 될 수 없었고 서머나나 버가모처럼 신전이나 문화적인 시설도 없었다. 단지 도로 요충지여서 모직, 피혁, 면포, 염색, 의류제조, 청동, 도자기, 제빵 등의 상업이 발달했을 뿐이다.

두아디라 교회의 사정은 어떠했을까?

【18】 두아디라 교회의 사자에게 편지하라. 그 눈이 불꽃같고 그 발이 빛난 주석과 같은 하나님의 아들이 이르시되,

편지의 길이가 긴데 대부분 책망의 말씀이며, 예수님을 '그 눈이 불꽃같고, 그 발이 빛난 주석과 같은 하나님의 아들'이라고 무섭게 표현하고 있다. 불꽃같은 눈은 이면의 숨겨진 사실들을 꿰뚫어 보는 눈이며, 주석 같은 발이란 세상 모든 권세를 가지신 분이라는 뜻이다. 우선 칭찬하신 말씀부터 살펴보고자 한다.

【19】 내가 네 사업과 사랑과 믿음과 섬김과 인내를 아노니 네 나중 행위가 처음 것보다 많도다.

본문의 사업(τὰ ϵργα)은 뒤에 이어지는 사랑과 믿음, 섬김과 인

내를 뜻하는데, 이는 가난한 사람들을 도와주고 돌보는 사랑과 섬김을 말하며, 여러 가지 어려움에도 불구하고 이런 실천이 꾸준할 뿐만 아니라 처음보다 나날이 더해가고 있다고 칭찬하셨다.

그러나 문제는 책망의 말씀인데, 해석이 쉽지 않다. 본문을 다시 살펴볼 필요가 있다.

【20】 그러나 네게 책망할 일이 있노라. 자칭 선지자라 하는 여자 이세벨을 네가 용납함이니 그가 내 종들을 가르쳐 꾀어 행음하게 하고 우상의 제물을 먹게 하는도다.

책망의 핵심은 여자 선지자 이세벨인데, 그는 누구일까? "자칭 선지자라 하는 여자 이세벨을 네가 용납함이니 그가 내 종들을 가르쳐 꾀어 행음하게 하고 우상의 제물을 먹게 하는도다."라는 구절을 다른 역본으로 보면 "그 여자는 스스로 예언자라고 자처하고 다니면서 성적 범죄는 그다지 큰 문제가 아니라고 말하여 내 종들을 미혹시키고 있다. 말로만 그러지 않고 실제로 간음하게 하고 또 우상 앞에 제물로 바쳤던 고기를 먹게 하고 있다."[75] 이 번역이 본문의 의미를 잘 나타낸다고 생각되므로 이에 기초해서 해석해보고자 한다.

이세벨은 왜 이렇게 행동하고 있을까? 앞의 교회들의 편지에서 살펴본 바와 같이 당면한 현실과의 타협과 관련 있다. 이름은 다르게 쓰이고 있지만, 니골라와 발람과 이세벨은 동일한 부류이며, 교인들이 부딪혀있는 현실적인 문제에 어떻게 대처해야 하는가의 문제와 관련이 있다. 이는 두아디라교회뿐 아니라 당시의 모든 교회, 모든 교인들이 부딪힌 생업과 연관된 심각한 문제여서 각 교회의 편지에서 다뤄지고 있다. 이세벨은 힘든 현실에서 살아남기 위해서는 이방인의 제사에 참여하여 우상의 제물을 먹으며, 혼음을 행하는 것은 큰 문제가 되지 않는다고 생각했을 뿐만 아니라, 이런

75) 현대어 성경의 번역.

해석은 하나님으로부터 받은 계시라고 사람들을 가르치고 또 많은 사람들을 미혹시켰다. 이세벨 자신은 이런 견해가 하나님의 계시라고 말했지만 이는 하나님의 계시가 아니며 이는 이세벨이 자신의 견해와 생각을 자칭 선지자 노릇하며 가르친 것이었다. 어쩌면 이세벨에게 어떤 계시현상이 있었을 수도 있다. 그러나 사탄은 이런 거짓 기사와 이적을 얼마든지 할 수 있으므로 이세벨이 받은 계시는 하나님을 가장한 사탄의 계시였다.

니골라, 이세벨은 본래부터 신앙이 잘못되었거나 악의를 가진 사람들은 아니었다고 보인다. 단지 당시의 힘든 상황에서 어떻게 현실에 대처해야 하는가를 고민하다가 세속적인 방법과 타협을 선택했을 뿐이다. 사실 이런 문제는 오늘 우리 모두가 고민하는 문제다. 그러나 당시의 사도들은 이런 타협에 대하여 지나칠 만큼 엄격했다. 그러면 누구의 판단이 옳았는가? 옳고 그름을 어떻게 알며 그 기준은 무엇인가?

그 다음의 역사가 그 대답을 말해준다. 역사는 사도들의 판단과 가르침이 옳았다고 증명한다. 왜냐하면 그들의 엄격함 때문에 교회가 위축되기는커녕 오히려 더 확산되었으며, 후일 로마제국의 국교가 되었기 때문이다. 어떻게 그렇게 되었을까? 이치는 단순하다. 조금만 생각해보면 누가 봐도 이교의 풍습이 잘못되었고, 기독교의 신앙이 옳다는 것을 알 수 있었기 때문이다. 복을 받기 위해 서로 상대방 신의 제사에 참여하여 술에 취하는 식사를 한 후 서로 혼음을 행하는데, 그렇게 한다고 과연 복을 받을 수 있을까? 이는 신의 이름으로 방탕과 불륜을 조장할 뿐이다. 방탕하지 않고 올바른 마음과 정신으로 최선을 다하며, 서로 다 같이 잘 살기 위하여 돕고 협력할 때 복을 받을 수 있다는 기독교의 가르침은 이 방신들의 미신적인 가르침과 좋은 대조를 이뤘다. 특히 박해를 받아 죽어가면서 보여주는 감동적인 모습은 이와 같은 기독교 신앙에 대한 산 증거였다. 증인과 순교가 같은 단어가 된 이유는 여기에 있었다.

시간이 지나가면서 사람들은 무엇을 선택했을까? 당연히 옳은 것, 좋은 것을 선택했다. 이 당시 교회가 니골라나 이세벨처럼 적당히 타협했더라면 기독교 신앙의 선명성이 드러나지 못했음은 자명한 사실이며, 더 나아가 신앙 자체가 사라지고 말았을 것이다. 니골라와 이세벨은 결국 회개하지 않았다. 아마 이들은 자신들이 생각하는 타협이 아니면 사업과 세속적인 삶에서 교회가 살아남지 못할 뿐만 아니라 신앙도 유지할 수 없다고 생각했으리라. 그 결과는 무엇이었을까? 자신은 물론 그를 따르게 한 사람들까지 세상 죄악에 물들다가 신앙을 저버리게 했다. 신구약 중간기 유대교인들의 역사와 초대교회는 중요한 역사적 교훈을 말해주고 있다. 융통성이라는 이름으로의 적당한 타협은 파멸로 가는 지름길이다.

【21~23】 또 내가 그에게 회개할 기회를 주었으되 자기의 음행을 회개하고자 하지 아니하는도다. 볼지어다. 내가 그를 침상에 던질 터이요, 또 그와 더불어 간음하는 자들도 만일 그의 행위를 회개하지 아니하면 큰 환난 가운데에 던지고, 또 내가 사망으로 그의 자녀를 죽이리니 모든 교회가 나는 사람의 뜻과 마음을 살피는 자인 줄 알지라. 내가 너희 각 사람의 행위대로 갚아 주리라.

예수님께서는 회개의 기회를 받아들이지 않고 계속 이세벨을 따르는 자들에게 무서운 심판을 선언하시는데, 그 핵심은 음란의 근절에 있다. 이방종교의 제사에는 왜 혼음이 성행했고, 율법에서는 왜 이를 가장 무서운 죄로 여기며 돌로 쳐 죽이라고 했을까? 고대의 종교 중에서 성적인 문란을 엄격하게 금하는 종교는 성경 이외에는 없었는데 그 이유는 무엇일까?

고대에 가장 어려운 문제는 식량의 확보였다. 수렵시대는 말할 것도 없고 농경과 정착생활이 시작된 후에도 양식 확보는 쉽지 않았는데, 특히 파종기의 가뭄과 병충해 등에는 속수무책이었으며 이는 곧 아사(餓死)로 이어졌다. 고대에는 농사를 지어 종자조차 건지지 못하는 경우도 흔했다고 한다. 이런 절박한 상황에서 풍년을 비는 신앙이 시작되었다. 농사와 목축 등의 생산은 성적인 교배와 관련이 있기에 풍년은 남신과 여신의 성적인 관계에서 비롯된다고 생각했으며, 출산은 여성의 몫이므로 여신을 더 숭배하게 되었다. 고대에 여신이 많았던 이유는 여기에 있다. 이런 이교신전의 제사에는 신에게 자신의 성을 바치는 의식이 가장 중요하게 여겨졌고, 신을 대신해서 성 상납을 받아주기 위해 남자 제사장과 여자 제사장이 있어야 했으며, 제사는 곧 제사장과 성관계를 맺는 행위였다. 파종기나 출어기 같은 중요한 절기에는 다수가 동시에 모여 축제로 제사를 드리면서 남녀가 서로 혼음으로 신을 섬겼다. 혼음을 하는 이유는 여러 명과 성관계를 가질수록 풍년과 다산에 더 도움이 된다는 생각에서였다. 이런 풍습은 고대의 모든 풍신종교의 일반적인 현상이었으며 우리나라의 단오제에도 이런 흔적이 남아있다. 고대 모든 사회가 모계혈통이었던 이유는 수시로 혼음을 하므로 아버지가 누구인지를 구별할 수 없었기 때문이다.

성경은 식량 문제 대하여 고대 혼음종교와는 접근 방식과 개념이 달랐다. 남신과 여신을 섬기는 성적인 혼음은 풍년과는 아무런 연관이 없으며 오히려 퇴폐를 조장하고 인간의 정신을 혼탁하게 하고 가정을 파괴시키므로 가장 엄하게 다스렸다. 성경에서 여신을 인정하지 않고 하나님을 아버지라고 부르는 이유는 이런 미신이 지배하던 배경과 관련이 있다. 간혹 하나님 '아버지'라는 남성적인 신개념(神概念)이 여성을 비하시키는 가부장적 전통의 산물이라고 거부하면서 여성적인 신개념을 주장하는 경우가 있는데, 이는 당시 상황에 대한 이해부족의 결과다. 성경은 여성을 결코 비하시키지 않으며, 고대에서부터 남성과 여성을 동등하게 대하고 있다.

성경에서는 무엇보다도 식량 해결에 많은 관심을 보이며, 여호와를 하나님으로 섬기는 공동체에는 결코 굶주리는 자가 없어야 한다고 선언한다.[76] 또 그 해결 방법은 이교의 풍신제의와는 개념 자체가 다르다. 올바른 이해에 기초한 올바른 신앙과 정신을 중요시하며, 하나님을 섬기는 제의는 골고루 다 잘 사는 공동체를 만들기 위하여 최선을 다하는 데에 초점이 맞추어져 있다. 또 농경과 목축은 미신적인 방식이 아니라 하나님께서 만드신 세상의 원리와 이치에 맞도록, 즉 과학적인 방법을 사용해야 한다. 이런 신앙을 가진 공동체에 하나님께서는 함께하시며, 인간의 힘이 다했을 때에는 하늘의 방법을 동원해서라도 반드시 해결하시겠다고 약속하셨다. 구약 이스라엘 공동체가 광야에서 하늘의 양식인 '만나'를 먹었다는 이야기는 이를 말하며, 그 외 많은 기적의 이야기는 인간의 한계를 극복하게 하는, 아버지이신 하나님의 도우시는 은혜였다. 이런 이유에서 십계명의 첫 계명은 여호와만을 하나님으로 섬겨야 한다고 천명한다. 이는 다른 신과 종교에 대한 배타적인 선언이라기보다는 올바른 방법의 선언이다.

성경의 이야기 가운데는 인간이 부딪히는 여러 문제들을 해결하기 위한 하나님의 방법이 들어있는데, 이는 인류 역사에서 찾아볼 수 있는 가장 위대한 정신에 기초한 최선책이다. 그런데 안타깝게도 성경의 이런 실상들이 제대로 파악되지 못한 채 문자적인 해석에 머무르고 있다. 다시 본문으로 돌아가 보자.

이어서 두아디라 교회에 대하여 이렇게 말씀하신다.

【24~28】 두아디라에 남아 있어 이 교훈을 받지 아니하고 소위 사탄의

76) 이스라엘이 광야에서 만든 성막의 성소에는 매 안식일마다 이스라엘 열두 지파를 상징하는 떡 열두 덩어리를 진설(陳設)해 놓아야 했고, 대제사장은 하나님께 드렸던 진설병을 먹어야 했다. 이는 제사장의 의무가 이스라엘 열두 지파가 굶주리지 않게 하는 것이며, 이를 매 안식일에 하나님께 보고하라는 의미이다. 성경의 제사를 비롯한 모든 제의는 하나님을 위해서가 아니라 하나님을 섬기는 인간을 위해서다.

깊은 것을 알지 못하는 너희에게 말하노니 다른 짐으로 너희에게 지울 것은 없노라. 다만 너희에게 있는 것을 내가 올 때까지 굳게 잡으라. 이기는 자와 끝까지 내 일을 지키는 그에게 만국을 다스리는 권세를 주리니, 그가 철장을 가지고 그들을 다스려 질그릇 깨뜨리는 것과 같이 하리라 나도 내 아버지께 받은 것이 그러하니라. 내가 또 그에게 새벽 별을 주리라.

두아디라교회에 이세벨의 타협을 거부하고 있는 교인들이 있었다. 이들에게는 더 요구할 것이 없으며, 지금의 신앙을 잘 지켜나가면 지금은 세상 권세에 짓눌려 있지만 오히려 세상을 다스리는 권세를 주어 세상의 잘못된 미신과 퇴폐풍조 문화를 철장으로 옹기그릇 깨뜨리듯 하겠다고 하셨는데, 앞에서도 언급한 대로 실제로 교회는 당시의 세상 문화를 청산하고 거룩한 문화를 만드는 역할을 해냈다. 이는 어두움과 밝음이 만나면 어두움이 견디지 못하고 사라지는 이치와 같다. 한밤중에는 어두움의 권세가 큰 것 같지만 아침이 오면 어두움은 흔적도 없이 사라진다. 어두움은 굴복의 대상이 아니라 극복의 대상이다. 이를 가리켜 "그에게 새벽별을 주리라."라고 표현했다. 지금은 어둔 밤이지만 곧 그 밤이 지나고 광명한 아침이 오게 되어있다. 새벽별은 그런 아침이 가까이 왔다는 증거다. 박해와 시련에 타협하지 않고 이겨내는 신앙은 새벽별과 같은 역할이며, 또 예수님을 따르는 증인됨이다.

계시록의 말씀들은 단순히 세상과 역사의 종말에 일어날 미래의 사건에 초점을 맞추지 않았다. 당시에 부딪혔던 현실의 문제에 대하여 묵시적으로 표현하면서, 세속적 대책이 아니라 신앙적 대책을 제시하고 있으며, 그 후의 역사 속에서 그대로 실현되었다. 이런 의미에서 요한계시록의 계시는 역사적인 계시라고 할 수 있다.

물음 13 사데교회의 사자에게 하신 말씀은 무엇인가?

본문 : 〈3장 〉

1 사데 교회의 사자에게 편지하라. 하나님의 일곱 영과 일곱 별을 가
지신 이가 이르시되, 내가 네 행위를 아노니 네가 살았다 하는 이름
은 가졌으나 죽은 자로다.
2 너는 일깨어 그 남은 바 죽게 된 것을 굳건하게 하라. 내 하나님 앞
에 온전한 것을 찾지 못하였노니,
3 그러므로 네가 어떻게 받았으며 어떻게 들었는지 생각하고 지켜 회
개하라. 만일 일깨지 아니하면 내가 도둑 같이 이르리니 어느 때에
네게 이를는지 네가 알지 못하리라.
4 그러나 사데에 그 옷을 더럽히지 아니한 자 몇 명이 네게 있어 흰
옷을 입고 나와 함께 다니리니 그들은 합당한 자인 연고라.
5 이기는 자는 이와 같이 흰 옷을 입을 것이요, 내가 그 이름을 생명
책에서 결코 지우지 아니하고 그 이름을 내 아버지 앞과 그의 천사
들 앞에서 시인하리라.
6 귀 있는 자는 성령이 교회들에게 하시는 말씀을 들을지어다.

사데 교회는 칭찬이 거의 없고 책망을 많이 받은 교회였다. 왜 그랬을까? 그 이유는 사데라는 지역의 특징과 밀접한 관련이 있다.

사데가 BC 600여 년경에는 지중해 세계에서 가장 큰 도시 중 하나였고, 헬라인들이 두려워하는 도시였다. 사데는 허무스(Hermus) 강 계곡의 비옥한 평야에 자리 잡고 있었으며, 도시는 사방이 절벽으로 이루어진 천혜의 요새 위에 세워져 있으므로 방비가 필요 없었다. 또 절벽 아래에 흐르는 팍톨로스(Pactolus) 강에서는 사금이 다량으로 채취되었다. 천연의 요새와 부요함을 동시에 소유한 도시로써, 고대부터 부요함과 화려함이 절정을 이뤄 가장 큰 도시

중의 하나가 될 수 있었다. 하지만 이렇게 유리한 환경은 그 이점을 살릴만한 정신문화가 없으면 필연적으로 퇴폐와 타락으로 이어지게 마련이다.

태평성대가 영원할 것 같던 사데에도 위기가 찾아왔다. 바벨론을 멸망시킨 고레스(Cyrus)가 이 성을 포위했으나 철옹성이어서 대군을 동원했지만 점령할 방법이 없었다. 고레스는 바벨론 성 점령시에 했던 것처럼 누구든지 사데를 점령할 방법을 찾아내는 자에게 큰 상을 내 걸었는데, 히에로에데스(Hyeroedes)가 그 방법을 찾아냈다. 들어갈 방법이 전혀 없어 보이는 450m 고도의 절벽에서, 작은 체구의 사람이 겨우 들어갈 만한 틈을 발견하고 몇 사람을 데리고 절벽을 기어 올라갔는데, 성 위에는 지키는 사람조차 없었기 때문에 쉽게 성으로 진입할 수 있었다. 사데인들은 적군이 포위하고 있는 상황에서도 지킬 필요조차 없이 안전하다고 생각하다가 점령을 당했다. 사데를 점령한 고레스는 노래와 춤 등의 퇴폐문화를 징착시켜 정신적으로 지항할 힘을 잃게 하는 정책을 썼다. 이후 사데는 타락의 길로 빠져들어 역사의 전면에서 사라졌다가 로마시대에 이르러 디베리우스 황제가 대대적으로 지원하여 사데를 재건하고 옛 모습을 회복했다. 요한계시록이 쓰일 당시 사데는 부요하면서 퇴폐한 곳이었다.

이런 사데교회를 향하여 예수님께서는 이렇게 말씀을 시작하신다.

【1~3】 사데 교회의 사자에게 편지하라. 하나님의 일곱 영과 일곱 별을 가지신 이가 이르시되, 내가 네 행위를 아노니 네가 살았다 하는 이름은 가졌으나 죽은 자로다. 너는 일깨어 그 남은 바 죽게 된 것을 굳건하게 하라. 내 하나님 앞에 온전한 것을 찾지 못하였노니, 그러므로 네가 어떻게 받았으며 어떻게 들었는지 생각하고 지켜 회개하라. 만일 일깨지 아니하면 내가 도둑 같이 이르리니 어느 때에 네게 이를는지 네가 알지 못하리라.

예수님의 이 말씀은 사데 교회 환경에 대한 반영이며 평가이다. 사데 교회는 아무런 어려움을 겪지 않았다. 경제적으로도 여유가 있었고, 유대인의 훼방이나 이단의 공격은 물론이고 로마제국의 박해도 없었다. 이런 여건에서는 뭐가 문제가 될까? 외부로부터의 문제는 없지만 내부로부터는 다르다. 외부의 적도 어렵지만 내부의 적은 더 무서운데 사데 교회의 문제는 내부에 있었다.

겉으로 보기에는 살아서 열심히 활동하고 있었지만 그 속에는 생명력이 없으니 죽은 것과 같았다. 이런 사데교회를 향해 일곱 영과 일곱 별을 가지신 예수님께서 "내가 네 행위를 아노니"라고 말씀하신다. 일곱 영은 살아계시며 생명을 불어넣는 하나님의 영을 말한다. 이어서 계속되는 말씀은 "너는 일깨어…", "만일 일깨지 아니하면" 등 깨어 다시 살아나서 생명을 불어넣으라는 말씀이다. 처음 신앙을 받아들일 때의 생명력을 회복하지 않으면 사데 성이 안전하다고 생각하다가 갑자기 멸망한 것처럼 너도 그렇게 망할 수밖에 없다는 말씀이다.

좋은 조건만 가진 사데 교회는 어려운 조건만 가졌던 서머나 교회와 대조를 이룬다. 사데교회는 책망만 받았고, 서머나 교회는 칭찬만 받았다. 인간이 극복하기 가장 어려운 문제는 좋은 조건에서 최선을 다하는 삶이라고 할 수 있다. 이는 역사의 교훈이다. 복음은 어떤 조건에도 상관없이 사람들에게 늘 생명력을 불어 넣는 능력이어야 한다. 다행히 사데 교회에도 이런 살아있는 소수의 사람들은 있었다. 다음의 구절이 이를 말해주고 있다.

【4-5】 그러나 사데에 그 옷을 더럽히지 아니한 자 몇 명이 네게 있어 흰 옷을 입고 나와 함께 다니리니 그들은 합당한 자인 연고라. 이기는 자는 이와 같이 흰 옷을 입을 것이요, 내가 그 이름을 생명책에서 결코 지우지 아니하고 그 이름을 내 아버지 앞과 그의 천사들 앞에서 시인하리라.

옷을 더럽히지 않고 흰 옷 입은 소수의 사람들이란 사데의 퇴폐와 향락과 안일에 젖지 않은 사람들이다. 유복한 여건에서 무사안일에 빠지지 않는다는 것은 대단히 어렵다. 이런 사람들이야말로 어려운 환경과 박해를 이겨내는 사람들과 마찬가지로 예수님과 동행하며 하늘의 생명록에 기록될 사람들이다. 큰 어려움 없이 평안한 환경의 사람들은 교회의 사역에 전적으로 동참할 기회를 하나님께서 주셨다고 생각하고 최선을 다하며 무사안일을 극복해야 한다.

물음 14 빌라델비아교회의 사자에게 하신 말씀은 무엇인가?

본문 : 〈3장 〉

7 빌라델비아 교회의 사자에게 편지하라. 거룩하고 진실하시 디윗의
열쇠를 가지신 이 곧 열면 닫을 사람이 없고 닫으면 열 사람이 없
는 그가 이르시되,
8 볼지어다. 내가 네 앞에 열린 문을 두었으되 능히 닫을 사람이 없으
리라. 내가 네 행위를 아노니 네가 작은 능력을 가지고서도 내 말을
지키며 내 이름을 배반하지 아니하였도다.
9 보라. 사탄의 회당 곧 자칭 유대인이라 하나 그렇지 아니하고 거짓
말하는 자들 중에서 몇을 네게 주어 그들로 와서 네 발 앞에 절하
게 하고 내가 너를 사랑하는 줄을 알게 하리라.
10 네가 나의 인내의 말씀을 지켰은즉 내가 또한 너를 지켜 시험의
때를 면하게 하리니 이는 장차 온 세상에 임하여 땅에 거하는 자들
을 시험할 때라.
11 내가 속히 오리니. 네가 가진 것을 굳게 잡아 아무도 네 면류관을
빼앗지 못하게 하라.
12 이기는 자는 내 하나님 성전에 기둥이 되게 하리니 그가 결코 다
시 나가지 아니하리라. 내가 하나님의 이름과 하나님의 성 곧 하늘
에서 내 하나님께로부터 내려오는 새 예루살렘의 이름과 나의 새
이름을 그이 위에 기록하리라.
13 귀 있는 자는 성령이 교회들에게 하시는 말씀을 들을지어다.

빌라델비아는 화산 지역의 비옥한 땅에 있어서 포도농사와 포도주 생산으로 유명했으며, 또 해안과 내륙으로 이어지는 교통의 요지여서 전략적으로도 중요했다. 이런 관문이라는 이유로 BC 159~138년, 주변에 헬라문화를 전파하기 위해 이 지역에 신도시가 세워졌으며. 그 역할을 기대 이상으로 해내서 AD 20년경에 루디아인들은 모국어를 잊어버리고 헬라어를 쓰게 되었다고 한다. 그러나 화산지대여서 지진이 잦아 여러 번 폐허가 되자, 로마의 황제들은 재건비를 지원했고, 빌라델비아는 이에 대한 감사의 표시로 황제의 이름을 따서 네오가이사, 플라비오 등으로 개명했다. 헬라문화 확산의 창구 역할을 했던 빌라델비아에 세워진 교회는 다른 교회들이 사라진 뒤에도 오랫동안 기독교의 보루로 남아있었고 지금까지도 그 명맥을 이어가고 있다고 한다.

이런 특징들이 예수님께서 하시는 다음의 말씀 속에 들어있다.

【7~8】 거룩하고 진실하사 다윗의 열쇠를 가지신 이 곧 열면 닫을 사람이 없고 닫으면 열 사람이 없는 그가 이르시되, 볼지어다, 내가 네 앞에 열린 문을 두었으되 능히 닫을 사람이 없으리라. 내가 네 행위를 아노니 네가 작은 능력을 가지고서도 내 말을 지키며 내 이름을 배반하지 아니하였도다.

위의 말씀에는 열쇠와 문을 열고 닫는 언급이 많이 있다. 이는 앞에서 살펴본 바와 같이 빌라델비아는 헬라문화 전파의 관문이었는데, 이제 빌라델비아 교회는 그 지역에서 복음전파의 문이 되었기 때문에 이렇게 말씀하셨다. 또 "내가 네 행위를 아노니 네가 작은 능력을 가지고서도 내 말을 지키며 내 이름을 배반하지 아니하였도다."라는 말씀은 빌라델비아 교회가 복음 창구의 역할을 충실히 해냈기 때문에 주신 칭찬이었다. 그러나 이 열매는 쉽게 얻어진 것이 아니다. 빌라델비아에도 니골라당이나 이세벨의 무리가 등장한 배경인 현실적인 문제들이 없었을 리가 없다. "네가 작은 능력을 가지고도 내 말을 지키며 내 이름을 배반하지 아니하였도다." 라는 구절이 이를 암시하고 있다. '작은 능력을 가지고도'라는 표현을 보면 교인의 숫자가 많지 않고 또 지위와 재력, 영향력이 미미했음에도 불구하고 현실과 결코 타협하지 않았으며, 닥쳐오는 더 큰 어려움에 굴복하지 않고 묵묵히 이겨내면서 각 지역으로 복음이 전해지는 발판이 된 교회, 빌라델비아교회는 그런 교회여서 선교의 문이 될 수 있었다.

이런 이유로 예수님을 '거룩하고 진실하사 다윗의 열쇠를 가진 이'라고 표현했다. 구약성경에서 거룩함과 진실은 하나님을 지칭하는 용어이며, '다윗의 열쇠를 가지신 이'는 메시아로서의 최고 권위자를 뜻한다.77) 이어서 다음과 같은 약속을 주셨다.

【9】 보라, 사탄의 회당 곧 자칭 유대인이라 하나 그렇지 아니하고 거짓 말하는 자들 중에서 몇을 네게 주어 그들로 와서 네 발 앞에 절하게 하고 내가 너를 사랑하는 줄을 알게 하리라.

이 말씀은 무슨 뜻일까? 빌라델비아에는 많은 유대인이 모이는 회당이 득세했는데, 예수님을 메시아로 인정하지 않던 유대인들은 기독교인들에 대하여 거짓 소문을 내며 온갖 박해를 가했다고 한다. 그런데 기독교를 박해하던 유대인들 가운데 몇 명이 "네 발 앞에 와서 엎드려 절하며 예수님을 메시아로 인정하게 하리라."라고 말씀하시는데, 개종시키기 가장 어려운 사람들이 유대인들이다. 어떻게 유대인들로 하여금 예수님을 구세주로 받아들이게 할 수가 있었을까? 빌라델비아 교회 교인들이 보여주는 거룩하고 진실한 믿음과 실천의 삶 때문이었다. 이보다 더 효과적인 선교의 방법은 없다. "내가 네 앞에 열린 문을 두었으되 능히 닫을 사람이 없으리라."는 말씀은 이렇게 실현되어졌다.

---

77) 내가 또 다윗의 집의 열쇠를 그의 어깨에 두리니, 그가 열면 닫을 자가 없겠고 닫으면 열 자가 없으리라.(이사야 22:22)

【10】 네가 나의 인내의 말씀을 지켰은즉 내가 또한 너를 지켜 시험의 때를 면하게 하리니 이는 장차 온 세상에 임하여 땅에 거하는 자들을 시험할 때라.

계시록에서는 "행한 대로 갚아 주리라."는 말씀이 반복되고 있다.[78] 하나님의 말씀을 지키는 자는 하나님으로부터 지킴을 받아 땅에 거하는 모든 사람들이 당할 종말의 심판을 받지 않게 하시겠다는 약속이다. 계시록에는 실천 없는 믿음은 설 자리가 없다. "네가 나의 인내의 말씀을 지켰은즉"이라는 말씀처럼, 이 땅에서 신앙을 지키기 위하여 온갖 불이익과 박해를 이겨낸 사람은 마지막 날에 멸망으로 가는 심판을 받지 않게 된다. 고난을 이겨내는 실천 없이 믿음으로만 구원에 이를 수 있다고 말한다면 이는 모순이며, 죽은 믿음이다.[79] 지금 우리에게 다가오는 여러 가지 어려운 문제들은 내 믿음에 대한 '시험'에 해당된다. 이 시험을 이겨낸 사람이 종말의 시험을 통과하며, 승리자에게 주어지는 면류관을 받을 수 있다. "내가 속히 오리니 네가 가진 것을 굳게 잡아 아무도 네 면류관을 빼앗지 못하게 하라."는 말씀은 이런 뜻이다. 이어서 더 중요한 약속을 하신다.

【12】 이기는 자는 내 하나님 성전에 기둥이 되게 하리니 그가 결코 다시 나가지 아니하리라.

'하나님의 성전'은 하나님께서 계시는 곳으로 교회를 뜻한다. 교회는 이 땅에서 하나님나라를 보여주는 모형이며, 뜻이 하늘에서 이루어진 것같이 땅에서 이루어지게 하는 하늘나라 임재의 자리다. 교회를 통해서 하나님의 나라가 이 땅에 임한다. 따라서 이 땅에서 교회보다 더 크고 중요한 기관은 있을 수 없다. 누가 이 교

78) 2:23, 6:10, 18:6,7, 22:12 등

79) 이와 같이 행함이 없는 믿음은 그 자체가 죽은 것이라. 영혼 없는 몸이 죽은 것 같이 행함이 없는 믿음은 죽은 것이니라.(야고보서 2:17, 26)

회를 떠받치는 기둥이 될 수 있을까? 빌라델비아 교회 교인들 같은 사람들이다. 숫자가 많지 않더라도, 지위가 높지 않더라도, 가진 것이 많지 않더라도, 영향력이 크지 않더라도, 아니 많거나 높거나 크지 않기 때문에 오히려 교회의 기둥과 들보가 될 수 있다. 그런 사람에게 하나님께서 함께하시기 때문에 오히려 가장 많이 가진 사람이 될 수 있다. 신앙의 원리에서는 가졌다고 생각하는 사람은 가지지 못한 사람이고, 가지지 못했다고 생각하는 사람이 곧 가진 사람이다. 이 땅에서 하나님나라를 세워가는 사람, 하늘의 하나님 나라를 이 땅에 임하게 하는 사람은 바로 이런 사람들이다. 이런 사람들이 있는 한 교회는 망하지 않는다. 빌라델비아는 지진이 잦아서 지진이 날 때마다 수시로 집에서 급히 도망쳐 나가야 했다. 그런데 이제 쫓겨나지 않게 하시겠다고 약속하신다.

이스라엘 사람들은 하나님의 성전에서 쫓겨난 사람들이다. 솔로몬의 성전은 바벨론 사람들이 허물어버려 쫓겨났을 뿐만 아니라 전쟁포로로 잡혀가야 했다. 신명기 신학자들의 헌신으로 천신만고 끝에 귀환하여 다시 시작했으나 로마에게 성전이 헐리면서 또 쫓겨나야 했고, 그들과 맺은 계약은 파기되고 새로운 계약이 교회와 맺어졌다. 이스라엘 역사와 교회사는 성전(교회)에서 쫓겨나는 역사였다. 교회에서 쫓겨난다는 것은 나라가 멸망당해서 땅이 사라지고 포로가 되거나 난민이 되는 것을 말한다. 이스라엘 역사는 이에 대한 산 교훈이다. 그런데 교회의 역사도 비슷하다. 하나님과 계약을 맺으면 계약의 땅이 주어지는데, 교회에 주어진 땅은 지중해와 유럽이었고 여기에 기독교 왕국(Christendom)이 세워졌다. 기독교 국가가 세워지는 시점부터를 중세기라고 한다. 그런데 중세교회가 제 역할을 못하다가 다시 쫓겨났고 땅을 다 상실했다. 이를 가리켜 역사에서는 '르네상스'라고 한다. 르네상스 이후 현대 500년은 교회가 인문주의자들에게 쫓겨난 시기였다. 교회에 주어졌던 땅은 다 사라지고 집 한 채(바티칸) 남아서 쫓겨나는 것이 얼마나 비참한 것인지를 보여주고 있다. 이성주의가 백기를 든 현대후기(Post Modernism)는 귀환기에 해당된다. 지금 하나님께서는 교회의 기둥이 될 사람들을 찾고 계신다. 하나님께서 찾으시는 사람을 본문에서는 이렇게 기록하고 있다.

【12】 내가 하나님의 이름과 하나님의 성 곧 하늘에서 내 하나님께로부터 내려오는 새 예루살렘의 이름과 나의 새 이름을 그이 위에 기록하리라.

하나님의 이름, 하늘나라(새 예루살렘)의 이름, 예수님의 이름을 교회의 기둥이 될 사람에게 새겨 놓으시겠다는 뜻이다. 이보다 더 큰 축복의 말씀이 있을까? 하나님께서 가장 귀하게 여기는 사람은 어떤 사람들일까? 교회를 떠받쳐서 무너지지 않게 하는 사람들이다. 이 사람들은 어떠한 사람들이기에 이렇게까지 말씀하실까?

하나님의 이름을 새길 자, 즉 이 땅에서 하나님의 역할을 대신할 자이기 때문이다. 온 세상을 만드시고 지배하시는 하나님께서는 사람을 통해 일하신다. 그런데 통해서 일할 사람이 없어 고민이시다. 그분은 하나님의 이름을 새길 자, 하나님의 역할을 맡길 자를 애타게 찾고 계신다. 하나님 나라에서 내려오는 새 예루살렘의 이름을 새길 자, 즉 이 땅에 하나님나라를 건설할 사람, 다시 말하면 이스라엘에 가나안 땅을 맡겼던 것처럼, 또 초대교회에 밀란 칙령을 통해 로마제국을 맡기셨던 것처럼 지금 온 세상을 맡길 자를 하나님께서는 찾으신다. 이는 창조주 하나님께서 자신의 이름의 명예를 걸고 만천하에 공포하시는 선언이며, 결코 빈 말이 아니다.[80]

80) 주께서 이르시되 "지혜 있고 진실한 청지기가 되어 주인에게 그 집 종들을 맡아 때를 따라 양식을 나누어 줄 자가 누구냐?… 내가 참으로 너희에게 이르노니, 주인이 그 모든 소유를 그에게 맡기리라."(누가복음 12:42, 44)

그 다음으로는 예수님의 이름을 새길 자다. 예수님의 이름을 새긴다는 것은 무슨 뜻일까? 예수님은 그리스도 즉 구원자이시다. 예수님을 대신해서 이 세상을 구원해 낼 사람을 찾으신다. 어두움의 권세에 사로잡힌 이 세상은 온갖 탐욕과 죄악으로 신음하고 있다. 하나님을 배제하고 인간의 이성과 과학의 힘으로 세상에 낙원을 만들자고 외치던 구호는 자취를 감추고, 대량살상무기, 환경오염으로 인류에게 멸종의 위기가 닥쳐 왔다. 지금도 자연과학 전문가의 절반 이상이 첨단무기 관련 분야에 종사한다고 한다. 누가 이런 자멸해가는 세상을 구원할 수 있을까? 누가 이 세상에서 이런 죄악을 몰아낼 수 있을까? 빛이 어두움을 몰아내듯 죄악을 몰아낼 사람이 누구인가? 메시아의 이름이 그 몸에 새겨진 자들이다. 세상의 죄악을 온 몸으로 품으시고 십자가에서 죄를 해결해주신 예수님을 대신해서 세상의 죄악을 물러가게 할 사람, 그 사람을 하나님께서는 지금 찾으신다. 그리고 하나님께서는 구원자 예수님의 이름을 교회의 성도들의 몸에 새겨놓으시겠나고 말씀하신다. 누가 있어 그 사람이 될 것인가? 인류 멸종의 위기에 내 몰린 지구는 지금 멸망에서 구원해 낼 그 사람을 애타게 기다리고 있다.[81]

계시위주로 해석하는 사람들은 계시록에서 종말의 시간표를 알아내고 세상이 심판을 받아 멸망할 시점이 가까웠으니 한 사람이라도 더 구원해 내야 한다고 말한다. 그런데 정작 계시록은 무엇을 말하고 있는가? 계시록에서 말하는 멸망의 대상은 세상이 아니라 세상을 지배하는 죄악과 마귀의 권세이며, 당시에 마귀의 권세를 대행하고 있던 로마제국 황제가 지녔던 권세의 종말을 말한다. 그리고 그 종말은 313년에 실현되었다. 다시 반복하건대, 계시록은 당시의 역사적인 상황에서 역사적인 문제에 대한 역사적인 해결을 다루는 묵시문학이다. 이를 사실문학으로 해석해서 종말의 시간과

81) 피조물이 고대하는 바는 하나님의 아들들이 나타나는 것이니(로마서 8:19)

심판을 읽어내려고 한다면 그 출발부터가 잘못되었다. 계시를 중요시하며, 계시로 요한계시록을 해석한다는 사람들은 계시를 빙자하여 자신의 생각을 말하고 있지는 않은지, 두려운 마음으로 스스로에게 묻고 또 물어야 한다.

계시를 운운하려면 먼저 솔직해지고 진실해지라. 초보의 기도를 하면서 자기 확신과 하나님의 계시를 동일시하지 말라. 기본을 지키지 않으면 사탄의 속임수에 놀아나며 자신도 모르게 그의 대리자 노릇을 한다는 것을 반드시 명심하라. 스스로 진지하게 물어보라, 나는 하나님의 종인가?, 아니면 마귀의 종인가?

계시록은 계속해서 경고하고 있다.

착각하지 말아라. 헛짚지 말아라. 걸려 넘어지지 말아라. 마귀에게 속지 말아라. 기본을 지켜라. 귀를 막지 말고 열어놓고 똑바로 들어라.

귀 있는 자는 성령이 교회들에게 하시는 말씀을 들을지어다.

물음 15 라오디게아교회의 사자에게 하신 말씀은 무엇인가?

본문 : 〈3장 〉

14 라오디게아 교회의 사자에게 편지하라. 아멘이시오 충성되고 참된 증인이시오 하나님의 창조의 근본이신 이가 이르시되,

15 내가 네 행위를 아노니 네가 차지도 아니하고 뜨겁지도 아니하도다. 네가 차든지 뜨겁든지 하기를 원하노라.

16 네가 이같이 미지근하여 뜨겁지도 아니하고 차지도 아니하니 내 입에서 너를 토하여 버리리라.

17 네가 말하기를 "나는 부자라. 부요하여 부족한 것이 없다." 하나

네 곤고한 것과 가련한 것과 가난한 것과 눈 먼 것과 벌거벗은 것을 알지 못하는도다.

18 내가 너를 원하노니 내게서 불로 연단한 금을 사서 부요하게 하고 흰 옷을 사서 입어 벌거벗은 수치를 보이지 않게 하고 안약을 사서 눈에 발라 보게 하라.

19 무릇 내가 사랑하는 자를 책망하여 징계하노니 그러므로 네가 열심을 내라. 회개하라.

20 볼지어다. 내가 문 밖에 서서 두드리노니 누구든지 내 음성을 듣고 문을 열면 내가 그에게로 들어가 그와 더불어 먹고 그는 나와 더불어 먹으리라.

21 이기는 그에게는 내가 내 보좌에 함께 앉게 하여 주기를 내가 이기고 아버지 보좌에 함께 앉은 것과 같이 하리라.

22 귀 있는 자는 성령이 교회들에게 하시는 말씀을 들을지어다.

일곱 교회 중 맨 마지막에 등장하는 라오디게아 교회는 칭찬은 없고 책망만 받은 교회다. 왜 그랬을까? 라오디게아의 특징과 관련되어 있으므로 먼저 이를 간략히 살피고자 한다.

라오디게아는 지리적으로 대단히 중요해서 BC 250년 수리아의 안티오커스 2세(Antiochus II)가 이곳에 도시를 건설하고 아내(Laodice)의 이름을 붙였다. 에베소에서 동쪽 수리아로 가는 길은 당시 아시아에서 가장 중요한 길이었는데, 라오디게아는 동양으로 가는 대로의 길목에 위치했다. 이런 지리적 이점은 이곳으로 하여금 은행과 재정의 중심지가 되게 했으며, 라오디게아는 당시 지상에서 가장 부요한 도시였다. 61년 지진으로 도시가 폐허가 되었을 때 외부의 지원을 거부하고 자력으로 재건했다는 사실이 이를 입증한다. 그리고 금융의 중심지인 이곳에는 유대인들이 특별히 많았으며, 이들이 성전세 명목으로 외부로 반출하는 금의 분량이 너무 커서 금지해야 했다. 라오디게아에 거주하는 유대인은 남자 장정만 7,500명 이상이었다고 하며, 유대인들이 거주하는 지역에서 여기보다 더 부유하고 영향력이 큰 곳은 없었다.

또 라오디게아는 의류 제조업으로 유명했는데, 이 지역에서 생산되는 양모의 품질이 매우 우수했기 때문이다. 이런 이유로 여기서 대량으로 생산되는 의류는 싸고 질이 좋았으며, 또 양모로 만든 고급 특산물이 생산되었다. 더 나아가서 라오디게아는 의료의 도시였다. 이 지역이 배출한 의사 중 두 명(Zeuxis, Alexander Philalethes)의 동상이 주화에 새겨졌다고 한다. 특히 귀와 눈을 치료하는 고약으로 유명했다. 또 9km 인근의 도시인 히에라폴리스(Hierapolis)에서 고온의 석회수 온천이 수로를 타고 흘러 왔는데, 그 온천수가 라오디게아에 이르면 미지근해지고 여러 광물질이 녹아들어 마실 수가 없었다.

라오디게아의 이런 특징을 염두에 두면 본문에서 왜 그렇게 말씀하시는지가 이해된다. 이 편지에서는 독특하게 '아멘이시오'라고 시작한다. 왜 서두에 이런 표현을 썼을까? 히브리어 아멘(אָמֵן)은 주로 문장 뒤에 나오면서 그 이전 말씀의 진실성을 보증하거나 강조하는 의미로 쓰이는데 본문에는 앞에 나와 있다. 이는 예수님께서 흔히 사용하셨던 "내가 진실로 진실로 너희에게 이르노니"라는 말씀과 같은 의미라고 볼 수 있다. 창조의 '근본(ἀρχη)'은 '처음'의 뜻이며, 예수님에게서 만물이 창조되었다는 뜻이다. 아멘, 충성, 참된 증인, 창조의 근본 등의 용어는 하나님의 말씀임을 특별히 강조하는 표현이다.

【15,16】 내가 네 행위를 아노니 네가 차지도 아니하고 뜨겁지도 아니하도다. 네가 차든지 뜨겁든지 하기를 원하노라. 네가 이같이 미지근하여 뜨겁지도 아니하고 차지도 아니하니 내 입에서 너를 토하여 버리리라.

라오디게아에 흘러가는 마실 수 없는 미지근한 온천수를 빗대어 라오디게아 교회의 신앙을 평가하시면서 차든지 덥든지, 즉 마실 수 있게 되라고 책망하신다. 서로 의견이 상충된 어떤 중요한 사안인 경우에 양쪽으로부터 욕먹지 않으려고 입장 표명을 하지 않는 사람들은 늘 있다. 기독교인은 흰 것은 희다하고 검은 것은 검다고 해야 한다. 그 결과는 한쪽으로부터 버림받게 된다. 그러나 이를 두려워하면 그는 이미 하나님의 사람이 아니고 마귀의 사람이다. "모든 사람이 너희를 칭찬하면 화가 있도다. 그들의 조상들이 거짓선지자들에게 이와 같이 하였느니라."(누가복음 6:26) 예수님을 따르려면 애매모호한 태도를 버리고 입장을 분명히 해야 한다. 그렇지 않으면 구약의 이스라엘이 앗수르, 바벨론에 멸망당한 것처럼, 신약에서 유대인이 로마에 멸망당한 것처럼 하나님께서 토해버리신다. 하나님의 심판은 죽은 후의 심판만이 아니다. 역사의 주관자 하나님께서는 다음 세상만이 아니라 현세상도 통치하시며 심판하신다. 이를 명심해야 한다.

신앙의 열심에서도 마찬가지다. 이왕 교회생활을 하려거든 열심히 해야 한다. 교회는 이 땅에 세워진 하나님나라의 모델이다. 그런데 교인이 되어 열심을 내지 않고 겨우 예배에나 참석하며 방관자가 되어 있다면 교회에 전혀 도움이 되지 않는다. 예수님께서는 이런 사람들을 토해내시겠다고 말씀하신다.

【17~19】 네가 말하기를 나는 부자라 부요하여 부족한 것이 없다 하나 네 곤고한 것과 가련한 것과 가난한 것과 눈 먼 것과 벌거벗은 것을 알지 못하는도다. 내가 너를 권하노니 내게서 불로 연단한 금을 사서 부요하게 하고 흰 옷을 사서 입어 벌거벗은 수치를 보이지 않게 하고 안약을 사서 눈에 발라 보게 하라. 무릇 내가 사랑하는 자를 책망하여 징계하노니 그러므로 네가 열심을 내라. 회개하라.

라오디게아는 가장 부요한 도시였으나 불꽃같으신 하나님의 눈에는 그들의 신앙은 가장 곤고하고 가난했다. 세계에서 가장 좋은 특산품 양모로 치장했으나 실상은 벌거벗었으며, 세계에서 가장 좋은 안약으로 타인의 눈을 치료하고 있었으나 그 자신은 눈 먼 소경이었다. 어찌해야 하는가? 하나님에게서 불로 연단한 금을 사서 부요하게 하고, 흰 옷을 사서 입어 벌거벗은 수치를 보이지 않게 하고, 신비한 안약을 사서 눈에 발라 보게 해야 한다. 그리고 신앙에 열심을 내야 한다. 신앙생활에서 가장 큰 적은 열심을 잃은 무관심이다. 무관심은 반대세력보다 더 악하다고 할 수 있는데, 반대 세력이란 관심의 또 다른 표명이기 때문이다. 라오디게아 교회가 가장 유복한 환경을 가지고 있으면서도 칭찬 없이 책망만 받은 이유는 무사안일과 무관심 때문이었다.

【20,21】 볼지어다. 내가 문 밖에 서서 두드리노니 누구든지 내 음성을 듣고 문을 열면 내가 그에게로 들어가 그와 더불어 먹고 그는 나와 더불어 먹으리라. 이기는 그에게는 내가 내 보좌에 함께 앉게 하여 주기를 내가 이기고 아버지 보좌에 함께 앉은 것과 같이 하리라.

많이 받은 자에게는 많이 요구하신다. 그런데 무관심 때문에 가장 많이 가지고 있으면서도 제 역할을 못하는 교회, 어떻게 해야 하는가? 예수님께서 직접 오셔서 문을 두드리신다. 언제까지인가? 열릴 때까지이다. 그분은 결코 포기하지 않으시고 지금도 우리의 마음의 문을 열릴 때까지 두드리신다. 길 잃은 양을 찾으러 오신 예수님은 지금도 무관심에 젖어있는 나를 찾아오셔서 문을 두드리신다. 이제 마음의 문을 열고 그분과 더불어 뜻을 같이하여 이 세상에서 죄악의 권세를 몰아내고 하나님나라가 임하게 하는 교회의 일에 열심을 내야 한다. 요한계시록에서 일곱 교회에 보내는 편지는 이렇게 우리 모두를 향한 말씀으로 마무리를 짓는다.

"이제 마음의 문을 열어라. 네가 그 일을 해야 한다. 네가 아니면 그 일을 할 사람이 없다.

이상에서 일곱 교회에 보내는 편지를 간략히 살펴보았는데 예수님께서 지역적인 특징과 교회의 특징을 절묘하게 연결하시며 평가하시고 또 책망하신다. 불꽃같은 눈을 가지신 예수님이시니까 당연히 지역과 교회의 사정들을 속속들이 아시리라는 것은 말할 필요도 없다. 그런데 여기에 하나가 더 보태져야 한다. 목회자요 설교자인 요한의 역할이다. 요한은 일곱 교회를 맡아서 수십 년간 목회하던 설교자다. 설교자가 교회를, 그 교회가 있는 지역의 주민들과 그 특징을 모르고 설교할 수 있을까? 설교자는 보는 눈과 입장이 하나님과 일치해야 한다. 설교는 하나님의 말씀이면서 동시에 설교자의 말씀이다. 하나님은 설교자를 통해서 말씀하신다.

교회에 대한 평가 기준은 현실과의 타협 여부였다. 니골라당, 발람, 이세벨의 무리 등의 공통점은 타협신앙이다. 계시록은 땅의 천사들에게 현실과 타협하지 말고 신앙의 지조를 지키라고 강조한다. 그 결과는 극단의 궁핍과 온갖 시련과 순교였지만 이는 땅의 천사들이 감수해야 할 몫이다. 하늘에서 하늘의 천사를 통해 일하시는 하나님께서는 땅에서도 역시 땅의 천사들(성도들)을 통해서 일하신다. 이런 이유로 묵시문학인 계시록에서는 목회자와 성도들을 천사라고 부르고 있다.

나는 누구인가?

지금 여기서 하나님의 역할을 대신하는 땅의 천사다.

제3부 : 세 편의 설교(4:1~19:21)

【 첫 번째 설교 】

〈물음16〉 이 일 후에 무엇을 보았는가?

〈물음17〉 무엇이 두루마리의 인봉을 떼게 하는가?

〈물음18〉 심판, 어떻게 진행되는가?

〈물음19〉 첫 번째 심판(일곱 인봉), 어떻게 진행되는가

【 두 번째 설교 】

〈물음20〉 두 번째 심판(일곱 나팔), 어떻게 진행되는가

【 세 번째 설교 】

〈물음21〉 마지막 심판, 어떤 의미인가?

〈물음22〉 일곱 대접, 어떤 재앙인가?

〈물음23〉 일곱 대접 이후, 어떻게 진행되는가?

〈물음24〉 대심판, 어떻게 마무리 되는가?

〈물음25〉 하나님나라, 어떻게 임하는가?

〈물음26〉 적그리스도, 누구인가?

첫 번째 설교

첫 번째 심판

두루마리

일곱 인봉

물음 16

이 일 후에 무엇을 보았는가?

본문 : 〈4장 〉

1 이 일 후에 내가 보니 하늘에 열린 문이 있는데 내가 들은 바 처음
에 내게 말하던 나팔 소리 같은 그 음성이 이르되 "이리로 올라오
라. 이 후에 마땅히 일어날 일들을 내가 네게 보이리라." 하시더라.
2 내가 곧 성령에 감동되었더니 보라. 하늘에 보좌를 베풀었고 그 보
좌 위에 앉으신 이가 있는데,
3 앉으신 이의 모양이 벽옥과 홍보석 같고 또 무지개가 있어 보좌에
둘렸는데 그 모양이 녹보석 같더라.
4 또 보좌에 둘려 이십사 보좌들이 있고 그 보좌들 위에 이십사 장로
들이 흰 옷을 입고 머리에 금관을 쓰고 앉았더라.
5 보좌로부터 번개와 음성과 우렛소리가 나고 보좌 앞에 켠 등불 일곱
이 있으니 이는 하나님의 일곱 영이라.
6 보좌 앞에 수정과 같은 유리 바다가 있고 보좌 가운데와 보좌 주위
에 네 생물이 있는데 앞뒤에 눈들이 가득하더라.
7 그 첫째 생물은 사자 같고 그 둘째 생물은 송아지 같고 그 셋째 생
물은 얼굴이 사람 같고 그 넷째 생물은 날아가는 독수리 같은데,
8 네 생물은 각각 여섯 날개를 가졌고 그 안과 주위에는 눈들이 가득
하더라. 그들이 밤낮 쉬지 않고 이르기를 "거룩하다. 거룩하다. 거룩
하다. 주 하나님 곧 전능하신 이여! 전에도 계셨고 이제도 계시고
장차 오실 이시라." 하고
9 그 생물들이 보좌에 앉으사 세세토록 살아 계시는 이에게 영광과 존
귀와 감사를 돌릴 때에,
10 이십사 장로들이 보좌에 앉으신 이 앞에 엎드려 세세토록 살아 계
시는 이에게 경배하고 자기의 관을 보좌 앞에 드리며 이르되,
11 "우리 주 하나님이여! 영광과 존귀와 권능을 받으시는 것이 합당하
오니 주께서 만물을 지으신지라. 만물이 주의 뜻대로 있었고 또 지
으심을 받았나이다." 하더라.

〈 2번째 장면 : 4:1~8:1, 3~5 〉

【1~3】이 일 후에 내가 보니 하늘에 열린 문이 있는데 내가 들은 바 처음에 내게 말하던 나팔 소리 같은 그 음성이 이르되 "이리로 올라오라. 이 후에 마땅히 일어날 일들을 내가 네게 보이리라." 하시더라. 내가 곧 성령에 감동되었더니 보라, 하늘에 보좌를 베풀었고 그 보좌 위에 앉으신 이가 있는데, 앉으신 이의 모양이 벽옥과 홍보석 같고 또 무지개가 있어 보좌에 둘렸는데 그 모양이 녹보석 같더라.

'이 일 후에'(μετὰ ταυ'τα)는 묵시록에서 장면이 바뀔 때 쓰이는 표현이다. 내가 '보니'는 묵시문학에서 흔히 사용되는 표현으로 환상이나 환청을 말한다. 계시가 꼭 필요한 경우에는 환상(봄)이나 환청(들음)으로 알려 지지만 일반적으로는 하나님의 말씀이 마음에서 마음으로 전달된다. 흔히 하나님의 말씀이 축자영감으로, 즉 말씀의 문장과 단어가 한 글자도 틀림없이 주어진다고 생각한다. 간혹 문장과 단어가 주어질 수도 있으나 그런 경우는 특별한 경우이고 일반적이지 않다. 만일 축자영감으로 말씀이 주어진다면 여러 시대에 다양한 예언자들이 선포한 말씀의 문장이나 표현양식, 문학수준이 동일해야 한다. 그러나 현재 우리가 가지고 있는 구약 예언서를 보면 표현양식과 문학적인 수준, 어휘력이 전혀 다르다. 이는 말씀이 축자영감으로 주어지지 않았다는 반증이다. 그러면 말씀이 어떻게 주어질까? 일반적인 방법은 하나님의 심정과 감정, 마음 등이 생생하게 전달되고 전하는 사람은 그 마음과 감정을 가지고 자신의 언어와 표현방식과 표현능력으로 말한다. 이렇게 말하면 "선포자의 개인적인 의견과 감정 등이 개입될 수 있지 않느냐?"라는 의문이 들 수 있다. 그러나 결코 그렇지 않다. 앞에서도 언급한 바와 같이 하나님의 말씀을 일인칭화법으로 선포하는 사람은 그 영성이 하나님과 일치된 상태에서 성령의 감동으로 선포하기 때문에 하나님의 뜻과 어긋나는 사견이 들어가지 않는다. 이런 계시를 경험하지 않은 사람들은 계시의 절대성을 염두에 두면서 '축자영감'을 강조하게 되고, 환상과 환청 등을 묵시적인 표현이 아니라 사실적인 표현이라고 생각하며 문자대로 해석하려고 한다. 계시와 관련된 문제를 말하려면 내가 경험으로 확인하고 확실하게 아는데 까지만 말해야 한다. 이에서 지나치면 오류에 빠진다.

'하늘에 열린 문이 있는데'는 당시 유대인들의 우주관이 반영되어 있다. 그들은 우주는 정방형이며, 지하, 지상, 천상의 삼층천으로 구성되어 있고, 또 지상에서 천상으로 연결되는 문이 있다고 생각했다.[82] 영적인 상태에서 환상과 환시 등으로 다른 차원의 세계를 볼 때에는 보는 사람의 문화와 이해수준에서 보게 된다. 이를 사실적으로 해석하면 실제 우주관과 맞지 않을 수 있다. 오늘 우리는 우주가 정방형이 아니라 구(球)이며, 지구는 우주의 작은 한 부분인 것을 알고 있다. 그런 우리가 환시로 하나님의 세계를 본다면 정방형이나 삼층천으로 보이지 않는다. 따라서 계시에는 보는 사람의 의식수준이 반영되어 있으며 이는 사실적인 표현이 아니라 묵시적인 표현이다.

묵시문학의 특징은 박해하는 낭사사들은 일지 못하도록 비밀언어로 기록하는데, 그 주요 방법이 본문에서 보는 바와 같은 신비적인 표현의 사용이다. 그러나 이는 기록자의 어떤 영적인 경험을 부정하는 것이 아니다. 분명 어떤 경험이 있었다. 그러나 표현 방법은 묵시 문학의 방법으로 신비한 장면을 연결시키면서 자신이 말하려는 중요한 내용을 담아 놓는다. 경우에 따라서는 본문에 기록된 바와 같은 환상으로 주어졌을 수도 있다. 박해하는 자들은 신비적인 표현이 무슨 이야기인지 모르지만 박해받는 사람들은 누가 설명해주지 않아도 자신들의 이야기임을 알게 되어 있다. 그러나 오랜 시간이 지나고 다른 환경에 놓인 우리는 이해하기가 쉽지 않다. 이를 파악하려면 영적인 경험과 더불어 묵시문학에 대한 이해도 필요하다.

82) 창세기 7:11, 28:12, 신명기 28:12, 시편78:23.

본문에 있는 신비한 표현의 대부분은 천상의 장면을 그릴 때 사용되는 묵시적인 표현들이다. 천사와 나팔소리, 보석 같은 광채와 무지개로 둘러싸여 있는 하나님의 모습, 보좌, 흰 옷, 면류관, 번개와 우레 소리 같은 음성, 일곱 영 등은 묵시문학에 주로 등장하는 소재들이며, 시편이나 예언서에서도 비슷한 예들을 어렵지 않게 찾을 수 있다. 환상이나 입신 등으로 천국을 보았다고 말하는 사람들의 이야기를 들어보면 대부분 이런 표현을 사용한다. 그 이유는 요한계시록과 같은 성경의 장면을 읽거나 들으면서 하늘나라를 그렇게 상상해 본 기억이 실제로 경험을 할 때 영향을 미치기 때문이다. 하나님이 계시는 세계는 인간 세계와는 차원이 다르기 때문에 현재의 방식으로는 보고 듣는 것이 불가능하다. 그러므로 인간이 세상에서 경험하는 3차원의 수준으로 전달되는데, 그것도 경험자의 이해와 인식 수준과 관련이 있다. 어린아이들이 경험한 하나님나라는 꽃밭, 따먹어도 계속 열리는 신비한 과일나무, 먹어도 줄지 않는 아이스크림과 과자로 만들어진 집 등으로 경험된다. 그러나 어른들은 이렇게 경험하지 않는다. 사탄을 경험해도 한국인은 어떤 귀신이나 도깨비 등의 형체이지만 서양인들은 마귀할멈이나 드라큐라와 같은 형상이다. 문화적인 차이에 따라 영적인 세계의 경험이 달라지는 실례이다. 따라서 묵시문학을 읽을 때는 신비한 장면에 매이지 말고 그 표현을 통해 말하려는 의도를 읽어내야 한다. 다시 말하지만 하나님을 환상, 환시, 환청 등으로 뵈옵는 간접적인 경험과, 하나님과 직접 대면하는 경험은 전혀 다르게 다가온다.

이해를 돕기 위해 실제로 경험한 예를 들어보고자 한다. 깊은 기도 가운데 하나님을 처음으로 직접 뵈옵는 어떤 상태가 되었는데, 감당할 수 없는 큰 충격이 순간적으로 다가오면서 태산을 얹어 놓은 듯한 중압감, 떨림과 전율 등으로 숨조차 쉬기 어려웠고, 얼굴을 드는 것은 고사하고 눈을 위로 치켜 뜰 수도 없었으며 이 상태를 도무지 감당할 수 없어서 잠시 후에 죽은 자처럼 되고 말았다. 계시록에서 "내가 볼 때에 그의 발 앞에 엎드러져 죽은 자 같이 되매"(1:17)는 이런 상태를 말한다. 이는 입신(入神)의 상태와 다르다. 입신의 상태는 기절한 상태에서 환상과 환청 등을 경험하지만 대면의 상태는 현실 그대로의 상태에서 직접 교감이 일어난다.

한 시간 쯤 면전의 상태에 있다가 깨어난 후에는 나 자신이 너무 작고 초라하게 느껴져 감히 하늘도, 까치도, 잡초도 쳐다볼 수 없었으며, 땅을 밟을 수도 없었다. 문자 그대로 몸 둘 바를 모르고 10여 일 동안 면전의 상태에 있으면서 소명의 말씀 등을 들었다. 이런 면전의 상태에서는 자거나 먹지 않아도 아무런 불편이 없으며, 최상의 상태가 유지된다. 하나님의 거룩한 빛이 육체에 필요한 에너지를 공급해주기 때문이다. 이런 상태로 10일을 보낸 후에 지옥훈련에 해당되는 영성수련을 몇 년 겪고 나서 이제는 얼굴을 들고 마음으로 하나님을 직접 뵈옵는 상태가 되었다. 하나님의 어떤 형체를 뵈옵는게 아니라 시선이 마주치는 경험이었다. 이런 뵈옵는 상태는 하나님 안에 잠겨지는 상태로 이어지고, 나 자신이 아무것도 아님(Nothing)에 도달하면서 절정에 이르렀다.[83)]

하나님의 계시는 하나님을 뵈옵는 상태인 신비기도에서 경험된다. 이 상태에서 하나님과의 의사소통은 인간이 소통하는 언어의 방식이 아니라 마음과 생각, 감정이 직접 전달되는 방식이며, 하나님의 마음과 감정이 직접 나에게 전달된다. 일인칭화법으로 하나님의 말씀을 선포하는 예언자들의 영적인 상태는 이런 상태였다. 이때에 주어지는 하나님의 말씀과 내가 평소에 현실을 보면서 느끼고 고민하면서 정리한 생각들은 서로 일치한다. 이렇게 일치된 말씀이 하나님의 말씀으로 선포된다. 예언자들이 일인칭화법으로 선포한 말씀은 이런 일치의 상태에서 한 말씀이었다. 이런 이유로

83) 이와 같은 영성의 문제들은 졸저 「비움의 길」에서 상세히 다루었음.

설교는 하나님의 말씀이면서 동시에 인간의 말이 된다. 이런 일련의 과정을 경험하고 나면 성경이 전혀 다르게 보인다. 그 이유는 내가 성경의 어느 부분을 읽을 때 성경의 인물들의 마음상태가 느껴지면서 내가 읽는 자가 아니라 말하는 자의 입장이 되기 때문이다. 성경의 영감과 말씀의 육화(肉化)는 이렇게 경험된다.

본문으로 돌아가 보자. 본문에서 말하려는 중요한 요지는 다음의 장면에 들어있다.

【4~8】 또 보좌에 둘려 이십사 보좌들이 있고 그 보좌들 위에 이십사 장로들이 흰 옷을 입고 머리에 금관을 쓰고 앉았더라. 보좌로부터 번개와 음성과 우렛소리가 나고 보좌 앞에 켠 등불 일곱이 있으니 이는 하나님의 일곱 영이라. 보좌 앞에 수정과 같은 유리 바다가 있고 보좌 가운데와 보좌 주위에 네 생물이 있는데 앞뒤에 눈들이 가득하더라. 그 첫째 생물은 사자 같고 그 둘째 생물은 송아지 같고 그 셋째 생물은 얼굴이 사람 같고 그 넷째 생물은 날아가는 독수리 같은데, 네 생물은 각각 여섯 날개를 가졌고 그 안과 주위에는 눈들이 가득하더라.

〈그림3〉에 보는 바와 같이 하나님의 보좌 주변에 24장로들이 흰 옷과 금면류관을 쓰고 앉아 있으며, 보좌 네 모퉁이에는 앞뒤에 여러 눈과 여섯 날개를 가진 네 생물이 있는데 그 얼굴이 각각 사자, 송아지, 사람, 독수리 같았다. 24장로들과 네 생물은 하나님을 찬양하고 경배하면서 "우리 주 하나님이여 영광과 존귀와 권능을 받으시는 것이 합당하오니 주께서 만물을 지으신지라. 만물이 주의 뜻대로 있었고 또 지으심을

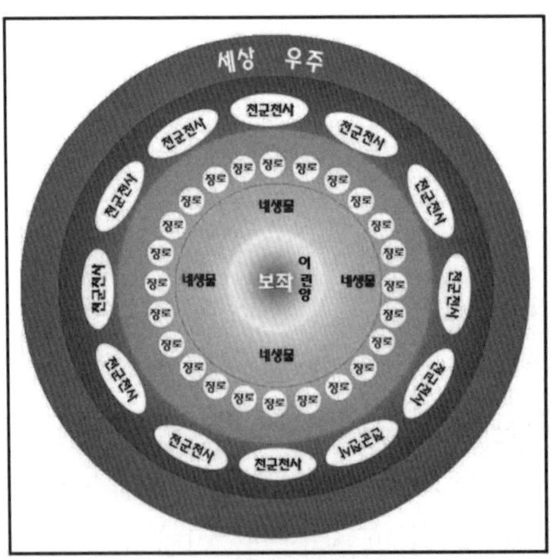

〈그림3 천상구조〉

받았나이다."라고 고백하고 있다. 무엇을 말하려는 것일까?

먼저 '24장로'를 생각해보고자 한다.

왜 숫자가 '24'일까? 계시록 마무리 부분에 보면 하늘에서 새 예루살렘성이 내려오는데 12대문에 열두 지파의 이름이 새겨져 있고(21:12), 또 성의 12기초석에는 12사도의 이름이 새겨져 있다.(21:14) 열두 지파는 첫 번째 계약 공동체의 대표이고, 12사도는 두 번째 계약 공동체인 교회의 대표자들이다. 따라서 24는 열두 지파와 12사도를 합친 수로 보면 된다. 그런데 왜 '장로'라는 칭호를 쓰고 있을까? 율법에 의하면 장로는 지파의 대표자들이며[84] 사도시대에는 각 교회의 목회자들을 장로라고 했다.[85] 따라서 장로는 계약 공동체인 지파와 교회의 지도자들이었다. 새 예루살렘, 즉 지상에 임하는 하나님나라의 대문과 기초석에 12지파와 12사도들이 새겨져 있듯이, 하늘 하나님 보좌 가장 가까운 측근에는 12지파와 12사도를 뜻하는 24장로들이 흰옷을 입고 면류관을 쓰고 앉아 있었다. 계시록에서 이들이 하는 일은 하나님께 찬양과 경배를 드리며(4:10, 5:8,11,14, 7:11, 11:16, 14:3, 19:4), 하나님의 대변자 역할을 하며(5:5, 7:13), 성도들의 기도를 하나님께 전해드리는(5:8) 역할이다. 구약성경에는 하늘 하나님의 보좌 주변에는 천군천사들이 있으나[86] 계시록에는 24장로들이 있어서 하나님의 통치를 보좌한다.

계시록에서는 왜 24장로들이 천사들보다 더 가까운 자리에서 면류관을 쓰고 하나님의 통치에 참여하고 있을까? 하나님께서는 신앙공동체를 통해 세상을 통치하시고 구원하시기 때문이다. 구약에서는 이를 위해 모세를 통해 12지파로 구성된 이스라엘과 계약

---

84) 출애굽기 3:16, 4:29, 19:7, 24:1 등

85) 사도행전 11:30, 14:23, 베드로전서 5:1, 요한3서 1:1

86) 열왕기상 22:19, 이사야 6:2

을 맺으시고 가나안에서 하나님나라의 모형이 되게 하셨다. 하나님께서는 이스라엘과 함께하셨고, 이스라엘을 통해서 세계역사를 구원의 역사로 이끌어 가고자 하셨다. 그러나 이스라엘이 결국 실패하자 옛 계약을 파기하시고, 이번에는 하나님께서 직접 인간으로 오셔서 12사도를 부르시고 그들을 중심으로 교회를 세우시고 교회 공동체와 새로운 계약을 맺으셨다. 교회는 이 땅에 세워진 하나님나라의 모형이며, 교회가 어떻게 하느냐에 따라 세상 역사가 결정된다. 교회는 그만큼 중요하며, 교회의 설교는 하나님의 말씀이다. 하나님께서는 설교자의 설교를 통해서 세상 역사를 이끌어 가신다. 이런 이유로 계시록에는 하나님 최측근에 하늘의 천사들이 아닌 24장로들이 좌정하고 있다. 오늘의 교회 목회자들은 누구인가? 이 땅에서 하나님의 말씀을 선포하는 대변인들이며, 하나님의 뜻을 이 땅에서 실현하는 대행자들이다. 이런 이유로 교회의 지도자들을 천사(ἀγγέλος)라고 했다.

다음으로 네 생물은 무엇을 말하는 것일까?[87)]

24장로와 같이 하나님 보좌 가까이에 있는 네 생물의 모양을 다시 살펴보면 앞뒤로 눈이 가득하며 날개가 여섯이고, 그 얼굴이 사자, 송아지, 사람, 독수리 같았다. 네 얼굴 모양은 모든 생물의 대표자라고 할 수 있는데, 사자는 동물의 수장(首長)이고 소는 가축의 수장이며 사람은 만물의 영장이고 독수리는 조류의 수장이다. 따라서 네 생물은 인간과 모든 생명체들을 상징한다고 할 수 있다. 그런데 이들의 역할은 늘 보좌와 어린양 가까이에 있으면서(4:6, 5:6, 14:3), 항상 하나님을 찬양하고 경배하며(4:8, 5:8,14, 7:11, 19:4), 심판할 때에 중요한 명령을 전달한다.(6:1~7, 15:7) 계시록의 네 생물과 비슷한 기록은 에스겔서 1장에 기록되

87) 고대의 교부들은 네 생물이 네 복음서를 상징한다고 보았다. 어거스틴은 마태복음은 사자, 마가복음은 사람, 누가복음은 소, 요한복음은 독수리를 상징한다고 했다.

어 있다.[88]

그러면 왜 이 네 생물이 24장로와 더불어 하나님 가장 가까이에 있으면서 하나님을 찬양하고 하나님의 명령을 전달하는 역할을 할까? 인간과 동물을 비롯한 자연 만물은 하나님으로부터 지음받았으며, 가장 귀하기 때문이다. 자연은 단순히 인간의 필요에 따라 정복하거나 훼손해도 되는 대상이 아니다. 자연은 인간과 더불어 하나님을 찬양하고 경배하며 하나님의 뜻을 실현해야 하고, 인간은 자연과 더불어 존재하며 조화를 이루고 살아야 한다. 현대에 과학의 남용으로 자연을 훼손한 결과가 어떠한지를 지금 우리는 실감하고 있다. 자연 환경의 훼손으로 말미암아 인류는 멸종의 위기에 직면해 있다. 인간의 존재원리와 삶의 도리는 성경의 말씀에 들어있고, 만물의 존재원리와 이치는 자연에 들어있다. 네 생물이 하나님의 말씀을 전하듯이, 자연의 원리와 이치를 통해서 하나님의 섭리와 뜻이 인간에게 늘 전달되고 있다. 이를 계시록에서는 네 생물이 밤낮을 쉬지 않고 하나님을 찬양한다고 했는데, 그 찬양은 다음과 같다.

【8】 거룩하다, 거룩하다, 거룩하다, 주 하나님 곧 전능하신 이여! 전에도 계셨고 이제도 계시고 장차 오실이시라.

네 생물이 이와 같이 찬양을 드리면 24장로들은 엎드려 경배하며 면류관을 보좌 앞에 벗어 드리면서 다음과 같이 화답했다.

【11】 우리 주 하나님이여! 영광과 존귀와 권능을 받으시는 것이 합당하오니 주께서 만물을 지으신지라. 만물이 주의 뜻대로 있었고 또 지으심을 받았나이다.

하나님 보좌 앞에는 하나님의 영(靈)을 뜻하는 일곱 등이 늘 켜져 있고, 보좌에서는 번개와 우렛소리 같은 음성이 들려왔다. 이는

88) 그 얼굴들의 모양은 넷의 앞은 사람의 얼굴이요 넷의 오른쪽은 사자의 얼굴이요 넷의 왼쪽은 소의 얼굴이요 넷의 뒤는 독수리의 얼굴이니(에스겔 1:10)

무엇을 말하는가?

24장로들이 네 생물의 찬양에 화답했듯이, 교회의 지도자들은 성결을 뜻하는 흰 옷을 입고, 승리와 통치를 뜻하는 면류관을 쓰고 만물의 원리와 이치와 조화를 꿰뚫어 보면서 번개와 우렛소리처럼 하나님의 말씀을 대언해야 한다. 성경해석은 우주관과 가치관과 역사관이 서로 맞아 돌아가야 한다. 성령에 감동된 설교는 천둥소리와 같이 온 세상에 울려 퍼져서 인간이 자연의 원리와 이치와 조화를 이루며 살게 하고, 보좌 앞의 등불처럼 역사를 바른 방향으로 이끌어야 한다. 하나님께서는 지금도 자연과 설교를 통해서 말씀하신다. 특히 설교자의 설교가 잘못되면 역사가 잘못된다. 이는 이스라엘 역사와 교회사의 교훈이다. 설교자가 설교를 제멋대로 하면 역사적인 책임을 져야한다. 후일 하나님의 심판대 앞에 섰을 때 설교자는 자신의 설교에 대해 엄격한 평가를 받아야 한다. 예수님은 당시의 설교자들인 서기관과 바리새인의 잘못된 설교에 대하여 '저주'(화 있을진저!)를 선언하셨다. 이는 잘못된 설교는 결코 용서받을 수 없다는 뜻이다.

물음 17 무엇이 두루마리의 인봉을 떼게 하는가?

본문 : 〈5장 〉

1 내가 보매, 보좌에 앉으신 이의 오른손에 두루마리가 있으니 안팎으로 썼고 일곱 인으로 봉하였더라.

2 또 보매, 힘있는 천사가 큰 음성으로 외치기를 "누가 그 두루마리를 펴며 그 인을 떼기에 합당하냐?" 하나,

3 하늘 위에나 땅 위에나 땅 아래에 능히 그 두루마리를 펴거나 보거나 할 자가 없더라.

4 그 두루마리를 펴거나 보거나 하기에 합당한 자가 보이지 아니하기
로 내가 크게 울었더니.
5 장로 중의 한 사람이 내게 말하되, "울지 말라. 유대 지파의 사자
다윗의 뿌리가 이겼으니 그 두루마리와 그 일곱 인을 떼시리라." 하
더라.
6 내가 또 보니, 보좌와 네 생물과 장로들 사이에서 한 어린 양이 서
있는데 일찍이 죽임을 당한 것 같더라. 그에게 일곱 뿔과 일곱 눈이
있으니 이 눈들은 온 땅에 보내심을 받은 하나님의 일곱 영이더라.
7 그 어린 양이 나아와서 보좌에 앉으신 이의 오른손에서 두루마리를
취하시니라.
8 그 두루마리를 취하시매 네 생물과 이십사 장로들이 그 어린 양 앞
에 엎드려 각각 거문고와 향이 가득한 금 대접을 가졌으니 이 향은
성도의 기도들이라.
9 그들이 새 노래를 불러 이르되 "두루마리를 가지시고 그 인봉을 떼
기에 합당하시도다. 일찍이 죽임을 당하사 각 족속과 방언과 백성과
나라 가운데에서 사람들을 피로 사서 하나님께 드리시고,
10 그들로 우리 하나님 앞에서 나라와 제사장들을 삼으셨으니 그들이
땅에서 왕 노릇 하리로다." 하더라.
11 내가 또 보고 들으매 보좌와 생물들과 장로들을 둘러 선 많은 천
사의 음성이 있으니 그 수가 만만이요 천천이라.
12 큰 음성으로 이르되, "죽임을 당하신 어린 양은 능력과 부와 지혜
와 힘과 존귀와 영광과 찬송을 받으시기에 합당하도다." 하더라.
13 내가 또 들으니 하늘 위에와 땅 위에와 땅 아래와 바다 위에와 또
그 가운데 모든 피조물이 이르되 "보좌에 앉으신 이와 어린 양에게
찬송과 존귀와 영광과 권능을 세세토록 돌릴지어다." 하니
14 네 생물이 이르되 "아멘." 하고 장로들은 엎드려 경배하더라.

5장에서는 이제 심판의 준비가 시작되고 있다. 심판은 하나님의 오른 손에 있는 두루마리에 찍힌 일곱 인봉을 떼는 것으로 시작된다. 그런데 요한이 보니 하늘과 땅 그 어디에도 하나님의 오른 손에서 심판의 두루마리를 받아 그 인봉을 떼고 펴볼 자가 없었다. 이제 더 이상 심판은 진행되지 못하고 세상의 죄와 마귀의 권세는 계속 창궐하게 생겼다. 이제 이 일을 어떻게 해야 하는가? 어떻게 무엇으로 이 죄악의 권세를 몰아낼까?

성경을 보면 천사들이 수태고지(受胎告知)를 하면서 "포도주와

독주(毒酒)를 마시지 말며, 머리에 삭도(削刀)를 대지 말라."는 말씀이 있다.[89] 누구에게 하시는 말씀이며, 왜 이런 것들을 요청하실까? 사사기의 마노아와 누가복음의 사가랴는 그 당시에 죄악의 권세가 창궐하지만 하나님을 믿는 사람들이 회개하며 하나님께로 돌아오려는 생각조차 없는 것을 보면서 안타까운 나머지 부모의 상을 당한 것처럼 머리를 풀고 단장을 하지 않으며 맛난 별미들을 멀리하고 통곡하며 살던 사람들이다. 마침 이들에겐 후사를 이을 아들이 없었지만 후사를 잇는 것보다 멸망으로 치닫는 세상의 문제가 더 안타까워 탄식하며 통곡의 기도로 살던 사람들이다. 그들의 이런 중심을 보시고 하나님께서는 아들을 주시고 그 아들들로 하여금 아비의 한을 풀게 하셨으니, 그들이 삼손이며 세례요한이다.

계시록의 경우도 마찬가지이다. 교회가 로마제국으로부터 핍박을 받아 교인들이 추풍낙엽처럼 형장의 이슬로 사라져가고 교회는 멸절의 위기에 처했지만 도무지 어떻게 해볼 방법이 없었다. 그래서 어찌해야 하는가?

【4】 그 두루마리를 펴거나 보거나 하기에 합당한 자가 보이지 아니하기로 내가 크게 울었더니

계시록의 기록자 요한, 그는 누구인가? 그는 늘 '대성통곡'(大聲痛哭) 하던 사람이다. 절박하면서도 안타까운 마음으로 크게 울고 또 울었다. 그의 눈물과 통곡이 쌓이고 쌓여 하늘의 하나님에게까지 닿았다. 그러자 하나님의 위로와 계시의 말씀이 전달되었다. "울지 말라. 유대 지파의 사자 다윗의 뿌리가 이겼으니 그 두루마리와 그 일곱 인을 떼시리라." 누구에게 하나님의 비밀과 계시가 드러나는가? 자신의 문제가 아닌 세상의 문제, 교회의 문제를 가지고 대성통곡으로 세월을 보내는 사람이다. 그 대성통곡의 기도가 하늘에 상달된다. 요한계시록을 계시로 풀어야 한다고 생각하

89) 사사기 13:3~5, 누가복음 1:13~16.

는가? 먼저 스스로에게 물어보라. 나는 세상이 죄에 짓밟히고 교회가 제 갈 길을 잃어버린 현실을 보면서 얼마나 울고 또 울었는가? 안타까운 눈물이 하늘의 잔에 차서 넘쳤는가? 하나님의 계시는 어떤 호기심으로 계시를 구하는 사람이 아니라, 대성통곡으로 평생을 보내는 사람에게 주어진다. 그 사람들은 스스로 하나님의 계시를 받을 자격이 없다고 생각하기 때문에 계시로 뭘 풀어보겠다고 생각조차 해본 적이 없는 사람들이다. 또 계시가 주어져서 성경을 해석하면서도 감히 하나님의 계시로 성경을 해석한다고 생각하지 못한다. 다만 보이고 알게 된 것을 무자격자 의식으로 조심스럽게 말할 뿐이다.

【5】 장로 중의 한 사람이 내게 말하되, "울지 말라. 유대 지파의 사자 다윗의 뿌리가 이겼으니 그 두루마리와 그 일곱 인을 떼시리라." 하더라.

누가 하나님의 계시를 요한에게 전달했는가? 24장로 중 하나였다. 왜 천사가 아닌 장로일까? 12지파와 12사도를 뜻하는 이 장로들은 세상에 있을 때 요한처럼 세상을 바라보며, 교회를 지켜보며 안타까워 울고 또 울었던 사람들이다. 본문에서는 이런 장로들이 성도들의 기도를 금 대접에 담아 하나님께 전해드리고 있다.(8절) 그 대접에 담긴 기도는 어떤 기도인가? 자신의 문제가 아닌 세상과 교회를 보며 울고 또 울면서 드린 눈물의 기도다. 이런 기도가 하나님께 상달된다.

누가 하나님 가까이 갈 수 있는가? 요한처럼, 24장로들처럼 대성통곡하는 사람들이다. 왜 우는 사람들인가? 세상을 바라보는 하나님의 심정은 죄와 온갖 불행으로 죽어가는 여러 자식을 둔 부모와 같이 늘 비통해있기 때문이다. 그리고 장로들은 하나님의 눈물을 대신 흘리던 사람들이다. 하나님의 눈물을 대신 흘리는 사람이 하나님의 면전에서 하나님의 계시의 말씀을 받으며, 눈물로 그 말씀을 선포할 수 있다. 구약의 예언자들이 눈물로 살며, 눈물로 설교했던 이유는 여기에 있다. 설교자는 하나님의 눈물로 세상을 바라보며, 하나님의 눈물의 말씀을 받아서, 하나님의 눈물로 대언하는 사람들이다. 설교자에게 하나님의 눈물이 경험된 적이 없다면, 하나님의 눈물이 말랐다면 그 자신은 물론 그 교회에 이보다 더 큰 비극은 없다.

【6~7】 내가 또 보니, 보좌와 네 생물과 장로들 사이에서 한 어린 양이 서 있는데 **일찍이 죽임을 당한 것 같더라.** 그에게 일곱 뿔과 일곱 눈이 있으니 이 눈들은 온 땅에 보내심을 받은 하나님의 일곱 영이더라. 그 어린 양이 나아와서 보좌에 앉으신 이의 오른손에서 두루마리를 취하시니라.

본문에 그려진 예수님의 모습은 어떠한가? 24장로 중의 하나가 언급한 '유다지파, 다윗의 후손'은 수백 년간 메시아를 기다리던 유대인들의 전통적인 메시아상이다. 그런데 계시록에서 그려진 예수님의 모습은 유대인의 메시아상과는 달리 '죽임당한 어린양'이다. 예수님께서는 유대인이 기다리던 메시아로 오셨지만 그들이 기대하던 메시아와는 전혀 달랐다. **본문의 어린양**(아르니온 ἀρνίον) **은 계시록에만 쓰이는 독특한 단어로서 30여 번 사용되고 있다.**[90] 왜 이렇게 특별한 단어인 죽임당한 어린양을 사용했을까? 당시 교인들이 십자가의 길을 가신 예수님을 따라 어린양처럼 저항하지 않고 순교의 길을 가고 있었기 때문이다. 그러나 그 어린양은 '일곱 뿔과 일곱 눈'을 가지고 있다. 뿔은 권세를 뜻하고 일곱은 완전

---

90) 어린양이라는 단어가 계시록에서는 아르니온 (ἀρνίον)이 쓰인다. 이 단어는 신약성경에서는 계시록에서만 쓰이며, 구약성경에서는 예레미야 11:19(나는 끌려서 도살당하러 가는 순한 어린 양과 같으므로)에서 단 한번 쓰이고 있다. 아르니온은 계시록에서 순교자와 연관된 독특한 의미로 쓰이고 있다.
구약 이사야 53:7(마치 도수장으로 끌려가는 어린 양과 털 깎는 자 앞에서 잠잠한 양 같이)과 신약의 요한복음 1:29,36에서는 암노스(ἀμνός), 누가복음 10:3에서는 아렌(ἀρήν)이 쓰는데, 이는 하나님께 드리는 제사에 쓰이는 양을 말한다.

수이므로 일곱 뿔은 완전한 권세이고, 일곱 눈은 하나님의 완전한 성령을 말한다.

【8~10】 그 두루마리를 취하시매 네 생물과 이십사 장로들이 그 어린 양 앞에 엎드려 각각 거문고와 향이 가득한 금 대접을 가졌으니 이 향은 성도의 기도들이라. 그들이 새 노래를 불러 이르되 "두루마리를 가지시고 그 인봉을 떼기에 합당하시도다. 일찍이 죽임을 당하사 각 족속과 방언과 백성과 나라 가운데에서 사람들을 피로 사서 하나님께 드리시고, 그들로 우리 하나님 앞에서 나라와 제사장들을 삼으셨으니 그들이 땅에서 왕 노릇 하리로다." 하더라.

네 생물과 24장로들은 기도의 향이 가득한 금 대접을 드린 후에 계속해서 새 노래로 하나님께 찬양과 경배를 드리고 있다. 계시록에는 새 이름, 새 예루살렘, 새 하늘과 새 땅 등에서 보듯이 '새'라는 단어가 자주 쓰인다. 이때 쓰이는 '새로운'의 의미는 시간적으로 새로운(νέος)이라는 뜻이 아니라, 전에 있었던 적도 없고 질적으로도 전혀 새로운(καινός)이란 뜻이다. 본문의 새 노래는 전에 불렀던 적도 없고, 비슷하지도 않은 질적으로 새로운 노래이며, 24장로들은 이런 새 노래로 찬양을 드렸다.

이어서 이번에는 네 생물과 24장로뿐 아니라 그들을 둘러싼 천사의 무리가 찬양을 드린다. "죽임을 당하신 어린양은 능력과 부와 지혜와 힘과 존귀와 영광과 찬송을 받으시기에 합당하도다."여기서 끝나지 않는다. 하늘과 땅의 모든 피조물이 찬양을 드린다. "보좌에 앉으신 이와 어린양에게 찬송과 존귀와 영광과 권능을 세세토록 돌릴지어다." 여기뿐만 아니라 계시록에는 천군천사와 성도들의 찬양과 기도가 계속 이어진다. 왜 이렇게 찬양과 경배가 이어지면서 심판이 진행될까? 하나님의 심판과 찬양은 무슨 관계가 있을까?

【11~12】 내가 또 보고 들으매 보좌와 생물들과 장로들을 둘러 선 많은 천사의 음성이 있으니 그 수가 만만이요 천천이라. 큰 음성으로 이르되,

"죽임을 당하신 어린 양은 능력과 부와 지혜와 힘과 존귀와 영광과 찬송을 받으시기에 합당하도다." 하더라.

【13~14】 내가 또 들으니 하늘 위에와 땅 위에와 땅 아래와 바다 위에와 또 그 가운데 모든 피조물이 이르되 "보좌에 앉으신 이와 어린 양에게 찬송과 존귀와 영광과 권능을 세세토록 돌릴지어다." 하니 네 생물이 이르되 "아멘." 하고 장로들은 엎드려 경배하더라.

찬양의 내용은 '하나님의 절대주권에 대한 절대신뢰'라고 할 수 있다. 왜 그럴까? 이 세상에서 죄악의 권세를 몰아내고 뜻이 하늘에서 이루어진 것처럼 땅에서도 이루어지려면 하나님의 도우심과 개입이 아니고는 불가능하기 때문이다. 르네상스 이후 공산주의를 비롯한 여러 혁명, 인문주의 운동이 지상낙원을 꿈꿨지만 하나같이 실패하고 말았다. 인간의 유한성 때문이다.

구세주이신 예수님께서는 많은 기도와 찬양 속에서 등장하시고, 여러 단계의 심판도 찬양과 기도 속에서 진행된다. 왜 기도와 찬양과 심판이 같이 진행될까? 하나님의 개입은 기도의 응답을 통해서 시작되기 때문이다. 바꾸어 말하면 하나님께서는 하나님의 뜻에 부합한 기도에 응답하시고 그 기도를 통해서 일하신다. 다시 바꾸어 말하면 응답될만한 기도를 하는 사람들을 통해서 세상의 역사를 이끌어 가신다. 기도는 그만큼 중요하다.

무저항으로 십자가에서 죽으신 예수님의 죽으심에 세상 구원의 권세가 있듯이, 저항하지 않고, 죽음을 두려워하지 않으며 경기장에서 개선장군처럼 죽어가는 성령 충만한 성도들의 죽음에는 하나님의 무한하신 권세가 들어 있어서 이들은 죽어가면서 로마제국을 굴복시켰다. 성도들의 눈물의 기도와 헌신, 희생은 결코 헛되지 않다. 그 속에 세상을 움직이는 권세가 들어있다.

물음 18 심판, 어떻게 진행되는가?

계시록의 심판을 보면 일곱 인봉(4:1~8:1), 일곱 나팔(8:2~11:20), 일곱 대접(15:1~16:21) 등의 7재앙이 3차례 반복해서 21번의 심판이 진행되고 있다. 즉 계시록의 구조는 7중(일곱 번)과 3중(3차례)로 짜여 있다. 21번의 심판을 어떻게 이해해야 할까? 심판을 비교해 보면 그 특징을 한 눈에 알 수 있다.

	일곱 인봉	일곱 나팔	일곱 대접	참고(출애굽)
1	흰 말 : 승리	피 섞인 **우박:** 초목 1/3 피해	심한 독종: 짐승표 우상숭배	물/피 개구리 이 파리 가축질병 독종 뇌성/우박 메뚜기 태양/암흑 장자사망 홍해도하
2	붉은 말 : 전쟁/살생	화염덩이: 바다생물 1/3피해	피 바다: 모든생물 전멸	
3	검은 말 : 기근	불붙은 별: 강, 샘 1/3 쓴 물	피 강/피 샘: 박해자들 대상	
4	청황색 말 : 동물1/4사상	해/달/별: 1/3 흑암	불붙은 태양: 화형에 처함	
5	순교자의 탄원: 기다려라	무저갱 열림: 5개월 황충 피해	짐승의 왕좌: 흑암/종기	
6	천지개벽: 큰 지진	네 천사/마병대 사람, 짐승1/3사상, **측량/추수**	세 거짓영, 아마겟돈 전쟁, **도피령**	
7	침묵, 성도의 기도 **인침(십사만사천)** 우레, 번개, 지진	두 짐승 제거, **큰 우박** 7뿔10머리: 로마제국	음녀멸망, **큰 우박** 바벨론:로마제국	

〈표1 일곱 재앙의 비교〉

〈 표1 〉를 보면 7번씩 3차례 진행되는 심판은 연속된 순서가 아니라 7번 심판의 3차례 반복임을 알 수 있다.[91] 세 차례의 심판은 처음 넷과 그 다음의 셋으로 구분되는데, 처음 네 번은 자연계에 대한 심판이고 나중의 세 번은 인간에 대한 심판이다. 네 번의 심판 대상이 자연인 이유는 4는 당시의 우주관의 반영으로 지구가 정사각형으로 되어있다고 생각했기 때문이다. 3차례의 심판의 마지막에는 우박의 심판이 있으며(일곱 인봉의 경우는 다음 일곱 나팔의 처음재앙이 우박), 마지막 우박의 심판 전에는 인을 치거나, 추수, 도피령 등으로 성도들을 보호하고 있다. 또 심판의 내용은 출애굽 직전에 애굽에 내렸던 심판과 유사하다.

위의 심판을 분석해보면 7번씩 3차례의 심판은 순서대로 21번 진행되는 게 아니라 인봉, 나팔, 대접 등의 심판이 별도로 3차례 진행되는데, 점차 확대, 완성됨을 볼 수 있다. 예를 들자면 자연의 재해가 처음에 1/4에서 두 번째는 1/3로, 마지막에는 무제한으로 확대된다. 이런 사실은 무엇을 말하는 것일까? 요한은 왜 이런 식으로 심판을 7번씩 3차례로 기록하고 있을까?

앞에서 언급한 바와 같이 계시록은 요한이 목회지였던 일곱 교회에 회람용으로 보낸 설교편지임을 염두에 두면 쉽게 설명이 된다. 즉 본론에 들어있는 21번의 심판 이야기는 7번씩 진행되는 심판의 설교 세 편인 셈이다. 요한은 왜 비슷한 내용의 심판을 세 차례나 반복했을까? 그는 박해에 직면하여 기도하면서 하나님께서 주시는 영감 가운데 현재 진행되는 로마제국의 박해는 하나님의 개입으로 틀림없이 종식될 뿐만 아니라 교회가 크게 승리하리라고 확신했고, 그 사실을 묵시적인 방법으로 교인들에게 세 번 반복해

91) 이런 견해는 교회사에서 일찍부터 있었다. 300년경 페타우(Petau)의 교부 빅토리누스(Victorinus)의 주석이 그것이다. 그 외에서 현대의 여러 주석가들이 이렇게 해석한다. 송영목, 「요한계시록」, SFC출판부, p.32.

서 설교했다. 심판이 7번씩 진행되는 이유는 묵시문학에서는 7이 특별한 의미를 지니는 완전수이며, 이런 7을 3차례 반복하면서 교회와 교인들에게 용기와 확신과 소망을 주기 위함이다.

따라서 계시록의 인봉, 나팔, 대접은 각기 다른 심판의 연속이 아니라 동일한 사건을 표현을 달리하여 반복하면서 심판의 재앙이 점차 확대되고 강화되는 세 편의 묵시적인 설교였다.

물음 19 첫 번째 심판(일곱 인봉), 어떻게 진행되는가?

본문 : 〈6장 〉

1 내가 보매 어린 양이 일곱 인 중의 하나를 떼시는데 그 때에 내가 들으니 네 생물 중의 하나가 우렛소리 같이 말하되 "오라." 하기로

2 이에 내가 보니 흰 말이 있는데 그 탄 자가 활을 가졌고 면류관을 받고 나아가서 이기고 또 이기려고 하더라.

3 둘 째 인을 떼실 때에 내가 들으니 둘째 생물이 말하되 "오라." 하니

4 이에 다른 붉은 말이 나오더라. 그 탄 자가 허락을 받아 땅에서 화평을 제하여 버리며 서로 죽이게 하고 또 큰 칼을 받았더라.

5 셋째 인을 떼실 때에 내가 들으니 셋째 생물이 말하되 "오라." 하기로 내가 보니 검은 말이 나오는데 그 탄 자가 손에 저울을 가졌더라.

6 내가 네 생물 사이로부터 나는 듯한 음성을 들으니 이르되 "한 데나리온에 밀 한 되요, 한 데나리온에 보리 석 되로다. 또 감람유와 포도주는 해치지 말라." 하더라.

7 넷째 인을 떼실 때에 내가 넷째 생물의 음성을 들으니 말하되 "오라." 하기로

8 내가 보매 청황색 말이 나오는데 그 탄 자의 이름은 사망이니, 음부가 그 뒤를 따르더라. 그들이 땅 사분의 일의 권세를 얻어 검과 흉년과 사망과 땅의 짐승들로써 죽이더라.

9 다섯째 인을 떼실 때에 내가 보니 하나님의 말씀과 그들이 가진 증

거로 말미암아 죽임을 당한 영혼들이 제단 아래에 있어
10 큰 소리로 불러 이르되 "거룩하고 참되신 대주재여! 땅에 거하는 자들을 심판하여 우리 피를 갚아 주지 아니하시기를 어느 때까지 하시려 하나이까?" 하니
11 각각 그들에게 흰 두루마기를 주시며 이르시되 "아직 잠시 동안 쉬되 그들의 동무 종들과 형제들도 자기처럼 죽임을 당하여 그 수가 차기까지 하라." 하시더라.
12 내가 보니 여섯째 인을 떼실 때에 큰 지진이 나며 해가 검은 털로 짠 상복 같이 검어지고 달은 온통 피 같이 되며
13 하늘의 별들이 무화과나무가 대풍에 흔들려 설익은 열매가 떨어지는 것 같이 땅에 떨어지며
14 하늘은 두루마리가 말리는 것 같이 떠나가고 각 산과 섬이 제 자리에서 옮겨지매
15 땅의 임금들과 왕족들과 장군들과 부자들과 강한 자들과 모든 종과 자유인이 굴과 산들의 바위 틈에 숨어
16 산들과 바위에게 말하되 "우리 위에 떨어져 보좌에 앉으신 이의 얼굴에서와 그 어린 양의 진노에서 우리를 가리라.
17 그들의 진노의 큰 날이 이르렀으니 누가 능히 서리요." 하더라.

1. 심판과 기도

이제 심판의 서막이 열렸다. 그런데 인봉을 뗄 때마다 바로 심판이 진행되는 게 아니라, 처음 네 번째까지는 네 생물이 '오라'고 소리치고 나서야 심판의 재앙이 내린다. 또 다섯 번째와 여섯 번째 재앙은 수고한 영혼들이 "거룩하고 참되신 대주재여! 땅에 거하는 자들을 심판하여 우리 피를 갚아 주지 아니하시기를 어느 때까지 하시려 하나이까?"라고 크게 외치고 난 후에 진행된다. 또 마지막 일곱 번째 인봉을 뜯을 때에는 각 나라와 족속과 백성과 방언에서 아무도 능히 셀 수 없는 큰 무리가 나와 흰 옷을 입고 손에 종려가지를 들고 보좌 앞과 어린양 앞에 서서 큰 소리로 외쳐 이르되 "구원하심이 보좌에 앉으신 우리 하나님과 어린양에게 있도다."라고 소리쳤으며, 이번에는 모든 천사가 보좌와 장로들과 네 생물의 주위에 서 있다가 보좌 앞에 엎드려 얼굴을 대고 하나님께 경배하며

"아멘, 찬송과 영광과 지혜와 감사와 존귀와 권능과 힘이 우리 하나님께 세세토록 있을지어다. 아멘." 으로 화답하고 난 뒤에 심판이 진행된다. 왜 이런 방식으로 심판이 진행될까?

누차 반복한 바와 같이 하나님께서는 혼자 일방적으로 일하시지 않고 땅의 천사를 통해서 일하시되 그들의 기도에 응답하시는 방식으로 일하신다. 인간을 포함한 모든 생명체를 대표하는 네 생물의 부르짖음과, 하늘 성전의 제단 아래에 있는 순교한 영혼들의 호소와 흰 옷을 입은 수많은 성도들의 간절한 기도를 하나님께서 들으시고 개입하셔서 죄악과 사탄의 권세가 물러가게 하신다. 하늘의 제단 아래에 있는 순교자들의 영혼이 "얼마나 더 환란을 겪으며, 얼마나 더 기도하며 얼마나 더 기다려야 합니까?"라고 탄원하자 이렇게 말씀하신다.

【10】 아직 잠시 동안 쉬되 그들의 동무 종들과 형제들도 자기처럼 죽임을 당하여 그 수가 차기까지 하라.

하나님께서 정하신 때(카이로스)가 있다고 흔히 말한다. 그 때는 언제일까? 하나님께서 일방적으로 정하신 때일까? 그렇지 않다. 많은 성도들의 통곡과 눈물의 잔이 차야하고, 기도의 잔이 차야하고, 신앙을 지키면서 당하는 힘들고 고통스러운 고난과 희생의 잔이 차야 한다. 십자가 없이 부활이 없으며, 수고와 희생 없이 맺히는 열매는 없으며, 탄식과 통곡의 기도 없이 응답이란 있을 수 없다. 이는 하나님께서 만들어 놓으신 세상 만물의 원리와 이치 중에서 기본 중의 기본이다. 왜 아직 세상이, 교회가 이 모양 이 꼴인가? 채워져야 할 잔이 아직 채워지지 않았기 때문이다. 나는 무슨 잔을 얼마나 채우고 있는가? 잔을 채우지는 않으면서 비판과 훼방만 일삼으며, 마귀의 대리자 역할을 하고 있지는 않은가? 하나님께서는 지금도 잔이 채워지는 날, 즉 하나님께서 정하신 카이로스가 속히 이루어지기를 고대하고 계신다. 잔을 채우는 사람을 고대하며 지켜보고 계신다. 계시록에서 말하는 나는 누구인가?

세상 문제 해결의 열쇠를 쥐고 있는 사람이다.

2. 일곱 인봉 개봉

두루마리의 일곱 인봉은 다음과 같이 떼어진다.

첫 번째 인봉

【1,2】 내가 보매 어린 양이 일곱 인 중의 하나를 떼시는데 그 때에 내가 들으니 네 생물 중의 하나가 우렛소리 같이 말하되 "오라." 하기로 이에 내가 보니 흰 말이 있는데 그 탄 자가 활을 가졌고 면류관을 받고 나아가서 이기고 또 이기려고 하더라.

죽임당한 어린양이신 예수님께서 두루마리를 펼치고 첫 번째 인을 떼시자 네 생물 중의 하나가 우레와 같이 '오라'라고 외쳤다. 그러자 활을 들고 면류관을 쓰고 흰 말을 탄 사람이 나타났는데, 그는 싸워 이기면서 나아갔고 또 이기려고 나갔다.[92] 무엇을 말하는 것일까?

심판은 네 생물 중의 하나의 '오라'(ϵρχοῦ)는 외침과 더불어 시작된다. 네 생물은 자연 만물을 상징하는데, 네 생물의 외침과 심판은 밀접한 관련이 있다. 일방적인 심판이 아니라 자연을 비롯한 인간의 기도와 탄식에 대한 응답으로 진행된다. 인간의 타락에 의한 고통은 인간에게만 국한되지 않고 자연까지 확대된다. 성경에서는 자연만물이 창조주 하나님을 찬양한다고 말한다. 죄란 하나님에 대한 거역과 만물의 조화에 대한 파괴다. 나팔과 대접의 심판에서도 처음 네 번이 자연에 대한 심판이다. 하나님의 심판은 자연계에 먼저 주어지는데, 자연이 파괴되면

---

92) 네 번째까지 말을 탄 기사가 등장하여 심판을 하는데 이는 스가랴 1:8절 이하의 기마대와 유사하다.

인간이 살 수 없기 때문이다. 하나님께서는 인간을 지으시기 이전에 인간이 살 환경인 자연을 먼저 만드셨다. 이런 이유로 심판은 자연 세계에 먼저 내려진다.

첫 번째 인봉이 뜯기면서 면류관을 쓰고 손에 활을 들고 흰 말을 탄 사람이 나타난다. 흰 말을 타고오시는 분을 흔히 예수님으로 생각하게 된다. 그러나 여기에 등장한 사람을 예수님이라고 보기는 어렵다. 본문의 면류관은 경기장에서 승리자가 쓰는 면류관(στέφανος)으로 계시록의 19장에 등장하시는 흰 말을 타신 예수님께서 쓰신 왕의 면류관(διαδήμα)과는 다르다. 또 예수님께서 손에 무기를 상징하는 활을 들고 싸우신다는 것도 어울리지 않으며, 예수님이 다른 세 기사와 같은 부류로 다뤄질 수도 없다. 흰 말을 탄 사람은 전쟁에서 패하지 않는 승리자로서 당시의 박해받는 교회가 결코 패하지 않고 지금까지도 이겼고 또 앞으로도 이기리라는 것을 의미한다. 하나님께서 인도하시는 승리는 예수님처럼 지면서, 죽으면서 이기는 승리이다. 교회가 지금 박해를 받으며 순교자들이 죽어가고 있지만 이런 현상은 지는 것이 아니라 흰 말을 탄 승리자가 이기는 것처럼 이기고 있는 과정이다.

두 번째 인봉

【3,4】 둘 째 인을 떼실 때에 내가 들으니 둘째 생물이 말하되 "오라." 하니 이에 다른 붉은 말이 나오더라. 그 탄 자가 허락을 받아 땅에서 화평을 제하여 버리며 서로 죽이게 하고 또 큰 칼을 받았더라.

둘째 생물의 외침과 더불어 붉은 말을 타고 큰 칼을 가진 자가 나타나 세상에서 화평을 제거하니 도처에서 서로 죽고 죽이는 전쟁이 일어나서 혼란과 무질서가 판을 치게 되었다. 적색 말은 전쟁을 상징하는 군마(軍馬)이다. 역사 이래로 전쟁과 무질서, 혼란만큼 인간을 비참하게 하는 것은 없었다. 두 번째 재앙은 이런 재앙이었다.

세 번째 인봉

【5,6】 셋째 인을 떼실 때에 내가 들으니 셋째 생물이 말하되 "오라." 하기로 내가 보니 검은 말이 나오는데 그 탄 자가 손에 저울을 가졌더라. 내가 네 생물 사이로부터 나는 듯한 음성을 들으니 이르되 "한 데나리온에 밀 한 되요, 한 데나리온에 보리 석 되로다. 또 감람유와 포도주는 해치지 말라." 하더라.

검은 색 말은 불길한 징조를 뜻하는 색인데, 말을 탄 사람이 손에 저울을 들고 있다. 네 생물 사이에서 하루 품삯인 한 데나리온에 밀 한 되, 또는 보리 석 되라는 소리가 들려왔다. 양식을 저울에 달아서 먹는다는 것은 기근을 의미하는데, 한 되는 한 사람의 하루 양식이다. 하루 품삯이 한 사람 양식이란 평소의 8배~16배의 가격이므로 큰 기근에 해당된다. 칼, 기근, 야수, 전염병은 하나님께서 주로 쓰시는 심판의 도구들이다. 신앙을 저버린 사람들에게 하루 종일 일하여 겨우 한 사람 양식만 얻게 하셔서 딴 생각을 못하게 하는 방법이 기근이다.

감람유와 포도주는 해치지 말라고 하신 뜻은 무엇일까? 가뭄이 들면 뿌리가 얕은 밀이나 보리는 말라 죽지만 포도나무나 감람나무는 뿌리가 깊기 때문에 쉽게 가뭄을 타지 않음을 말한다. 하나님께서 기근을 주셨지만 아직 과일나무까지 죽게 하지는 않으셨다. 과일 나무는 한 번 죽으면 다시 나무가 크는 데 여러 해가 걸리기 때문이다. 고대에 전쟁 등으로 과일나무를 베어버리는 경우가 있었는데 이는 심각한 재앙이었다.

네 번째 인봉

【7,8】 넷째 인을 떼실 때에 내가 넷째 생물의 음성을 들으니 말하되 "오라." 하기로 내가 보매, 청황색 말이 나오는데 그 탄 자의 이름은 사망이니, 음부가 그 뒤를 따르더라. 그들이 땅 사분의 일의 권세를 얻어 검과 흉년과 사망과 땅의 짐승들로써 죽이더라.

이번에는 청황색 말이 등장하는데, 청황색(χλωρός)은 창백한 회색으로 공포를 주는 색이다. 말에 탄 자의 이름이 사망(Θάνατος)이고 음부(ᾅδης)가 그 뒤를 따른다고 했다. 구약에 의하면 사망과 음부는 동의어로 같은 짝을 이룬다.[93] 그는 땅의 전부가 아닌 사분의 일을 해치는 권세를 받았다. 이들이 가진 무기는 칼과 흉년과 죽음과 짐승인데 '죽음'(θανάτω)은 전염병을 뜻한다. 이 네 가지 재앙은 구약성경에서 하나님께서 쓰시는 4대 도구이다.[94] 이들 재앙이 동시에 동원되는 경우가 종종 있는데 이는 재앙이 그만큼 크다는 뜻이다. 본문에서 말을 탄 자의 이름이 사망이며 음부가 그 뒤를 따르는 이유는 이 재앙의 피해가 크기 때문이다. 그러나 재앙의 대상은 땅의 짐승 사분의 일이다.

다섯 번째 인봉

【9~11】 다섯째 인을 떼실 때에 내가 보니 하나님의 말씀과 그들이 가진 증거로 말미암아 죽임을 당한 영혼들이 제단 아래에 있어 큰 소리로 불러 이르되 "거룩하고 참되신 대주재여! 땅에 거하는 자들을 심판하여 우리 피를 갚아 주지 아니하시기를 어느 때까지 하시려 하나이까?" 하니, 각각 그들에게 흰 두루마기를 주시며 이르시되 "아직 잠시 동안 쉬되 그들의 동무 종들과 형제들도 자기처럼 죽임을 당하여 그 수가 차기까지 하라." 하시더라.

다섯 번째 인을 떼자 제단 아래 있던 순교자들의 영혼이 큰 소리로 절규한다. 제단 '아래'란 구약의 제사와 연관되어 있다. 동물의 희생제물에서 가장 거룩한 부분은 피였고 피는 곧 생명이다. 피를 드리는 특별한 제사에는 특별한 규례가 있었는데, 그 피를 제단 아래에 부었다.[95] 순교자들의 영혼이 제단 아래 있다는 말은 순교

93) 시편 6:5, 49:14, 잠언 5:5 등.

94) 레위기 26:22~26, 에스겔 5:17, 14:21, 예레미야 15:2~3.

95) 레위기 4장에는 죄를 특별히 용서받아야 할 경우의 제사를 다루는데, 제물의 피를 제단 아래 부으라고 했다.

자들의 피는 하나님께 특별한 제물로 드려져서 제단 아래에 부어졌다는 뜻이다. 그리고 이런 순교자들의 피가 큰 소리로 신속하게 신원(伸寃)해 달라고 부르짖는다. 자칫 땅에 거하는 자들, 곧 자신들을 죽인 자들에 대한 원한을 갚아달라는 뜻으로 보일 수 있으나, 죽음의 순간에서도 자신들을 죽이는 자들을 향한 용서를 빌면서 죽은 순교자들이 죽은 후에 자신들의 원수를 갚아 달라고 할 리가 없다. 이는 땅 위의 죄악의 권세가 속히 사라지기를 구하는 절규라고 보아야 한다. 순교자들은 죽어서도 하나님의 성전 제단에서 한시도 쉬지 않고 큰 소리로 이 세상에서 악마의 권세가 속히 사라지고 하나님의 나라가 임하기를 기도하고 있다. '대주재여!'(δεσπότης)는 계시록에서는 여기서만 쓰이는데, 하나님의 절대주권을 인정하는 표현이다.

순교자들의 탄원에 대하여 하나님께서는 흰 두루마리를 주시는데, 계시록에서 흰 옷은 순교자들이 입는 옷이다. 하나님께서 이렇게 말씀하신다. "아직 잠시 동안 쉬되 그들의 동무 종들과 형제들도 자기처럼 죽임을 당하여 그 수가 차기까지(πληρωθω'σιν)하라." 전혀 의외의 말씀이다. 이를 어떻게 이해해야 할까?

하나님께서 만드신 만물의 이치 가운데는 임계점(臨界點)이 있어서 어떤 일이 실현되려면 그 일에 필요한 조건이 충족되어야 한다. 이 땅에 하나님의 나라가 임하고 죄악이 물러가는 데에도 마찬가지다. 성도들의 눈물과 희생과 염원의 일정 양이 차야한다. 양도 중요하지만 질은 더 중요한데 '이 땅에 하나님의 나라가 임하기를 원하는 염원, 희생, 노력'을 말한다. 구약과 신약의 중심은 하나님 나라의 임재이다. 그런데 신앙에 대한 이해가 잘못되어서 세상나라와 하나님나라를 구분해 놓고, 이 땅에서 영혼이 구원받고 죽은 다음에 하나님나라에 간다는 식으로 설교하며 선교에 온갖 노력을 기울인다면 어떻게 될까? 이는 밑 빠진 독에 물을 붓는 격이어서 조건을 충족시킬 수가 없다. 이 땅에 기독교 역사가 2천 년이나 되었고, 우리나라에 교회와 교인이 그렇게 많아도 세상이 변하지 않고 온갖 죄악이 무성한 이유는 여기에 있다. 우리의 신[illegible] 자체에 문제가 있었다.

초대교회의 교인들은 300여 년 만에 로마제국을 [illegible]화적인 방법으로 굴복시키고 제국의 주인이 될 수 있었다[illegible]러나 그 이후의 기독교는 방향을 잘못 잡고 전혀 다른 길로 가고 말았다. 장장 1700여 년 동안 길을 잃었다. 중세 기독교[illegible]왕국은 봉건제도 위에서 절대 권력을 휘두르다가 르네상스를 [illegible]아 해체되었고, 그 후에 기독교 국가들은 저마다 대제국을 꿈[illegible]며 전 세계를 대상으로 식민지 쟁탈전을 벌이다가 세계대전을 일으키는 역사적인 범죄를 저질렀[illegible]이에 기독교 신앙을 거부하는 인문주의자들이 신분과 인권의 [illegible]를 해[illegible]하고 봉건주의와 독재왕권을 종식시켰다.

[illegible] 이보다 더 안타까운 일이 있을까! 더 안타까운 일은 아직도 이 사실을 깨닫지 못하고, 자신들은 바른 길을 가고 있는데, 세상이 잘못되어 있다고 세상을 탓하는 오만과 착각이다. 구약에서 심판의 대상은 세상이 아니라 이스라엘이었다는 사실을 명심해야 한다. 역사의 경험에 의하면 죄악의 지배를 받고 있는 세상이 문제이기 이전에 자신은 죄를 용서받고 구원받았다고 믿고 있는 우리가 더 문제다. 이런 사람들은 지금도 요한계시록을 펼쳐놓고 세상이 심판받을 시기를 가늠하느라고 고심하고 있다. 성경에서 1차 심판의 대상은 계약의 대상이었다는 점을 유념해야 한다. 계약을 파기할 때 하나님께서는 세상이 아닌 계약의 대상들에게 4대 재앙을 동시에 보내신다. 계시록은 이런 사실을 무한반복하고 있다.

귀 있는 자는 성령이 교회들에게 하시는 말씀을 들을지어다.

여섯 번째 인봉

【12~14】 내가 보니 여섯째 인을 떼실 때에 큰 지진이 나며 해가 검은 털로 짠 상복 같이 검어지고 달은 온통 피 같이 되며 하늘의 별들이 무화과나무가 대풍에 흔들려 설익은 열매가 떨어지는 것 같이 땅에 떨어지며 하늘은 두루마리가 말리는 것 같이 떠나가고 각 산과 섬이 제 자리에서 옮겨지매

본문의 무시무시한 장면은 오늘 우리에게는 낯설지만 구약성경과 묵시문학에서는 흔히 나온다. 유대인들은 마지막 때에는 이와 같은 천지개벽이 일어난다고 생각했는데, 다음의 현상들로 나타난다. 첫째, 지진이다. 지진은 종말이나 주님께서 오실 때에 주로 나타나는 표징으로 바다와 땅이 진동하고 하늘이 떨며, 언덕이 흔들려 넘어지고, 땅이 열리고 불이 솟아오른다.[96] 둘째, 일월성신의 변화다. 태양이 어두워지고, 달이 그 빛을 잃거나 핏빛으로 바뀌며, 궁창이 바다 위에 떨어지고, 하늘의 별들이 그 궤도를 바꾸며, 큰 불이 하늘의 별들을 녹이며, 하늘이 흑암으로 덮이고 지상에는 칠흑 같은 어둠이 임한다.[97] 셋째, 하늘이 두루마리처럼 말린다. 하나님께서 하늘을 진동시키셔서 하늘이 두루마리처럼 말리며, 하늘이 헌 옷처럼 낡아진다.[98] 넷째, 산과 섬들이 옮겨진다. 산들이 떨거나 솟아오르며, 작은 섬들이 사라지며, 지축이 흔들리고 땅이 요동친다.[99]

이와 비슷한 천지개벽의 심판은 나팔과 대접의 재앙에서도 다시 반복된다. 그러나 이는 세상과 우주의 파멸이 아닌 완성이다. 이런

---

96) 아모스 8:8, 에스겔38:19, 요엘 2:10, 학개2:6, 모세의 승천10:4, 바룩2서 70:8, 마가복음 13:8 등

97) 아모스 8:8, 이사야 50:3, 요엘 2:31, 모세의 승천10:4~5, 시빌리의 신탁 3:83, 에녹서80:5~6, 에스라4서4:5, 마태복음 24:29, 마가복음 13:24, 누가복음 23:45 등

98) 이사야13:13, 시편102:26.

99) 시편114:4, 예레미야 424, 나훔 1:5 등

사실은 계시록 21장에서 처음 하늘과 땅, 바다가 사라지고 새 하늘과 새 땅이 임한다고 기록한 사실에서도 입증이 된다. 새 하늘과 새 땅은 새 창조에 해당된다. 하나님께서 만드신 이 세상과 역사가 파멸로 끝난다면 이는 하나님의 창조와 구원사역의 실패이므로 모순이 된다. 완전하신 하나님께서 하시는 일이 실패로 끝날 리가 없다. 따라서 세상의 마지막 심판인 천지개벽은 세상의 파멸이 아니라 새로운 창조이며 완성이어야 한다.

현대 우주론에 의하면 태양계를 비롯한 은하계, 우주가 오랜 시간을 거치면서 생성소멸(生成消滅)한다고 한다. 그런데 지금 본문에서 말하는 현상은 이런 자연적인 과정을 설명하고 있지 않다. 반대로 성경은 인간의 죄가 하늘의 일월성신을 비롯한 우주의 변화에까지 영향을 미친다고 말한다. 성경은 우주의 탄생 자체가 인간을 위한 창조이고, 우주의 운명은 인간의 처신에 달려있다고 선언한다. 이런 선언은 오늘 내가 어떻게 행동하느냐가 얼마나 중요한가를 말하고 있다. 인류의 역사가, 우주의 운명이, 나의 작은 행동 하나 하나와 직접 연결되어 있다.

우주의 광대한 크기와 나이에 비하면 사실 나는 아무것도 아닌 것처럼 느껴질 수 있다. 그러나 그 우주보다 더 크신 하나님 앞에서 나 자신은 전부일 수 있다. 성경에서 말하는 하나님은 천지의 대주재이시다. 또한 나는 그분의 대행자다. 나는 아무것도 아니면서 동시에 전부일 수 있다. 독단도 이보다 더한 독단이 없다고 할 수 있지만 성경에서 만큼은 성립되는 신앙논리이다. 하나님은 우리 모두를 향해서 "너는 나의 전부이다."라고 말씀하신다. 이는 지금 여기서 영성의 경험을 통해서도 확인이 된다. 영적인 세계의 무한함은 곧 하나님의 무한함이며, 우주의 무한함은 무한하신 하나님의 반영이다.

다음으로는 이런 천지개벽을 목도한 사람들의 반응이 나오고 있다.

【15~17】 땅의 임금들과 왕족들과 장군들과 부자들과 강한 자들과 모든 종과 자유인이 굴과 산들의 바위틈에 숨어 산들과 바위에게 말하되 "우리 위에 떨어져 보좌에 앉으신 이의 얼굴에서와 그 어린 양의 진노에서 우리를 가리라, 그들의 진노의 큰 날이 이르렀으니 누가 능히 서리요." 하더라.

왜 천지개벽을 목도하는 사람들이 남녀노소, 지위고하를 막론하고 산들과 바위에게 자신들 위에 떨어져서 하나님의 얼굴과 어린 양의 진노에서 자신들을 가려달라고 부르짖을까? 이런 표현은 하나님 현현에서 나타나는 현상들이다. 천지개벽은 하나님의 임재와 동시에 시작되므로 모든 사람이 하나님의 현현에 자신을 드러내야 하는데 이를 감당할 수 없어서 산과 바위에게 자신들을 가려달라고 부르짖게 된다.

십자가의 흔적을 지니신 예수님 앞에, 곧 하나님의 면전에 서 보면 왜 이렇게 호소하는지 알게 된다. 이 본문을 쓴 요한은 이런 면전을 경험한 사람이다. 경험하지 않고는 이런 표현을 결코 쓰지 못한다. 천지개벽의 무시무시함보다 하나님 앞에 섰을 때의 무시무시함은 비교가 되지 않을 만큼 큰 충격으로 다가온다. 하나님 면전에서의 중압감, 전율, 숨 막힘, 사람의 언어로는 표현이 쉽지 않다. 그러나 늘 그런 것은 아니다. 철저한 회개로 용서함 받고 자기 자신이 가장 낮은 자리에 내려가게 되면 하나님의 면전이 따스함과 포근함, 더 할 수 없는 편안함으로 다가온다. 하나님의 면전이 두려움과 충격으로 다가오는 이유는 내가 아직 죄의 지배를 받으며 높아져 있기 때문이다. 자기성찰의 과정을 통해서 죄성이 정화되고 자신이 있어야 할 자리를 알아야 한다. 이런 과정을 겪고 나면 비로소 세상과 나 자신이 다시 보인다.

요한계시록의 많은 부분들은 문자적인 해석과 단어 풀이만으로 해석하기에는 한계가 있으며, 영성 경험의 뒷받침이 요구된다.

일곱 번째 인봉 준비

본문 : 〈 7장 〉

1 이 일 후에, 내가 네 천사가 땅 네 모퉁이에 선 것을 보니 땅의 사방의 바람을 붙잡아 바람으로 하여금 땅에나 바다에나 각종 나무에 불지 못하게 하더라.

2 또 보매, 다른 천사가 살아 계신 하나님의 인을 가지고 해 돋는 데로부터 올라와서 땅과 바다를 해롭게 할 권세를 받은 네 천사를 향하여 큰 소리로 외쳐

3 이르되, "우리가 우리 하나님의 종들의 이마에 인치기까지 땅이나 바다나 나무들을 해하지 말라." 하더라.

4 내가 인침을 받은 자의 수를 들으니 이스라엘 자손의 각 지파 중에서 인침을 받은 자들이 십사만 사천이니,

5 유다 지파 중에 인침을 받은 자가 일만 이천이요, 르우벤 지파 중에 일만 이천이요, 갓 지파 중에 일만 이천이요,

6 아셀 지파 중에 일만 이천이요, 납달리 지파 중에 일만 이천이요, 므낫세 지파 중에 일만 이천이요,

7 시므온 지파 중에 일만 이천이요, 레위 지파 중에 일만 이천이요, 잇사갈 지파 중에 일만 이천이요,

8 스불론 지파 중에 일만 이천이요, 요셉 지파 중에 일만 이천이요, 베냐민 지파 중에 인침을 받은 자가 일만 이천이라.

9 이 일 후에 내가 보니 각 나라와 족속과 백성과 방언에서 아무도 능히 셀 수 없는 큰 무리가 나와 흰 옷을 입고 손에 종려 가지를 들고 보좌 앞과 어린 양 앞에 서서

10 큰 소리로 외쳐 이르되 "구원하심이 보좌에 앉으신 우리 하나님과 어린 양에게 있도다." 하니

11 모든 천사가 보좌와 장로들과 네 생물의 주위에 서 있다가 보좌 앞에 엎드려 얼굴을 대고 하나님께 경배하여

12 이르되 "아멘, 찬송과 영광과 지혜와 감사와 존귀와 권능과 힘이 우리 하나님께 세세토록 있을 지어다. 아멘."

13 장로 중 하나가 응답하여 나에게 "이 흰 옷 입은 자들이 누구며 또 어디서 왔느냐?"

14 내가 말하기를 "내 주여, 당신이 아시나이다."하니 그가 나에게 이르되 "이는 큰 환난에서 나오는 자들인데 어린 양의 피에 그 옷을

씻어 희게 하였느니라.
15 그러므로 그들이 하나님의 보좌 앞에 있고 또 그의 성전에서 밤낮 하나님을 섬기매 보좌에 앉으신 이가 그들 위에 장막을 치시리니.
16 그들이 다시는 주리지도 아니하며 목마르지도 아니하고 해나 아무 뜨거운 기운에 상하지도 아니하리니.
17 이는 보좌 가운데에 계신 어린 양이 그들의 목자가 되사 생명수 샘으로 인도하시고 하나님께서 그들의 눈에서 모든 눈물을 씻어 주실 것임이라."

일곱 번째 인봉은 다른 인봉과는 다르게 뜯겨지는데, 두 준비 과정을 거치게 된다.

첫 번째, 하나님의 종들을 보호하신다.(1~8절)

마지막 인봉을 뜯는 대재앙 직전에 하나님께서는 성도들을 보호하신다. 이를 위해 네 천사에게 땅의 네 귀퉁이에서 바람을 붙들어 땅과 바다와 나무들을 향해 불지 못하게 하신다. 이는 당시 우주관의 반영인데, 땅은 바다 위에 떠 있는 정방형의 평면이라고 생각했으며, 바람과 물, 불 등을 천사가 다스린다고 생각했다.[100] 하나님께서는 계약을 충실히 이행하는 자들을 지키시기 위하여 이와 같은 조처를 취하셨다. 그러나 하나님의 보호하심은 이것으로 그치지 않는다.

하나님의 인을 가진 한 천사가 해 돋는 곳으로부터 올라와서 재앙을 내릴 천사들에게 하나님의 사람들의 이마에 인을 칠 때 까지 땅과 바다와 나무를 상하게 하지 말라고 외치고 있다. 하나님께서 진정으로 살아 계신다면, 그 하나님께서 세상을 만드셨다면, 그 하나님을 믿는 사람들을 통해서 당신의 뜻이 땅에 실현되기를 원하신다면, 그 종들을 지켜주시는 것은 당연하다. 그러나 그 지켜주시는 방법이 인간의 기준과는 달라서 버림으로써 얻고, 내려감으로

100) 이사야 11:2, 에스겔 7:2, 에녹서 66, 바룩의 계시 6:4~20.

써 올라가고, 죽음으로써 사는 순교적인 방법이 포함되어 있어서 쉽게 납득되지 않을 수도 있다. 그러나 이런 시련과 고난은 곧 하나님의 뜻이 실현되는 과정이다. 하나님께서 지켜주시는 방식은 시련과 고난이 사라지는 방식이 아니라, 시련과 고난을 겪으면서 결코 타협하지 않고 신앙의 순수성을 지켜가는 방식으로 지켜주시고 인도해주신다. 세상을 구원하는 하나님의 방법은 십자가의 원리이며, 예수님을 따르는 길은 십자가의 길이다. 부활과 영생은 죽고자 하는 자에게 주어진다.

3. 십사만 사천

논란이 많은 십사만 사천은 누구를 말하는가?

144,000은 12지파 중에서 한 지파에서 12,000씩을 뽑아 합산한 숫자다.[101] 이를 구원받은 자의 숫자라 하여 많은 사람들이 이에 관심을 기울였으며, 자신들만이 이 숫자에 포함되었다고 주장하는 종파들도 수없이 생겨났다. 그러나 요한이 계시록을 쓰면서 왜 이렇게 구원받은 자의 숫자를 말하고 있는지 그 배경을 생각해보면 이에 대한 해석은 지극히 단순해진다. 계시록은 순교자들에게 보내는 편지이다. 가장 고통스럽게 형장의 이슬로 사라져가는 교인들을 지켜보면서 무어라 말을 해야 할까? 이런 사람들을 향하여 할 수 있는 말은 한 가지 밖에 없다. "당신들은 예수님께서 가셨던 십자가의 길을 따르는 특별한 영광을 받은 사람들이며, 신앙공동체인 12지파를 대표하는 종들이다. 당신들이야 말로 하나님께서 특별히 기억하시고 이마에 인을 치시고 지켜주시는 사람들이다." 이렇게 말해야 하는 설교자 요한은 자신이 그 순교의 길을 가

101) 12지파의 명단을 보면 단 지파가 빠져 있다. 그 이유는 사사기에서 단 지파는 우상을 만들어 섬겼고(18장), 이스라엘 지파에서 탈락되었다.(역대상5~7장) 또 유다 지파에서는 그리스도가, 단 지파에서 적그리스도가 나온다고 유대인들은 생각했다.(예레미야8:16) 이런 이유로 계시록에서는 단 지파가 요셉 지파로 대체되었다.

는 것보다 더 힘들게, 더 비장하게, 더 아픈 가슴을 품고 이런 말을 했을 것이다. 그리고 그 숫자를 십사만 사천이라고 했다. 즉 십사만 사천은 12지파 즉 교회를 대표하여 순교의 길을 가는 사람들을 의미하는 특별히 구별된 숫자라고 보아야 한다.

십사만 사천 명은 계시록 14장에 다시 등장하는데, 여기를 보면 이들이 순교자라는 사실이 더 명확해진다. 먼저 13장을 보면 짐승의 표를 받는 이야기가 나오고, 이를 거절한 사람들은 순교의 길을 가는데 이에 대하여 "사로잡힐 자는 사로잡혀 갈 것이요, 칼에 죽을 자는 마땅히 칼에 죽을 것이니 성도들의 인내와 믿음이 여기 있느니라."(계시록 13:10)라고 기록하고 있다. 이어서 14장에서 십사만 사천 명이 어린양과 함께 시온산에 서있는데, 그들의 이마에는 어린양의 이름과 그 아버지의 이름이 쓰여 있다.(14:1) 또 이들은 "새 노래를 부를 수 있는 사람들이고, 여자와 더불어 음행하지 않고 순결을 지킨 자이며, 처음 익은 열매로 어린양께 속한 자들이다."(14:2~4) 따라서 십사만 사천은 계시록 기록 당시에 순교의 길을 가는 사람들이라고 할 수 있다. 그렇다고 순교자의 숫자가 문자 그대로 십사만 사천 명이 아니다. 이는 묵시적인 숫자이다.

계시록의 십사만 사천이 구원받은 사람들의 숫자라는 해석이 많이 있지만 오히려 구원받은 사람들은 7:9~17절에 나오는 흰 옷 입은 큰 무리로 보는 것이 문맥에 맞는다. 요한계시록의 일차 목표는 당시에 박해받는 교인들을 향한 위로와 격려이지 먼 장래에 있을 종말에 초점을 맞춘 것이 아니다. 십사만 사천은 당시의 순교자들이며, 오늘 우리에게 적용할 대상이 아니다. 우리에게 적용하려면 우리도 당시의 순교자였던 십사만 사천 명처럼 순교적인 신앙생활을 해야 한다고 먼저 말해야 한다. 현재의 특정한 사람들이 계시록에서 예언하고 있는 십사만 사천이라고 말한다면 이는 전혀 잘못된 해석이다. 예로부터 사이비 종파들이 이런 주장을 했는데 상식에 맞지 않는 이런 말에 현혹당하지 말아야 한다.

둘째, 성도들의 찬양과 천사들의 화답이다.(9~17절)

각 나라에서 모인 흰 옷을 입은 큰 무리가 등장한다. 이 사람들은 누구일까? 24장로 중 하나가 요한에게 설명하는 말에 의하면 이들은 큰 환란을 겪으면서도 신앙을 저버리지 않고, 신앙의 순결을 지킨(예수님의 피에 옷이 희어진) 사람들이다. 어쩌면 순교보다 더 힘들게 살면서 박해에 굴복하지 않고 신앙을 지킨 사람들이다. 이를 계시록에서는 예수님의 피에 옷을 씻고 흰 옷을 입었다고 말한다. 본문의 큰 무리는 박해 당시의 모든 교인들이며(9절, 14절), 이 많은 사람들 모두가 순교자들이라고 볼 수는 없다. 따라서 십사만 사천 명을 순교자로 보아야 문맥에 맞는다. 십사만 사천 명을 교인 전체를 뜻한다고 보면 같은 대상이 두 번 반복되며, 순교자들에 대한 언급은 없게 된다. 요한계시록은 박해받는 교인들 가운데서도 순교자에게 우선적인 관심을 가지고 있다.

흰 옷을 입은 성도들이 손에 종려가지를 들고 보좌와 어린양 앞에 서서 큰 소리로 "구원하심이 보좌에 앉으신 우리 하나님과 어린양에게 있도다."라고 외치자 이번에는 모든 천사가 보좌 앞에 엎드려 "아멘, 찬송과 영광과 지혜와 감사와 존귀와 권능과 힘이 우리 하나님께 세세토록 있을지어다. 아멘."이라고 화답했다.

일곱 번째 인봉은 이런 특별한 과정을 거친 후에 뜯어진다. 왜 그럴까? 앞에서 누누이 강조한 바와 같이 하나님께서는 기도의 응답을 통해서 일하시기 때문이다. 기도의 분량이 차는 때와 하나님께서 정하신 때는 다르지 않다. 박해의 시련을 이겨내면서 그 신앙을 지킬 뿐만 아니라 박해하는 세력인 죄악의 권세가 물러가고 하나님의 나라가 임하기를 간절히 기도하는 성도들의 작은 기도들이 모여서 기도의 큰 잔이 채워지고 하나님의 때는 다가온다. 하나님께서는 지금 나의 기도를 통해서 일하신다. 나의 작은 기도 한 마디는 그만큼 중요하며, 세상을 움직이는 하나님의 능력이다. 이런 사실은 다음에 살펴 볼 8:1~5에서 더 명확해진다. 일곱 번째 인봉은 성도들의 기도로 개봉되기 때문이다.

하나님께서는 이런 성도들을 향해서 이렇게 말씀하신다.

【15~17】 그러므로 그들이 하나님의 보좌 앞에 있고 또 그의 성전에서 밤낮 하나님을 섬기매 보좌에 앉으신 이가 그들 위에 장막을 치시리니, 그들이 다시는 주리지도 아니하며 목마르지도 아니하고 해나 아무 뜨거운 기운에 상하지도 아니하리니, 이는 보좌 가운데에 계신 어린 양이 그들의 목자가 되사 생명수 샘으로 인도하시고 하나님께서 그들의 눈에서 모든 눈물을 씻어 주실 것임이라.

하나님 나라는, 그 나라의 위로와 영광은, 다음 세상의 영원한 생명은, 이 땅에서 하나님의 나라를 실현하기 위하여 모든 것을 희생하며 이를 가장 귀한 것으로 여긴 사람들에게 주어진다. 그렇다고 이들에게 현재의 세상에서 주어지는 것이 시련과 고난만 있는 것은 아니다. 하나님께서 이들을 통해서 일하시기 때문에 세상을 다스리는 권세가 주어진다. 잠시의 박해 시기가 끝나고 난 뒤 교회에는 로마제국의 통치권이 주어졌다. 이는 역사적인 사실이다. 지난날에 이런 역사가 있었다면 지금의 역사에서도 가능하다. 단지 이런 신앙을 가진 사람의 숫자가 적고, 그에 대한 이해와 믿음이 부족해서 아직 실현되지 못하고 있을 따름이다.

구원받는 데에, 하나님나라 가는 데에 이런 고난과 시련의 삶은 필요 없고 단지 예수님의 대속을 믿기만 하면 이미 구원은 받은 것이요, 이 세상에서 열심히 교회생활 잘 하면 많은 복을 받는다는 설교는 어떻게 이해해야 할까? 무슨 근거로 그렇게 말하고 있는가? 세례요한과 예수님은 당시에 이런 식으로 가르치던 서기관과 바리새인을 향하여 "뱀들아, 독사의 새끼들아!"라며 저주를 선언하셨다. 설교자들은 자신도 모르는 사이에 마귀의 충실한 대리자 역할을 할 수가 있다. 설교자들만이 아니라 그런 설교를 듣고 그렇게 믿고 있는 자들도 마귀의 대리자이기는 마찬가지이다. 두렵고 떨리는 일이다. 죽임당한 어린양이신 예수님은 지금 우리에게 이렇게 말씀하신다.

귀 있는 자는 성령이 교회들에게 하시는 말씀을 들을지어다.

일곱 번째 인봉

본문 : 〈 8장 〉

1 일곱째 인을 떼실 때에 하늘이 반시간쯤 고요하더니,[102]
3 또 다른 천사가 와서 제단 곁에 서서 금향로를 가지고 많은 향을 받았으니, 이는 모든 성도의 기도와 합하여 보좌 앞 금 제단에 드리고자 함이라.
4 향연이 성도의 기도와 함께 천사의 손으로부터 하나님 앞으로 올라가는지라.
5 천사가 향로를 가지고 제단의 불을 담아다가 땅에 쏟으매 우레와 음성과 번개와 지진이 나더라.

4. 기도의 응답

일곱 번째 인봉을 떼시자 하늘에 반시간(ὡς ἡμιώριον)동안 정적이 흘렀다. 문자대로 한다면 반시간은 30분이다. 이 시간의 정적은 무슨 시간이며 왜 필요할까? 우선 마지막 인봉은 큰 재앙이라는 사실을 암시한다. 그 시간 동안 천사는 금향로에 성도들의 기도를 담아서 하나님께 드리고 있다. 즉 향로에 기도가 가득 차서 하나님께 드려지는 시간이다. 이로 미루어 보면 반시간은 성도들의 기도의 시간이다. 박해 당시 성도들의 기도는 반시간 만에 향로

102) 2절, "내가 보매, 하나님 앞에 일곱 천사가 서 있어 일곱 나팔을 받았더라."는 내용은 다음 재앙인 '나팔'과 관련이 있어서 순서를 바꾸어 6절(물음20) 앞에서 다루었음.

에 가득 채워져서 하나님께 드려졌다. 박해 당시 교인들은 피눈물 쏟는 기도를 얼마나 많이 했을까? 가족이나 교우들이 죽음의 길로 가고, 남아 있더라도 온갖 고초가 주어지는 상황에서 기도 이외에 달리 도피처가 있었을까? 땅에서 성도들의 이런 기도의 시간이 하늘에서는 숨을 죽이는 정적으로 이어졌다. 순교자들에게는 엄숙함으로, 고난 받는 교인들에게는 하늘도 숨을 죽이고 침묵으로 동참했다. 이런 박해의 상황에서 어찌 하늘인들 고요하지 않을 수 있겠는가? 성도의 기도는 이렇게 하늘을 움직이는 능력이 있어서 하나님의 심판의 능력이 되어 다시 돌아온다. 다음의 기록이 그것을 말한다.

성도들의 기도를 향로에 담아다가 하나님께 바친 천사는 이번에는 향로에 불을 담아다가 땅에 쏟았다. 그러자 땅에서는 천둥이 요란하게 울리고 번개가 치고 무서운 지진이 일어났다. 온 세상을 놀라게 하는 번개와 천둥은 무엇을 말하고 있을까? 이는 순교자들의 피가 제단 아래에서 "거룩하고 참되신 대주재여! 땅에 거하는 자들을 심판하여 우리 피를 갚아 주지 아니하시기를 어느 때까지 하시려 하나이까?"(6:10)라고 탄원했으나, "그 수가 차기까지 잠시 쉬며 기다리라."고 말씀하셨는데, 이제 순교자 십사만 사천과 수많은 성도들이 당한 박해와 기도가 그 조건을 충족시켰다. 이제 기도가 응답되어 온 세상 땅을 진동시키는 뇌성벽력이 떨어졌다. 이는 곧 닥쳐올 일곱 나팔 재앙의 전주곡이다. 나팔은 하나님께서 인간의 역사에 개입하실 때 그것을 알리는 역할을 한다.

이제 성도들의 기도에 힘입어 땅의 어두움의 권세를 몰아내는 일곱 번째 인봉과, 일곱 나팔의 심판은 시작되었다.

두 번째 설교

두 번째 심판

일곱 천사

일곱 나팔

물음 20 두 번째 심판(일곱 나팔), 어떻게 진행되는가?

본문 : 〈 8장 〉

2 내가 보매, 하나님 앞에 일곱 천사가 서 있어 일곱 나팔을 받았더라.
6 일곱 나팔을 가진 일곱 천사가 나팔 불기를 준비하더라.
7 첫째 천사가 나팔을 부니 피 섞인 우박과 불이 나와서 땅에 쏟아지매 땅의 삼분의 일이 타 버리고 수목의 삼분의 일도 타 버리고 각종 푸른 풀도 타 버렸더라.
8 둘째 천사가 나팔을 부니 불붙는 큰 산과 같은 것이 바다에 던져지매 바다의 삼분의 일이 피가 되고,
9 바다 가운데 생명 가진 피조물들의 삼분의 일이 죽고 배들의 삼분의 일이 깨지더라.
10 셋째 천사가 나팔을 부니 횃불같이 타는 큰 별이 하늘에서 떨어져 강들의 삼분의 일과 여러 물샘에 떨어지니,
11 이 별 이름은 쓴 쑥이라. 물의 삼분의 일이 쓴 쑥이 되매 그 물이 쓴 물이 됨으로 많은 사람이 죽더라.
12 넷째 천사가 나팔을 부니 해 삼분의 일과 달 삼분의 일과 별들의 삼분의 일이 타격을 받아 그 삼분의 일이 어두워지니 낮 삼분의 일은 비추임이 없고 밤도 그러하더라.
13 내가 또 보고 들으니 공중에 날아가는 독수리가 큰 소리로 이르되 "땅에 사는 자들에게 화, 화, 화가 있으리니, 이는 세 천사들이 불어야 할 나팔 소리가 남아 있음이로다." 하더라.

〈 3번째 장면 : 8:2, 6~11:20 〉

앞에서 다룬 일곱 번째 인봉을 뗀 후 이어서 일곱 나팔의 재앙이 시작된다. 하나님 앞에 서 있던 일곱 천사가 일곱 나팔을 받아서 불 준비를 했다. 유대인들은 하나님 가까이에 있는 일곱 천사를 천사장이라고 하는데, 그 이름은 우리엘, 파라엘, 라구엘, 미가엘, 사리엘, 가브리엘, 레미엘이었다.[103] 하나님께서 인간의 역사에

개입하시는 '주의 날'에 나팔소리와 함께 등장하신다는 기록이 성경의 여러 곳에 들어있다. 예를 들면 "그 날에는 큰 나팔 소리가 날 것이요, 흩어진 자들은 모든 나라로부터 불러 모을 것이다."(이사야 27:13)와 같다. 이 외에도 많은 구절이 있다.[104] 물론 이 나팔소리는 사실적인 표현이 아니라 묵시적인 표현이다. 간혹 이를 사실적인 표현으로 받아들여서 물의를 빚곤 한다.

1. 자연과 인간

성경에서 자연과 인간은 뗄 수 없는 관계다. 창세기 1장의 천지창조를 보면 인간을 만드시기 전에 자연환경을 먼저 만드셨다. 자연은 인간을 위해 만들어졌고 흙으로 만들어진 인간은 자연의 한 부분이므로 자연 없이는 존재할 수 없으면서 동시에 자연을 잘 관리하고 다스려야 할 책임이 있다. 이런 이유로 예언자들은 자연의 손상은 하나님의 징계의 표시이며, 인간이 타락하면 그 재앙이 자연환경에까지 이르게 된다고 선포했다.

그러므로 이 땅이 슬퍼하며 거기 사는 자와 들짐승과 공중에 나는 새가 다 쇠잔할 것이요 바다의 고기도 없어지리라.(호세아 4:3)

언제까지 이 땅이 슬퍼하며 온 지방의 채소가 마르리이까? 짐승과 새들도 멸절하게 되었사오니 이는 이 땅 주민이 악하여 스스로 말하기를 그가 우리의 나중 일을 보지 못하리라 함이니이다.(예레미야 12:4)

여호와께서 이르시되 내가 땅 위에서 모든 것을 진멸하리라. 내가 사람과 짐승을 진멸하고 공중의 새와 바다의 고기와 거치게 하는 것과 악인들을 아울러 진멸할 것이라. 내가 사람을 땅 위에서 멸절하리라. 나 여호와의 말이니라.(스바냐 1:2~3)

---

103) 토빗 12:15, 에녹 20.

104) 출애굽기 19:16,19, 요엘 2:1, 스바냐1:16, 스가랴 9:14, 마태복음 24:31, 고린도전서 15:52~53, 데살로니가전서 4:16.

수천 년 전에 예언자들이 자연의 훼손이 곧 하나님의 심판이라고 선포했다는 사실은 놀라운 일이다. 일곱 천사의 일곱 나팔 재앙을 보면 처음 네 번의 재앙은 자연이 대상이며 뒤의 세 번은 인간을 대상으로 다음과 같이 진행된다.

첫 번째 나팔

【7】 첫째 천사가 나팔을 부니 피 섞인 우박과 불이 나와서 땅에 쏟아지매 땅의 삼분의 일이 타 버리고 수목의 삼분의 일도 타 버리고 각종 푸른 풀도 타 버렸더라.

첫 번째 나팔은 피 섞인 우박과 불이 함께 땅에 떨어지는 재앙을 몰고 왔는데, 이는 출애굽의 재앙과 비슷하다. 땅의 수목과 푸른 풀들의 전부가 못쓰게 되지 않고 삼분의 일만 불에 탔다. 처음 네 나팔의 대상은 육지와 바다, 강물과 샘, 천체 등의 자연환경인데, 자연환경이 없으면 인간이 살 수 없기 때문에 자연에 대한 재앙이 먼저 진행된다.

본문에서 묵시적으로 표현한 자연에 대한 심판의 대상은 당시 로마제국이지만, 오늘날에도 대단히 중요한 의미를 가진다. 따라서 여기서는 자연에 대한 징계를 오늘의 입장에서 살펴보고자 한다. 현대과학의 등장 이후 자연환경의 삼분의 일 이상이 파괴되어 인류에게 대재앙을 초래하고 있기 때문이다. 예언서에 의하면 자연환경의 파괴는 곧 하나님의 심판의 징조다. 결국 하나님의 심판을 인간이 스스로 자초하고 있다. 하나님은 심판하시는 분이 아니라 구원하시는 분이시다. 하나님께서 외아들을 보내신 것은 세상을 심판하려 하심이 아니라 구원하시기 위함이다.[105] 하나님이 심판하시는 분이라는 의미는 절대주권이 하나님께 있으며, 세상을 지배하는 법이 하나님으로부터 만들어졌다는 신앙고백이다. 교회

105) 요한복음 3:17.

의 역할은 이런 자멸을 막고 인간이 자연과 더불어 이 땅에 하나님나라를 이루도록 하는 데에 있다.

두 번째 나팔

【8,9】 둘째 천사가 나팔을 부니 불붙는 큰 산과 같은 것이 바다에 던져지매 바다의 삼분의 일이 피가 되고, 바다 가운데 생명 가진 피조물들의 삼분의 일이 죽고 배들의 삼분의 일이 깨지더라.

두 번째 나팔은 큰 산과 같은 불덩어리가 바다에 떨어져 바닷물이 피로 변하고 바다생물과 배의 삼분의 일이 죽거나 못쓰게 되었다. 이런 말씀들은 오늘 우리의 실상을 고발하는 말씀으로 느껴진다. 바닷물 오염이 너무 심각해서 천일염을 정제하지 않는 한 먹지 못할 수준이 되고 말았으며, 바다에 사는 물고기의 오염 역시 위험 수위를 넘어서고 있다. 또 온갖 쓰레기가 바다로 몰려들어 바다에는 대형 쓰레기 섬이 생겨나고 있으며, 수온이 올라가서 물고기가 떼죽음을 당하고 있다. 첨단장비를 장착한 대형 어선들이 바다를 누비며 물고기 씨를 말린다. 환경을 못쓰게 만들면 결국 인간에게 대재앙으로 다시 돌아온다. 이는 하나님께서 만드신 법이다.

세 번째 나팔

【10~11】 셋째 천사가 나팔을 부니 횃불같이 타는 큰 별이 하늘에서 떨어져 강들의 삼분의 일과 여러 물 샘에 떨어지니, 이 별 이름은 쓴 쑥이라. 물의 삼분의 일이 쓴 쑥이 되매 그 물이 쓴 물이 됨으로 많은 사람이 죽더라.

세 번째 재앙은 '쑥'이라 이름 하는 큰 별이 육지의 강과 샘물에 떨어져서 쑥물이 되었고 이로 인해 많은 사람이 죽어 갔다. 성경에서 쑥은 하나님의 심판의 상징이다.[106] 오늘 우리의 강과 하천은 물론 지하수까지 오염되어 정수하지 않으면 먹을 수 없게 되었다.

---

106) "…보라 내가 그들에게 쑥을 먹이며 독한 물을 마시게 하리니 이는 사악이 예루살렘 선지자들로부터 나와서 온 땅에 퍼짐이라." 하시니라.(예레미야 23:15.)

하늘에서 내리는 비까지도 산성화되어 비가 농작물에 피해를 주므로 비닐하우스로 빗물을 가려야하는 지경에 이르렀다. 하나님의 심판은 이미 우리 가까이에 와 있다. 단지 우리는 그 심각성을 느끼지 못할 뿐이다.

네 번째 나팔

【12】 넷째 천사가 나팔을 부니 해 삼분의 일과 달 삼분의 일과 별들의 삼분의 일이 타격을 받아 그 삼분의 일이 어두워지니 낮 삼분의 일은 비추임이 없고 밤도 그러하더라.

네 번째 나팔을 불자 이번에는 해와 달과 별의 삼분의 일이 못 쓰게 되어 낮과 밤에 재앙이 임했다. 이 역시 오늘 우리에게 피부로 와 닿는 말씀이다. 그 넓은 하늘의 공기가 오염이 되어 숨을 쉴 수가 없고, 하늘에서 내리는 비는 산성화되어 농작물에 피해를 줄 정도로 대기가 오염되었으며, 오존층이 파괴되어 피부암을 유발하고, 이산화탄소의 증가로 대기권이 온실이 되어 지구 온도가 올라가고, 극지방의 빙하가 녹아내리고…… 지적하자면 끝이 없다. 이 노릇을 어찌해야 하나? 하나님은 필요없고, 인간의 이성으로, 과학의 기술로, 인간의 힘으로 지상에 낙원을 만들 수 있다던 구호들은 다 어디에 갔는가? 이제 이 문제를 어떻게 해결해야 하나?

그런데도 아직 오만한 마음을 버리지 못한 인간은 생명의 비밀인 유전자를 조작해서 무슨 문제를 해결할 수 있다고 큰 소리치고 있고, 인간 비슷한 기능을 가진 인조인간의 등장이 임박했다는 말이 들려오고, 인간이 운전할 필요가 없는 무인 자동차가 등장하는 것은 시간문제라고 떠들고, 최첨단의 과학기술은 대량살상 무기를 만드는 데에 사용되고…… 더 할 말이 없다. 양심과 도덕과 윤리와 겸손은 어디에서도 찾아볼 길이 없다. 인간의 무지와 교만이 하늘을 찔러서 해와 달과 별을 상하게 하고 있다.

이런 인간을 향해 계시록은 다음과 같이 말하고 있다.

【13】 내가 또 보고 들으니 공중에 날아가는 독수리가 큰 소리로 이르되 "땅에 사는 자들에게 화, 화, 화가 있으리니, 이는 세 천사들이 불어야 할 나팔 소리가 남아 있음이로다." 하더라.

지금까지의 재앙은 아무것도 아니요, 아직 남아있는 재앙이 셋이나 된다고 선언한다. 그런데 이런 재앙을 날아가는 새인 독수리가 말하고 있다. 묵시문학에서는 독수리가 하나님의 심판을 전하는 전령자로 등장한다.[107] 높은 곳에서 먼 곳을 보는 거시적인 안목을 가진 새 독수리, 지금은 인간의 무분별한 자연훼손으로 멸종되고 있는 독수리는 자연을 훼손한 인간에게 닥쳐올 재난이 어떤 것인지를 미리 내다보고 있다, 그리고 화, 화, 화라고 탄식한다. 이제 우리는 공중 나는 새와 들에 자라는 잡초에게 귀를 기울이고 배워야 할 때다.

공중 나는 독수리가 두려워하는 남은 세 재앙은 어떤 것일까?

다섯 번째 나팔

본문 : 〈 9장 〉

1 다섯째 천사가 나팔을 불매 내가 보니 하늘에서 땅에 떨어진 별 하나가 있는데 그가 무저갱의 열쇠를 받았더라.

2 그가 무저갱을 여니 그 구멍에서 큰 화덕의 연기 같은 연기가 올라오매 해와 공기가 그 구멍의 연기로 말미암아 어두워지며,

3 또 황충이 연기 가운데로부터 땅 위에 나오매 그들이 땅에 있는 전갈의 권세와 같은 권세를 받았더라.

4 그들에게 이르시되 "땅의 풀이나 푸른 것이나 각종 수목은 해하지 말고 오직 이마에 하나님의 인침을 받지 아니한 사람들만 해하라." 하시더라.

---

107) 제2 바룩의 계시록 77:19~22.

5 그러나 그들을 죽이지는 못하게 하시고 다섯 달 동안 괴롭게만 하게 하시는데 그 괴롭게 함은 전갈이 사람을 쏠 때에 괴롭게 함과 같더라.
6 그 날에는 사람들이 죽기를 구하여도 죽지 못하고 죽고 싶으나 죽음이 그들을 피하리로다.
7 황충들의 모양은 전쟁을 위하여 준비한 말들 같고 그 머리에 금 같은 관 비슷한 것을 썼으며 그 얼굴은 사람의 얼굴 같고,
8 또 여자의 머리털 같은 머리털이 있고 그 이빨은 사자의 이빨 같으며,
9 또 철 호심경 같은 호심경이 있고 그 날개들의 소리는 병거와 많은 말들이 전쟁터로 달려 들어가는 소리 같으며,
10 또 전갈과 같은 꼬리와 쏘는 살이 있어 그 꼬리에는 다섯 달 동안 사람들을 해하는 권세가 있더라.
11 그들에게 왕이 있으니 무저갱의 사자라. 히브리어로는 그 이름이 아바돈이요 헬라어로는 그 이름이 아볼루온이더라.
12 첫째 화는 지나갔으나 보라! 아직도 이후에 화 둘이 이르리로다.

지금까지 진행된 네 번의 나팔은 가뭄, 기근, 지진, 환경오염 등과 같은 자연적인 재해였다. 그런데 이제부터는 초자연적이고 악마적인 재앙이 진행되는데 그 대상이 인간이다. 이 재앙은 무저갱의 열쇠를 지닌 하늘에서 떨어진 별이 무저갱을 여는 것으로 시작된다. 묵시문학에서는 '별'을 인격을 지닌 존재로 보며, 불순종한 별들을 묶어서 무저갱에 던져 넣는다.[108] 구약성경에서는 '하늘에서 떨어진 별'은 하늘에서 버림받은 타락한 천사라고 하며,[109] 외경에서는 사탄이나 그를 추종하는 천사를 가리킨다.[110] 무저갱(無底坑)은 바닥이 없는 심연(深淵, 구덩이)인데, 계시록에 여러 번 나오는 무저갱(τὸ φρέαρ τη′ς ἀβύσσου)에는 타락한 천사, 마귀, 사탄, 짐승, 거짓선지자 등이 갇혀서 형벌을 받는 곳이다. 신약성경에서는 지옥과 동일시하거나 악한 영들의 감옥으로 쓰이고 있

108) 에녹서 86:1, 88:1.

109) 이사야 14:12~14.

110) 에녹1서 10:4, 18:11~16, 86:1~2, 90:23~26 등.

다.[111]

무저갱이 열리자 연기 가운데서 전갈의 권세를 가진 황충이 올라왔다. 구약성경에서 황충은 메뚜기와 동일하게 쓰이기도 하고 구분되기도 하는데 대재앙의 대명사였다. 황충은 주로 5~9월에 번식하며, 크기는 약 5cm 이며, 수개월 동안 떼를 지어 날아다니는데 그 무리의 크기는 두께가 30여 미터, 길이는 6km 정도라고 한다. 황충이 몰려오는 모양은 마치 검은 구름처럼 보이며, 황충이 덮치면 해가 어두워지고, 풀과 나무를 다 갉아먹어 버리기 때문에 산과 들이 폐허가 된다. 황충이 지나가고 나면 모든 초목이 사라지기 때문에 짐승은 물론 사람까지도 대재앙에 직면해서 수십만 명이 굶어 죽은 경우도 있다고 한다. 고대에 황충의 피해보다 더 파괴적인 재앙은 없었다.

그런데 본문에서는 이 황충이 전갈의 권세를 가졌다. 작은 바다가재처럼 생긴 전갈은 그 꼬리에 죽음에 이르게 할 만큼 강하게 쏘는 독이 있다. 무저갱이 열리면서 이런 황충의 떼가 연기처럼 올라와서 해와 공기가 어두워지고, 5개월 동안 피해를 주는데 초목에는 피해를 주지 말고 이마에 하나님의 인을 맞지 않은 사람만 괴롭히되 죽이지 말라는 지침을 받았다. 황충이 갉아먹는 아픔과 전갈이 쏘는 통증이 겹쳐있기 때문에 그 고통이 너무나 심해 스스로 죽으려고 해도 죽지 못하는 괴로움에 시달려야 한다.

황충의 5개월 동안의 피해는 예루살렘이 로마군에게 포위되어 있던 5개월의 끔찍한 상황을 연상하게 한다. 유월절을 지키러 왔던 유대인 250여 만 명이 성에 갇혀 있다가 절반 이상이 굶주림으로 죽어갔는데, 그 비참함은 말로 표현할 수가 없었다.[112] 살아남

---

111) 로마서 10:7, 누가복음 8:31, 스올(שְׁאוֹל), 음부(ᾅδης)라고도 번역됨.

112) 예루살렘성의 크기와 인구는 시대에 따라 달라지는데, 멸망하던 70년경에는 성의 크기가 1,821,085㎡(약 55만평)이며, 주민 인구는 8만명 정도 였다.

은 사람들은 포로로 끌려가 로마의 콜로세움을 짓는 강제노역에 시달리다가 죽어갔다. 요세푸스가 쓴 「유대인의 전쟁사」는 하나님과 계약을 맺은 공동체가 계약을 어기면 어떤 심판을 받는지 잘 보여주는 역사의 증거자료다.

본문에서 이 황충을 움직이는 왕은 무저갱의 사자인데 히브리어로는 아바돈('Αβαδδώv), 헬라어로는 아블르온('Απολλύωv)이었다. 무저갱의 사자는 곧 마귀의 권세를 말하는데, 이마에 하나님의 인을 맞지 않은 사람만 해쳤다. 하나님의 인침을 받는 것이 무엇이기에 인침 받은 사람을 해치지 못할까? 이마 즉 머리에 하나님의 인침을 받는다는 것은 하나님의 말씀을 올바르게 이해하고 깨달아서 그 생각과 마음과 사상이 온전해져서 사탄의 거짓과 헛된 사상에 미혹되지 않는 것을 말한다. 성경에는 세상에서 얻을 수 있는 최고의 정신과 가치관과 심오한 진리가 들어있어서 이를 깨우친 사람들은 세속의 퇴폐풍조와 헛된 문화에 지배당하지 않는다. 그러나 짐승의 표를 받은 사람들은 허황되고 거짓된 것들에 치우치기 때문에 쉽게 정신적으로 타락한 사탄의 문화에 젖어든다.

로마제국은 정신적인 타락으로 말미암아 스스로 멸망의 길을 갔다. 황제와 원로원 의원을 비롯한 상류 귀족들은 매일 연회를 일삼으며 사치의 극을 달렸고, 시민들은 경기장에서 벌어지는 살인적인 경기에 열광했다. 윤리와 도덕은 실종되었으며 온갖 퇴폐와 타락의 문화가 휩쓸었다. 콘스탄티누스 황제가 기독교를 국교로 선택한 것은 기독교가 아니고서는 로마제국에 희망이 없다고 보았기 때문이다. 이마에 하나님의 인침을 받은 기독교인들은 로마제국의 악마적인 문화에 결코 넘어가지 않았다.

사탄이 지배하는 세속문화는 인간성을 악마처럼 만들어 놓는다는 것을 오늘 우리는 여러 분야에서 체감하고 있다. 폭력적이고 퇴폐적인 게임과 인터넷 문화와 더불어 성장한 청소년들은 친구를 괴롭혀서 죽음에 이르게 하고, 길에서 담배피우는 아이들을 타이르던 노인이 얻어맞기 일쑤고, 아파트의 층간 소음과 같은 사소한 시비로 살인이 일어나며, 집단으로 자살하는 일이 벌어지고 있다. 정신적으로 시달리는 우울증환자가 급증하여 대부분의 처방에 신경안정제가 쓰이고 있으며, 이혼율이 신혼율에 육박하고 황혼이혼이 신혼이혼율을 앞지르고 있으며, 친 부모에게 맞아죽는 아이들이 늘어나고 있다. 이보다 더 안타까운 것은 기독교인들도 이런 문화에 대하여 무방비 상태에 놓여있다는 사실이다.

인간의 욕심은 끝이 없다. 닭과 돼지와 소를 도살하면서 나오는 부산물인 뼈와 기름 등으로 고단백 사료를 만들어 닭, 돼지, 소에게 사료로 먹이고 가축들을 비좁은 공간에 가둬놓고 잠을 재우지 않으면서 속성으로 키워낸다. 그 결과는 어떨까? 광우병으로, 돼지와 소는 구제역으로, 오리와 닭은 조류독감으로 떼죽음 당하여 정기적으로 매몰시키다보니 이번에는 또 지하수가 오염이 되어 문제를 일으키고 있다. 말 못하는 짐승이지만 이렇게 학대를 해도 되나? 이렇게 키워진 육류로 치킨과 각종 가공식품을 만들어 먹으니 사람의 건강이 온전할 리가 없다. 전국민의 30%가 암환자이고 신생아 당뇨, 고혈압, 암이 다반사이며, 아동의 30%이상이 피부병(아토피)에 시달리고 있다. 이 노릇을 어찌할꼬?

페니실린이라는 항생제가 만들어진 이후 체내의 세균을 제거하는 데에 많은 도움을 주었지만 인간이 항생제를 만들수록 세균도 여기에 적응하기 때문에 신약과 세균사이에 무한 전쟁이 벌어졌지만 신약의 개발속도가 세균의 적응속도를 따라가지 못하고 있다. 전문가들은 현재 개발된 항생제로 막을 수 없는 슈퍼바이러스의 등장을 기정사실화하여 경고하고 있으며, 슈퍼바이러스가 등장하면 고대에 주민의 삼분의 일 이상을 죽음으로 몰고 갔던 흑사병에 버금가는 재앙이 되리라고 한다. 이런 비극은 모두가 하나님께서 만드신 창조의 질서를 무시한 화학약품의 남용과 자연훼손에서 비롯된다.

이런 심각한 문제들을 어디서, 어떻게 해결해야 할까? 황충은 이마에 인 맞은 사람은 해치지를 못했다. 무엇을 말하는가? 성경으로 돌아가서 그 깊은 의미를 깨달아 알고 그 가치관을 가슴과 정신에 새기고 하나님께서 만드신 자연을 소중히 여기며 그 법을 지켜야 함을 말한다. 만물 중에서 자연의 법을 어기고 존재할 수 있는 것이 무엇이 있는가? 참된 진리에 대한 바른 '깨달음'만이 치료약이다. 이를 계시록에서는 하나님으로부터 인치심을 받는다고 한다. 하나님으로부터 인치심을 받는 것 이외에 인간의 자멸을 부추기는 악마의 권세를 이겨내는 다른 방법이란 없다. 짐승의 표와 하나님의 인치심을 부적 비슷한 어떤 표식으로 여기게 하는 마귀의 속임수에 넘어가지 말아야 한다.

하늘에서 떨어진 별, 즉 타락한 천사가 무저갱의 문을 열면서 재앙이 시작된다. 무저갱의 문을 여는 타락한 천사는 누구인가? 사탄인가? 아니면 하나님의 천사인가? 사탄이 어떻게 무저갱의 문을 열 수가 있는가? 하나님의 천사라면 어떻게 타락한 천사가 하나님의 천사가 될 수 있는가? 대답이 쉽지 않아서 논란이 되는 구절이다. 그러나 그 대답은 다른 데에서 단순하게 찾아진다. 하나님께서 만드신 세상의 법 가운데에는 달이 차면 기울듯이 모든 일에 임계점(臨界點)과 한계점(限界點)이 있어서 이를 넘어서면 물극필반(物極則反)이 일어난다.[113] 이는 인간 스스로가 자초하며 자멸하는 심판이다. 인간의 죄가 하늘 끝까지 닿으니 그 죄가 사탄이 갇혀있던 무저갱의 문을 열고 자초한 재앙이 시작된다. 하나님은 심판하시는 분이 아니라 구원하시는 분이시다. 하나님께서 심판하

113) 물극필반(物極必反)은 사물의 형세는 발전이 극에 다다르면 반드시 뒤집힌다는 뜻이다.

신다는 의미는 그분이 만드신 법대로 된다는 뜻이다.

전갈의 쏘는 독을 가진 황충의 권세는 지나갔지만 아직 이보다 더 심한 재앙 둘이 남아있다. 어떤 것들일까?

여섯 번째 나팔

본문 : 〈 9장 〉

13 여섯째 천사가 나팔을 불매 내가 들으니 하나님 앞 금 제단 네 뿔에서 한 음성이 나서

14 나팔 가진 여섯째 천사에게 말하기를 "큰 강 유브라데에 결박한 네 천사를 놓아 주라." 하매

15 네 천사가 놓였으니 그들은 그 년 월 일 시에 이르러 사람 삼분의 일을 죽이기로 준비된 자들이더라.

16 마병대의 수는 이만 만이니 내가 그들의 수를 들었노라.

17 이같은 환상 가운데 그 말들과 그 위에 탄 자들을 보니 불빛과 자줏빛과 유황빛 호심경이 있고 또 말들의 머리는 사자 머리 같고 그 입에서는 불과 연기와 유황이 나오더라.

18 이 세 재앙 곧 자기들의 입에서 나오는 불과 연기와 유황으로 말미암아 사람 삼분의 일이 죽임을 다하니라.

19 이 말들의 힘은 입과 꼬리에 있으니 꼬리는 뱀 같고 또 꼬리에 머리가 있어 이것으로 해하더라.

20 이 재앙에 죽지 않고 남은 사람들은 손으로 행한 일을 회개하지 아니하고 오히려 여러 귀신과 또는 보거나 듣거나 다니거나 하지 못하는 금, 은, 동과 목석의 우상에게 절하고,

21 또 그 살인과 복술과 음행과 도둑질을 회개하지 아니하더라.

여섯 번째 나팔이 울리자 하나님 앞에 있는 금 제단의 네 뿔에서 유브라데에 결박되어 있는 네 천사를 풀어주라는 명령이 떨어진다. 황충은 초목도 해치지 못하고 사람은 괴롭히지만 죽이지는 못했으나 네 천사는 사람의 삼분의 일을 죽이는 권세를 가졌다. '유브라데의 결박된 네 천사'는 해석하기가 쉽지 않다. 가나안에 이주한 이스라엘이 왕정기를 보내면서 계약을 정면으로 위반하자

하나님께서는 갈대아 사람, 즉 유브라데(메소포타미아)의 앗수르와 바벨론 국가를 징계의 도구로 삼으시고 이스라엘을 멸망 시키셨다. 또 계시록을 쓸 당시의 로마제국에 가장 큰 위협적인 세력은 유브라데 건너편의 파디아인(Parthian)이었는데 그들의 기마대는 로마군에 가장 두려운 세력이었다. 이를 염두에 둔다면 유브라데는 심판의 도구라고 할 수 있으며, 네 천사는 사방에서 징계의 재앙이 몰려온다는 뜻이다.

'그 년 월 일 시'는 정해진 때를 말한다. 그러나 하나님께서 정해놓으신 때(카이로스)는 하나님께서 일방적으로 정하신 때라기보다는 앞에서 언급한 바와 같이 물극필반의 임계점이라고 할 수 있다. 마병대의 수가 이만 만, 즉 이억이다. 고대에는 일백만 대군이 동원되는 전쟁도 극히 드물었다. 보병과 마병은 그 화력이 전혀 다르다. 마병은 우선 말과 창, 칼, 그리고 방패와 갑옷이 있어야 하고 말의 안장과 말을 보호하기 위한 장비 등이 고가여서 보통 기마병 1기는 보병 6명에 해당된다. 그런데 마병 2억이란 고대에는 상상에서나 가능한 숫자다. 본문에 그려진 마병대의 무장은 무시무시하다. 타는 듯한 붉은 빛과 푸른 빛, 그리고 황금빛 나는 방패옷을 입고, 말의 머리는 사자 머리처럼 생겼으며 그 입에서는 불과 연기와 유황을 뿜어냈으며 뱀의 머리처럼 생긴 꼬리가 있었다. 이런 흉측한 마병대에 의해 온 인류의 삼분의 일이 죽임을 당했다.

왜 이런 재앙을 당해야 했을까? 여러 귀신과 또는 보고 듣고 걷지 못하는 우상에게 절하고 또 그 살인과 복술과 음행과 도둑질을 회개하지 않았기 때문이다. 이런 죄목들은 수천 년 전에 기록된 성경에서 언급하는 대표적인 죄들이며, 하나님을 떠났을 때 나타나는 죄의 군상들이다. 사탄의 권세는 거짓이어서 헛된 것을 믿거나 경배하며 길흉화복을 점치게 하며, 사주팔자나 궁합, 점성술 같은 운명론에 빠지거나, 풍신종교로 음행을 조장한다. 예전의 미개하던 신화의 시절에나 있었을 법한 이런 미신들이 지금도 수그러들지 않고 판을 치고 있다.

현대의 과학기술은 디지털문화라는 것을 만들어 냈다. 어린 아이는 태어나서부터 엄마 품의 따스함과 다정한 목소리 보다는 기계의 음성에 더 익숙해지면서 자란다. TV, 컴퓨터, 게임기, 각종 전자제품을 비롯하여 스마트폰과 더불어 하루를 보낸다. 어린 아이가 작고 귀여운 손으로 스마트폰을 다루는 것을 지켜보면 신기하기 짝이 없다. 그러나 자신도 모르는 사이에 디지털에 젖어들고 중독이 되며, 자율적인 사고와 판단력, 인간성을 서서히 고갈되고 만다. 디지털 문화가 아이들의 정신은 물론 영혼까지 잠식하고 있다. 아직 똥오줌도 채 가리기 전부터 어린이집, 유치원 등에 보내지고, 초등학교에 들어가면서부터는 각종 학원으로 전전하며 입시전쟁에 시달리면서 청소년기를 보낸다. 자연이나 사람들과 가까워지면서 친숙해질 겨를이 없다. 어린아이들이 화학공정으로 만들어진 식품을 먹으며 이렇게 디지털문화 속에서 자라 입시전쟁으로 내몰리고 있다. 누구나 다 아는 이런 일에 대하여 문제점을 지적하기는 쉽지만 뚜렷한 대안은 없다.

본문에서는 기계군단인 마병이 2억이나 몰려와 인간의 삼분의 일을 살상한다고 했다. 오늘 우리는 아이들뿐만 아니라 성인들도 디지털 문화로 무장한 기계군단에 속수무책으로 점령당하고 있다. 어떤 특단의 대책이 나와야 한다. 어디서, 누가 그 대책을 내놓을 수 있을까? 교회다. 교회밖에는 없다. 성경은 본래 교육의 책이다. 교회가 나서서 아이들이 사람답게 클 수 있는 환경과 문화를 만들어 내야 한다. 그리고 디지털문화의 그늘에서 벗어나게 해야 한다.

사탄의 세력은 잘못된 문화로 인간정신을 타락시켜 멸망으로 가게 한다. 반면에 여호와를 하나님으로 믿는 교회는 이런 타락의 문화를 몰아내고 인간의 정신을 일깨우며, 타락과 퇴폐 문화가 발을 붙이지 못하는 거룩한 문화를 만들어내야 한다. 그런데 안타깝게도 이스라엘 역사나 교회사를 보면 하나님을 섬기는 교회공동체가 오히려 세속문화에 지배받는 비극이 일어났다. 지금도 마찬가지이다. 이는 참으로 안타까운 일이 아닐 수 없다.

본문 : 〈 10장 〉

1 내가 또 보니 힘 센 다른 천사가 구름을 입고 하늘에서 내려오는데 그 머리 위에 무지개가 있고 그 얼굴은 해 같고 그 발은 불기둥 같으며,

2 그 손에는 펴 놓인 작은 두루마리를 들고 그 오른 발은 바다를 밟고 왼 발은 땅을 밟고,

3 사자가 부르짖는 것 같이 큰 소리로 외치니 그가 외칠 때에 일곱 우레가 그 소리를 내어 말하더라.

4 일곱 우레가 말을 할 때에 내가 기록하려고 하다가 곧 들으니 하늘에서 소리가 나서 말하기를 "일곱 우레가 말한 것을 인봉하고 **기록하지 말라.**" 하더라.

5 내가 본 바 바다와 땅을 밟고 서 있는 천사가 하늘을 향하여 오른 손을 들고

6 세세토록 살아 계신 이 곧 하늘과 그 가운데에 있는 물건이며 땅과 그 가운데에 있는 물건이며 바다와 그 가운데에 있는 물건을 창조하신 이를 가리켜 맹세하여 이르되 "지체하지 아니하리니,

7 일곱째 천사가 소리 내는 날 그의 나팔을 불려고 할 때에 하나님이 그의 종 선지자들에게 전하신 복음과 같이 하나님의 그 비밀이 이루어지리라." 하더라.

8 하늘에서 나서 내게 들리던 음성이 또 내게 말하여 이르되 "네가 가서 바다와 땅을 밟고 서 있는 천사의 손에 펴 놓인 두루마리를 가지라." 하기로

9 내가 천사에게 나아가 작은 두루마리를 달라 한즉 천사가 이르되 "갖다 먹어 버리라. 네 배에는 쓰나 네 입에는 꿀 같이 달리라." 하거늘

10 내가 천사의 손에서 작은 두루마리를 갖다 먹어 버리니 내 입에는 꿀 같이 다나 먹은 후에 내 배에서는 쓰게 되더라.

11 그가 내게 말하기를 "네가 많은 백성과 나라와 방언과 임금에게 다시 예언하여야 하리라." 하더라.

힘 센 천사

본문은 일곱 인봉의 경우처럼 마지막 일곱 번째 나팔소리가 울리기 전에 일어날 일들을 기록하고 있는데, 그 내용이 너무 충격적이며, 11:14절까지 길게 기록하고 있다. 본문에 등장하는 힘센 천사는 누구일까?

【1~3】 내가 또 보니 힘 센 다른 천사가 구름을 입고 하늘에서 내려오는데 그 머리 위에 무지개가 있고 그 얼굴은 해 같고 그 발은 불기둥 같으며, 그 손에는 펴 놓인 작은 두루마리를 들고 그 오른 발은 바다를 밟고 왼 발은 땅을 밟고, 사자가 부르짖는 것 같이 큰 소리로 외치니 그가 외칠 때에 일곱 우레가 그 소리를 내어 말하더라.

우선 그의 모습을 살펴보면 그 손에는 두루마리를 들고 있고, 구름에 휩싸여 있고, 머리 위에는 무지개가 있고 얼굴이 해 같고, 그 발은 불기둥 같으며, 오른 발은 바다를 밟고 왼 발은 땅을 밟고 있으며, 사자의 부르짖음과 같은 목소리에는 일곱 우레의 소리가 화답을 했다. 이런 모습은 하나님의 현현에서 나타나는 뚜렷한 현상이기 때문에 힘센 천사는 예수님을 연상하게 되며, 많은 이들이 그렇게 해석한다. 그러나 계시록에서 사용되는 예수님에 대한 독특한 표현은 '죽임 당한 어린양'(5:6절 아르니온 ἀρνίον)이며, 이 단어는 계시록에서만 30여회 쓰이고 있다. 또 계시록 어디에서도 예수님을 천사와 동일시하지 않는다. 따라서 10:1절의 '힘센 천사'는 5:2절의 힘센 천사와 같이 천사장으로 보는 것이 적절하다고 생각된다. 천사장은 하나님의 대행자이기 때문에 필요한 경우에 하나님의 현현에 따르는 현상이 동반될 수도 있다. 마지막 일곱 번째 나팔은 그만큼 중요하기 때문에 천사에게 이런 현상이 동반되었다.

【4】 일곱 우레가 말을 할 때에 내가 기록하려고 하다가 곧 들으니 하늘에서 소리가 나서 말하기를 "일곱 우레가 말한 것을 인봉하고 기록하지 말라." 하더라.

일곱 우레의 대답을 적으려고 하자 기록하지 말라는 하늘의 음성이 들려왔다. 어떤 내용인지, 왜 기록하지 말라고 하시는지 궁금하기는 하지만 추정이 불가능하며, 또 하려고 해서도 안 된다. 성경과 하나님에 대하여 오랫동안 기도하며 해석하다보면 모르는 부분이 점점 더 많아진다. 단지 기본적인 이해와 방향만이 어렴풋이 보일 뿐이다. 인간이 어찌 무한하신 하나님과 그 하나님에 대한 수천 년의 기록인 성경을 다 알 수 있겠는가? 또 어찌 감히 하나님의 무슨 계시를 받아서 감추어진 무슨 비밀을 특별히 알게 되었다고 말할 수 있겠는가? 다 교만의 산물이며 제 분수를 모르는 말들이다. 단지 기본에 충실하면서 잘못된 방향으로 가지 않기만을 구하며 최선의 노력을 다해볼 뿐이다. 누구도 성경해석에서 마침표를 찍을 수 없다. 단지 쉼표만을, 그것도 아주 조심스럽게 찍어볼 뿐이다. 이에서 벗어나면 이미 마귀의 속임수에 빠지지 않을 수 없게 된다.

【5~7】 내가 본 바 바다와 땅을 밟고 서 있는 천사가 하늘을 향하여 오른손을 들고 세세토록 살아 계신 이 곧 하늘과 그 가운데에 있는 물건이며 땅과 그 가운데에 있는 물건이며 바다와 그 가운데에 있는 물건을 창조하신 이를 가리켜 맹세하여 이르되 "지체하지 아니하리니, 일곱째 천사가 소리 내는 날 그의 나팔을 불려고 할 때에 하나님이 그의 종 선지자들에게 전하신 복음과 같이 하나님의 그 비밀이 이루어지리라." 하더라.

구름을 입은 천사가 오른 손을 하늘을 향하여 들고 영원하신 하나님, 온 세상을 창조하신 하나님의 이름으로 엄숙하게 맹세하기를 "일곱 번째 나팔이 불면 하나님께서 지체하지 않고 그의 종 선지자들을 통하여 말씀하신 대로 하나님의 비밀을 이루리라."고 하였다. '하나님의 비밀'이란 무엇일까? 신비스럽게 느껴지지만 그 대답은 크게 어렵지 않다. **"하나님께서 예언자들에게 말씀하신 그 대로"**라는 수식어가 있기 때문이다. 예언자들은 하나님과 계약을 맺은 시내산 율법의 실천을 통하여 이 땅에 하나님의 나라가 임하기를 염원하며 이를 독려했던 사람들이다. 그러나 이스라엘은 결국 계약을 지키지 못했으며, 그 결과 계약은 파기되고 나라가 앗수르와 바벨론에게 멸망당하고 전쟁포로로 끌려갔다. 포로지에서 신명기 예언자들의 도움으로 기사회생하여 귀환하였고, 재기하여 율법대로 살려고 했으나, 이번에는 율법의 정신을 잃어버리는 바람에 다시 계약이 파기되고 말았다. 그 결과 로마제국에 비참하게 또 멸망당하면서 수백 만 명이 죽거나 포로로 다시 끌려가 강제노역에 시달리다가 죽어갔으며, 남은 사람들도 자기 땅에서 쫓겨나서 전 세계에 흩어져 난민이 되고 말았다.

이렇게 옛 계약이 파기되자 예수님께서 오셔서 대속의 죽음을 죽으시면서 새로운 계약을 체결하고 교회 공동체를 탄생시키셨다. 이제 교회가 이 땅에 하나님의 나라를 임하게 하고 확장할 사명을 받았는데, 지금 로마제국의 박해를 받으면서 생존의 위기에 직면했다. 그러나 이제 하늘과 땅, 바다와 육지의 모든 권세를 가지신 하나님께서 이 교회에 함께하셔서 그 일을 틀림없이 지체하지 않고 이루시겠다고 당신의 거룩하신 이름으로 맹세하신다. 자칫 여기서 말하는 감추어진 비밀을 '종말의 시간표'라고 생각하는 오류를 범하지 말아야 한다. 예수님께서 "그러나 그 날과 그 때는 아무도 모르나니 하늘의 천사들도, 아들도 모르고 오직 아버지만 아시느니라."[114] 라고 하신 말씀의 뜻은 우리가 이 세상에서 할 일은 종말의 시간표에 관심을 가질 일이 아니라 하나님께서 그의 종 선지자들에게 전하신 복음과 같이 이 땅에 하나님나라를 임하게 하여 세상을 구원하는 일에 관심을 쏟아야 한다는 뜻이다.

【8~10】 하늘에서 나서 내게 들리던 음성이 또 내게 말하여 이르되 "네가 가서 바다와 땅을 밟고 서 있는 천사의 손에 펴 놓인 두루마리를 가

---

114) 마태복음 24:36, 마가복음 13:32.

지라." 하기로 내가 천사에게 나아가 작은 두루마리를 달라 한즉 천사가 이르되 "갖다 먹어 버리라. 네 배에는 쓰나 네 입에는 꿀 같이 달리라." 하거늘 내가 천사의 손에서 작은 두루마리를 갖다 먹어 버리니 내 입에는 꿀 같이 다나 먹은 후에 내 배에서는 쓰게 되더라.

하늘의 음성에 따라 요한이 천사의 손에서 두루마리를 받아먹으라고 해서 먹으니 천사의 말대로 입에는 달지만 배에는 썼다. 하나님께서 주시는 두루마리(책, 말씀)를 받아먹는 이야기는 성경에서 여러 번 나온다.[115] 왜 두루마리를 받아먹으라고 하실까? 말씀을 충분히 깨달아 알라는 뜻이다. 11절의 말씀처럼 "많은 백성과 나라와 방언과 임금에게 다시 예언"하려면 먼저 전하는 말씀을 충분히 이해하고 알아야 한다. 하나님께서는 예언자들에게 두루마리를 받아먹는 과정을 겪게 하신다. 간혹 예언의 은사를 받아서 예언자처럼 예언한다는 사람들이 있다. 그들은 어떤 문제에 대하여 예언하면서 '성경의 예언자처럼' 말한다고 생각한다. 천만의 말씀이다. 그는 '예언자처럼' 말하는 게 무엇인지를 전혀 모르고 있다. 종말의 비밀도 이런 방식으로 예언을 하거나 해석하고 있다. 이에 대한 오해가 너무 많으므로 다시 아는 대로 간략히 지적해 보고자 한다.

성경의 예언자처럼 되려면 몇 가지 조건이 갖추어져야 한다. 첫째, 하나님의 뜻에서 동떨어져가는 계약 공동체의 모습에 대하여 많은 시간 탄식하며, 통곡하며 기도하는 시간이 있어야 한다. 이 과정에서 중요한 것은 기도하는 자들의 관심과 생각이 하나님의 뜻과 일치해야 한다는 점이다. 아무리 관심과 기도가 많아도 하나님의 생각과 마음에 맞지 않으면 결코 하나님과 어떤 공명이 일어나지 않는다. 하나님의 뜻과 관심은 계약법에 대한 이해와 관련이 있다. 예언자들은 계약 공동체가 계약을 지켜야 한다고 말하는 사람들이다. 이러한 관심은 그 사람에게 가장 중요하며 평생을 두고

---

115) 에스겔 2:8~10, 3:3, 예레미야 15:16.

포기되지 않아서 이에 사로잡히며, 이로 말미암아 시련과 고초를 겪게 된다. 둘째, 이런 기도가 어느 정도 쌓이면 하나님께로 불려가서 사명의 말씀을 듣게 된다. 이 과정에서 많은 영적인 체험들이 일어나며, 사명의 말씀은 어떤 환상이나 꿈, 음성이 아니라 하나님 면전에서 주어진다. 이때 경험한 영적인 체험은 인간이 하나님을 경험하면서 겪을 수 있는 가장 깊은 경험들이다. 하나님을 경험하는 과정에서 꿈, 환상, 음성은 지극히 초보적이며, 이런 상태에서는 하나님과 깊은 관계가 형성되지 않는다. 이에 대하여는 민수기 12장에 자세히 기록되어 있다.[116] 셋째, 하나님에 대하여, 성경에 대하여, 세상에 대하여 깊이 깨달아 알게 하신다. 이 과정에서 하나님의 계시를 경험하는데 앞에서 말한 바와 같이 하나님의 계시는 어떤 신비한 능력으로 저절로 알려지는 게 아니라 많이 고민하던 문제들을 깨달아 알게 하신다. 이런 일련의 과정은 많은 시간을 필요로 한다. 모세의 경우 미디안의 광야 40년이 이런 시간이다. 예언자와 같은 사람은 결코 쉽게 만들어지지 않는다. 어떤 영적인 상태에서 주어지는 말들을 하면서 '예언자처럼'이라는 착각에 빠지지 말아야 한다. 대부분의 경우 마귀의 속임수에 빠져있을 뿐이다.

본문에서 요한이 천사의 손에서 두루마리를 받아먹는 것은 환상

116) 모세가 구스 여자를 취하였더니 그 구스 여자를 취하였으므로 미리암과 아론이 모세를 비방하니라. 그들이 이르되 "여호와께서 모세와만 말씀하셨느냐? 우리와도 말씀하지 아니하셨느냐?" 하매, 여호와께서 이 말을 들으셨더라. 이 사람 모세는 온유함이 지면의 모든 사람보다 더하더라. 여호와께서 갑자기 모세와 아론과 미리암에게 이르시되 "너희 세 사람은 회막으로 나아오라." 하시니 그 세 사람이 나아가매, 여호와께서 구름 기둥 가운데로부터 강림하사 장막 문에 서시고 아론과 미리암을 부르시는지라. 그 두 사람이 나아가매, 이르시되 "내 말을 들으라. 너희 중에 선지자가 있으면 **나 여호와가 환상으로 나를 그에게 알리기도 하고 꿈으로 그와 말하기도 하거니와 내 종 모세와는 그렇지 아니하니** 그는 내 온 집에 충성함이라. **그와는 내가 대면하여 명백히 말하고 은밀한 말로 하지 아니하며 그는 또 여호와의 형상을 보거늘** 너희가 어찌하여 내 종 모세 비방하기를 두려워하지 아니하느냐?"여호와께서 그들을 향하여 진노하시고 떠나시매 구름이 장막 위에서 떠나갔고 미리암은 나병에 걸려 눈과 같더라 아론이 미리암을 본즉 나병에 걸렸는지라. (민수기 12:1~10)

가운데 일어난 한 순간의 사건이 아니라, 그의 평생에 걸린 과정이다. 계시록의 첫 구절의 “예수 그리스도의 계시라. 이는 하나님이 그에게 주사 반드시 속히 일어날 일들을 그 종들에게 보이시려고 그의 천사를 그 종 요한에게 보내어 알게 하신 것이라.”(1:1)는 말씀은 요한이 밧모섬에 있을 때에 계시된 일들이라고 생각되지만, 사도요한이 에베소지역에서 수십 년 목회를 하면서 했던 설교와 해석을 비롯하여 여러 영적인 경험들을 기초로 밧모섬에서 주시는 말씀들을 묵시의 형식으로 엮어낸 평생의 작품이다. 계시록과 같은 이런 책이 한순간의 계시로 주어진다는 것은 전혀 가능하지 않다. 가능하다고 설명하는 어떤 방법이 있다면 그것은 하나님께서 일방적으로 보여주시고 말씀하신 것을 무슨 뜻인지도 모르고 받아적었다는 축자영감이다. 그러나 이는 이치에 맞지 않는다. 예언자들의 예언은 무슨 뜻인지도 모르면서 단지 말씀을 전달하는 도구가 아니라, 그 말씀의 핵심을 꿰뚫어 보면서 듣는 자에게 맞게 가르치는 설교이기 때문이다.

요한이 두루마리를 받아먹으니 “내 입에는 꿀 같이 다나 먹은 후에 내 배에서는 쓰게 되더라.”라고 했다. 성경의 말씀이 꿀보다, 꿀 송이 보다 더 달다는 시편(119:103)의 구절처럼 하나님을 경험할 때 감미로운 시간들이 있다. 그러나 그런 시간은 잠시다. 배에 넘어가면 쓰다. 즉 하나님을 면전에서 뵈옵는데까지 이르는 영성수련의 과정은 그냥 쓴 정도가 아니라 무어라 표현할 수 없을 만큼 쓰다. 하나님의 말씀을 전하려면 먼저 영성수련의 과정에서 자신의 육체와 정신이 한계상황을 오가는 극기 훈련을 받아야 하며, 마귀의 세력과 대 접전을 치러야 하는데, 그 고통은 무어라고 표현할 길이 없다. 절망적인 상황으로 이어지는 극단적인 고통의 시간들이 끊임없이 계속된다. 이때에 가장 힘든 고통은 도대체 무슨 일이 일어나는지 종잡을 수가 없고, 언제 끝날지 기약이 없고, 이 과정을 견뎌낼 수 있다는 가능성과 소망은 전혀 보이지 않고, 하나님은 침묵으로 일관하시고, 하나님으로부터 버림받았다는 느낌에 시달리고, 마귀는 우는 사자와 같이 삼키려 들고, 현실적인 상황들은 악화일로를 치닫고…. 한 마디로 말한다면 인간이 당할 수 있는 인내력의 한계를 실험하는 훈련이다. 영성신학에서 말하는 하나님과의 일치, 합일은 이런 어둔밤을 거친 후에서야 비로소 경험된다.

사람을 통해서 일하시는 하나님은 이런 과정을 통해서 그 사람을 마음의 일치에서 방법의 일치까지 이끌어 가신다. 사람끼리 해야 할 공동의 일에서도 가장 중요한 문제는 마음과 뜻과 실행방법이 서로 맞아야 됨은 언급할 필요도 없지만, 하나님의 일에서는 더더욱 그렇다. 흔히 순종을 강조하면서 말씀대로 순종하기만 하면 된다고 생각하는데 마음과 뜻이 실리지 않으면서 하는 일이 어떤 결실을 맺으리라고 기대할 수 있을까? 인격이신 하나님께서 원하시는 순종이 아무 조건없이 시키는 대로 행하는 것일까? 순종의 전제는 마음에서 우러나오는 동의다. 영성수련은 하나님과 마음과 뜻을 맞추는 시간이다. 요한을 비롯하여 예언자들의 글에 두루마리나 말씀을 받아먹었다는 이야기가 자주 나오는 이유는 여기에 있다. 또 비록 표현은 다르지만 예언자들에게 말씀 혹은 하나님의 영이 임했다는 이야기도 같은 뜻이다. 이런 과정을 통해서 하나님과 뜻이 맞추어지지 않으면 결코 하나님의 말씀을 대언하는 예언자가 되지 못한다. 이어서 요한에게 이렇게 말씀하신다.

【11】 네가 많은 백성과 나라와 방언과 임금에게 다시 예언하여야 하리라.

입에는 달지만 배에는 쓴 영성수련의 목적은 많은 사람들과 여러 나라에서, 여러 왕들에게 하나님의 말씀을 대언하기 위함이다. 이를 위해서는 하나님처럼 되는 과정이 있어야 했다. 계시록의 기록자 요한은 이런 사역을 두 과정을 통해서 수행하고 있다. 첫째는 사도로서의 활동과 에베소지역에서 목회하면서 했던 설교다. 이런 시각에서 본다면 요한에게 있어서 두루마리를 받아먹은 경험은 계시록을 쓸 당시보다 훨씬 이전에 일어났다고 보아야 한다. 요한을 비롯한 예수님의 사도들은 예수님을 따르던 기간과 부활을 목격하면서 이런 경험들을 이미 겪었다. 둘째, 이제 밧모섬에 유배되어 있으면서 깊은 기도의 시간들을 통해서 지난날을 회상하면서, 그리고 현재 당면한 위기를 직시하면서 그동안 에베소교회들에 보냈던 설교들을 다시 정리하여 계시록으로 남겼다. 이제 이 책은 편지로 보내는 일곱 교회는 물론이고 그 이후의 역사에서 많은 사람, 많은 나라, 많은 왕들에게, 그리고 오늘 우리에게까지 하나님의 말씀으로 전달되고 있다. 이런 이유로 본문에서는 "다시 예언하여야 하리라"라고 말하고 있다.

2. 성전측량

본문 : 〈 11장 〉

1 또 내게 지팡이 같은 갈대를 주며 말하기를 "일어나서 하나님의 성전과 제단과 그 안에서 경배하는 자들을 측량하되,
2 성전 바깥마당은 측량하지 말고 그냥 두라. 이것은 이방인에게 주었은즉 그들이 거룩한 성을 마흔 두 달 동안 짓밟으리라.
3 내가 나의 두 증인에게 권세를 주리니 그들이 굵은 베옷을 입고 천이백육십 일을 예언하리라."
4 그들은 이 땅의 주 앞에 서 있는 두 감람나무와 두 촛대니,
5 만일 누구든지 그들을 해하고자 하면 그들의 입에서 불이 나와서 그들의 원수를 삼켜 버릴 것이요, 누구든지 그들을 해하고자 하면 반드시 그와 같이 죽임을 당하리라.
6 그들이 권능을 가지고 하늘을 닫아 그 예언을 하는 날 동안 비가 오지 못하게 하고 또 권능을 가지고 물을 피로 변하게 하고 아무 때든지 원하는 대로 여러 가지 재앙으로 땅을 치리로다.
7 그들이 그 증언을 마칠 때에 무저갱으로부터 올라오는 짐승이 그들과 더불어 전쟁을 일으켜 그들을 이기고 그들을 죽일 터인즉,
8 그들의 시체가 큰 성 길에 있으리니 그 성은 영적으로 하면 소돔이라고도 하고 애굽이라고도 하니 곧 그들의 주께서 십자가에 못 박

히신 곳이라.
9 백성들과 족속과 방언과 나라 중에서 사람들이 그 시체를 사흘 반 동안을 보며 무덤에 장사하지 못하게 하리로다.
10 이 두 선지자가 땅에 사는 자들을 괴롭게 한 고로 땅에 사는 자들이 그들의 죽음을 즐거워하고 기뻐하여 서로 예물을 보내리라. 하더라.
11 삼 일 반 후에 하나님께로부터 생기가 그들 속에 들어가매 그들이 발로 일어서니 구경하는 자들이 크게 두려워하더라.
12 하늘로부터 큰 음성이 있어 "이리로 올라오라." 함을 그들이 듣고 구름을 타고 하늘로 올라가니 그들의 원수들도 구경하더라.
13 그 때에 큰 지진이 나서 성 십분의 일이 무너지고 지진에 죽은 사람이 칠천이라 그 남은 자들이 두려워하여 영광을 하늘의 하나님께 돌리더라.
14 둘째 화는 지나갔으나 보라 셋째 화가 속히 이르는도다.

일곱 번째 나팔이 불기 전의 이야기가 아직 계속된다.

【1,2】 또 내게 지팡이 같은 갈대를 주며 말하기를 "일어나서 하나님의 성전과 제단과 그 안에서 경배하는 자들을 측량하되, 성전 바깥마당은 측량하지 말고 그냥 두라. 이것은 이방인에게 주었은즉 그들이 거룩한 성을 마흔 두 달 동안 짓밟으리라.

천사가 요한에게 갈대를 주면서 성전의 안뜰을 측량하고 그 안에서 예배드리는 자들의 숫자를 세라고 말씀하신다. 이 이야기는 7장에서 일곱 인봉을 뜯기 전에 하나님의 종들 십사만 사천 명에게 인을 치던 이야기와 그 모형(pattern)이 흡사하다. 큰 재앙이 임하기 전에 성도들을 보호하기 위함이다. 갈대는 고대에 이스라엘에서 쓰이던 잣대를 말하며[117], 잣대로 측량하는 목적은 건물신축(개축), 파괴, 보호 등이었는데, 본문에서는 성도들을 대재앙에서 보호하기 위함이다.[118] 하나님께서는 다양한 방법으로 성도들

117) 에스겔41:8, 42:16. 유대인들은 갈대로 6규빗(1규빗은 43~45cm, 9자(尺))의 잣대를 만들어 사용했다.

118) 측량의 예는 예언서에 자주 나온다. 에스겔 40~42장, 스가랴 2:1, 아모스 7:7~9.

을 지켜주신다. 예루살렘이 로마제국에 의해 멸망할 당시 예루살렘 교회에는 사도와 지도자들 중심으로 소수의 그리스도인들만 남아있었는데 성이 포위되기 직전 예수님께서 알려주셔서 요단강 건너편 데가볼리의 펠라(Pella)로 피난을 가서 피해를 면했다.[119)]성전 바깥마당은 측량하지 말고 그냥 두라고 말씀하시는데, 실제로 유대인들은 예루살렘이 멸망할 당시 성 안에만 250여만 명이 있다가 비참한 종말을 맞았다.

'마흔 두 달', '3달 반', '3일 반', '때'는 계시록을 비롯한 묵시문학에서 사용되는 시간의 단위이다. 유대인들은 한 달을 30일로 정했기에 42달은 3년 반이다. 계시록에서 말하는 '때'는 일 년을 말하므로 42개월은 세 때 반이다. 42달은 긴 시간이고 중간은 3달 반이며, 짧은 시간은 3일 반이다. 그러면 묵시문학에서는 왜 이런 독특한 시간의 단위를 사용할까? 이스라엘이 경험한 고난의 역사와 직접 관련이 있다.

유대인들이 포로에서 귀환하여 나라를 재건하는 과정에서 겪었던 가장 큰 시련은 BC 168년부터 있었던 시리아의 박해였다. 알렉산더가 헬라제국을 건설하면서 추진한 문화정책으로 제국의 모든 지역이 헬라화되었으나, 유다만은 먹혀들어가지 않았다. 알렉산더가 죽은 후 제국은 분할되었는데 이집트를 중심으로 하는 제국과 시리아를 중심으로 하는 두 제국은 서로 경쟁관계였고 유다는 그 접경이면서 통로여서 전략적으로 중요하기에 서로 차지하려고 했다. 시리아의 안티오코스 에피파네스 IV세(Antiochos Ephipanes IV, BC 215~164)[120)]는 유다를 점령한 후 군사력을 동원해서 강제로 헬라화시키고자 했다. 예루살렘을 점령하여 8만여 명을 죽이

119) 유세비우스, '교회사'3권 5.

120) 〈그림4〉의 동전에는 '안티오코스 에피파네스 승리의 사자'라고 쓰여 있다. 그는 자신을 Ephipanes(現神)이라고 했는데, 사람들은 그를 Ephimanes(광신(狂信)이라고 했다.

〈그림4 안티오코스의 동전〉

거나 포로로 잡아갔으며, 율법책을 단 한 장이라도 가지고 있거나 할례를 받아도 죽였고, 예루살렘 성전에는 제우스신상을 만들어 놓고 돼지를 제물로 바쳤으며, 성전의 방들을 성창(聖娼)으로 만들어 버렸다.[121] 이에 유대인들은 마카비를 중심으로 결사적으로 저항했는데 소수의 힘으로 게릴라전을 주요 전술로 해서 시리아군을 몰아냈다. 유대인들은 성전을 다시 정화한 후 이를 기념하는 하누카(Hannukah)라는 절기를 지켰는데 지금까지 이어지고 있다. 시리아군이 점령했던 기간은 BC 168년 6월부터 165년 12월까지의 3년 반이었으며, 그 이후 유대인들에게는 3년 반은 특별한 의미를 지니는 고난의 기간을 상징하게 되었다. 42개월, 세 때 반은 이런 역사를 가지고 있다.

【3~6】 내가 나의 두 증인에게 권세를 주리니 그들이 굵은 베옷을 입고 천이백육십 일을 예언하리라." 그들은 이 땅의 주 앞에 서 있는 두 감람나무와 두 촛대니, 만일 누구든지 그들을 해하고자 하면 그들의 입에서 불이 나와서 그들의 원수를 삼켜 버릴 것이요, 누구든지 그들을 해하고자 하면 반드시 그와 같이 죽임을 당하리라. 그들이 권능을 가지고 하늘을 닫아 그 예언을 하는 날 동안 비가 오지 못하게 하고 또 권능을 가지고 물을 피로 변하게 하고 아무 때든지 원하는 대로 여러 가지 재앙으로 땅을 치리로다.

그러나 하나님께서는 심판 이전에 충분한 기회를 주신다. 왜냐하면 두 증인을 세워서 굵은 베옷을 입고 1260일 동안 경고하게

121) 성창은 고대 풍신종교의 유물로서 성전에 남녀 제사장이 있어서 제사드리는 사람들과 성관계를 맺는 것을 말한다.

하셨기 때문이다. 1260일, 42개월, 세 때 반은 묵시록의 기간 중에서 가장 긴 시간이다. 본문에 등장하는 '두 증인', '두 감람나무', '두 촛대'는 누구이며, 무엇을 말하는 것일까? 율법과 예언자, 에녹과 엘리야, 모세와 엘리야, 율법과 복음, 세례요한, 교회, 예수님 등으로 추정할 수 있다. 두 증인이 죽은 후 사흘 반 만에 다시 살아나므로 이런 측면에서는 예수님으로 볼 수 있으며, 5절과 6절의 사역을 보면 모세와 엘리야의 사역과 일치한다. 모세는 율법을, 엘리야는 선지자의 예표이고 세례요한은 예수님을 증거했고, 예수님은 율법과 예언자를 완성시키셨다.

이런 모든 것을 종합해보면 두 증인은 계시록 당시에 신앙을 지키면서 예수님을 증거한 사람들이라고 볼 수 있다. 세례요한은 설교를 통하여 도끼가 이미 나무뿌리에 놓여있다고 유대인들에게 거듭 경고하면서 예수님을 메시아라고 소개했으나 유대인들은 듣지 않았다. 예수님께서도 유대인들을 향하여 수없이 경고하셨지만 결국 듣지 않고 오히려 예수님을 죽이고 말았다. 사도들도 수없이 고초를 당하면서 경고했지만 듣지 않았고, 예루살렘이 멸망하기 직전 마지막으로 사도바울이 예루살렘에서 또 권했지만 듣지 않다가 결국 비참한 종말을 맞았다. 하나님께서는 마지막 순간까지 그 종들을 보내셔서 베옷을 입고 눈물로 통곡하며 경고하신다. 이스라엘 역사와 교회사의 이야기이며, 지금도 반복되는 이야기이다.

두 증인을 두 감람나무와 두 촛대라고 부르는 연유는 무엇일까? 이 역시 이스라엘 역사와 묵시문학에 기초한다. 두 감람나무는 스가랴서에 나오며 스룹바벨과 요수아를 지칭하는데, 이들은 포로귀한 당시 총독과 제사장으로서 중요한 역할을 했던 두 지도자다.[122] 두 촛대는 감람나무에 붙어서 등잔에 기름을 공급하는 역할을 한다. 즉 감람나무와 촛대는 동격으로 등을 밝히는 증인의 역

122) 스가랴 3~4장.

할을 뜻한다. 이런 연유에서 두 증인을 "이 땅의 주 앞에 서 있는 두 감람나무와 두 촛대니"라고 했다.

5~6절에서는 누구든지 이들을 해치려고 하면 그들의 입에서 불이 나와 삼키며, 이들은 3년 반 동안 비를 내리지 않게 하고 물을 피로 변하게 하며, 땅에 여러 재앙을 내리는 권능을 가지고 있는데, 이는 모세와 엘리야의 사역이었다.[123] 모세와 엘리야가 하나님의 말씀을 선포할 때에 하늘에서 불이 내리고, 나일강 물이 피로 변하며, 여러 가지 재앙이 임했다. 하나님께서는 사람을 통해서 일하시기 때문에 이들의 입에서 나오는 말씀에는 하나님의 권세가 있었다. 하나님께서는 당신의 말씀을 대언하는 사람들에게 함께하시며, 선포한 말씀이 실현되게 하신다. 요한계시록에서 요한을 통해 하신 말씀들은 그 이후의 역사 속에서 성취되었다.

【7~10】 그들이 그 증언을 마칠 때에 무저갱으로부터 올라오는 짐승이 그들과 더불어 전쟁을 일으켜 그들을 이기고 그들을 죽일 터인즉, 그들의 시체가 큰 성 길에 있으리니 그 성은 영적으로 하면 소돔이라고도 하고 애굽이라고도 하니 곧 그들의 주께서 십자가에 못 박히신 곳이라. 백성들과 족속과 방언과 나라 중에서 사람들이 그 시체를 사흘 반 동안을 보며 무덤에 장사하지 못하게 하리로다. 이 두 선지자가 땅에 사는 자들을 괴롭게 한 고로 땅에 사는 자들이 그들의 죽음을 즐거워하고 기뻐하여 서로 예물을 보내리라. 하더라.

그러나 이런 예언자들의 활동에 대하여 사탄의 세력이 그냥 둘리가 없다. 무저갱에서 올라온 짐승, 곧 마귀의 세력이 온갖 수단과 방법을 가리지 않고 총공세를 감행하여 죽인다. 예전 이스라엘 역사에서 예언자들은 다 이 길을 걸어갔으며, 예수님께서도 같은 길을 가시면서 예수님을 따르는 자들을 향하여 "선지자가 예루살렘 밖에서는 죽는 법이 없느니라."(누가복음 13:33), "나로 말미암아

123) 열왕기하 1:2~12, 열왕기상 17:1, 18:1, 36~38, 누가복음 4:25, 야고보서 5:17, 출애굽기 7:20.

너희를 욕하고 박해하고 거짓으로 너희를 거슬러 모든 악한 말을 할 때에는 너희에게 복이 있나니, 기뻐하고 즐거워하라 하늘에서 너희의 상이 큼이라 너희 전에 있던 선지자들도 이같이 박해하였느니라."(마태복음 5:11~12) 라고 하셨다. 예수님을 따르는 길은 십자가의 길이요 죽음의 길이다. 앞에서 살펴본 바와 같이 신약성경에서 '증인'이라는 단어와 '순교'는 같은 단어가 쓰이고 있다.

계시록을 기록하던 당시도 마찬가지다. 지금 박해를 받아 죽어가는 사람들이 두 증인이요 두 감람나무이고 두 촛대이다. 이들을 죽이기 위해 무저갱에서 올라온 짐승이 전쟁, 즉 박해로 이들을 죽여 시체를 소돔, 애굽에 버려두고 기뻐했다. 소돔과 애굽은 구약에서 죄악의 대명사인데 이는 당시의 로마를 암시한다. 그들은 기독교인들의 설교를 싫어하고 증오하였으며 경기장에 모여 기독교인들이 고통스럽게 죽어가는 모습을 보고 즐거워하며 환호성을 질렀다. 그리고는 이런 장면을 보기 위해 경기장의 입장권을 주고받으며 서로 초청했다. 본문은 당시의 상황에 대한 묵시적인 표현이다.

【11~13】 삼 일 반 후에 하나님께로부터 생기가 그들 속에 들어가매 그들이 발로 일어서니 구경하는 자들이 크게 두려워하더라. 하늘로부터 큰 음성이 있어 "이리로 올라오라." 함을 그들이 듣고 구름을 타고 하늘로 올라가니 그들의 원수들도 구경하더라. 그 때에 큰 지진이 나서 성 십분의 일이 무너지고 지진에 죽은 사람이 칠천이라 그 남은 자들이 두려워하여 영광을 하늘의 하나님께 돌리더라.

순교자들은 예수님처럼 저항하지 않고 죽어갔지만 그들은 죽음에서 다시 부활했을 뿐만 아니라 모두가 보는 데서 구름을 타고 하늘로 올라갔다. 그 순간 지진이 일어나서 성의 십분의 일이 무너지고 7천 명이 죽었고, 이를 지켜보던 사람들은 하나님께 영광을 돌렸다. 십분의 일은 작은 숫자이고, 7천은 완전수로서 많은 숫자를 말한다. 무슨 이야기일까?

여자들이 알몸으로 뱀이 든 자루에 담겨 물에 던져지는 모습을 지켜보면서, 사람이 굶주린 짐승의 밥이 되거나 불에 타 죽는 것을 보면서 군중들은 이성을 잃고 환호성을 질러댔다. 사람을 산 채로 기둥에 묶어놓고 새끼줄로 감은 후, 기름을 바르고 불을 붙여 밤에 횃불로 사용하며 연회를 여는 일로 로마의 상류 시민들은 소일을 했다. 사람들이 죽음의 공포에 떨며 비명을 지르고 욕설과 저주를 퍼부으며 고통스럽게 죽어가는 모습을 지켜보며 환호성을 지르는데 익숙해있던 로마인들은 기독교인들의 죽음을 지켜보면서 큰 충격을 받고 경악했다. 죽음을 가장 큰 영광으로 받아들이며 개선장군처럼 죽어가는 순교자들, 이들의 죽음을 초월한 죽음을 보면서 로마인들은 부활의 신앙을 직접 확인했다. 부활에 대한 소망이 없다면 그렇게 죽을 수가 없기 때문이다.

화형을 당해 연기로 사라져가는 순교자들의 죽음을 보면서 그들은 순교자들이 저 하늘로 구름을 타고 승천하는 모습을 보았다. 순교자들과 기독교인들의 순교적인 삶의 모습은 큰 지진이 되어 로마제국의 지축을 흔들어서 로마제국은 서서히 무너지기 시작했고, 상당수의 귀족들(십분의 일)과 수많은 사람들(7천 명)은 하나님께 영광을 돌리며 기독교를 선택했다. 두 증인, 두 감람나무, 두 촛대는 누구인가? 순교자들이 바로 그 사람들이다. 그들은 죽음으로써 살아서 승천한 사람들이다. 이런 이유로 순교와 증인은 같은 의미를 지닌다.

요한계시록은 묵시록이며 묵시적인 표현으로 당시의 사건은 물론이고 장차 일어날 일들을 말하고 있다. 기록자 요한은 기도하면서 이런 것들을 내다보고 기정사실화하여 과거형으로 기록을 했다. 그리고 놀랍게도 마치 녹화된 재방송을 보듯이 그 이후의 역사 속에서 그대로 실현되었다. 묵시로 기록된 요한계시록을 역사로 해석해야하는 이유는 여기에 있다.

그러나 아직 로마제국이 다 무너지지 않았다. 다 무너지려면 지금과는 다른 많은 시련이 아직 남아있다. 이것을 이어서 기록하고 있다.

【14】 둘째 화는 지나갔으나 보라 셋째 화가 속히 이르는도다.

3. 일곱 번째 나팔(1)

본문 : 〈 11장 〉

15 일곱째 천사가 나팔을 불매 하늘에 큰 음성들이 나서 이르되 "세상 나라가 우리 주와 그의 그리스도의 나라가 되어 그가 세세토록 왕 노릇 하시리로다." 하니

16 하나님 앞에서 자기 보좌에 앉아있던 이십사 장로가 엎드려 얼굴을 땅에 대고 하나님께 경배하여

17 이르되 "감사하옵나니, 옛적에도 계셨고 지금도 계신 주 하나님 곧 전능하신 이여, 친히 큰 권능을 잡으시고 왕 노릇 하시도다.

18 이방들이 분노하매 주의 진노가 내려 죽은 자를 심판하시며 종 선지자들과 성도들과 또 작은 자든지 큰 자든지 주의 이름을 경외하는 자들에게 상 주시며, 또 땅을 망하게 하는 자들을 멸망시키실 때로소이다." 하더라.

19 이에 하늘에 있는 하나님의 성전이 열리니 성전 안에 하나님의 언약궤가 보이며 또 번개와 음성들과 우레와 지진과 큰 우박이 있더라.

드디어 일곱 번째 나팔이 울렸다. 무슨 일이 일어날까? 하늘로부터 큰 음성이 들려왔다.

【15】 일곱째 천사가 나팔을 불매 하늘에 큰 음성들이 나서 이르되 "세상 나라가 우리 주와 그의 그리스도의 나라가 되어 그가 세세토록 왕 노릇 하시리로다." 하니

무슨 뜻일까? 세상나라(κόσμος)는 인간을 위하여 창조되었는데, 그동안 죄와 악마의 권세가 다스리고 있었다. 그런데 이제 예수 그리스도의 나라가 되고 예수님이 영원토록 다스리시는 세상이 되리라는 뜻이다. 이 음성이 들리자 24장로들이 얼굴을 땅에 대고

하나님을 경배하며 다음과 같이 화답을 했다.

【17~18】 감사하옵나니, 옛적에도 계셨고 지금도 계신 주 하나님 곧 전능하신 이여, 친히 큰 권능을 잡으시고 왕 노릇 하시도다. 이방들이 분노하매 주의 진노가 내려 죽은 자를 심판하시며 종 선지자들과 성도들과 또 작은 자든지 큰 자든지 주의 이름을 경외하는 자들에게 상 주시며, 또 땅을 망하게 하는 자들을 멸망시키실 때로소이다.

무슨 뜻인가? 신앙공동체를 대표하는 24장로들이 "이제 살아계시는 하나님께서 통치하시는 하나님의 나라가 임하게 하시니 감사합니다."라고 먼저 고백한다. 하나님의 나라가 이 땅에 임하기를 오랫동안 많은 사람들이 얼마나 고대했는가? 예수님께서도 제자들에게 말씀하셨다. "그러나 너희 눈은 봄으로, 너희 귀는 들음으로 복이 있도다. 내가 진실로 너희에게 이르노니 많은 선지자와 의인이 너희가 보는 것들을 보고자 하여도 보지 못하였고, 너희가 듣는 것들을 듣고자 하여도 듣지 못하였느니라."124) 장로들의 화답은 계속되는데, "하나님의 나라가 임하는 것을 가로막던 이방 나라와 이 땅을 죄악으로 멸망하게 하던 자들과, 죄의 종노릇하다가 이미 죽은 자들까지도 심판하시고, 이 땅에 하나님나라가 임하기를 소원하며 숱한 고초를 감내한 크고 작은 사람들에게 합당한 상을 주시리라."는 찬양이다. 이런 찬양과 화답은 그 다음의 놀라운 장면으로 이어진다.

【19】 이에 하늘에 있는 하나님의 성전이 열리니 성전 안에 하나님의 언약궤가 보이며 또 번개와 음성들과 우레와 지진과 큰 우박이 있더라.

하늘에 있는 하나님의 성전이 열리고 성전 안에 있는 언약궤가 보였다. 무엇을 의미하는가? 언약궤는 이스라엘이 출애굽한 후 시내산에서 하나님과 맺은 계약서를 담아두었던 상자로서, 그 안에는 십계명 돌판과 만나 항아리와 아론의 지팡이가 들어 있었다.

---

124) 마태복음 13:16~17, 누가복음 10:23~24.

125) 그런데 왜 이 시점에서 언약궤가 나타날까? 이 땅에 임할 하나님나라, 즉 예수님께서 다스리시는 나라에서는 언약궤로 상징되는 율법이 완성되어야 하기 때문이다. 복음은 율법과 선지자의 완성이다. 율법이 실현된다는 것은 구체적으로 무엇을 말할까?

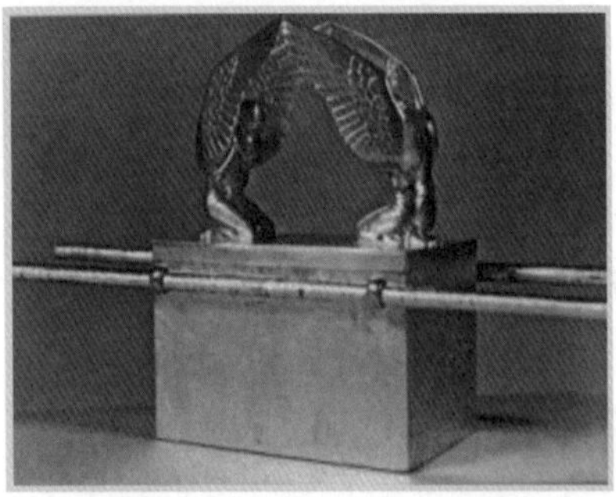

〈그림5 언약궤 모형〉

이에 앞서 언약궤에 대하여 생각해볼 필요가 있다. 유대인들은 언약궤 자체를 대단히 신성하게 생각해서 바벨론에 의해 예루살렘성전이 파괴될 때 천사가 언약궤를 하늘성전으로 옮겨 놓았으며, 메시아 왕국이 실현되고 성전이 재건되면 다시 회복된다고 말한다. 기독교인 중에서도 언약궤를 신성시하고, 예루살렘의 성전재건에 관심을 갖는 이들이 많이 있다. 그러나 이는 유대인들의 신앙일 뿐이다. 하나님의 입장에서 생각해 보라. 하나님께서 언약궤 그 자체를 중요하게 여기실까? 아니면 그 안에 담긴 십계명의 의미와 정신을 중요하게 여기실까? 다윗이 언약궤를 예루살렘으로 옮겨오고 솔로몬이 성전을 짓고 그 안에 언약궤를 안치한 후 유대인들은 성전과 언약궤를 신성시하며, 하나님께서 언약궤가 있는 지성소에 계시므로 예루살렘은 멸망하지 않는다고 믿으며 늘 성전에서 제사로 하나님을 섬겼다. 이를 보다 못한 하나님께서는 예언자들을 통해 "나는 인애를 원하고 제사를 원치 아니하며, 번제보다 하나님을 아는 것을 원하

125) 언약궤는 크기는 길이 두 규빗 반(113cm), 너비는 한 규빗 반(68cm), 높이는 한 규빗 반(68cm)이었으며, 조각목으로 만들어 금으로 씌웠다.(출애굽기 25:10~21.) 한 규빗은 약 45cm이며, 언약궤 안에는 십계명 돌판이 들어있었고, 만나 항아리와 아론의 지팡이는 지성소에 있는 언약궤 앞에 놓여 있었다. 히브리서 9:4에서는 만나 항아리와 아론의 지팡이가 언약궤 안에 있었다고 기록한다.

노라."(호세아 6:6)[126]라고 누차 경고하셨으나 듣지 않자 갈대아 사람들을 동원하여 성전과 더불어 언약궤를 파괴해 버리셨다. 엘리 제사장 때 블레셋과의 전쟁이 위기에 처하자 언약궤를 가지고 가면 하나님께서 전쟁을 이기게 하시리라는 생각에서 언약궤를 가지고 갔다. 그러나 전쟁에서 완패했을 뿐만 아니라 언약궤마저 빼앗기고 말았다. 고대 이방인들은 전쟁시에 자신들의 신상을 가지고 가서 승리를 기원했다. 엘리는 이방인처럼 하려다가 전쟁에 패한 것은 물론이고 언약궤를 가지고 갔던 아들들이 다 전사하고 자신도 그 충격으로 죽고 말았다는 사실을 명심해야 한다.(사무엘상 4장)

왜 아직도 기독교인들이 언약궤의 행방과 예루살렘의 성전건축에 지대한 관심을 기울이며, 이를 종말과 연결짓는지 도무지 이해가 되지 않는다. 역사를 알지 못하면, 역사에서 무슨 일이 일어났는지를 모르면, 이런 미신적인 '궤짝'신앙과 신전(神殿)의 '돌멩이' 숭배에 빠지고 만다. 이런 자들을 향하여 예언사들과 예수님께서는 "돌 하나도 돌 위에 남지 않고 다 무너뜨려지리라."라고 경고하셨고 또 경고하신대로 성전이 파괴된 것은 물론이고 성전신앙에 젖어있던 사람들은 도륙을 당했다.[127] 언약궤 상자가 중요한 것이 아니라 그 안에 들어있는 십계명과 만나 항아리, 아론의 지팡이 등이 뜻하는 의미가 중요하다. 그렇다면 십계명, 만나항아리, 아론의 지팡이는 무엇을 말하는가?

십계명은 율법의 정신이 함축된 계명이다. 이를 설명하자면 책

126) 예수님께서도 이 구절을 여러 번 인용하시며 이스라엘의 성전과 제사중심의 신앙을 경고하셨는데 마태복음에만 기록되어있다.(마태복음 9:13, 12:7.) 그 이유는 마태복음은 유대인을 위한 복음서인데, 저자 마태는 유대인들에게 성전신앙의 위험성을 반복해서 지적하기 때문이다.

127) 미가서 3:12, 예레미야 7:1~14, 마태복음 24:2, 누가복음 19:44. 예레미야는 성전신앙에 대하여 추상같이 책망하며, 성전파괴를 선언하고 있다.

한 권의 분량이 필요하므로 간략히 살펴보고자 한다.128) 십계명의 조항을 보면 하나님만 섬기라, 우상을 만들지 말라, 하나님의 이름을 함부로 부르지 말라, 안식일을 지켜라, 네 부모를 공경하라 등의 단순한 계명으로 보인다. 성경을 해석하려면 반드시 그 당시의 역사적이고 사회적인 상황을 충분히 이해하고 그 당시에는 어떤 의미였는지를 알아야 한다. 지금으로부터 3500여 년 전인 십계명이 기록되던 고대에는 거대한 신전과 신상을 만들고 성대한 제사로 신을 섬겼다. 불가사의한 신전을 짓고 신상을 만들기 위하여 모든 백성이 강제 동원되고 전 재산을 바쳐야 했다. 또 잘못된 내세신앙 때문에 거대한 무덤을 만들어야 했다. 피라미드와 진시왕릉이 그 실례다. 이로 말미암아 백성들은 재산을 수탈당하고 가난과 강제노역에 시달렸다. 잘못된 신앙이 민초들을 힘들게 하는 가장 큰 원인이었으며, 이는 고대국가들의 공통된 현상이었다.

십계명은 이런 상황에서 선포되었다. 우상을 만들지 말고 하나님만을 섬기라는 말씀은 잘못된 미신에 빠져 비참해지지 말라는 말씀이며, 하나님의 이름을 함부로 사용하지 말라는 계명은 여호와 하나님의 이름은 결코 이런 신전신앙에 쓰여서는 안 된다는 뜻이다. 안식일을 지키라는 말씀은 강제노역에 동원하지 말라는 뜻이며, 안식일 규정에는 안식년과 희년이 들어있는데, 땅과 재산을 골고루 나누어주어 빈부의 격차가 없게 하라는 법이다. 네 부모를 공경하라는 말씀은 부모는 자식들에게 올바른 신앙을 가지게 해서 자식들이 대대로 비참해지지 않게 하라는 뜻이다. 십계명을 비롯한 율법에는 인류역사에서 그 어디에서도 찾아볼 수 없는 가장 위대한 가치관이 들어있다. 문자로만 보려하지 말고 문자에 담겨있는 역사적인 의미를 보아야 한다.

만나 항아리는 무엇일까? '만나'는 이스라엘 사람들이 광야에

128) 십계명에 대해서는 졸저 「십계명과 주기도문」을 참고하십시오.

40년 동안 머물 때에 먹었던 양식이다.[129] 이 양식의 특징은 누구나 골고루 똑같이 먹는 데에 있다. 즉 밥상의 차이, 빈부의 차이가 없었다는 뜻이다. 언약궤는 하나님을 상징하는데, 이 만나 항아리를 언약궤에 둔다는 의미는 여호와를 하나님으로 믿는 사람들에게는 굶주림이 없어야 하며, 또 빈부의 격차가 없이 골고루 다 잘 살아야 한다는 뜻이며, 진정으로 이를 실행하려고 하면 하나님께서 하늘의 방법을 동원해서라도 양식을 보장해 주시겠다는 약속의 표시다. 이런 이유로 예언자들은 가뭄과 기근 등의 자연재해의 원인은 우연이 아니라 잘못된 신앙에 대한 하나님의 징계라고 선언할 수 있었다.

또 아론의 지팡이는 무엇을 말하고 있을까? 왜 하필이면 지팡이일까? 아론은 제사장이었으며, 아론의 지팡이는 제사장, 즉 성직자를 상징한다. 그러면 율법에서 말하는 제사장은 무엇을 하는 사람일까? 고대의 종교와 비교해 볼 때 율법의 두드러지는 특징은 신전과 신상과 제사의식이 없다는 데에 있다. 신전 대신 성막을 만들었으나 이는 광야에 있는 동안 백성들을 교육시키기 위한 용도로 만든 소규모의 천막에 불과했으며[130], 그나마 가나안 입주 후에는 사용하지 않았다. 번제와 화목제 등의 제사가 있었지만 이는 하나님을 섬기기 위한 제사가 아니라 백성들이 자신의 죄와 가족의 화목을 위해 드리는 제사였다. 이런 이유로 하나님께서는 "나는 제사를 원하지 않는다."라고 말씀하신다. 그러면 율법에서 제사장이 해야 할 중요한 역할은 무엇일까?

교사, 즉 가르치는 역할이었다. 고대에 평민이 교육받는다는 것은 사실상 불가능했다. 여건도 허락하지 않았지만 지배자들이 백

129) 출애굽기 16장

130) 성막의 지성소와 성소를 합친 크기는 가로 30규빗(13.7m) 세로 9규빗(4.1m)의 천막에 불과하다.

성에게 교육받을 기회를 허락하지 않았다. 백성이 교육을 받으면 맘대로 다스리기가 어렵기 때문에 우민정책을 실시했다. 이에 반해 율법에서는 안식일이면 각 지역별로 모여서 율법을 공부하게 했다. 이를 위해 제사장 가문인 레위인들은 전국 48지역에 흩어져 있었다. 율법체제에서는 문맹자가 있을 수 없었다. 어렸을 때부터 율법을 평생 동안 배우고 자식들에게 가르치기 때문이다. "무식은 죄다.", "교육은 제2의 천성이다.", "아는 것이 힘이다." 등의 말은 교육의 중요성은 아무리 강조해도 지나치지 않다는 뜻이다. 그런데 율법에서는 BC 1500년 전부터 이런 교육국가 체제를 만들었다. 율법을 가르쳐서 헛된 신앙에 빠지지 않게 하고, 독재정권이 등장하지 못하게 하며, 빈부의 격차가 없이 모두가 행복하게 하는 역할이 제사장의 임무였다. 아론의 지팡이는 이를 말한다.

다시 본문으로 돌아가 보자. 마지막 나팔이 울려 퍼지자 예수님께서 다스리시는 나라를 찬양하는 음성과 화답이 들리며 하늘 성전이 열리면서 언약궤가 보였고, 동시에 번개가 번쩍이고 천둥이 울리며 큰 우박이 쏟아지면서 온 세계는 큰 지진으로 흔들렸다. 번개, 천둥, 우박, 지진은 무엇을 말하는가? 이들은 구약성경의 거룩한 전쟁에 주로 사용되는 무기들이다. 이제 언약궤, 즉 계약법이 이 땅에 실현되는 하나님나라가 도래했다고 번개와 천둥, 우박과 지진이 화답하며 선언하고 있다.

고대의 이교에는 내세사상이 있어서 이 세상보다 다음 세상을 중요하게 여기고, 이를 위한 내세의 준비로 피라미드나 진시왕릉 같은 것을 만들었으며, 가난과 노역에 시달리는 노예들에게는 내세에 가서 행복하게 살라고 했다. 그러나 율법은 내세와 현세를 구분하지 않으며, 이 세상 속에 하나님의 나라가 임해서 여기서부터 행복하게 살아야 한다고 말한다. 이를 하나님의 나라라고 했다. 즉 하나님의 나라는 하늘에 있거나 죽은 다음에 가는 게 아니라 여기서 지금 시작되며 그 완성이 내세, 종말에서 이루어질 뿐이다. 내세, 종말을 부정하는 것이 아니라 단지 완성의 때로 본다. 그런데 안타깝게도 교회 내에 이교의 내세사상이 들어와서 천국은 죽은 다음에 가는 것처럼 되고 말았다. 천국은 지금 여기서 시작되며, 교회의 할 일은 하나님나라가 이 땅에 임하게 하며, 교회는 보이지 않는 하나님나라의 보이는 모형이 되어야 한다.

그러나 하나님나라는 쉽게 실현되지 않는다. 악마의 세력이 결사적으로 가로막기 때문이다. 다음의 내용들이 그것을 말해준다.

일곱 번째 나팔(2)

본문 : 〈 12장 〉

1 하늘에 큰 이적이 보이니 해를 옷 입은 한 여자가 있는데 그 발아래에는 달이 있고 그 머리에는 열두 별의 관을 썼더라.

2 이 여자가 아이를 배어 해산하게 되매 아파서 애를 쓰며 부르짖더라.

3 하늘에 또 다른 이적이 보이니 보라, 한 큰 붉은 용이 있어 머리가 일곱이요 뿔이 열이라 그 여러 머리에 일곱 왕관이 있는데,

4 그 꼬리가 하늘의 별 삼분의 일을 끌어다가 땅에 던지니라. 용이 해산하려는 여자 앞에서 그가 해산하면 그 아이를 삼키고자 하더니,

5 여자가 아들을 낳으니 이는 장차 철장으로 만국을 다스릴 남자라. 그 아이를 하나님 앞과 그 보좌 앞으로 올려가더라.

6 그 여자가 광야로 도망하매 거기서 천이백육십 일 동안 그를 양육하기 위하여 하나님께서 예비하신 곳이 있더라.

〈 4번째 장면 : 12:1~14:20 〉

일곱 번째 나팔이 울린 후 중요한(σημει'ον μέγα) 장면이 나타났다.

【1,2,】 하늘에 큰 이적이 보이니 해를 옷 입은 한 여자가 있는데 그 발 아래에는 달이 있고 그 머리에는 열두 별의 관을 썼더라. 이 여자가 아이를 배어 해산하게 되매 아파서 애를 쓰며 부르짖더라.

【5】 여자가 아들을 낳으니 이는 장차 철장으로 만국을 다스릴 남자라. 그 아이를 하나님 앞과 그 보좌 앞으로 올려가더라.

해를 옷 입고 달을 딛고 열두 별이 달린 면류관을 쓴 임산부가 해산의 산통을 겪고 있다. 여자가 낳은 아기는 철장으로 만국을 다스리실 왕이 되실 분인데, 마귀의 세력으로 부터 보호하기 위해 하늘로 올라갔다. 이 여인과 아이는 누구일까? 우선 아이는 예수님이고, 여인은 예수님의 어머니라고 생각할 수 있다. 그러나 그렇게 해석할 경우 요한이 왜 여기서 갑자기 예수님의 탄생에 대해 이야기하고 있는지를 설명하기가 어렵다. 이 여인은 교회라고 보아야 한다. 교회는 하나님께서 세상구원을 위해 특별히 세우시고 예수님을 대행하게 하신다. 해를 입고 달을 딛고 서있는 모습이 이를 말하며, 열두 면류관은 이스라엘의 열두 지파를 뜻하는데, 교회는 새 이스라엘이다. 여인이 낳을 아이는 교회가 낳을 구원의 사역, 즉 이 땅에 하나님나라를 임하게 하는 사역과 그 사역을 감당할 사역자들을 말한다. 왜냐하면 12:12에서 "그 여자의 남은 자손 곧 하나님의 계명을 지키며 예수의 증거를 가진 자들"이라고 설명하기 때문이다.[131] 하나님께서는 교회가 해야 할 구원의 사역, 철장으로 만국을 다스리는 일을 특별히 지켜주시기 위하여 하나님 앞과 그 보좌 앞으로 데리고 가신다. 이는 하나님에게 있어서 최우선 순위는 교회의 사역이라는 뜻이다.

【3,4】 하늘에 또 다른 이적이 보이니 보라, 한 큰 붉은 용이 있어 머리가 일곱이요 뿔이 열이라 그 여러 머리에 일곱 왕관이 있는데, 그 꼬리가 하늘의 별 삼분의 일을 끌어다가 땅에 던지니라. 용이 해산하려는 여자 앞에서 그가 해산하면 그 아이를 삼키고자 하더니,

머리가 일곱이고 뿔이 열이며, 머리에 일곱 왕관을 쓴 붉은 용

131) 용이 여자에게 분노하여 돌아가서 그 여자의 남은 자손 곧 하나님의 계명을 지키며 예수의 증거를 가진 자들과 더불어 싸우려고 바다 모래 위에 서 있더라. (계시록 12:12)

은 교회를 박해하는 '로마제국'을 말한다. 계시록 17장에는 마지막 재앙인 7번째 대접이 부어질 때 등장하는 음녀도 일곱 머리 열 뿔을 가졌는데, 천사의 설명에 의하면 일곱 머리는 일곱 언덕이고 열 뿔은 황제들이라고 한다.[132](17:7~12) 로마는 티베르 강변의 일곱 개의 언덕위에 세워진 도시였다.

【6】그 여자가 광야로 도망하매 거기서 천이백육십 일 동안 그를 양육하기 위하여 하나님께서 예비하신 곳이 있더라.

붉은 용이 아이를 삼키려고 하자 아이는 하늘로 들려 올라가 보좌 앞에서 보호를 받고 있으며, 여인은 하나님께서 준비해 놓으신 광야로 가서 1260일 동안 피해있었다. 광야는 이스라엘이 하나님과 계약을 맺고 40년을 머물렀던 율법의 고향이며, 예언자들은 이 광야의 전승을 이어갔다. 앞에서 언급한 대로 1260일은 긴 시간을 말하는데, 박해는 계시록이 쓰여 진 이후에도 200여 년 이상 지속되었다. 요한은 교회가 겪어야 할 시련의 기간이 생각보다 길 것이라고 예상하면서 동시에 그러나 하나님께서 시켜주셔서 결코 교회가 사라지지 않으리라고 말한다. 그 긴 시간을 어떻게 이렇게 내다보며 말 할 수 있었는지 놀라울 뿐이다. 이런 긴 박해동안 교인들은 광야와 지하 동굴 등으로 피신했다는 것은 다 알려진 사실이다. 그러나 이런 긴 시간은 단지 도피의 시간만이 아니라 로마제국을 복음화시키는 기간이었다.

---

132) 계시록이 쓰여질 당시까지의 로마제국의 황제들은 다음과 같다. 아우구스투스 (Gaius Iulius Caesar Octavianus Augustus, BC27년-후14년), 티베리우스 (Tiberius Claudius Nero Caesar, AD14년~37년), 칼리굴라 (Gaius Caesar Germanicus, Caligula, 37년~41년), 클라우디우스 (Tiberius Claudius Nero Caesar Drusus, 41년~54년), 네로 (Tiberius Claudius Nero Domitianus Caesar, 54년~68년), 갈바 (Servius Sulpicius Galba, 68년~69년), 오토 (Marcus Salvius Otho, 69년), 비텔리우스 (Aulus Vitellius Germanicus, 69년), 베스파시아누스 (Titus Flavius Vespasianus, 69년~79년), 티투스 (Titus Flavius Vespasianus, 79년~81년), 도미티아누스 (Titus Flavius Domitianus, 81년~96년)

일곱 번째 나팔(3)

본문 : 〈 12장 〉

7 하늘에 전쟁이 있으니 미가엘과 그의 사자들이 용과 더불어 싸울새 용과 그의 사자들도 싸우나,
8 이기지 못하여 다시 하늘에서 그들이 있을 곳을 얻지 못한지라.
9 큰 용이 내쫓기니 옛 뱀 곧 마귀라고도 하고 사탄이라고도 하며 온 천하를 꾀는 자라. 그가 땅으로 내쫓기니 그의 사자들도 그와 함께 내쫓기니라.
10 내가 또 들으니 하늘에 큰 음성이 있어 이르되 "이제 우리 하나님의 구원과 능력과 나라와 또 그의 그리스도의 권세가 나타났으니, 우리 형제들을 참소하던 자 곧 우리 하나님 앞에서 밤낮 참소하던 자가 쫓겨났고,
11 또 우리 형제들이 어린 양의 피와 자기들의 증언하는 말씀으로써 그를 이겼으니, 그들은 죽기까지 자기들의 생명을 아끼지 아니하였도다.
12 그러므로 하늘과 그 가운데에 거하는 자들은 즐거워하라. 그러나 땅과 바다는 화 있을진저, 이는 마귀가 자기의 때가 얼마 남지 않은 줄 알므로 크게 분내어 너희에게 내려갔음이라." 하더라.
13 용이 자기가 땅으로 내쫓긴 것을 보고 남자를 낳은 여자를 박해하는지라.
14 그 여자가 큰 독수리의 두 날개를 받아 광야 자기 곳으로 날아가 거기서 그 뱀의 낯을 피하여 한 때와 두 때와 반 때를 양육 받으매,
15 여자의 뒤에서 뱀이 그 입으로 물을 강 같이 토하여 여자를 물에 떠내려가게 하려 하되,
16 땅이 여자를 도와 그 입을 벌려 용의 입에서 토한 강물을 삼키니,
17 용이 여자에게 분노하여 돌아가서 그 여자의 남은 자손 곧 하나님의 계명을 지키며 예수의 증거를 가진 자들과 더불어 싸우려고 바다 모래 위에 서 있더라.

하늘의 전쟁 이야기가 이어진다.

【7~9】 하늘에 전쟁이 있으니 미가엘과 그의 사자들이 용과 더불어 싸울새 용과 그의 사자들도 싸우나, 이기지 못하여 다시 하늘에서 그들이 있을 곳을 얻지 못한지라. 큰 용이 내쫓기니 옛 뱀 곧 마귀라고도 하고 사탄이라고도 하며 온 천하를 꾀는 자라. 그가 땅으로 내쫓기니 그의 사

자들도 그와 함께 내쫓기니라.

미가엘은 하늘의 군사를 담당하는 천사장이며, (용)사탄은 스스로 교만해져서 하나님을 대적했던 타락한 천사들을 말하는데[133] 이들이 미가엘에게 패하여 땅으로 떨어졌다. 신학에서 설명하기 가장 어려운 주제가 '악의 근원'이다. 선하신 하나님께서 만드신 세상에 왜 악(마귀, 사탄)이 있는가? 라는 물음 때문이다. 하나님께서 악을 만드셨다고 말하면 하나님에게도 악이 있다는 말이므로 이는 서로 모순이다. 악의 근원을 설명하기 위하여 본래부터 선의 근원이신 하나님과 악의 근원인 사탄이 별개로 존재했다는 이원론이 등장했다. 그러나 근원으로 거슬러 올라가면 근원이 둘일 수 없으므로 이원론 또한 논리적으로 모순이다. 기독교는 이 어려운 난제를 '자유의지'로 설명한다. 하나님의 완전하심에는 자유의지가 있어야 한다. 자유의지가 없는 기계적인 결정론은 불완전이기 때문에 하나님은 인간에게 자유의지를 주셨다. 그러면 악이란 무엇인가? 자유의지에 의한 '선택'과 '방향'의 문제다. 하나님을 선택하고 하나님께로 향하면 선이고 그 반대는 악이 된다. 따라서 악은 선의 결핍이다. 이는 마치 그림자나 어두움이 빛의 결핍인 이치와 같다. 어두움은 본래 있는 게 아니다. 단지 빛이 없을 때 생길 뿐이다. 이런 이유로 하나님을 빛으로 사탄을 어두움의 세력으로 표현한다. 악과 어두움, 그림자는 실체(實體)는 아니지만 실재(實在)한다.

본문은 성경에서 악의 근원을 설명하고 있다. 땅의 천사인 인간뿐만 아니라 하늘의 천사에게도 자유의지가 주어져 있다. 그런데 천사의 무리 중 일부가 하나님이 아닌 다른 것 즉 자기 자신을 선택했고, 그 결과 그들은 하늘(빛)에서 세상으로 쫓겨났다. 악과 사탄의 근원을 알고 보면 그들은 결코 두려워할 대상이 아니다. 실재

133) 에녹2서 29:4~5, 이사야 14:12.

하기는 하지만 실체가 아니기 때문이다. 우리가 실체이신 하나님께로 온전히 향해있기만 하면 사탄의 세력은 감히 범접하지 못한다.

【10~12】 내가 또 들으니 하늘에 큰 음성이 있어 이르되 "이제 우리 하나님의 구원과 능력과 나라와 또 그의 그리스도의 권세가 나타났으니, 우리 형제들을 참소하던 자 곧 우리 하나님 앞에서 밤낮 참소하던 자가 쫓겨났고, **또 우리 형제들이 어린 양의 피와 자기들의 증언하는 말씀으로써 그를 이겼으니, 그들은 죽기까지 자기들의 생명을 아끼지 아니하였도다.** 그러므로 하늘과 그 가운데에 거하는 자들은 즐거워하라.

그러나 땅과 바다는 화 있을진저, 이는 마귀가 자기의 때가 얼마 남지 않은 줄 알므로 크게 분내어 너희에게 내려갔음이라." 하더라.

다시 이어지는 큰 음성이 있다. 하늘에서는 하나님의 구원의 능력과 그리스도의 권세에 의해 사탄이 설 자리가 없어졌다. 그런데 하나님과 예수님 이외에 또 사탄을 이긴 이들이 있다. 누구일까? 순교자들이다. 순교자들은 어린양의 피와 자신들의 증언으로 사탄의 세력을 이겨냈다. 순교의 죽음이 사탄을 이기는 가장 강력한 무기였다. 결국 사탄은 하늘 어디에서도 설 자리를 잃고 쫓겨나고 말았다. 하늘에서는 기뻐하며 즐거워할 일이었다.

그러나 하늘에서 쫓겨난 사탄의 세력이 땅에서 교회에 총공세를 감행할 것이므로 교회는 앞으로 더 힘든 박해를 견뎌내야 한다고 말하고 있다.

【13~17】 용이 자기가 땅으로 내쫓긴 것을 보고 남자를 낳은 여자를 박해하는지라. 그 여자가 큰 독수리의 두 날개를 받아 광야 자기 곳으로 날아가 거기서 그 뱀의 낯을 피하여 한 때와 두 때와 반 때를 양육 받으매, 여자의 뒤에서 뱀이 그 입으로 물을 강 같이 토하여 여자를 물에 떠내려가게 하려 하되, 땅이 여자를 도와 그 입을 벌려 용의 입에서 토한 강물을 삼키니, 용이 여자에게 분노하여 돌아가서 그 여자의 남은 자손 곧 하나님의 계명을 지키며 예수의 증거를 가진 자들과 더불어 싸우려고 바다 모래 위에 서 있더라.

하늘에서 쫓겨난 용인 로마제국은 여자인 교회를 해치려고 박해하고 홍수를 보내는 등 온갖 수단과 방법을 다하지만 하나님께서는 독수리의 날개를 보내셔서 광야로 피하게 하시며, 땅으로 홍수를 삼키게 하신다. 이에 화가 난 용은 여자의 남은 후손 곧 하나님의 계명을 지키며 예수님의 증거를 가진 교인들을 해치기 위해 바닷가에서 전면전을 준비하고 있다. 그 전쟁은 어떻게 진행이 될까?

일곱 번째 나팔(4)

본문 : 〈 13장 〉

1 내가 보니 바다에서 한 짐승이 나오는데 뿔이 열이요 머리가 일곱이라. 그 뿔에는 열 왕관이 있고 그 머리들에는 신성 모독 하는 이름들이 있더라.

2 내가 본 짐승은 표범과 비슷하고 그 발은 곰의 발 같고 그 입은 사자의 입 같은데 용이 자기의 능력과 보좌와 큰 권세를 그에게 주었더라.

3 그의 머리 하나가 상하여 죽게 된 것 같더니 그 죽게 되었던 상처가 나으매 온 땅이 놀랍게 여겨 짐승을 따르고,

4 용이 짐승에게 권세를 주므로 용에게 경배하며 짐승에게 경배하여 이르되 "누가 이 짐승과 같으냐? 누가 능히 이와 더불어 싸우리요?" 하더라.

5 또 짐승이 과장되고 신성 모독을 말하는 입을 받고 또 마흔두 달 동안 일할 권세를 받으니라.

6 짐승이 입을 벌려 하나님을 향하여 비방하되, 그의 이름과 그의 장막 곧 하늘에 사는 자들을 비방하더라.

7 또 권세를 받아 성도들과 싸워 이기게 되고 각 족속과 백성과 방언과 나라를 다스리는 권세를 받으니,

8 죽임을 당한 어린 양의 생명책에 창세 이후로 이름이 기록되지 못하고 이 땅에 사는 자들은 다 그 짐승에게 경배하리라.

9 누구든지 귀가 있거든 들을지어다.

10 사로잡힐 자는 사로잡혀 갈 것이요 칼에 죽을 자는 마땅히 자기도 칼에 죽을 것이니 성도들의 인내와 믿음이 여기 있느니라.

하늘에서 쫓겨난 사탄이 남자를 낳은 여자를 박해했으나 이마저 실패하자 예수님의 증거를 가진 교인들을 해치기 위하여 전면전을 준비했다. 사탄이 준비한 전면전은 무엇일까?

【1】 내가 보니 바다에서 한 짐승이 나오는데 뿔이 열이요 머리가 일곱이라.

바다에서 올라오는 한 짐승은 하늘에서 쫓겨난 사탄을 말한다. 그런데 그 짐승은 머리가 일곱이고 뿔이 열이고 뿔마다 왕관을 썼다. 이는 앞의 12:3절에서 본 바와 같이 로마제국과 그 황제들을 말한다. 결국 사탄이 준비한 전면전은 로마제국을 통한 대대적인 박해였다. 사탄은 늘 세상의 정치와 경제를 악용한다. 정치와 경제를 지배하는 자들의 욕심과 사탄의 속성이 서로 같으며 이해관계가 맞아 떨어지기 때문이다. 역사상 가장 강대하다고 평가받는 로마제국과 신생교회, 이 둘은 서로 비교나 싸움의 대상이 전혀 아니라고 생각된다. 이는 마치 태풍 앞의 등불과 같아서 등불이 꺼지는 것은 물론이고 등 자체가 바람에 날려갈 판이다.

그런데 결과는 어떠했을까? 신생교회가 이겼다. 이겨도 판정승이 아니라 기권승으로 이겼다. 지금 우리는 결과를 알고 있지만 요한은 로마제국 전역에서 시작된 전면적인 박해에 직면해서 교회의 존립이 마치 태풍 앞의 등불과 같을 때 결과를 이미 내다보면서 계시록을 썼다. 광야 즉 박해의 기간이 한 때와 두 때와 반 때로 길지만 교회가 반드시 이기리라고 확신하면서 계시록을 썼고 또 그대로 되었다.

불가능한 싸움을 교회가 어떻게 이길 수 있었을까? 지금 우리가 계시록을 해석하면서 찾아내야 할 가장 중요한 주제는 바로 이것이다. 종말의 무슨 징조, 무슨 시간표가 아니다. 계시록에서 교회가 승리한 방법을 읽어내고 오늘 우리 교회가 이겨낼 방법을 찾아내야 한다. 다른 길로 가지 말고 이 길로 가야 한다.

【1,2】 그 뿔에는 열 왕관이 있고 그 머리들에는 신성 모독 하는 이름들이 있더라. 내가 본 짐승은 표범과 비슷하고 그 발은 곰의 발 같고 그 입은 사자의 입 같은데 용이 자기의 능력과 보좌와 큰 권세를 그에게 주었더라.

황제를 뜻하는 머리들에는 하나님을 모독하는 이름이 있었다. 무슨 뜻일까? 황제들이 '신성(神性)'을 뜻하는 디부스(divus), 또는 세바스토스(sebastos)와 '구세주'를 뜻하는 소테르(soter) 등을 자신의 칭호에 썼기 때문이다. 네로는 화폐에 '세상의 구세주'라고 새겨 넣었으며, 도미티아누스는 자신을 하나님(Dominus), 또는 주님(κύριος)이라고 부르게 했다. 그런데 바다에서 올라온 짐승의 모양은 표범처럼 생겼으나 발은 곰의 발 같았고, 입은 사자처럼 보였는데, 용은 자기 힘과 왕위와 큰 권한을 그 짐승에게 주었다고 했다. 이는 마치 다니엘서에 나오는 바다에서 올라온 짐승과 비슷하다.[134] 다니엘서의 네 짐승은 바벨론, 메대, 파사, 헬라제국을 의미한다. 그런데 로마제국은 이 네 나라를 합친 것과 같이 큰 권세를 가졌으며, 인류역사 이래로 등장했던 가장 강대한 나라라고 평가를 받는다.

【3,4】 그의 머리 하나가 상하여 죽게 된 것 같더니 그 죽게 되었던 상처가 나으매 온 땅이 놀랍게 여겨 짐승을 따르고 용이 짐승에게 권세를 주므로 용에게 경배하며 짐승에게 경배하여 이르되 "누가 이 짐승과 같

---

134) 큰 짐승 넷이 바다에서 나왔는데 그 모양이 각각 다르더라. 첫째는 사자와 같은데 독수리의 날개가 있더니 내가 보는 중에 그 날개가 뽑혔고 또 땅에서 들려서 사람처럼 두 발로 서게 함을 받았으며 또 사람의 마음을 받았더라. 또 보니 다른 짐승 곧 둘째는 곰과 같은데 그것이 몸 한쪽을 들었고 그 입의 잇사이에는 세 갈빗대가 물렸는데 그것에게 말하는 자들이 있어 이르기를 "일어나서 많은 고기를 먹으라." 하였더라. 그 후에 내가 또 본즉 다른 짐승 곧 표범과 같은 것이 있는데 그 등에는 새의 날개 넷이 있고 그 짐승에게 또 머리 넷이 있으며 권세를 받았더라. 내가 밤 환상 가운데에 그 다음에 본 넷째 짐승은 무섭고 놀라우며 또 매우 강하며 또 쇠로 된 큰 이가 있어서 먹고 부서뜨리고 그 나머지를 발로 밟았으며 이 짐승은 전의 모든 짐승과 다르고 또 열 뿔이 있더라.(다니엘 7:3~7)

으냐? 누가 능히 이와 더불어 싸우리요?" 하더라.

머리 즉 황제 중의 하나가 죽은 것 같더니 다시 살아나서 온 땅이 놀라서 짐승을 따르고 그를 경배하며 "누가 이 짐승과 같으냐? 누가 능히 이와 더불어 싸우리요?" 했다는 말은 무슨 뜻일까? 이 짐승은 네로황제와 관련이 있다고 한다. 네로는 그 부모 때부터 악의 화신이어서 "누구도 네로보다 더 악한 집안에서 태어난 사람은 없다."라는 평가를 받는다. 아버지 아헤노바아부스(Ahenobarbus)는 살인을 일삼다가 주색으로 죽었고, 어머니 아그리피나(Agrippina)는 갈리굴라 황제의 여동생인데, 네로를 황제로 만들기 위해 황제 클라우디우스와 재혼을 한 후 군대를 매수하고 남편을 독살하는 등 온갖 술수와 모략을 동원하여 아들 네로를 황제가 되게 했다. 네로는 황제가 된 후 5년간 정치를 그의 스승 세네카와 성인 부루스에게 맡기고 자신은 그림과 조각, 음악에 심취해 있었는데, 그 동안은 나라가 평안했다. 그러나 그 후 네로는 돌변하여 살인, 음란, 사치의 극을 달렸고, 건축에 대한 과대망상으로 로마시내에 불을 질렀다가 여론이 비등하자 방화죄를 기독교인들에게 덮어씌우고 박해를 가했다. 베드로와 바울을 비롯한 수많은 교인들이 네로에게 순교를 당했다. 충고하는 스승과 부루스도 독살했으며, 간섭하는 어머니마저 살해했다. 인류역사상 네로와 같은 잔악무도한 자는 없었다고 하며, 로마인들에게 네로는 공포의 대상이었다. 결국 네로는 도처의 반란에 봉착했고, 원로원으로부터 버림을 받은 후 자살로 비참하게 생애를 마감했는데, 스스로 예술가라고 착각했던 그는 "세상은 위대한 예술가를 잃는구나!"라는 말을 남기고 죽었다. 그가 죽자 시민들은 거리로 몰려나와 기쁨으로 환호했다고 한다.

그런데 네로가 죽은 후 '네로 부활'(Nero rediuivus)이라는 소문이 떠돌았다. 주후 80년경 자칭 네로라는 자가 로마제국의 경쟁

대상인 메소포타미아의 파르티아(Pafthia)인을 설득하여 로마를 침략하도록 선동하고 있었기 때문이다. 이 때문에 로마는 공포에 떨어야 했다. 당시에 유행하던 시빌리의 신탁에 보면 마지막 날에 모든 사람이 싫어하는 왕이 바벨론에서 나오며(5:143~148), 어머니를 죽인 자가 동방에서 나와 지상을 황폐하게 하며(5:361~364), 무수한 칼을 가진 자가 유브라데 강 건너편에서 오리라(4:137~139)고 예언하고 있다.[135] 성경은 이런 반인륜적인 죄악이 모두 사탄의 권세로 말미암는다고 말한다.

본문에서 "그의 머리 하나가 상하여 죽게 된 것 같더니 그 죽게 되었던 상처가 나으매"는 네로와 그 사후의 소문을 말한다.

【5~8】 또 짐승이 과장되고 신성 모독을 말하는 입을 받고 또 마흔두 달 동안 일할 권세를 받으니라. 짐승이 입을 벌려 하나님을 향하여 비방하되, 그의 이름과 그의 장막 곧 하늘에 사는 자들을 비방하더라. 또 권세를 받아 성도들과 싸워 이기게 되고 각 족속과 백성과 방언과 나라를 다스리는 권세를 받으니, 죽임을 당한 어린 양의 생명책에 창세 이후로 이름이 기록되지 못하고 이 땅에 사는 자들은 다 그 짐승에게 경배하리라.

그런데 이런 죄악의 권세는 자신에게 저항하는 그리스도인들에게 극단적인 박해를 가했다. 어두움의 세력은 빛을 미워하기 때문이다. 또 어둠의 권세는 늘 국가나 돈의 권력을 도구로 삼거나, 경우에 따라서는 교회에 침투하여 정통신앙으로 위장을 한다. 하나님의 이름을 사칭하는 악마의 세력은 하나님과 성도들을 비방하며, 온갖 죄목을 씌워 잔악한 방법으로 죽이므로 생명을 포기하지 않은 교인들은 견디기 힘들어 진다.

그리고 그 기간은 가장 긴 기간에 해당되는 마흔 두 달이나 된다. 누가 이 고통을 견뎌낼 것인가? "죽임을 당한 어린양의 생명

135) 이상은 William Barclay, 「The Revelation of John」 volum 2, p. 88ff에서 발췌.

책에 창세 이후로 이름이 기록되지 못하고 이 땅에 사는 자들은 다 그 짐승에게 경배하리라."라고 요한은 말한다. 그러면 성도들은 어떻게 대처해야 하는가? 무슨 묘안이라도 있는가?

【9】 누구든지 귀가 있거든 들을 지어다.

【10】 사로잡힐 자는 사로잡혀 갈 것이요 칼에 죽을 자는 마땅히 자기도 칼에 죽을 것이니 성도들의 인내와 믿음이 여기 있느니라.

무슨 뜻일까? 참으로 안타까운 말씀이다. 투옥을 당할 성도는 잡혀 끌려갈 것이며, 사형에 처해질 성도는 사형 집행을 피할 수 없다. 그러나 어떤 일이 있더라도 당황하거나 물러서지 말아라. 그것은 성도의 인내와 믿음을 시험하는 기회가 될 것이다. 왜 전능하신 하나님께서는 이렇게 소극적으로 말씀하실까? 사탄과 죄악을 이기는 다른 방법은 없을까? 하늘의 권세가 동원되는 특별한 무슨 능력, 초자연적인 기적을 왜 사용하지 않으실까?

십자가, 이것이 하나님의 방법이다. 구약의 예언자들과 예수님께서도 이런 길을 가셨고 사도들도 그 길을 따라갔다. 이제 성도들도 이 길을 가야 한다. 이를 가리켜 성경은 십자가의 길이라고 한다. 죽음으로써 사는 길, 짐으로써 이기는 길, 버림으로써 얻는 길, 부정으로써 긍정에 이르는 길, 이 길이 하나님께로 가는 길이며, 극악한 마귀의 세력을 이기는 유일한 무기였고 가장 강력한 무기였다. 로마제국은 이 무기 앞에서 무너졌다.

일곱 번째 나팔(5)

본문 : 〈 13장 〉

11 내가 보매 또 다른 짐승이 땅에서 올라오니, 어린 양 같이 두 뿔이 있고 용처럼 말을 하더라.
12 그가 먼저 나온 짐승의 모든 권세를 그 앞에서 행하고 땅과 땅에 사는 자들을 처음 짐승에게 경배하게 하니 곧 죽게 되었던 상처가

나은 자니라.

13 큰 이적을 행하되 심지어 사람들 앞에서 불이 하늘로부터 땅에 내려오게 하고,

14 짐승 앞에서 받은 바 이적을 행함으로 땅에 거하는 자들을 미혹하며, 땅에 거하는 자들에게 이르기를 "칼에 상하였다가 살아난 짐승을 위하여 우상을 만들라." 하더라.

15 그가 권세를 받아 그 짐승의 우상에게 생기를 주어 그 짐승의 우상으로 말하게 하고 또 짐승의 우상에게 경배하지 아니하는 자는 몇이든지 다 죽이게 하더라.

16 그가 모든 자 곧 작은 자나 큰 자나 부자나 가난한 자나 자유인이나 종들에게 그 오른손에나 이마에 표를 받게 하고,

17 누구든지 이 표를 가진 자 외에는 매매를 못하게 하니 이 표는 곧 짐승의 이름이나 그 이름의 수라.

18 지혜가 여기 있으니 총명한 자는 그 짐승의 수를 세어 보라. 그것은 사람의 수니 그의 수는 육백육십육이니라.

그런데 아직 끝이 아니다. 시작된 박해는 아직도 끝이 보이지 않는다. 마귀는 그렇게 쉽게 굴복하지 않으며, 끝까지 발악을 한다. 지금 보다 더 힘든 마지막 고비가 남아있다.

【11,12】 내가 보매 또 다른 짐승이 땅에서 올라오니, 어린 양 같이 두 뿔이 있고 용처럼 말을 하더라. 그가 먼저 나온 짐승의 모든 권세를 그 앞에서 행하고 땅과 땅에 사는 자들을 처음 짐승에게 경배하게 하니 곧 죽게 되었던 상처가 나은 자니라.

마지막 짐승은 땅에서 올라왔다. 그는 하늘에서 내려오거나 바다에서 올라온 짐승처럼 무섭지 않고 반대로 어린양처럼 생겼고 용처럼 말을 했다. 어린양은 다니엘서에 나오는 무서운 양과 비슷하다.[136] 그런데 이 짐승은 앞에서 등장했던 짐승들이 가진 모든 권세를 위임받아서 교회에 가장 무서운 박해를 가했다. "곧 죽게

136) 내가 눈을 들어 본즉 강가에 두 뿔 가진 숫양이 섰는데 그 두 뿔이 다 길었으며 그 중 한 뿔은 다른 뿔보다 길었고 그 긴 것은 나중에 난 것이더라. 내가 본즉 그 숫양이 서쪽과 북쪽과 남쪽을 향하여 받으나 그것을 당할 짐승이 하나도 없고 그 손에서 구할 자가 없으므로 그것이 원하는 대로 행하고 강하여졌더라.(다니엘 8:3~4)

되었던 상처가 나은 짐승, 또는 칼에 상하였다가 살아난 짐승"은 앞에서 살펴본 네로를 말하는데, 로마인들에게 네로는 악의 화신이어서 악한 황제를 이와 같이 표현했다.

【13-15】 큰 이적을 행하되 심지어 사람들 앞에서 불이 하늘로부터 땅에 내려오게 하고, 짐승 앞에서 받은 바 이적을 행함으로 땅에 거하는 자들을 미혹하며, 땅에 거하는 자들에게 이르기를 "칼에 상하였다가 살아난 짐승을 위하여 우상을 만들라." 하더라. 그가 권세를 받아 그 짐승의 우상에게 생기를 주어 그 짐승의 우상으로 말하게 하고 또 짐승의 우상에게 경배하지 아니하는 자는 몇이든지 다 죽이게 하더라.

어린양과 같은 짐승은 무슨 일을 했는가? 우상을 만들게 하고 그 우상으로 말하게 하고, 하늘에서 불이 내려오게 하는 것과 같은 큰 이적을 행하게 하여, 사람들을 미혹시켰다. 무엇을 말하는 것일까? 앞에서 지적했던 바와 같이 로마제국차원에서 조직적으로 시행된 황제 숭배를 말한다. 황제숭배에 대해 다시 살펴보면 다음과 같다.

지중해 세계 전체를 지배한 로마제국은 경계선을 자신들이 원하는 대로 그었다. 서쪽 대서양으로는 영국을 포함하고 북쪽으로는 라인강과 다뉴브강을 거쳐 흑해로 이어지고, 동쪽으로는 유프라테스, 티그리스 강과 아라비아 사막을 경계선으로 했으며, 남쪽으로는 이집트를 지나서 사하라 사막으로 연결했다. 즉 강과 바다, 산맥, 사막을 국경으로 하고 그 이상의 땅은 더 가지지 않는다고 못 박았다. 그 밖은 야만인지역이어서 아무런 실익이 없었기 때문이다. 로마는 수많은 국가를 식민

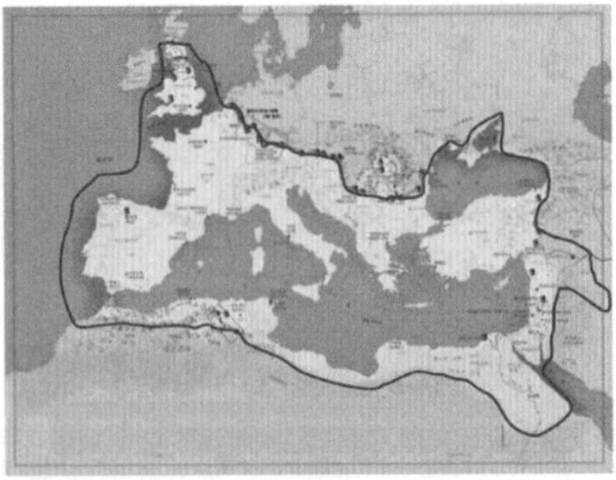

〈그림6 로마제국 국경〉

지로 다스리면서 '로마의 평화'(Pax Romana)라는 신화를 만들었다. 이런 이유로 인류역사에 등장한 국가 중 가장 강대했다라고 평가를 받는다. 어떻게 이런 일이 가능했을까? 로마제국의 공화정치 때문이었다. 로마의 정의와 평화가 실현되면서 산적과 해적은 물론이고 국가 간의 분쟁과 전쟁이 사라졌으며, 비자가 없는 자유로운 통행이 가능해졌고, 로마로 통하는 모든 도로가 정비되어 교통이 편리해졌다. 이로 인해 안정된 여행과 상업, 통신이 활발해졌음은 물론이다. 또 로마제국은 각국의 내정에 간섭하지 않고 자치를 허용했으며, 요구하는 세금이나 조건이 까다롭지 않았다. 일곱 교회에 보내는 서신에서 본 바와 같이 지진으로 피해를 입는 식민지 국가의 도시를 제국차원에서 지원을 했다. 이런 이유로 지중해 세계에는 로마제국이 등장한 이후 백성들의 삶이 훨씬 좋아져서 자진해서 통치권을 로마정부에 바치는 일까지 일어났다. 로마의 평화는 이렇게 해서 얻어졌다.

제국의 초기부터 로마제국은 식민지에서 신성시되기 시작했으며, 로마의 여신이 이런 복을 내려주었다고 생각했다. 이에 로마제국에 감사하는 마음에서 자발적으로 로마의 여신을 위한 신전이 생겨났는데, BC 150년경 서머나에 최초의 여신전이 세워졌다. 식민지 국가들은 로마제국을 통치하는 황제들을 경외하게 되었고 점차 신성시 하다가 신격화 되었다. 황제 씨저를 위한 신전은 BC 29년에 버가모에 세워졌다. 이런 신전들은 전적으로 로마제국에 대한 감사의 표시로 시작되었다.

이런 현상에 대하여 로마정부는 오히려 당혹스럽게 받아들였다. 오직 지방도시에만 황제신전을 허락했는데, 그것도 엄격하게 제한했다. 아우구스투스황제는 자신이 신격화되는 것을 강력히 거부했으며, 글라우디우스와 디베리우스는 인간을 신으로 섬기는 것은 불법이라고 생각했다. 반 미치광이였던 갈리굴라는 이를 받아들였다. 그러나 점차 시간이 지나면서 황제숭배는 널리 확산되기 시작했고, 이에 대하여 로마정부는 신앙이 아닌 정치적인 이유로 평가를 다시 하게 되었다. 로마정부의 가장 큰 고민은 다양한 많은 나라와 민족으로 이루어진 제국의 정신적인 통일성을 확보하는 것이었는데, 황제숭배가 그 역할을 할 수 있다는 판단을 내리고, 황제숭배를 제국의 통일성을 위한 종교로 선언하게 되었다. 이로써 로마제국의 모든 시민에게 황제숭배는 의무사항이 되어서 매년 한 번씩 황제신전에서 제사를 드리며 "씨저는 신이시다."라고 고백해야 했다.

이런 정책은 도미티아누스황제 때 결정되었다. 그는 자신을 '주와 하나님'이라고 부르게 하고, 모든 공문서에 "우리의 주이시며 하나님이신 도미티아누스는 명하신다."라는 문장으로 시작하게 했다. 이제 로마제국의 각 도에는 황제신전이 세워지고 이를 위한 정부관리와 사제가 배치되었으며, 제사를 드린 자에게 증명서가 발부되었다.137) 이 증명서 없이는 시민권을 가질 수도 없고 물건의 매매도 할 수가 없게 되었다. 로마 정부가 원하는 것은 황제만을 신으로 섬기라는 것은 아니었다. 다신교를 인정하여 다른 신을 섬기는 자유를 허락했다. 그러나 황제 숭배를 거부하면 이는 곧 로마정부에 대한 불충이고 반역이었다. 본문의 땅에서 올라온 두 뿔을 가지고 용처럼 말하는 어린양 같은 짐승은 황제신전에 파견된 관리들을 말한다. 그들에게 황제숭배 거부자에 대한 생사여탈권이 주어졌다.

---

137) 당시의 증명서 사본은 다음과 같다.
제사를 관장하도록 임명된 사람들에게
테옥세니스 마을에서 온 이나레스 아케루스는 테아델피아 마을에 사는 그의 자녀 아이아스와 헤라와 더불어 문안합니다. 우리는 언제나 신들에게 제사를 드려왔고 이제 당신의 면전에서 규칙에 따라 우리는 제사를 지냈고 제주를 드려 그것을 맛보았으며, 이제 우리에게 그렇게 행했다는 증명서를 발행해 주시기를 바랍니다. 안녕히 계십시오.
이에 대한 증명서의 내용은 다음과 같다.
황제의 대리인인 우리들 세레노와 헤르마는 당신이 제사드린 것을 증명합니다.

로마제국이 황제숭배를 법제화시키고 정부의 관리를 파견하자 그 이전부터 자발적으로 황제숭배를 시작한 각 지역에서는 제국에 대한 충성의 표시로 서로 경쟁적으로 이를 확산하기 위하여 온갖 방법을 동원했다. 황제신상에 어떤 신적인 능력이 있다고 선전하기 위하여 마술적인 방법을 사용하여 황제신상에서 불이 나오게 하는 등 여러 가지 거짓 기적을 일으키고, 이를 사실인 것처럼 소문을 퍼뜨렸다. 동시에 황제숭배를 독려하고 이를 거부하는 자를 색출하여 로마제국에 대한 반역자라는 죄목을 씌워 가장 가혹한 형벌을 가하는 것은 물론이었다. 본문에서 "그가(땅에서 올라온 짐승) 먼저 나온 짐승의 모든 권세를 행하고 땅과 땅에 사는 자들을 처음 짐승에게 경배하게 하니 곧 죽게 되었던 상처가 나은 자니라. 큰 이적을 행하되 심지어 사람들 앞에서 불이 하늘로부터 땅에 내려오게 하고, 짐승 앞에서 받은 바 이적을 행함으로 땅에 거하는 자들을 미혹하며, 땅에 거하는 자들에게 이르기를 '칼에 상하였다가 살아난 짐승을 위하여 우상을 만들라.' 그가 권세를 받아 그 짐승의 우상에게 생기를 주어 그 짐승의 우상으로 말하게 하고 또 짐승의 우상에게 경배하지 아니하는 자는 몇이든지 다 죽이게 하더라."는 이런 상황을 말한다.

본래부터 다신교를 믿던 사람들에게는 황제숭배가 아무런 문제가 되지 않았다. 그러나 여호와만을 하나님으로 섬기고 예수님만을 구세주로 인정하는 기독교인들에게는 이제 황제숭배 여부가 생사의 갈림길이 되고 말았다. 유대인들도 다른 신을 인정하지 않았지만 유대인은 오랫동안 로마제국 내에 흩어져 살면서 영향력을 끼쳐서 황제제사를 면제받고 있었기 때문에 박해를 피해갈 수 있었다.[138] 이런 특권을 이용하여 유대인들은 기독교인을 박해하는

138) 유대인들은 이스라엘의 분열왕국이 BC 721년 앗수르에 멸망을 당하고 이어서 BC 586년에 바벨론에 멸망당할 때부터 지중해 전역에 흩어져 살기 시작했고 영향력을

일에 선봉에 서서 기독교인들을 색출하고 군중들을 선동했다. 11절에서 땅에서 올라온 짐승이 '어린양'같았다는 말은 유대교를 의미한다고도 할 수 있다. 유대교인들은 기도문에 기독교인들을 저주하는 문장을 넣었고, 기독교인을 박해하는 과정에서 로마정부의 앞잡이 노릇을 했다. 이런 이유로 후일 기독교가 국교가 되고난 다음에 이번에는 반대로 기독교가 유대교인을 박해하는 비극이 반복되었다.

4. 666 표

【16~17】 그가 모든 자 곧 작은 자나 큰 자나 부자나 가난한 자나 자유인이나 종들에게 그 오른손에나 이마에 표를 받게 하고, 누구든지 이 표를 가진 자 외에는 매매를 못하게 하니 이 표는 곧 짐승의 이름이나 그 이름의 수라.

다음으로는 많은 물의를 일으킨 666에 대하여 살펴보고자 한다. 요한계시록을 종말에 일어날 일을 예언한 책이라고 생각하는 사람들은 늘 신비적인 방법으로 접근하여 현재의 사건에서 종말의 현상을 읽어내려고 한다. 그 중의 하나가 본문에서 말하는 짐승의 표인 666이다. 자동화와 전산화가 유통에 활용되면서 바코드를 비롯한 여러 방법이 사용되고 있다. 신용카드 등을 소지하는 데에 따

키워 나갔다. 인구가 지중해 전체 인구의 5%에 이르렀다. 로마제국시대에 대부분의 나라가 로마의 지배에 저항하지 않고 기꺼이 받아들였으나 유대인은 지속적으로 저항을 했고, 온갖 시련을 겪으면서도 그들의 신앙적인 전통을 지켜나갔다. 로마제국도 유대인들 때문에 많은 문제에 직면하다가 아우구스투스 황제 때 결국 유대인에게만 적용되는 특별법을 만들었다. 유대인들은 유대인이 재판하도록 했으며, 회당집회를 허락했고, 병역의 의무를 면제했다. 음식을 가려먹고 안식일에는 움직이지 않기 때문에 병역의 의무를 부과할 수가 없었기 때문이다. 후일 갈리굴라 황제는 유대인의 특권을 인정하지 않고 예루살렘 성전 지성소에 자신의 동상을 세우도록 요청했으나 유대인들이 받아들일 리가 없었다. 이에 갈리굴라는 군대를 소집하여 무력으로 시행하려고 했으나 집행하기 직전 죽어서 실행에 옮기 못하고 말았다.(요세푸스, 「유대인의 풍물」, 18:18) 유대인에게 이런 특혜를 주었음에도 유대인들은 저항을 계속하다가 결국 AD 70년 로마제국에게 멸망을 당하고, 2천여 년 동안 나라 없이 전 세계를 떠돌다가 다시 나라를 되찾았다. 이는 유대인 특유의 신앙에서 나온 응집력의 결과다.

르는 불편을 해결하기 위하여 신체에 반도체 칩을 삽입하거나 코드를 새기는데, 계시록을 예언과 신비, 문자로 해석하는 이들은 이것이 계시록에서 말하는 짐승의 표이며, 이 표들은 종말의 징조이고, 이를 받으면 구원받지 못한다고 강변한다. 이들의 말대로 하면 바코드가 부착된 물품은 매매하지 말아야 하며, 신용카드를 비롯한 각종 카드도 쓰지 말아야 하고, 근래 논란이 되는 베리칩[139]도 물론 거부해야 한다. 또 건강검진이나 놀이공원에서 손목에 붙이는 인식표 등도 모두 쓰지 말아야 한다. 요한계시록을 이렇게 적용하다보면 사실상 현대의 생활은 불가능해지는데, 이런 불이익들을 신앙을 지키기 위한 박해로 받아들이면서 이는 종말의 징표라고 주장한다. 이런 문제 때문에 많은 교인들이 혼란스러워 한다.

계시록을 종말과 그 현상을 예언한 책이며, 이를 계시라는 방식으로 해석하려고 하면 이런 오류와 시한부 종말론은 끊임없이 반복되게 마련이다. 지난 날 수없이 반복되었고 지금도 반복되고 있지만 그 열기는 식을 줄을 모른다. 이런 비극은 요한계시록에 대한 오해 때문에 빚어지고 있다. 요한계시록은 지난 역사의 현장에서 역사적인 문제를 역사적으로 다룬 역사의 산물이다. 단지 그 당시의 상황 때문에 사실적인 표현을 쓰지 않고 묵시적인 표현을 썼을 뿐이다. 따라서 계시록을 미래의 종말에 대한 신비한 계시로 해석하려고 하지 말고, 지나간 사건에 대하여 역사와 묵시로 풀어야 한다.

이제 본문에서 말하는 짐승의 표를 해석해보고자 한다. 이미 앞에서 충분히 설명을 했기 때문에 "그가 모든 자 곧 작은 자나 큰 자나 부자나 가난한 자나 자유인이나 종들에게 그 오른손에나 이

---

139) 베리칩(Veri-Chip)은 '확인용 칩'(verification chip)의 약어로 미국의 한 바이오칩 제조 회사인 미국의 어플라이드 디지털 솔루션사에서 지난 2001년에 공개한 상품명이다. 무선 송수신 식별장치(RFID · 전자태그)를 내장한 쌀알 크기의 작은 마이크로 칩을 생명체의 몸속에 넣어 신원이나 정보를 확인하는 데 사용한다.

마에 표를 받게 하고, 누구든지 이 표를 가진 자 외에는 매매를 못하게 하니 이 표는 곧 짐승의 이름이나 그 이름의 수라."는 문장에서 '짐승의 표'가 무엇인지는 더 설명할 필요 없이 황제신상에 제사를 드리고 나서 받은 확인증을 말한다. 짐승의 표를 "오른 팔이나 이마에 받는다."라고 했는데 이는 유대인들은 율법의 명령대로 오른손과 이마에 율법의 말씀을 기록하고 있었기 때문이다.[140)]

【18】 지혜가 여기 있으니 총명한 자는 그 짐승의 수를 세어 보라. 그것은 사람의 수니 그의 수는 육백육십육이니라.

그러면 '666'은 무슨 뜻일까? 본문에서 총명한 자는 그 짐승의 수를 세어보라고 말하고 있다. 고대에는 문자와 숫자가 구분되지 않아서 문자에 숫자의 의미가 같이 들어 있었다. 서양의 알파벳을 예로 들면 a=1, b=2, c=3 등과 같은 경우다. 따라서 알파벳으로 쓰여진 이름은 숫자로 계산할 수가 있다. 본문의 "총명한 자는 그 짐승의 수를 세어보라."는 이를 의미한다. 이런 방식으로 라틴어로 쓰여 진 로마 황제들의 이름의 숫자를 많이 연구했는데 가장 적합한 해석은 네로 황제였다. 네로의 라틴어 이름 Neron을 숫자로 표시하면 N=50, E=6, R=500, 0=60, N=50이며 이를 더하면 666이 된다. 666은 네로나 네로와 같이 포악한 도미시안 황제 등을 뜻한다고 할 수 있다.

그러나 666이라는 숫자도 묵시적인 표현으로 보아야한다. 이를 확대 적용하다 보면 쉽지 않은 문제에 봉착한다. 종교 개혁자 루터와 존 낙스를 비롯해서 나폴레옹, 히틀러 등 많은 사람들의 이름값이 666이 된다. 지금 현재 쓰이는 사람들의 이름을 영어 알파벳 이름을 계산하면 666이 될 사람들은 얼마든지 있다. 이들을 다 짐승의 수를 가졌다고 하면 어떻게 될까? 바코드에도 666이 들어있다고 말한다. 바코드 뿐 아니라 컴퓨터도 666으로 계산이 되므로

140) 출애굽기 13:1~16, 신명기 6:4~9, 11:13~21.

쓰지 말아야 한다. 그 외에도 우리가 쓰는 물건의 이름값을 계산하여 666을 찾아내려고 한다면 얼마든지 가능하다.

666은 계시록이 쓰여질 당시에 한하여 적용해야 한다. 지금에 와서 짐승의 표를 바코드나 베리칩과 같은 어떤 표식으로 본다면 온갖 모순이 빚어진다. 짐승의 표를 죄악과 악마의 사상과 문화로 보고 그런 것들을 멀리해야 한다. 그 정신과 사상과 생각이 죄악과 악마의 지배를 받는 것이야 말로 짐승의 표를 받는 것이다. 악마의 거짓 계시놀음에 속아 넘어가지 말아야 한다.

지혜가 여기 있으니 총명한 자는 그 짐승의 수를 세어 보라.

5. 적그리스도

666을 적그리스도의 숫자라 하여 어떤 인물이나 세력에 적용시키려는 시도가 늘 있었다. 유럽공동체가 설립될 당시에는 이는 계시록의 배경이 된 로마제국의 부활이므로, EC공동체[141] 국가들은 계시록에 기록된 열 뿔이며, EC대통령은 계시록에 기록된 적그리스도라고 해석을 하면서 종말의 징조라고 해서 많은 사람들이 관심을 가졌으나 지금은 그렇게 말하지 않는다. 이 외에도 중세의 교황을 비롯하여 옛 소련 등을 적그리스도와 일치시키는 시도가 있었으나 실패하고 말았다. 도대체 계시록에서 언급하는 적그리스도는 누구일까? 아직 등장하지 않았는가? 늘 명확한 답변이 없이 혼란을 주는 물음이다.

요한계시록에서는 교회를 대적하는 세력을 사탄과 동일시하며, 거짓선지자들을 사탄의 대리자로 보고 있다. 적그리스도(ἀντίχρισ

141) 1993년 11월 1일에 체결된 마스트리히트 조약이 체결된 후에는 유렵연합(EU, European Union)이라고 부르지만 초기에는 유럽 경제 공동체(EEC, European Economic Community)라고 했음.

τος)라는 용어도 계시록에는 사용되지 않고 있다. 따라서 계시록을 근거로 적그리스도를 특정 대상과 일치시키는 것은 무리다. 계시록에서는 특정의 적그리스도 보다는 사단의 앞잡이 노릇을 하는 거짓선지자를 사탄과 동일시하며 경계한다.[142] 어떤 적그리스도의 존재가 문제가 아니라 지금 우리가 오류를 범하여 사탄의 앞잡이가 되지 않는 것이 더 중요하다.[143]

일곱 번째 나팔(6)

본문 : 〈 14장 〉

1 또 내가 보니 보라, 어린 양이 시온 산에 섰고 그와 함께 십사만 사천이 서 있는데 그들의 이마에는 어린 양의 이름과 그 아버지의 이름을 쓴 것이 있더라.

2 내가 하늘에서 나는 소리를 들으니 많은 물 소리와도 같고 큰 우렛소리와도 같은데, 내가 들은 소리는 거문고 타는 자들이 그 거문고를 타는 것 같더라.

3 그들이 보좌 앞과 네 생물과 장로들 앞에서 새 노래를 부르니 땅에서 속량함을 받은 십사만 사천 밖에는 능히 이 노래를 배울 자가 없더라.

4 이 사람들은 여자와 더불어 더럽히지 아니하고 순결한 자라. 어린 양이 어디로 인도하든지 따라가는 자며, 사람 가운데에서 속량함을 받아 처음 익은 열매로 하나님과 어린 양에게 속한 자들이니,

5 그 입에 거짓말이 없고 흠이 없는 자들이더라.

요한이 본 바에 의하면 시온산에 어린양이신 예수님과 함께 십사만 사천 명이 서 있었다. 시온산은 예루살렘에 있던 언덕인데, 여기에 성전이 세워진 후 하나님이 계신 산을 의미하게 되었으며,[144] 묵시문학에서는 하늘의 예루살렘을 뜻했다.[145] 십사만 사

142) 짐승이 잡히고 그 앞에서 표적을 행하던 거짓 선지자도 함께 잡혔으니 이는 짐승의 표를 받고 그의 우상에게 경배하던 자들을 표적으로 미혹하던 자라 이 둘이 산 채로 유황불 붙는 못에 던져지고(요한계시록 19:20)

143) 적그리스도에 대해서는 19:20절의 '거짓 선지자'의 설명에서 다시 다뤘음.

천 명이 7장에 이어 다시 나오는데, 앞에서도 언급한 바와 같이 이들은 당시의 교회와 교인들이라고 하기 보다는 순교자라고 보아야 한다. 본문에서 이들에 대하여 자세하고 길게 설명하고 있으며, 또 그들의 이마에 어린양과 하나님의 이름이 쓰여 있다는 사실이 이를 뒷받침 하고 있다. 계시록에서만 쓰이는 '어린양'(ἀρνίον)이라는 칭호는 순교의 의미를 지니고 있으며, 이마에 인을 치는 이야기는 앞에서 이미 다룬 바와 같이 큰 환란이 왔을 경우 하나님께서 특별히 구별한 사람들을 말한다. 또 이들은 여자와 더불어 더럽히지 않은 순결한 자라고 했다. 계시록을 비롯한 성경의 여러 부분에서 음행은 신앙의 정조를 버린 배신행위를 말하는데, 이는 고대의 이방종교가 혼음을 일삼은 반면, 율법에서는 이를 엄격하게 금했기 때문이다.[146] 따라서 십사만 사천은 박해시대의 순교자라고 해석해야 한다.

"여자와 더불어 더럽히지 않은 순결한 자"를 묵시적으로 해석하지 않고 사실적으로 해석하여 결혼을 밀리하는 순결로 해석하는 경우가 간혹 있다. 성경의 율법이 음행에 대해서는 대단히 엄격하지만 결혼과 부부관계를 금하거나 부정적으로 말하지는 않는다. 음행을 엄금하는 이유는 고대 풍신종교의 혼음 조장 때문이다. 오히려 성경은 결혼과 출산을 거룩한 의무로 말하고 있다. 창세기에 의하면 세상을 창조하신 하나님께서는 생명을 이어가는 역할을 가정에 위탁하셨다. 사람을 창조하시되 남자와 여자로 만드시고 복을 주시며 "생육하고 번성하라."(창세기1:28)고 하신 말씀은 곧 생명창조의 위임이다. 이후 이스라엘 사람들은 결혼을 의무로 여겼으며, 결혼을 면제해주는 대상은 율법을 연구하는 서기관들뿐이

144) 시편 2:6, 50:2.

145) 요엘 2:32, 이사야 24:23, 미가4:7, 에스드라2서 2:24, 히브리서 12:22.

146) 계시록 2:20, 14:8, 17:2, 18:3, 19:20. 출애굽기 34:15, 신명기 31:16, 사사기 2:17, 8:27, 33, 호세아 9:1

었다. 예수님께서도 결혼식에 참석하셔서 신혼가정을 축복하시는 일로 사역을 시작하셨다.(요한복음 2장) 중세기에 접어들면서 수도원 운동이 일어나서 결혼보다 수도를 더 중요하게 여겼는데, 이는 성경에 대한 오해에서 비롯되었다. 본문에서 말하는 순결은 신앙적인 순결을 말한다.

순교자들은 신앙의 절개를 지키다 죽어간 사람들이다. 이들은 십자가에 죽임 당한 어린양이 가신 길을 따라갔으며, 사람들 가운데서 하나님과 어린양에게 드려진 첫 열매였다. '첫 열매'(ἀπαρχὴ)란 하나님께 드려지는 희생제물의 의미를 지닌다.[147] 이스라엘은 하나님의 맏아들이었고[148], 예수님은 부활의 첫 열매이시다.[149] 십사만 사천 명은 죄의 지배를 받는 사람들 가운데서 죄와 타협하지 않고 순교의 제물로 하나님께 드려진 첫 열매와 같았다. 하나님께 드려지는 제물은 흠과 티가 없어야 했는데, 이들의 입에는 거짓이 없고 흠이 없이 진실하고 순결했다.

순교자 십사만 사천 명이 어린양과 함께 서서 누구도 부를 수 없고 그들만이 부를 수 있는 새 노래로 찬양을 하는데, 그 소리는 많은 물소리 같고 큰 우렛소리 같고 거문고 소리 같았다. 일곱 번째 나팔이 울리고 지금 마지막 재앙이 절정을 이루는 시점에 하늘에서 십사만 사천 명이 부르는 합창이 폭포나 우렛소리와 같이 하늘을 울리고 있다. 순교자에게 보내는 편지인 계시록에서 순교자들은 특별한 사람들이었다. 이들은 하나님 보좌 앞에서 그들만이 부를 수 있는 찬양을 부르는 사람들이었으며, 이 땅의 죄악을 타파하고 하나님나라가 건설되는 그 일에서 가장 중요한 역할을 했었다. 박해의 시대에 교회는 이런 신앙으로 어려움을 이겨내면서 순

147) 출애굽기 23:19, 고린도전서 15;20, 16:15, 로마서 11:16, 16:5.

148) 출애굽기 4:22.

149) 사도행전 26:23, 고린도전서 15:20, 23.

교를 가장 큰 영광으로 여기며 죽어갔다. 인류 역사의 그 어떤 페이지에서도 이들보다 더 숭고하고 거룩한 죽음을 죽은 사람들은 없었다. 그리고 그들의 죽음은 헛되지 않아서 그 후 로마제국을 전쟁이나 혁명으로 흘리는 타인의 피가 아닌 그들 자신의 순교의 피로, 평화적인 방법으로 굴복시켰다. 과연 인간이 한 일 중에서 이보다 더 위대한 일이 있을까?

인류 역사 이래로 민초들의 한이 서린 저항과 혁명이 얼마나 많았던가! 얼마나 많은 사람들이 한을 품은 채 죽어갔는가! 그들은 죽어가면서도 이 땅에 신분과 지위와 빈부의 격차가 없는 그런 세상이 오기를 꿈꾸며, 언젠가는 그런 날이 오리라고 스스로 위로하면서 후회 없는 죽음을 죽어갔다. 성경은 그런 세상을 가리켜 '하나님의 나라'라고 하며, 그 나라가 이 땅에서도 실현되기를 꿈꾼다. 율법과 예언자가 그 나라를 말했고, 예수님은 하나님 나라를 완성하려 오셨고, 제자들은 그 뒤를 따라갔으며, 제자들의 가르침을 받은 초대교인들은 그 나라를 위해 기꺼이 무저항의 길을 갔다. 복음은 무혈혁명을 무기로 한다. 계시록은 세상에 대한 유혈의 심판이나 세상의 종말을 말하고 있지 않다. 그런 표현들은 단지 묵시문학의 표현 방법일 뿐이다. 묵시를 예언과 역사로 해석해야 한다.

일곱 번째 나팔(7)

본문 : 〈 14장 〉

6 또 보니 다른 천사가 공중에 날아가는데 땅에 거주하는 자들 곧 모
든 민족과 종족과 방언과 백성에게 전할 영원한 복음을 가졌더라.
7 그가 큰 음성으로 이르되 하나님을 두려워하며 그에게 영광을 돌리
라. 이는 그의 심판의 시간이 이르렀음이니 하늘과 땅과 바다와 물
들의 근원을 만드신 이를 경배하라 하더라.
8 또 다른 천사 곧 둘째가 그 뒤를 따라 말하되 "무너졌도다! 무너졌
도다! 큰 성 바벨론이여! 모든 나라에게 그의 음행으로 말미암아 진

노의 포도주를 먹이던 자로다." 하더라.
9 또 다른 천사 곧 셋째가 그 뒤를 따라 큰 음성으로 이르되 "만일
누구든지 짐승과 그의 우상에게 경배하고 이마에나 손에 표를 받으
면,
10 그도 하나님의 진노의 포도주를 마시리니, 그 진노의 잔에 섞인 것
이 없이 부은 포도주라. 거룩한 천사들 앞과 어린 양 앞에서 불과
유황으로 고난을 받으리니,
11 그 고난의 연기가 세세토록 올라가리로다. 짐승과 그의 우상에게
경배하고 그의 이름 표를 받는 자는 누구든지 밤낮 쉼을 얻지 못하
리라." 하더라.
12 성도들의 인내가 여기 있나니 그들은 하나님의 계명과 예수님에 대
한 믿음을 지키는 자니라.
13 또 내가 들으니 하늘에서 음성이 나서 이르되 "기록하라. 지금 이
후로 주 안에서 죽는 자들은 복이 있도다." 하시매 성령이 이르시되
"그러하다. 그들이 수고를 그치고 쉬리니 이는 그들의 행한 일이 따
름이라." 하시더라.

일곱 번째 나팔이 울린 후 많은 사건들이 진행되는데, 본문에서는 세 천사가 등장해서 최후의 심판을 선언한다.

【6】 또 보니 다른 천사가 공중에 날아가는데 땅에 거주하는 자들 곧 모든 민족과 종족과 방언과 백성에게 전할 영원한 복음을 가졌더라.

첫 번째 천사는 땅위에 있는 모든 민족과 부족과 여러 언어를 사용하는 사람들에게 전할 영원한 복음을 가지고 날아가고 있었다. '영원한 복음'(εὐαγγέλιον αἰώνιον)은 무엇일까? 복음은 기쁜 소식이다. 누구에게 기쁜 소식인가? 모든 사람들에게다. 누군가 예외가 있다면 이는 복음이 아니다. 진리의 조건은 어느 모로 보아도 좋아야 한다. 어느 한쪽에서도 보기 싫으면 진리가 될 수 없다. 또 어떤 특정 시대에만 좋아도 안 된다. 모든 시대, 누구에게나 보기 좋아야 진리다. 복음이 진리라면 교회 다니는 사람에게만 좋아서도 안 된다. 모든 사람에게 좋아야 하며, 모든 사람이 "아멘"으로 화답하며 하나님께 영광을 돌려야 한다. 다른 말로 하면 복음이

란 모든 사람이 동의하는 최고의 가치여야 한다.

성경에 들어있는 말씀들은 그 시대로 돌아가서 그 의미를 생각해보면 동의하지 않을 사람이 아무도 없을 만큼 귀중한 가치를 담고 있다. 단지 그렇게 해석을 하지 못하고 있을 뿐이다. 성경에서 그렇게 많이 말하는 '순종'은 시키는 대로만 하라는 뜻이 아니라 '동의'(同議)가 전제 조건이다. 동의가 되지 않는 순종은 강제이며 강요다. 교회의 설교가 교인들만 동의가 되고 교회 밖의 사람들에게는 동의가 되지 않는다면 그 설교는 잘못된 설교다. 하나님의 말씀이라면 누가 들어도 동의할 수 있어야하며 그래야만 복음이다. 최후의 심판을 선언하는 하늘의 천사는 이런 영원한 복음을 모든 사람이 듣도록 높이 날면서 민족, 부족, 언어, 문화의 장벽을 초월해서 받아들일 수 있는 진리로 선포하고 있다. 세상의 죄악에 종지부를 찍으려면, 종교적인 갈등을 끝내려면 땅의 천사의 설교가 하늘의 천사의 선포와 같이 영원한 복음이어야 한다. 첫 번째 천사는 모든 사람이 들을 수 있도록 큰 소리로 외치고 있다.

【7】 하나님을 두려워하며 그에게 영광을 돌리라. 이는 그의 심판의 시간이 이르렀음이니 하늘과 땅과 바다와 물들의 근원을 만드신 이를 경배하라.

왜 하나님께 영광을 돌리며 그분을 경배하라고 말하는가? 그분의 심판의 시간이 이르렀기 때문이다. 하나님의 심판이란 무엇인가? 인간의 행복을 가로막고 있는 모든 불행의 원인인 사탄과 죄의 권세를 제거하는 것이 심판이다. 이에 대해서는 어느 누구도 싫어할 이유가 없다. 모두가 행복하게 잘 사는 그런 세상, 이를 누가 싫어하겠는가? 이를 마다한다면 그는 사람이 아니라 사탄이다. 사탄은 온갖 수단과 방법을 동원해서 이를 가로 막는다. 천사는 선언하고 있다. 로마제국을 지배하고 있는 타락한 세력, 전국에 황제신상을 세워놓고 그를 하나님이라고 섬기는 잘못된 신앙, 인간을 불

태워 죽이거나 짐승의 밥으로 주면서 환호하는 경기장의 미친 광대놀이, 이런 모든 악마적인 문화에 이제 종지부를 찍을 때가 되었다. 이런 죄악은 하나님을 두려워할 때만 물러갈 수 있다. 돌이나 나무나 금속으로 만든 죽은 신상이 아니라 참으로 살아계신 하나님, 온 세상을 만드신 하나님 그분만을 섬기며 그분만을 따를 때에만 가능하다. 이런 이유로 천사는 이제 이 하나님께로 돌아오라고 외치고 있다. 이는 천사의 외침이었으면서 동시에 계시록 기록자의 설교였고, 순교자들이 외치던 선포였다. 그들이 진정으로 이 땅의 천사들이었다. 교회의 설교는 하늘의 음성이어야 한다. 뇌성벽력을 일으키고, 땅을 진동시키고 산천초목이 화답하는 하나님의 음성이어야 한다.

【8】 또 다른 천사 곧 둘째가 그 뒤를 따라 말하되 "무너졌도다! 무너졌도다! 큰 성 바벨론이여! 모든 나라에게 그의 음행으로 말미암아 진노의 포도주를 먹이던 자로다." 하더라.

둘째 천사는 무너졌도다! 무너졌도다! 큰 성 바벨론이여!"라고 바벨론에 대한 사망을 선포했다. 이 구절은 이사야가 바벨론이 전성기를 달릴 때 바벨론을 향하여 외쳤던 말씀의 반복이다. "함락되었도다! 함락되었도다! 바벨론이여! 그들이 조각한 신상들이 다 부서져 땅에 떨어졌도다."(이사야 21:9) 본문의 큰 성 바벨론은 의심의 여지없이 전성기를 달리는 로마제국을 말한다. 그런데 왜 로마제국을 바벨론에 비유했을까? 여러 가지 면에서 유사했기 때문이다. 먼저 그 강대함이 닮았다. 느브갓네살이 세운 바벨론은 그 당시까지는 메소포타미아에서 등장한 최대 강국이었다. 그 다음으로는 극도에 달한 부귀영화와 사치가 닮았다. 로마의 시민들은 매일같이 사치의 극을 달리는 연회로 세월을 보냈다. 그 다음으로는 전혀 멸망할 가능성이 없어 보인다는 점이 닮았다. 바벨론 국가의 수도 바벨론의 성은 견고함은 역사에서 다시 찾아볼 수 없으며 가히 전설적이었다.[150] 그런데 바벨론은 어이없게 무너졌다.

로마의 평화를 구가하며 전혀 적수가 없어 보이는 로마를 향하여 기록자 요한은 과거형으로 "무너졌도다, 무너졌도다. 큰 성 바벨론이여!"라고 선언하고 있다. 설교자는 깊은 기도에서 얻어지는 영감에 힘입어 불가능에 도전하며 미래에 있을 일을 과거형으로 외치는 사람들이다. 순교자들은 큰 성 바벨론 로마제국을 향하여 죽음으로 도전한 사람들이다. 몸이 불에 타들어가는 고통을 느끼면서도, 짐승의 밥이 되어 가면서도, 몸이 단두대에서 토막이 나면서도 절망을 몰랐던 사람들, 포기를 몰랐던 사람들이다. 악한 이 세상은 이런 사람들을 감히 감당하지 못한다. 로마제국은 이 사람들을 감당하지 못하고 결국 교회 앞에 백기를 들었다. 소설이 아니라 지나간 역사의 한 페이지에 들어있는 이야기이다. 우리는 계시록을 통해서 이런 살아있는 능력을 읽어내고 재현해야 한다. 이것이 우리의 과제다.

"모든 나라에게 그의 음행으로 발미암아 진노의 포도주를 먹이던 자로다."는 무슨 뜻일까? 제국 내의 모든 나라에 황제신상을 만들어 놓고 그에게 절하며 섬기라고 했던 일을 말한다. 이런 우상숭배를 가리켜 성경에서는 '음행'이라고 한다. 이런 종교적인 음행은 하나님의 진노를 부르게 되어있다. '진노의 잔'은 하나님의 징벌을 의미한다.[151] 황제신상에 절하지 않는 사람들을 가장 비참하

150) 바벨론 성의 규모를 보면 둘레가 한 변이 120스타디온(23km)이고 성벽의 높이는 높은 곳은 120m이며, 성벽의 두께는 밑변이 30m이고 성위에는 양옆에 집을 짓고 길로는 4두마차가 교차했으며, 벽돌을 역청으로 쌓았다. 이런 성벽을 이중으로 만들었고, 성 주변에는 해자를 만들어 접근이 어려웠으며, 성 문은 100개인데 청동으로 만들었고, 성문 앞 해자 위의 다리는 들어 올리게 만들었다. 성 한복판으로는 강물이 흘러서 식수가 떨어질 염려가 없었고, 식량은 100년치를 저장해 놓았다. 문자 그대로 난공불락이어서 적군이 포위하고 있을 때에도 성 안에서는 잔치를 벌였다. 전혀 무너질 것 같지 않던 바벨론성이 페르시아의 고레스에게 너무 어이없이 무너지고 말았다. 고레스는 성으로 흘러들어가는 강물을 다른 곳으로 흐르게 하고 강물이 빠지면서 생긴 통로로 들어갔다.(헤로도투스, 「역사」 1:191).

게 죽이면서 환호하는 곳에 어찌 하나님의 진노가 임하지 않겠는가? 하나님께서 정말로 살아 계시다면 이런 일이 그냥 묵과될 수가 없다. 교회의 역사는 곧 하나님께서 살아계시면서 세상을 지배하시며 죄악을 청산하시는 하나님의 역사이다. 계시록은 이런 역사의 대표적인 표본이다. 큰 성 바벨론의 멸망은 곧 죄악의 멸망이다.

【9~11】 또 다른 천사 곧 셋째가 그 뒤를 따라 큰 음성으로 이르되 "만일 누구든지 짐승과 그의 우상에게 경배하고 이마에나 손에 표를 받으면, 그도 하나님의 진노의 포도주를 마시리니, 그 진노의 잔에 섞인 것이 없이 부은 포도주라. 거룩한 천사들 앞과 어린 양 앞에서 불과 유황으로 고난을 받으리니, 그 고난의 연기가 세세토록 올라가리로다. 짐승과 그의 우상에게 경배하고 그의 이름 표를 받는 자는 누구든지 밤낮 쉼을 얻지 못하리라." 하더라.

세 번째 천사가 날아가면서 외치는 말씀에 대해서는 설명이 필요 없을 것이다. 황제신상을 우상화하는 사람도 하나님의 심판을 면할 길이 없지만, 이에 굴복하여 절하고 짐승의 표를 받는 사람도 심판을 면할 길이 없다. 잘못된 것인 줄 뻔히 알면서도 모른 체 한다면 그는 공범이다. 하나님 앞에서 방관자와 범행자는 동격이다. 범행을 방관하고 묵인하는 사람이 있기에 범죄는 기승을 부린다. 죄를 짓지 않는 것도 중요하지만 죄를 용납하지 않는 것은 더 중요하다. 많은 사람들이 죄악의 현장을 방관하면서 자신은 죄를 짓지 않고 있다고 생각하면서 하늘을 탓한다. 방관자인 공범이 국가의 법은 피해갈 수 있지만 하나님의 법은 피해갈 수 없다.

살아있는 양심의 소유자라면 불의의 현장을 방관하지 않는다. 하나님과 계약을 맺은 사람이라면 어떠해야 하는가? 당연히 그 시대의 살아있는 양심의 사표(師表)여야 한다. 이런 이유로 당시의 설교자 요한은 교인들에게 방관자가 되지 말라고 설교했다. 그 결

151) 예레미야 25:15, 28, 이사야 51:17

과는 죽음이었지만 그래도 죽음을 불사해야 한다고 목소리를 높였다. 본문의 천사의 외침은 요한이 평소에 했던 설교였다. 교회에 보내는 편지에서 설교자를 천사와 동일시한 이유는 여기에 있다. 설교자의 한 사람으로서 이런 글을 읽고 묵상하다 보면, 설교자가 이런 상황에 직면했을 때 그 심정이 어떨지를 느껴보면서 몸을 떨게 된다. 동시에 그런 상황이 주어지면 이런 설교를 할 용기가 있을지 의문이다. 자신이 죽음의 길로 가는 것보다 교인들에게 죽음의 길로 가라고 독려하는 것은 백 배, 아니 천 배나 더 어려웠으리라. 계시록에 등장하는 사람들은 말하는 사람도, 듣는 사람도 참으로 용기 있는 이들이었다. 이 용기를 로마제국은 감당하지 못하고 스스로 무너졌다.

【12】 성도들의 인내가 여기 있나니 그들은 하나님의 계명과 예수님에 대한 믿음을 지키는 자니라.

천사, 즉 설교자는 한 걸음 더 나아간다. “성도들의 인내가 여기 있나니 그들은 하나님의 계명과 예수님에 대한 믿음을 지키는 자니라.” 무슨 뜻인가? 죽음의 현장을 피하지 않는 것이 곧 성도의 본분이며 믿음을 지키는 길이라는 뜻이다. 그 당시에는 이런 순교의 길을 가는 사람들도 쉽지 않은 길을 갔지만 남편을, 자식을, 아버지를 잃고 살아남은 사람들은 더 힘든 길을 가야했다. 삶의 순교 즉 죽는 순교보다 더 힘든 삶을 감당해야 했다. 그 당시는 모든 성도가 다 순교자였으며 단지 죽은 순교자와 살아있는 순교자로 구분되는 시대였다. 순교자가 아닌 자는 하나도 없었다. 피해를 입지 않은 교인들은 적극적으로 순교자의 가족을 돌보는 순교적인 삶을 살았다. 이런 순교를 두려워하는 자는 교회 문턱을 넘어올 수가 없었다. 이들을 향해서 하늘에서 음성과 화답이 다음과 같이 들려온다.

【13】 또 내가 들으니 하늘에서 음성이 나서 이르되
기록하라. 지금 이후로 주 안에서 죽는 자들은 복이 있도다.
그러하다. 그들이 수고를 그치고 쉬리니 이는 그들의 행한 일이 따름이라.

계시록에서 "기록하라."는 말씀은 중요한 내용이면서 반드시 공개할 필요가 있을 때에 하시는 말씀이다.[152] 그 내용인즉 순교자들은 복이 있다는 말씀이다. 이런 말씀에 따라서 당시의 순교자들은 죽음의 길을 가장 큰 영광으로 받아들였다. 어쩌다 그런 사람들이 있었다는 게 아니라 그런 사람들이 부지기수로 많았으며 하나같이 그 길을 걸어갔다. 그리고 그 앞에 로마제국은 무릎을 꿇었다.

하나님께서는 왜 요한에게 이런 이야기를 글로 기록해 남겨 놓으라고 하셨을까? 그 당시 교인들에게는 물론이고 그들을 따르는 사람들과, 오늘 우리들에게까지 기독교 신앙이 어떤 것인지를 알려주시기 위함이다. 오늘 우리의 신앙생활은 이들과 비추어 보면 어떤 것일까? 요한계시록을 해석하면서 이런 것들을 교묘하게 피해가면서 종말의 시간표나 적그리스도를 읽어내려는 함정에 빠져 있다. 계시록에서는 "기록하지 말라."(10:4)고 말씀하시며 관심가지지 말아야 할 대상이 있다. 무엇일까? 반면에 기록하여 반드시 읽어야 할 대상이 있다. 무엇일까? 이제 이쯤에 이르면 그 대답은 자명해지며, 더 언급할 필요조차 없다고 생각된다.

일곱 천사의 나팔 이후의 이야기는 아직 끝나지 않고 더 계속된다.

152) 1:11, 19, 2:1, 8, 3:1, 7, 19:9, 21:9.

일곱 번째 나팔(8)

본문 : 〈 14장 〉

14 또 내가 보니 흰 구름이 있고 구름 위에 인자와 같은 이가 앉으셨는데, 그 머리에는 금 면류관이 있고 그 손에는 예리한 낫을 가졌더라.
15 또 다른 천사가 성전으로부터 나와 구름 위에 앉은 이를 향하여 큰 음성으로 외쳐 이르되 "당신의 낫을 휘둘러 거두소서. 땅의 곡식이 다 익어 거둘 대가 이르렀음이니이다." 하니
16 구름 위에 앉으신 이가 낫을 땅에 휘두르매 땅의 곡식이 거두어지니라.
17 또 다른 천사가 하늘에 있는 성전에서 나오는데 역시 예리한 낫을 가졌더라.
18 또 불을 다스리는 다른 천사가 제단으로부터 나와 예리한 낫 가진 자를 향하여 큰 음성으로 불러 이르되 "네 예리한 낫을 휘둘러 땅의 포도송이를 거두라 그 포도가 익었느니라." 하더라.
19 천사가 낫을 땅에 휘둘러 땅의 포도를 거두어 하나님의 진노의 큰 포도주 틀에 던지매,
20 성 밖에서 그 틀이 밟히니, 틀에서 피가 나서 말 굴레에까지 닿았고 천육백 스다디온에 퍼졌더라.

일곱 나팔의 마지막 장면은 추수하는 장면이다. 추수는 두 단계로 나누어서 진행되는데 다음과 같다.

【14~16】 또 내가 보니 흰 구름이 있고 구름 위에 인자와 같은 이가 앉으셨는데, 그 머리에는 금 면류관이 있고 그 손에는 예리한 낫을 가졌더라. 또 다른 천사가 성전으로부터 나와 구름 위에 앉은 이를 향하여 큰 음성으로 외쳐 이르되 "당신의 낫을 휘둘러 거두소서. 땅의 곡식이 다 익어 거둘 대가 이르렀음이니이다." 하니 구름 위에 앉으신 이가 낫을 땅에 휘두르매 땅의 곡식이 거두어지니라.

첫 번째는 머리에 면류관을 쓰고 손에 예리한 낫을 들고 구름 위에 앉아계시는 인자(人子) 같으신 이의 추수다. 인자에 대한 환상은 다니엘서에 있고[153] 낫으로 추수하는 심판의 이야기는 요엘

153) 내가 또 밤 환상 중에 보니 인자 같은 이가 하늘 구름을 타고 와서 옛적부터 항상

서에 들어있다.[154] 천사가 전해주는 추수할 때가 이르렀다는 하나님의 명령에 따라 낫을 휘두르자 곡식이 추수되었다. 인자의 추수는 성도 즉 알곡에 대한 추수였다. 천사가 전해주는 '추수할 때'는 언제일까? 일곱 천사의 일곱 번째 나팔에서 추수이야기는 맨 나중에 나온다. 그 이전까지는 계속 성도들의 고난과 죽음에 대한 이야기였다. "사로잡힐 자는 사로잡혀 갈 것이요, 칼에 죽을 자는 마땅히 칼에 죽을 것이니 ,성도들의 인내와 믿음이 여기 있느니라."(13:10), "성도들의 인내가 여기 있나니"(14:11), "기록하라. 지금 이후로 주 안에서 죽는 자들은 복이 있도다."(14:13), "아직 잠시 동안 쉬되 그들의 동무 종들과 형제들도 자기처럼 죽임을 당하여 그 수가 차기까지 하라."(6:11) 등의 말씀에 의하면 성도들이 당하는 고난이 어느 정도 충족될 때까지이다. 바꾸어 말하면 성도들이 흘리는 피와 땀이 세상의 죄악의 권세를 물리칠 만큼 충족되었을 때를 말한다. 그런데 이제 그 조건이 충족되었다.

이 부분은 다음의 포도 추수 이야기에서도 잘 드러난다.

【17~19】 또 다른 천사가 하늘에 있는 성전에서 나오는데 역시 예리한 낫을 가졌더라. 또 불을 다스리는 다른 천사가 제단으로부터 나와 예리한 낫 가진 자를 향하여 큰 음성으로 불러 이르되 "네 예리한 낫을 휘둘러 땅의 포도송이를 거두라 그 포도가 익었느니라." 하더라. 천사가 낫을 땅에 휘둘러 땅의 포도를 거두어 하나님의 진노의 큰 포도주 틀에 던지매, 성 밖에서 그 틀이 밟히니, 틀에서 피가 나서 말 굴레에까지 닿았고 천육백 스다디온에 퍼졌더라.

두 번째는 불을 다스리는 천사가 전하는 하나님의 명령에 따라

계신 이에게 나아가 그 앞으로 인도되매 그에게 권세와 영광과 나라를 주고 모든 백성과 나라들과 다른 언어를 말하는 모든 자들이 그를 섬기게 하였으니 그의 권세는 소멸되지 아니하는 영원한 권세요 그의 나라는 멸망하지 아니할 것이니라.(다니엘서 7:13~14.)

154) 너희는 낫을 쓰라 곡식이 익었도다. 와서 밟을지어다. 포도주 틀이 가득히 차고 포도주 독이 넘치니, 그들의 악이 큼이로다.(요엘 3:13)

예리한 낫을 가진 천사가 낫을 휘둘러서 포도송이를 추수하여 하나님의 진노의 포도주 틀에 던졌다. 인자의 곡식추수는 알곡 추수이고, 천사의 포도송이 추수는 쭉정이를 거두어 불에 던지는 추수다. 하나님의 진노의 포도주 틀, 즉 포도를 수확하여 포도주 틀에 넣고 밟는 이야기는 예언자들이 심판의 이야기로 자주 비유했다.[155] 그 이유는 포도를 포도주 틀에 넣어 발로 밟아 포도를 으깨면 포도즙이 흘러내리는데, 그 모습이 피를 흘리는 장면과 비슷했기 때문이다.

포도주 틀에서 흘러내리는 피가 천 육백 스다디온(320km)에 퍼졌다는 말씀은 무슨 뜻일까? 해석이 쉽지 않은데, 320km는 팔레스틴의 길이와 비슷하다. 즉 심판 받은 사람들의 피가 전국에 퍼졌다는 이야기다. 이런 사건은 AD 70년 유다가 로마제국에 멸망당할 때 실제로 일어났던 이야기다. 이스라엘 전국이 초토화 되었고 마을들이 불에 탔으며, 수많은 사람들이 죽거나 포로가 되었고, 살아남은 사람들은 해외로 쫓겨나가 나그네 생활을 해야 했다.

그러나 본문이 이것만을 말한다고 할 수는 없다. 하나님의 심판에 의한 피가 온 세상을 뒤덮었다는 뜻이다. 이는 계시록 당시에 로마제국 전역에서 순교자의 피가 흘려진 것과 대비된다. 전국에서 흘려진 순교자들의 피는 전국의 죄악을 몰아내는 하나님의 능력이요 권세여서 어둠의 권세, 세상의 죄악들은 설 자리를 잃었다. 본문의 심판은 세상 자체가 아니라 세상을 지배하고 있는 죄악에 대한 심판이다. 그리스도인들이 박해에 저항하지 않고 죽었기 때문에 로마제국은 피를 흘리지 않고, 평화적인 방법으로 기독교를 국교로 받아들였다. 우리 모두의 죄악을 위하여 예수님께서 대신 피를 흘리셨던 것처럼 로마제국이 흘려야 할 피를 성도들이 대신 흘린 셈이다. 교회와 성도들은 그 시대가 흘려야 할 피를 대신 흘

155) 이사야 63:2~4, 요엘 3:13, 계시록 19:15.

리고 세상의 피흘림을 막으며 구해내는 사람들이다. 성도들이 흘리는 피가 있을 때 세상의 죄악은 물러가고 그 자리에 하나님의 나라가 무혈입성한다. 성도의 피는 하나님나라의 마중물이다. 성도들이 제 잇속만 차리며 제 살 궁리만 하니 마중물이 모자라서 아직 세상이 이 모양 이 꼴이다. 하늘의 하나님은 세상이 아닌 성도들을 보면서 탄식하신다.

누가 있어 이 세상을 구원해낼꼬!

세 번째 설교

세 번째 심판

일곱 천사

일곱 대접

물음 21 마지막 심판, 어떤 의미인가?

본문 : 〈 15장 〉

1 또 하늘에 크고 이상한 다른 이적을 보매 일곱 천사가 일곱 재앙을 가졌으니 곧 마지막 재앙이라 하나님의 진노가 이것으로 마치리로다.
2 또 내가 보니 불이 섞인 유리 바다 같은 것이 있고 짐승과 그의 우상과 그의 이름의 수를 이기고 벗어난 자들이 유리 바다 가에 서서 하나님의 거문고를 가지고
3 하나님의 종 모세의 노래, 어린 양의 노래를 불러 이르되 "주 하나님 곧 전능하신 이시여, 하시는 일이 크고 놀라우시도다. 만국의 왕이시여, 주의 길이 의롭고 참되시도다.
4 주여, 누가 주의 이름을 두려워하지 아니하며 영화롭게 하지 아니하오리까? 오직 주만 거룩하시니이다. 주의 의로우신 일이 나타났으매 만국이 와서 주께 경배하리이다." 하더라.
5 또 이 일 후에 내가 보니 하늘에 증거 장막의 성전이 열리며
6 일곱 재앙을 가진 일곱 천사가 성전으로부터 나와 맑고 빛난 세마포 옷을 입고 가슴에 금 띠를 띠고
7 네 생물 중의 하나가 영원토록 살아 계신 하나님의 진노를 가득히 담은 금 대접 일곱을 그 일곱 천사들에게 주니
8 하나님의 영광과 능력으로 말미암아 성전에 연기가 가득 차매 일곱 천사의 일곱 재앙이 마치기까지는 성전에 능히 들어갈 자가 없더라.

〈 5번째 장면 : 15:1~16:21 〉

이제 마지막 일곱 대접의 재앙이 남았다.

【1】 또 하늘에 크고 이상한 다른 이적을 보매 일곱 천사가 일곱 재앙을 가졌으니 곧 **마지막 재앙**이라 하나님의 진노가 이것으로 마치리로다.

본문의 '크고 이상한'(μέγα καὶ θαυμαστόν)의 의미는 '크고도 놀라운'이며, '마치리로다'(ἐτελέσθη)는 '완성된다'는 뜻이다. 이제

마지막으로 나타날 일곱 천사의 재앙은 크고 놀라운 표적이며, 이는 마지막 재앙으로서 하나님의 심판을 완성하게 된다. 하나님의 마지막 심판은 어떻게 시작될까?

【2,3】 또 내가 보니 불이 섞인 유리 바다 같은 것이 있고 짐승과 그의 우상과 그의 이름의 수를 이기고 벗어난 자들이 유리 바다 가에 서서 하나님의 거문고를 가지고 하나님의 종 **모세의 노래**, **어린 양의 노래**를 불러 이르되

먼저 불이 섞인 유리바다가 등장하는데 그 바닷가에는 "짐승과 그의 우상과 그의 이름의 수를 이기고 벗어난 자들" 곧 순교자들이 하나님의 거문고를 가지고 노래를 부르고 있다. 계시록에서 요한이 처음으로 열린 하늘 문을 보았을 때에는 '수정과 같은 유리바다'가 있었는데(4:6), 이번에는 '불이 섞인' 유리바다가 등장한다. 이 불은 무엇을 의미할까? 두 가지라고 생각된다. 하나는 이제 곧 시작될 일곱 천사의 심판은 '불 대접'의 심판이므로 심판의 불이라고 할 수 있다. 성경에서 불은 하나님의 심판의 도구로 자주 등장한다. 다른 하나는 주변에 모여 있는 순교자들의 피라고 할 수 있다. 불은 태우는 역할을 하는데, 순교자들의 피는 세상의 죄악을 도말(塗抹)한다. 예수님의 피가 세상의 죄를 도말하듯이, 예수님께서 가신 십자가의 길을 따른 순교자들의 피는 세상의 죄악을 몰아낸다. 계시록에서 진행되는 하나님의 심판은 교회를 박해하는 로마제국의 죄에 대한 심판, 즉 죄를 물러가게 하는데, 그 역할을 순교자들이 장엄한 모습으로 죽어가면서 해내고 있었다. 원형경기장으로 끌려나오는 순교자들은 하나같이 면류관을 쓴 개선장군과 같았고, 순교를 가장 큰 영광으로 받아들였으며, 이런 모습은 로마제국의 죄악의 성을 서서히 무너뜨렸다. 불, 즉 순교의 피가 섞인 유리 바닷가에서 하나님의 거문고를 들고 이들이 부르는 노래가 이를 증거하는데 다음과 같다.

하나님의 종 '모세의 노래'를 불렀는데, 이 노래는 출애굽 할 당시 홍해바다를 건넌 후 부른 노래를 말한다.156) 왜 이 마지막 순간에 모세의 노래를 부르고 있을까? 모세의 노래는 이스라엘이 홍해를 건넌 후 부른 것으로 출애굽을 마무리짓는 노래였던 것처럼 이제 이 마지막 심판이 로마제국의 박해에 종식을 선언하기 때문이다. 그런데 이 심판은 파괴의 심판이 아니라 율법의 완성을 이루는 건설적인 심판이다. 그 이유는 모세의 노래와 어린양의 노래를 부르고 있으며, 또 일곱 대접을 든 천사들이 증거 장막, 즉 언약궤가 있는 장막에서 등장하기 때문이다.

어린양이신 예수님은 율법과 예언자를 완성하러 오셨다.157) 율법과 예언자의 완성을 자칫 오해할 수 있다. 율법과 예언서에서 예

---

156) 이 때에 모세와 이스라엘 자손이 이 노래로 여호와께 노래하니 일렀으되, 내가 여호와를 찬송하리니 그는 높고 영화로우심이요 말과 그 탄 자를 바다에 던지셨음이로다. 여호와는 나의 힘이요 노래시며 나의 구원이시로다. 그는 나의 하나님이시니 내가 그를 찬송할 것이요, 내 아버지의 하나님이시니 내가 그를 높이리로다. 여호와는 용사시니 여호와는 그의 이름이시로다. 그가 바로의 병거와 그의 군대를 바다에 던지시니 최고의 지휘관들이 홍해에 잠겼고 깊은 물이 그들을 덮으니 그들이 돌처럼 깊음 속에 가라앉았도다. 여호와여 주의 오른손이 권능으로 영광을 나타내시니이다. 여호와여 주의 오른손이 원수를 부수시니이다. 주께서 주의 큰 위엄으로 주를 거스르는 자를 엎으시니이다 주께서 진노를 발하시니 그 진노가 그들을 지푸라기 같이 사르니이다. 주의 콧김에 물이 쌓이되 파도가 언덕 같이 일어서고 큰 물이 바다 가운데 엉기니이다. 원수가 말하기를 내가 뒤쫓아 따라잡아 탈취물을 나누리라, 내가 그들로 말미암아 내 욕망을 채우리라, 내가 내 칼을 빼리니 내 손이 그들을 멸하리라 하였으나 주께서 바람을 일으키시매 바다가 그들을 덮으니 그들이 거센 물에 납 같이 잠겼나이다. 여호와여 신 중에 주와 같은 자가 누구니이까? 주와 같이 거룩함으로 영광스러우며 찬송할 만한 위엄이 있으며 기이한 일을 행하는 자가 누구니이까? 주께서 오른손을 드신즉 땅이 그들을 삼켰나이다. 주의 인자하심으로 주께서 구속하신 백성을 인도하시되 주의 힘으로 그들을 주의 거룩한 처소에 들어가게 하시나이다. 여러 나라가 듣고 떨며 블레셋 주민이 두려움에 잡히며 에돔 두령들이 놀라고 모압 영웅이 떨림에 잡히며 가나안 주민이 다 낙담하나이다. 놀람과 두려움이 그들에게 임하매 주의 팔이 크므로 그들이 돌 같이 침묵하였사오니 여호와여, 주의 백성이 통과하기까지 곧 주께서 사신 백성이 통과하기까지였나이다. 주께서 백성을 인도하사 그들을 주의 기업의 산에 심으시리이다. 여호와여 이는 주의 처소를 삼으시려고 예비하신 것이라 주여 이것이 주의 손으로 세우신 성소로소이다. 여호와께서 영원무궁 하도록 다스리시도다.(출애굽기 15:1~18)

157) 내가 율법이나 선지자를 폐하러 온 줄로 생각하지 말라. 폐하러 온 것이 아니요 완전하게 하려 함이라.(마태복음 5:17)

수님의 오심과 대속의 사역을 미리 예언했고 그 예언에 따라 예수님께서 십자가에서 죽으심으로 예언이 다 완성되었다고 해석하고 끝난다면 아직 중요한 핵심을 놓친 것이다. 십자가의 구속사역과 희년의 성취는 별개의 문제가 아니다. 예수님은 "율법에서 제시했던 하나님나라의 모형과 그 모형을 역사 속에서 실현해야 한다."고 외치던 예언자를 완성하려고 오셨다. 이를 예수님께서는 "하나님 나라가 가까이 왔느니라."라고 하셨다. 그 방법이 누가복음에 의하면 '희년'의 성취이며, 사도행전에서는 예수님의 사역을 이어받은 제자들이 교회를 통해 희년을 실천으로 옮겼다. 이런 이유로 순교자들은 모세와 어린양의 노래를 부르고 있다. 그 노래는 다음과 같다.

【3,4】 주 하나님 곧 전능하신 이시여, 하시는 일이 크고 놀라우시도다. 만국의 왕이시여, 주의 길이 의롭고 참되시도다. 주여, 누가 주의 이름을 두려워하지 아니하며 영화롭게 하지 아니하오리까? 오직 주만 거룩하시니이다. 주의 의로우신 일이 나타났으매 만국이 와서 주께 경배하리이다.

이 노래는 홍해바다를 건넌 후 부르는 모세의 노래를 압축한 것이며, 이스라엘 역사에서 두 번째 출애굽이라고 할 수 있는 바벨론 포로에서 귀환하면서 부르는 노래와 같다. 귀환기의 노래는 시편에 기록되어 있는데 다음과 같다.

여호와여, 주께서 행하신 일이 어찌 그리 크신지요.(시편 92:5) 여호와께서는 그 모든 행위에 의로우시며 그 모든 일에 은혜로우시도다.(시편 145:17) 하나님은… 모든 자 위에 더욱 두려워할 자시니이다.(시편 89:7) 그의 이름이 거룩하고 지존하시도다.(시편 111:9) 주여, 주께서 지으신 모든 민족이 와서 주의 앞에 경배하며 주의 이름에 영광을 돌리리이다.(시편 86:9) 여호와께서…그의 공의를 뭇 나라의 목전에서 명백히 나타내셨도다.(시편 98:2)

순교자들이 부른 모세와 어린양의 노래는 어떤 역할을 했을까?

【5】 또 이 일 후에 내가 보니 하늘에 증거 장막의 성전이 열리며

【6~8】 일곱 재앙을 가진 일곱 천사가 성전으로부터 나와 맑고 빛난 세마포 옷을 입고 가슴에 금 띠를 띠고 네 생물 중의 하나가 영원토록 살아 계신 하나님의 진노를 가득히 담은 금 대접 일곱을 그 일곱 천사들에게 주니 하나님의 영광과 능력으로 말미암아 성전에 연기가 가득 차매 일곱 천사의 일곱 재앙이 마치기까지는 성전에 능히 들어갈 자가 없더라.

하늘의 증거 장막이 열리고 일곱 재앙을 가진 일곱 천사가 등장했다. 일곱 인봉, 일곱 나팔, 일곱 대접으로 진행되는 세 차례의 심판은 이와 같이 박해받는 성도들과 순교자들의 기도와 찬양으로 시작된다.[158] 무엇이 로마제국에 대한 심판, 즉 로마제국을 지배하는 악마적인 세력을 물리치고 로마제국이 기독교 국가가 되게 했는가? 박해를 받으면서도 굴복하지 않고 정면으로 맞서서 모진 고난을 받거나 죽음의 길을 간 성도들이 흘린 피와 기도와 찬양의 힘이 그것을 가능하게 했다. 진정한 기도는 이와 같이 하늘을 움직이고 세상을 이기고 승리하게 하며, 이 세상의 죄악을 물러가게 하고 하나님의 나라를 임하게 한다. 순교자들의 찬양은 로마제국이 기독교 국가가 됨으로써 역사 속에서 실현되었는데 그 마지막을 이렇게 노래하고 있다.

【4】 만국이 와서 주께 경배하리이다.

순교자들의 이런 찬양에 힘입어 하늘의 증거 장막이 열렸다. '증거 장막'은 이스라엘이 시내산에서 계약을 맺은 후 만든 성막을 말한다. 이스라엘이 광야에 있는 동안 하나님께서는 이 성막에 임하시고 이스라엘을 만나셨다.[159] 그 이유는 성막의 지성소에 언약궤

---

158) 일곱 인봉의 시작과 기도(5:8), 일곱 나팔과 기도(8:3~4), 일곱 대접과 기도(15:2~4)

159) 출애굽기 26장, 레위기 1:1, 민수기 9:15~21. 이외에도 이와 관련된 구절은 많은데, 하나님께서는 성막에 임하시고 성막에서 말씀하시고 이스라엘을 만나셨다.

가 있었는데, 언약궤는 곧 하나님을 대신했기 때문이다. 11장에서 일곱 번째 천사가 나팔을 불 때에도 하늘 성전이 열리며 언약궤가 보였었다. 그런데 이제 마지막 재앙의 시작과 더불어 하늘의 증거 장막이 다시 열리고 있다. 이는 하나님의 심판이란 결국 이스라엘과 맺은 계약의 실현과 완성이라는 사실을 확증한다.

게다가 증거 장막이 열리면서 등장하는 천사의 복장은 율법에서 제정한 대제사장의 의복과 같다.[160] 제사장의 옷은 흰 세마포 옷에 금띠를 두르게 되어있다. 율법에서 제사장은 인간과 하나님 사이의 중재역할을 맡게 되어 있으며, 백성들에게 율법을 가르쳐서 율법을 실천에 옮기도록 하는 역할을 맡고 있다. 그런데 이제 하늘의 성막이 열리고 제사장 복장의 천사들이 등장을 하자 네 생물 중의 하나가 천사들에게 하나님의 진노를 담은 금 대접 일곱을 주었다. 이는 천사들을 통해서 부어지는 대접들의 재앙은 이 땅에서 죄악이 물러가고 율법이 실현되리라는 것을 암시한다. 첫 재앙인 인봉의 재앙이 시작될 때 네 생물이 "오라"라고 외칠 때 마다 말을 탄 장수가 등장하여 자연에 재앙을 내렸었다.(6장) 이제 마지막 재앙에 다시 네 생물이 등장하여 대접을 나누어 주었다. 이는 또한 자연에 대한 재앙을 암시한다. 천사들이 대접을 받자 성전에 연기가 가득차서 재앙이 끝날 때까지 누구도 성전에 들어갈 수가 없었다. 연기와 구름은 하나님 현현에 따르는 현상이다.[161] 특히 이스라엘이 계약을 맺은 후 성막을 만드는데, 성막이 완성되자 하나님께서 성막에 임하셨을 때 구름이 임해서 성막에 들어갈 수가 없었다.

천사들이 마지막 재앙인 금 대접을 받았을 때 연기가 임하였다는 것은 하나님께서 천사들이 붓는 금 대접에 함께 하셔서 이 땅에 율법의 실현을 통한 하나님의 나라를 임하게 하시겠다는 뜻이

160) 제사장의 옷에 대해서는 출애굽기 28장에 자세하게 기록되어 있다.

161) 출애굽기 40:34~35. 이사야 6:4.

다. 이는 계시록에 기록된 재앙은 세상에 대한 파멸을 말하는 게 아니라 세상을 지배하는 죄에 대한 파멸이라는 뜻이다. 하나님은 세상을 심판으로 멸망시키시는 분이 아니라 세상의 죄악을 멸망시키기를 원하시는 분이시다. 계시록에서는 이런 심판이 성도들과 순교자들의 기도에 대한 응답으로 진행되고 있다. 성도들은 이 세상에서 이 세상을 지배하는 죄의 권세와 싸우는 사람들이다. 죄를 이기고 하나님나라를 임하게 하는 가장 강력한 무기는 기도이다.

계시록을 해석하면서 아직도 이 세상에 대한 하나님의 심판과 종말의 시점에 초점을 맞추는 것은 참으로 안타까운 일이다. 이는 하나님과 성경에 대한 기초적인 오해에서 비롯된 비극이다. 예수님께서는 당시의 설교자인 바리새인과 서기관들을 향하여 “너희가 성경도, 하나님의 능력도 알지 못하는 고로 오해하였도다.”라고 탄식하셨다.[162] 계시록의 구절들은 성경의 전체에서 말하는 그 맥락에 맞도록 해석해야 한다. 성경 전체의 의미를 모르니 부분을 알 수가 없고, 부분만 보고 전체를 모르니 오류를 피할 방법이 없다. 흔히 하는 말대로 나무를 보기 전에 숲을 보아야 한다. 이는 성경 해석에도 전적으로 적용되는 경구다.

물음 22 세 번째 심판(일곱 대접), 어떤 재앙인가?

본문 : 〈 16장 〉

1 또 내가 들으니 성전에서 큰 음성이 나서 일곱 천사에게 말하되 “너희는 가서 하나님의 진노의 일곱 대접을 땅에 쏟으라.” 하더라.
2 첫째 천사가 가서 그 대접을 땅에 쏟으매 짐승의 표를 받은 사람들

162) 마태복음 22:29, 마가복음 12:24.

과 그 우상에게 경배하는 자들에게 악하고 독한 종기가 나더라.
3 둘째 천사가 그 대접을 바다에 쏟으매 바다가 곧 죽은 자의 피 같
이 되니 바다 가운데 모든 생물이 죽더라.
4 셋째 천사가 그 대접을 강과 물 근원에 쏟으매 피가 되더라.
5 내가 들으니 물을 차지한 천사가 이르되 "전에도 계셨고 지금도 계
신 거룩하신 이여 이렇게 심판하시니 의로우시도다.
6 그들이 성도들과 선지자들의 피를 흘렸으므로 그들에게 피를 마시게
하신 것이 합당하니이다." 하더라.
7 또 내가 들으니 제단이 말하기를 "그러하다. 주 하나님 곧 전능하신
이시여, 심판하시는 것이 참되시고 의로우시도다." 하더라.
8 넷째 천사가 그 대접을 해에 쏟으매 해가 권세를 받아 불로 사람들
을 태우니
9 사람들이 크게 태움에 태워진지라. 이 재앙들을 행하는 권세를 가지
신 하나님의 이름을 비방하며 또 회개하지 아니하고 주께 영광을
돌리지 아니하더라.
10 또 다섯째 천사가 그 대접을 짐승의 왕좌에 쏟으니 그 나라가 곧
어두워지며 사람들이 아파서 자기 혀를 깨물고
11 아픈 것과 종기로 말미암아 하늘의 하나님을 비방하고 그들의 행위
를 회개하지 아니하더라.
12 또 여섯째 천사가 그 대접을 큰 강 유브라데에 쏟으매 강물이 말
라서 동방에서 오는 왕들의 길이 예비되었더라.
13 또 내가 보매 개구리 같은 세 더러운 영이 용의 입과 짐승의 입과
거짓 선지자의 입에서 나오니
14 그들은 귀신의 영이라. 이적을 행하여 온 천하 왕들에게 가서 하나
님 곧 전능하신 이의 큰 날에 있을 전쟁을 위하여 그들을 모으더라.
15 보라, 내가 도둑 같이 오리니 누구든지 깨어 자기 옷을 지켜 벌거
벗고 다니지 아니하며 자기의 부끄러움을 보이지 아니하는 자는 복
이 있도다.
16 세 영이 히브리어로 아마겟돈이라 하는 곳으로 왕들을 모으더라.
17 일곱째 천사가 그 대접을 공중에 쏟으매 큰 음성이 성전에서 보좌
로부터 나서 이르되 "되었다." 하시니
18 번개와 음성들과 우렛소리가 있고 또 큰 지진이 있어 얼마나 큰지
사람이 땅에 있어 온 이래로 이같이 큰 지진이 없었더라.
19 큰 성이 세 갈래로 갈라지고 만국의 성들도 무너지니 큰 성 바벨
론이 하나님 앞에 기억하신 바 되어 그의 맹렬한 진노의 포도주 잔
을 받으매
20 각 섬도 없어지고 산악도 간 데 없더라.
21 또 무게가 한 달란트나 되는 큰 우박이 하늘로부터 사람들에게 내

리매 사람들이 그 우박의 재앙 때문에 하나님을 비방하니 그 재앙 심히 큼이러라.

세 심판의 비교

일곱 천사가 등장해서 마지막 일곱 대접의 재앙을 부었다. 일곱 인봉, 일곱 나팔, 일곱 대접의 재앙과 출애굽 당시의 10가지 재앙을 비교해보면 〈표2〉와 같다.

세 재앙을 비교해보면 많은 공통점이 있다는 것을 알 수 있다. 일곱 재앙 중 처음 네 재앙의 대상이 땅, 바다, 강(샘), 하늘(일월성신) 등 자연계이고 다음 세 재앙은 인간계를 대상으로 하고 있으며, 재앙의 방법은 주로 우박, 흑암, 피, 독종 등이다. 인봉과 나팔에서는 재앙의 범위가 1/4 또는 1/3이지만 마지막 대접에서는 무제한이다. 즉 대접의 재앙이 마지막이며 완성임을 알 수 있다. 앞에서도 지적한 바와 같이 7번 3회의 재앙은 연속적인 사건이 아니라 같은 사건의 세 번 반복이면서 점차적으로 확대되고 완성되어 간다. 이를 염두에 두면서 일곱 대접의 재앙을 살펴보고자 한다.

<table>
<tr><th></th><th>일곱 인봉</th><th>일곱 나팔</th><th>일곱 대접</th><th>참고(출애굽)</th></tr>
<tr><td>1</td><td>흰 말 : 승리</td><td>피 섞인 우박:
초목 1/3 피해</td><td>심한 독종:
짐승표 우상숭배</td><td rowspan="4">물/피
개구리
이
파리
가축질병
독종
뇌성/우박
메뚜기</td></tr>
<tr><td>2</td><td>붉은 말 :
전쟁/살생</td><td>화염덩이:
바다생물
1/3피해</td><td>피 바다:
모든생물 전멸</td></tr>
<tr><td>3</td><td>검은 말 : 기근</td><td>불붙은 별:
강, 샘
1/3 쓴 물</td><td>피 강/피 샘:
박해자들 대상</td></tr>
<tr><td>4</td><td>청황색 말 :
동물1/4사상</td><td>해/달/별:
1/3 흑암</td><td>불붙은 태양:
화형에 처함</td></tr>
</table>

5	순교자의 탄원: 기다려라	무저갱 열림: 5개월 황충 피해	짐승의 왕좌: 흑암/종기	태양/암흑 장자사망 홍해도하
6	천지개벽: 큰 지진	네 천사/마병대 사람, 짐승1/3사상, **측량/추수**	세 거짓영, 아마겟돈 전쟁, **도피령**	
7	침묵, 성도의 기도 **인침(십사만사천)** 우레, 번개, 지진	두 짐승 제거, **큰 우박** 7뿔10머리: 로마제국	음녀멸망, **큰 우박** 바벨론:로마제국	

〈표1 일곱 재앙의 비교〉

첫 번째 대접

【1,2】 또 **내가** 들으니 성전에서 큰 음성이 나서 일곱 천사에게 말하되 "**너희는** 가서 하나님의 진노의 일곱 대접을 **땅에 쏟으라**." 하더라. 첫째 천사가 가서 그 대접을 땅에 쏟으매 짐승의 표를 받은 사람들과 그 우상에게 경배하는 자들에게 악하고 독한 종기가 나더라.

하늘 성전으로부터 일곱 천사에게 "너희는 가서 하나님의 진노의 일곱 대접을 땅에 쏟으라."는 큰 음성이 들려와서 천사들이 진노의 대접을 차례대로 붓기 시작했다. 일곱 나팔의 재앙과 비슷하다. 처음 네 재앙은 자연계이고 다음 세 재앙은 인간세계에 대한 재앙이다.

첫 번째 대접을 땅에다 쏟자 짐승의 표를 받은 사람들과 그 우상에게 경배하는 자들에게 악하고 독한 종기가 났다. 왜 땅에다 쏟았으며, 황제신상에 절하고 확인표를 받은 사람들과 우상숭배자들에게 왜 독종이 났을까?

계시록 13:11~17절에 보면 땅에서 짐승이 올라오는 모양을 이렇게 기록하고 있다. "내가 보매 또 다른 짐승이 **땅에서 올라오니**

새끼 양 같이 두 뿔이 있고 용처럼 말하더라. 그가 먼저 나온 짐승의 모든 권세를 그 앞에서 행하고 땅과 땅에 사는 자들을 처음 짐승에게 경배하게 하니 곧 죽게 되었던 상처가 나은 자니라. 큰 이적을 행하되 심지어 사람들 앞에서 불이 하늘로부터 땅에 내려오게 하고, 짐승 앞에서 받은바 이적을 행함으로 땅에 거하는 자들을 미혹하며, 땅에 거하는 자들에게 이르기를 '칼에 상하였다가 살아난 짐승을 위하여 우상을 만들라.' 하더라. 그가 권세를 받아 그 짐승의 우상에게 생기를 주어 그 짐승의 우상으로 말하게 하고 또 짐승의 우상에게 경배하지 아니하는 자는 몇이든지 다 죽이게 하더라. 그가 모든 자 곧 작은 자나 큰 자나 부자나 가난한 자나 자유인이나 종들에게 그 오른손에나 이마에 표를 받게 하고, 누구든지 이 표를 가진 자 외에는 매매를 못하게 하니 이 표는 곧 짐승의 이름이나 그 이름의 수라."

땅에서 올라온 짐승이 황제숭배를 전국에서 적극 독려하고 기독교인들에게 모진 박해를 가했다. 짐승의 표를 받은 사람만 매매를 하게 하는 등 교회를 가장 힘들게 했던 사건은 바로 황제숭배였다. 요한은 마지막 대접의 재앙 가운데 첫 번째 대접을 통해 하나님께서 황제숭배 문제를 우선적으로 해결해 주시리라고 선언하고 있다.

하나님께서 땅에 재앙을 내려 땅을 못 쓰게 하실 리가 없다. 하나님은 망치시는 분이 아니라 고치시는 분이시다.

두 번째 대접

【3 】둘째 천사가 그 대접을 **바다에 쏟으매** 바다가 곧 죽은 자의 피 같이 되니 바다 가운데 모든 생물이 죽더라.

두 번째 대접을 이번에는 바다에 쏟자 바다가 피로 변했다. 왜 바다일까? 계시록 13장 1절에 보면 "내가 보니 **바다에서 한 짐승이 나오는데** 뿔이 열이요 머리가 일곱이라 그 뿔에는 열 면류관이 있고 그 머리들에는 참람된 이름들이 있더라."라고 기록하고 있다. 이는 로마제국의 잘못된 정치와 타락한 황제들로 말미암은 박해를 말하는데, 이로 말미암아 많은 사람이 피를 흘리며 죽었다. 요한은 이에 대한 심판을 다음과 같이 선언하고 있다. "그 대접을 바다에 쏟으매 바다가 곧 죽은 자의 피 같이 되니 바다 가운데 모든 생물이 죽더라." 바다의 생물들은 사탄의 대리자인 짐승(황제)을 따르는 그 잔당들을 말한다.

하나님께서 죄 없는 바다의 생물들을 다 죽이실 리가 없다. 하나님은 심판하시는 분이 아니라 구원하시는 분이시며, 죽이시는 분이 아니라 살리시는 분이시다. "성경에 이렇게 기록되어 있다." 라고 말하면서 하나님을 바다와 육지의 생물을 다 죽이시는 분으로 말한다면 기독교인이 아닌 사람들은 하나님을 어떻게 생각할까? 설교자는 자신이 한 말을 세상에서 책임을 져야하고 후일 하나님 앞에서 심판을 받아야 한다. 사도바울은 "문자는 사람을 죽이고, 영은 사람을 살립니다."(고린도후서 3:6, 새번역)라고 유대인들의 문자주의의 위험성을 누누이 경고했다. 바울은 늘 성경의 문자적(표면적) 의미와 본래적(이면적) 의미를 구분해서 해석했다. 예수님께서는 "나는 너희에게 말하노니"라는 형식으로 살인, 간음, 맹세 등에 대해서 문자의 의미가 아닌 본래의 의미를 해석하셨다. 살인의 문자적 의미는 살상이지만 본래적 의미는 가장 작은 자를 업신여김이 살인이며, 간음의 본래적인 의미는 이성을 보고 음욕을 품으면 이미 간음이다. 문자의 의미와 그 문자가 말하려는 본래의 의미는 하늘과 땅 만큼이나 차이가 난다.

세 번째 대접

【4~7】 셋째 천사가 그 대접을 **강과 물 근원에 쏟으매** 피가 되더라. 내가 들으니 물을 차지한 천사가 이르되 "전에도 계셨고 지금도 계신 거룩하신 이여 이렇게 심판하시니 의로우시도다. 그들이 성도들과 선지자

들의 피를 흘렸으므로 그들에게 피를 마시게 하신 것이 합당하니이다." 하더라.

【8】 또 내가 들으니 제단이 말하기를 "그러하다. 주 하나님 곧 전능하신 이시여, 심판하시는 것이 참되시고 의로우시도다." 하더라.

세 번째 대접은 강과 샘물에 쏟았고 강물은 피로 변했다. 강과 샘물이 피로 변하자 물을 맡은 천사가 "하나님께서 이렇게 하심은 정당하다."라고 했고,[163] 제단에서 나는 소리는 "하나님의 심판은 정당하고 참되시다."라고 화답했다. 왜 강과 샘물을 피로 만들어서 못쓰게 해놓고 이런 말을 할까? 물이 인간을 비롯한 동물들에게 얼마나 중요한데, 물 없이는 살 수 없는데, 과연 하나님께서 물을 심판해서 마시지 못하게 하실까? 성경에서는 하나님을 세상 모든 사람들의 아버지라고 말한다. 그런데 세상 그 어떤 아버지가 자식들이 죄를 짓는다고 자식들이 마시는 물에다 독을 타놓아서 마시고 죽게 하겠는가? 전혀 상식에 맞지 않는 말이다. 사회의 법에서도 그런 부모가 있다면 그는 중한 처벌을 받아 마땅하다고 판결한다. 성경에 쓰여 있다는 구실로 문자대로 설교를 하면 모순투성이가 되고 만다. 문자주의에 빠진 사람일수록 자신이 하나님의 진정한 옹호자요 진리와 보수 정통신앙의 수호자라고 착각한다. 이런 자들을 향해서 성경은 이렇게 말한다.

> 맹인 된 인도자여 하루살이는 걸러 내고 낙타는 삼키는도다. (마태복음 23:24)
>
> 뱀들아 독사의 새끼들아 너희가 어떻게 지옥의 판결을 피하겠느냐? (마태복음 23:33)
>
> 저주를 받은 자들아 나를 떠나 마귀와 그 사자들을 위하여 예비된 영영한 불에 들어가라.(마태복음 25:41)

---

163) 유대인들은 자연의 현상 모두를 천사가 맡고 있다고 생각했다.(에녹서 66:2)

그렇다면 강과 샘물을 피로 만들어서 마실 수 없게 하셨다는 말씀은 무슨 뜻일까? 6절에서 그 이유를 말하고 있다. "그들이 성도들과 선지자들의 피를 흘렸으므로 그들에게 피를 마시게 하신 것이 합당하니이다." 순교자들이 흘린 피는 땅에 스며들고 강과 샘으로 흘러 들어갔다. 여인들을 뱀이 든 자루에 알몸으로 넣어서 강에다 던졌다. 그래서 샘과 강물에 대접을 부었다. 물이 피가 되어 마시지 못하게 되었다는 것은 무슨 뜻일까? 문자 그대로 하나님께서 물을 마시지 못하게 했다는 뜻일까? 하나님이시라면 그렇게 하실 리가 없다. 다시는 억울하게 죽어가면서 흘리는 피가 땅이나 샘물에 흘러들어가지 않게 하겠다는 뜻이다. 그러면 왜 이런 식으로 기록을 해서 혼란에 빠지게 하는가라는 의문이 든다. 이유는 단순하다. 혼란을 주기 위해서 의도적으로 이렇게 기록한 것이 아니라 기록 당시의 박해상황에서는 이렇게 묵시적으로 기록할 수밖에 없었기 때문이다. 반드시 그 당시의 상황을 염두에 두면서 성경을 읽어야 하는 이유는 여기에 있다.

네 번째 대접

【8,9】 넷째 천사가 그 대접을 해에 쏟으매 해가 권세를 받아 불로 사람들을 태우니 사람들이 크게 태움에 태워진지라. 이 재앙들을 행하는 권세를 가지신 하나님의 이름을 비방하며 또 회개하지 아니하고 주께 영광을 돌리지 아니하더라.

네 번째 대접을 태양에 쏟아서 해가 사람을 태워 죽게 했다. 네 번째 나팔의 경우에는 흑암이었지만 이번에는 반대로 태양이 너무 뜨거워졌다. 왜 태양에 심판의 대접을 쏟았을까? 9절에 그 대답이 들어 있다. "사람들이 크게 태움에 태워진지라. 이 재앙들을 행하는 권세를 가지신 하나님의 이름을 비방하며 또 회개하지 아니하고 주께 영광을 돌리지 아니하더라." 하나님께서 잘못된 신앙을 회개할 기회를 주셨지만 태양열에 타죽어 가면서도 회개하지 않고 오히려 하나님을 비방하고 영광을 돌리지 않았다. 태양에 대접을 쏟았다는 것은 회개하고 돌이킬 기회를 주신다는 말씀이다. 그런데 문제는 돌이키지 않는데에 있다. 평생 동안 간직했던 자신의 마음과 생각과 행동을 고친다는 것은 생각보다 쉽지 않다. 세 살 버릇 여든까지 간다는 말은 이런 면에서 너무 맞는 말이다. 특히 잘못된 미신과 신앙에 빠져 들면 빠져 나오기가 대단히 어렵다. 심취했을수록 더 힘들어진다.

이제는 헛된 미신에서 빠져 나와 다 청산하고 교회에서 하나님만을 섬긴다고 하지만 믿는 신의 이름과 믿는 방식만 바뀌었을 뿐 예전의 신앙 형태를 그대로 가지고 있는 경우를 목회현장에서 너무 많이 경험한다. 반복교육으로 형성되는 세뇌와 고정관념은 신앙생활에서 가장 큰 적이 될 수 있다. 올바른 신앙은 결코 고정관념에 빠지지 않으며, 계속 배우고 고치려고 한다. 그러나 잘못된 신앙은 자신이 알고 있는 것만이 옳으며, 이와 다른 것은 틀렸다고 생각한다. 이단에 빠진 사람들이 그러하다.

깊은 기도에서 발견하게 되는 것은 성령으로 채워지면 끊임없이 자신을 돌아보며 자신이 알고 있는 게 확실하다고 생각되는 경우에도 다시 검토하고 확인하며 계속 배우려고 하지만, 악령에 빠지면 어떤 확신에 빠져서 자신의 경험과 지식은 전혀 틀림없다고 믿게 된다. 출애굽 당시에 보면 모세가 수차례 큰 이적을 베풀며 기회를 주었지만 바로는 끝까지 받아들이지 못하는 것을 보게 된다. 신앙생활에서 가장 무서운 적은 고정관념으로 굳어진 신앙이다. 어느 누구도 신앙의 문제에서 마침표를 찍을 사람은 없다. 단지 쉼표를 찍어 놓을 뿐이다.

다섯 번째 대접

【10,11】 또 다섯째 천사가 그 대접을 **짐승의 왕좌에 쏟으니** 그 나라가

곧 어두워지며 사람들이 아파서 자기 혀를 깨물고 아픈 것과 종기로 말미암아 하늘의 하나님을 비방하고 그들의 행위를 회개하지 아니하더라.

다섯 번째 대접을 짐승의 왕좌에 쏟았다. 짐승의 왕좌는 **하늘에서 쫓겨내려 온 용이 짐승에게 준 보좌**(계시록 12:9, 13:2)인데[164] 이는 하나님을 대적하는 세력의 본거지라고 할 수 있다. 그러자 사탄의 나라가 곧 어두워졌다는 말은 출애굽 당시 모세가 애굽에 내렸던 태양이 어두워지는 아홉 번째 재앙을 연상하게 한다. 태양이 빛을 잃고 애굽 온 나라에 어두워졌다는 것은 애굽을 지배하는 바로의 권세를 무력화시키는 사건이듯이, 하나님께서 사탄의 나라를 어두움에 휩싸이게 하셨다. 그러자 짐승의 나라를 섬기던 자들은 고통을 견디지 못하고 혀를 깨물고 스스로 목숨을 끊으려고 하였으며, 괴로움과 종기의 아픔에 시달렸지만 여전히 자기들의 악한 행위를 회개하려고 하지 않고, 오히려 하늘에 계신 하나님을 저주하였다.

인류역사를 돌이켜 보면 인간을 가장 불행하게 한 것은 잘못된 종교였다. 잘못된 내세신앙은 피라미드나 진시왕릉과 같은 고대 불가사의한 목공사로 전국민을 강제노역에 동원했고, 우상종교는 신전과 신상을 만드는 데에 모든 국력을 낭비했다. 작게는 사주, 관상, 점술(占術) 등과 같은 미신으로 인간의 생각과 정신을 운명론에 빠지게 한다. 사탄은 점을 쳐서 맞추는 거짓 이적을 통해서 미혹하고 판단력을 마비시켜 결국 불행하게 한다. 고대에나 있었을 법한 이런 미신들은 개화되었다고 하는 지금도 여전할 뿐만 아니라 더 기승을 부리고 있어서 무슨 길일(吉日)에는 새벽부터 저녁까지 결혼예식이나 이사를 하느라고 법석을 떨고 있다. 이런 미신에 빠진 사람들은 남의 불행에는 관심이 없고 자신에게 어떤 어려

164) 내가 본 짐승은 표범과 비슷하고 그 발은 곰의 발 같고 그 입은 사자의 입 같은데 용이 자기의 능력과 보좌와 큰 권세를 그에게 주었더라.(계시록 13:2)

움이 오면 팔자타령을 하면서 하늘을 원망한다. 지금으로부터 3500여 년 전에 쓰여 진 율법서는 길흉화복을 점치는 무당이나 박수는 반드시 돌로 쳐 죽이라고 엄명을 내리고 있다.[165] 성경은, 예수님의 사역은 세상의 이런 잘못된 신앙을 바로잡는 데에 초점이 맞춰져 있다. 세상구원이란 곧 세상의 잘못된 신앙을 고치는 것에서부터 출발한다.

여섯 번째 대접

【12】 또 여섯째 천사가 그 대접을 큰 강 유브라데에 쏟으매 강물이 말라서 동방에서 오는 왕들의 길이 예비되었더라.

【15】 보라, 내가 도둑 같이 오리니 누구든지 깨어 자기 옷을 지켜 벌거벗고 다니지 아니하며 자기의 부끄러움을 보이지 아니하는 자는 복이 있도다.

여섯 번째 대접을 유프라테스 강에 쏟았다. "그 대접을 큰 강 유브라데에 쏟으매 강물이 말라서 동방에서 오는 왕들의 길이 예비되었더라."는 말씀은 메소포타미아 역사에서 잘 알려진 한 사건을 연상하게 한다. 앞에서 말한 바와 같이 바벨론성은 견고하고 높았으며, 성 안에는 100년 양식을 저장해 놓아서 멸망하지 않을 것 같았다. 그러나 파사(페르시아)의 고레스에게 어이없게 무너지고 말았다. 그 방법은 의외로 간단했는데, 성 한 복판으로 흐르는 유프라테스 강의 상류를 막자 수로가 통로가 되어 고레스는 군사를 진입시킬 수가 있었다. 본문은 이를 염두에 둔 기록이다.

역사에 의하면 가장 위험한 것은 교만과 방심이다. 무사안일에 빠져 사치의 극을 달리다보면 파멸의 순간이 도적같이 임하게 된다. 본문은 이렇게 말하고 있다. "보라, 내가 도둑같이 오리니, 누구든지 깨어 자기 옷을 지켜 벌거벗고 다니지 아니하며 자기의 부

165) 출애굽기 22:8, 레위기 18:21, 19:26, 31, 20:2!5, 26~27, 신명기 12:31, 18:9~14.

끄러움을 보이지 아니하는 자는 복이 있도다." 식민지 국가들에게 원성을 듣기 보다는 칭찬을 들으며 로마의 평화를 누리던 라틴 로마제국이 영원히 무너질 것 같지 않았지만 야만인이라 여기며 거들떠보지도 않았던 게르만 민족에게 허무하게 무너지고 말았다.

인간을 파멸에 이르게 하는 사탄의 무서운 계략은 어떤 것일까? 본문은 이렇게 말하고 있다.

【13-14】 또 내가 보매 개구리 같은 세 더러운 영이 용의 입과 짐승의 입과 거짓 선지자의 입에서 나오니 그들은 귀신의 영이라. 이적을 행하여 온 천하 왕들에게 가서 하나님 곧 전능하신 이의 큰 날에 있을 전쟁을 위하여 그들을 모으더라.

용은 하늘에 쫓겨난 붉은 용이고(12:3), 짐승은 13장의 땅과 바다에 올라온 짐승인데 이들은 모두가 사탄의 대명사들이다. 사탄의 가장 무서운 무기와 전략은 거짓과 속임수다. 이런 사탄의 대변인을 가리켜 성경에서는 '거짓선지자'라고 하며, 이들은 항상 하나님의 이름을 사칭한다. 본문의 '세 영'은 사탄의 속임수의 무서움을 잘 표현하고 있다.

사탄의 속임수가 얼마나 무서운지는 직접 사탄의 영을 경험하지 않으면 쉽게 납득이 되지 않는다. 단언하자면, 어느 누구도 자신의 힘으로는 사탄의 속임수를 이겨내지 못한다. 왜 그런가하면 사탄은 인간의 내면에 들어있는 죄성(인간성, 원죄)을 거점으로 접근해 오기 때문이다. 다시 말하지만 사탄의 이런 무시무시한 거짓과 속임의 영을 당해낼 자는 아무도 없다. 결코 장담하거나 방심하지 말아야 한다. 거짓선지자들의 대부분은 자신이 사탄에게 속고 있다는 사실조차도 모른 채 하나님의 일을 하고 있다고 착각한다. 사탄과 계약의 단계에 이른 사람은 시작부터 자신이 사탄의 일을 한다는 것을 아는데, 이런 사람들은 아예 자신을 '하나님'으로 드러내거나 아니면 감추는데, 이들에게는 미혹의 영이 역사하기 때문에 수많은 추종자들이 생겨난다. 주변에서 찾아볼 수 있는 사이비교주들은 이런 자들이다.

한 번 더 반복하건대 결코 방심하지 말아야 한다. 성경에서 수없이 반복하는 "깨어 있으라."는 말씀은 이를 말한다. 15절에서는 "누구든지 깨어 자기 옷을 지켜 벌거벗고 다니지 아니하며 자기의 부끄러움을 보이지 아니하는 자는 복이 있도다."라고 말한다. 방심한 채 벌거벗고 자다가 화재가 나서 갑자기 비상나팔이 불면 깨어서 허둥지둥하며 벗은 채로 뛰어나오는 장면에 대한 비유이다. 계시록에서 마지막 재앙인 일곱 대접의 재앙 중에서 마지막 부분에서 이 거짓선지자를 언급하는 이유도 사탄의 속임수가 그 만큼 무섭고 쉽지 않기 때문이다.

본문은 또 이렇게 말하고 있다. "이적을 행하여 온 천하 왕들에게 가서 하나님 곧 전능하신 이의 큰 날에 있을 전쟁을 위하여 그들을 모으더라." 왜 세상의 지도자들이 사탄의 도구가 될까? 여러 이유가 있지만 거짓 이적의 영향이 크다. 거짓 이적은 주로 신접한 상태에서 나타나는 신비한 현상이며, 주로 지난 일이나 일어날 일들을 알아맞히는 점술이다. 큰 사업체나 국가를 운영하는 사람은 수시로 어려운 문제에 직면하게 되고 중요한 결정을 내려야 하는데, 매사가 불투명하기 때문에 많이 고심하게 된다. 그런데 점술로 앞일을 미리 알려준다면 어떨까? 여기에 솔깃하지 않을 자가 과연 몇이나 될까? 아무도 장담할 수 없다. 교인들 가운데에서도 점집에 드나드는 사람들이 허다하며, 교회 내에서는 '예언'이라는 현상이 많은 부작용을 일으키면서도 사라지지 않고 있다. 어떤 사람이 이 유혹에서 벗어날 수 있을까? 하나님과 성경에 대한 바른 이해에 기초한 진정한 믿음만이 마귀의 속임수에서 벗어난다. 하나님은 앞날의 일을 미리 결정해 놓으시지 않으며, 지금 여기서 우리가 어떻게 하느냐에 따라 미래가 결정되게 하신다. 이런 이유로 길흉화복을 점치는 자는 엄단하라고 하신다. 점술은 미래의 일이 정해져있다는 운명론, 결정론에 기초하기 때문이다. 개인은 물론 국가의 미래는 지금 어떻게 처신하느냐에 따라 결정되어야지 이미 결정되어있다면 이는 모순이다. 거짓과 참은 결정론(決定論)과 처신론(處身論)의 경계선에 놓여있다.

【16】 세 영이 히브리어로 아마겟돈이라 하는 곳으로 왕들을 모으더라.

사탄은 개인은 물론이고 지도자인 왕들을 거짓 이적으로 속여서 하수인으로 만들고, 이 왕들을 결집시켜 하나님을 대적하게 한다. 본문에서는 이들을 아마겟돈에 모이게 했다고 말한다. 아마겟돈은 어디일까? 이에 대해서 많은 연구들을 하는데, 대부분 이스라엘의 '므깃도'라고 한다. 므깃도는 이스라엘은 물론이고 근동의 역사에 영향을 주는 주요 전쟁의 격전지였다. 그러나 실제 지명이 어디냐 하는 것은 그리 중요하지 않다. 이는 사실적인 표현이 아니라 묵시적인 표현이기 때문이다. 더 중요한 것은 아마겟돈에서 벌어지는 전쟁이 무엇을 말하느냐이다.

1. 아마겟돈 전쟁

흔히 아마겟돈 전쟁이 인류가 종말을 맞이하는 최후의 전쟁이라는 사실에 대해서는 아무런 의심을 하지 않으며, 단지 언제 어디서 어떻게 이 전쟁이 일어날 것인가에 관심을 가진다. 그런데 이에 대하여 원점에서 다시 물어볼 필요가 있다. 요한계시록에서 말하는 아마겟돈 전쟁이 과연 인류의 종말을 고하는 전쟁일까? 이런 결론은 요한계시록이 세상의 종말을 예언한 책이라는 전제에서 가능해진다. 그러나 앞에서도 누누이 말한 바와 같이 저자 요한은 먼 미래에 있을 인류의 종말을 말하기 위해 계시록을 쓴 게 아니다. 그 당시에 당면한 박해로 말미암은 교회의 위기와 죽음을 맞이하는 순교자들을 위하여 쓴 책이며, 순교자들에게 보내는 편지다. 그렇다면 그 내용의 마지막 재앙에서 무엇을 말해야 할까? 더 물을 필요도 없이 지금 박해를 가하는 로마제국의 악마적인 세력이 어떻게 종말을 맞을까를 말해야 하며, 또 그것을 말하고 있다. 따라서 아마겟돈 전쟁은 인류 최후의 전쟁이 아니라 로마제국 최후의 전쟁이다. 요한계시록은 박해의 시대에 쓰인 묵시록이다. 계시록 해석에서는 이를 늘 염두에 두어야 한다.

사탄의 세력이 세상의 권력자들을 결집시켜 하나님을 대적하는 이야기는 성경에서 이미 찾아볼 수 있다. 대표적인 예는 이스라엘이 가나안에 입주하면서 여리고와 아이성을 무너뜨리자 가나안의 다섯 왕들은 연합하여 기브온에서 저항했다.[166] 그러자 하나님께서는 이들에게 큰 우박을 내려서 맞아 죽게 하셨다. 계시록에서는 아마겟돈에 모인 자들에게 일곱 번째 대접을 쏟자 한 달란트(35kg) 무게의 우박이 내렸다고 말하고 있다.(21절) 이는 아마겟돈 전쟁은 이스라엘이 가나안 입성 때 저항했던 가나안의 연합세력과 벌였던 기브온 전쟁과 같은 성격임을 보여주는 증거다. 우박은 하나님을 대적하는 사람들에게 내리는 재앙의 방법인데, 계시록을 보면 일곱 인봉, 일곱 나팔, 일곱 대접 등 마지막 재앙에는 언제나 우박이 사용되고 있다.

거짓 영들이 아마겟돈에 왕들을 모은다는 것은 현재 식민 지배를 받는 왕들을 부추겨 로마제국에 항거하게 한다는 뜻이다. 이는

166) 아모리 족속의 다섯 왕들 곧 예루살렘 왕과 헤브론 왕과 야르뭇 왕과 라기스 왕과 에글론 왕이 함께 모여 자기들의 모든 군대를 거느리고 올라와 기브온에 대진하고 싸우니라.(여호수아 10:5) 여호와께서 그들을 이스라엘 앞에서 패하게 하시므로 여호수아가 그들을 기브온에서 크게 살륙하고 벧호론에 올라가는 비탈에서 추격하여 아세가와 막게다까지 이르니라. 그들이 이스라엘 앞에서 도망하여 벧호론의 비탈에서 내려갈 때에 여호와께서 하늘에서 큰 우박 덩이를 아세가에 이르기까지 내리시매 그들이 죽었으니 이스라엘 자손의 칼에 죽은 자보다 우박에 죽은 자가 더 많았더라.(여호수아 10:10~11)

역사에 등장했던 모든 제국이 걸어간 길이었다. 어느 제국이나 말기에는 반란이 일어나서 망한다. 로마제국이 여러 나라로 구성된 제국의 통일성을 확보하기 위해 황제숭배를 결정하자 각 나라들은 서로 경쟁적으로 황제신상을 만들고 충성경쟁을 벌였으며, 사탄의 세 영을 받은 용과 짐승과 거짓선지자들을 동원하여 황제 신상이 살아있는 것처럼 거짓 이적을 베풀어서 백성들을 현혹시켰다. 이를 거부하는 기독교인들을 색출하여 죽이는 일에 서로 공조하며 앞장을 섰다. 요한은 이를 지켜보면서 하나님께서 이런 세력을 반드시 심판하시라는 것을 묵시적으로 말했으며, 그 전쟁을 아마겟돈 전쟁이라고 했다.

만에 하나 아마겟돈 전쟁을 인류 최후의 전쟁으로 해석을 한다 하더라도 하나님께서 세상을 파멸하시는 심판으로 해석해서는 안 된다. 하나님께서 심판하시는 대상은 세상을 지배하는 사탄의 세력인 죄악이지 결코 세상 그 자체가 아니다. 하나님께서 종말에 세상을 불로 심판하셔서 다수의 불신자들은 지옥에서 영원한 형벌을 받게 하고 신자들은 천국에서 영생복락을 누리게 하신다하고 해석을 하면 두 가지 측면에서 모순이 생긴다.

첫째, 하나님께서 창조주이시며 역사의 주관자이시라는 기독교의 기본 신앙이 훼손된다. 왜냐하면 하나님의 창조의 목적이 실패로 끝나고, 또 역사를 이끌어 가시는 능력이 없다는 뜻이 되기 때문이다. 하나님의 창조의 목적과 하나님께서 주관하시는 역사가 파국을 맞는다면 그 하나님은 무한하신 하나님, 전능하신 하나님, 완전하신 하나님이 될 수가 없다. 죄악의 권세가 아무리 크다 해도 하나님의 능력은 더 크시다. 예수님을 구세주로 믿지 않는 절대 다수가 지옥에 가고 사탄이 지배하던 세상은 불바다가 되어 사라진다면 이는 하나님께서 사탄에게 지셨다는 말이 되고 만다. 하나님께서 베푸시는 구원의 능력이 사탄의 죄의 권세보다 약할 리가 없다. 이는 하나님의 자기모순이 되고 만다. 미래적인 종말은 세상의 파멸이 아니라 하나님께서 주관하시는 역사의 완성이어야 한다. 그래야 말이 된다.

둘째, 정말로 예수님의 대속으로 구원을 받아 하나님의 자녀가 되었다면 인류의 절대다수가 지옥에서 영원한 형벌, 즉 죽을 자유도 없이 최악의 고통을 영원히 받는데, 나는 천국에서 영원히 행복하게 지낸다는 생각은 용납될 수 없다. 이는 인간적인 이기심의 극치이다. 하나님께서는 자신의 형상대로 지음을 받은 인간들을 구원하시기 위하여 하나님이시기를 포기하시고 우리와 똑같은 인간으로 오셔서 대신 죽으시고 우리를 구원하셨다. 이와 같은 대속의 은혜로 구원을 받았은 사람이라면 아무리 믿으라고 권해도 믿지 않는 사람들은 지옥에 갈 수 밖에 없고 나는 믿었으므로 천국에 간다고 생각할 수가 없다. 예수님은 우리가 아직 죄인 되었을 때에 우리를 위하여 죽으심으로 우리를 향한 사랑을 나타내셨다.[167] 그분은 우리가 구원받을 만한 믿음을 가지고 있기 때문에 우리를 위해 대신 죽으신 것이 아니다. 오히려 그분을 거역하고 십자가에 못을 박아 죽였지만 예수님께서는 우리 모두를 위해서 죽으셨다.

진정으로 구원을 받았다면 예수님을 따라가야 한다. 우리와 같은 시대에 살았던 사람들의 대다수가 지옥에 간다면 이는 내 책임일 수밖에 없다. 대충 전도했지만 듣지 않으니 저들은 지옥에 갈 수 밖에 없다고 말하는 것은 십자가의 구원 원리와 맞지 않는다. 내가 그들을 위해서 죽어야 한다. 바꾸어 말하면 저들이 구원받지 못하면 나 혼자 천국에 갈 수 없다고 생각해야 한다. 이는 인간으로서의 최소한의 양심과 책임감만 있어도 누구나 가질 수 있는 동류의식이다. 같은 시대에 살았던 절대다수가 지옥에서 영원한 형벌을 받는데 나는 천국에서 영원히 행복할 수가 있겠는가? 성경에

167) 로마서 5:8.

서 말하는, 예수님께서 가르치신 구원의 수준이 이 정도일까? 이는 모순이며 말이 되지 않는다. 그런데 왜 이런 복음의 정신이 훼손되고 이기심이 극대화된 영혼구원의식으로 변질이 되어서 불신자들에게 빈축을 사고 있는지, 참으로 안타까우며 통탄할 일이다. 예수님은 이렇게 말씀하셨다.

> 무릇 자기 목숨을 보존하고자 하는 자는 잃을 것이요, 잃는 자는 살리리라.(누가복음 17:33)

본문으로 돌아가 보자. 아마겟돈 전쟁은 인류와 세상이 파멸되는 어떤 종말전쟁이 아니다. 세상을 지배하는 죄악을 멸하고 인간과 세상을 구원하는 전쟁이다. 이제 마지막 대접을 지켜보면 이 사실이 더 명확해진다.

2. 일곱 번째 대접

【17】 일곱째 천사가 그 대접을 공중에 쏟으매 큰 음성이 성전에서 보좌로부터 나서 이르되 "되었다." 하시니

일곱 번째 대접을 공중에 쏟았다. 그러자 "되었다."라는 큰 음성이 하늘 성전의 보좌로부터 들려왔다. 왜 대접을 공중에 쏟았으며 또 무엇이 어떻게 되었다는 것일까? 공중에 쏟은 이유는 앞에서 다룬 계시록 12장에 들어있다. "하늘에 전쟁이 있으니 미가엘과 그의 사자들이 용과 더불어 싸울 새 용과 그의 사자들도 싸우나 이기지 못하여 다시 하늘에서 그들이 있을 곳을 얻지 못한지라. 큰 용이 내쫓기니 옛 뱀 곧 마귀라고도 하고 사탄이라고도 하며 온 천하를 꾀는 자라. 그가 땅으로 내쫓기니 그의 사자들도 그와 함께 내쫓기니라."(12:7~9) 이 본문에 의하면 사탄은 스스로 교만해져서 하나님을 대적하다가 하늘에서 쫓겨났는데, 그는 땅에 내려와서 공중권세를 잡고 있다.[168] 땅이란 단지 육지만을 말하는 게 아니며, 하늘은 어떤 공간이 아니다. **공중권세**를 잡은 사탄은 죄를 무기로 세상 모든 영역에 막강한 권세를 행사하고 있다. 그런데 마지막 대접을 공중에 쏟았다는 것은 공중권세를 잡은 사탄의 세력을 멸하신다는 말씀이다.

'**되었다**'(Γέγονεν)라는 말은 "이제 모든 것이 다 끝났다. **완성되었다.**"라는 뜻이다. 이는 단순히 일곱 번째 재앙이 다 끝났다는 뜻이 아니라 지금까지 진행된 일곱 번 세 차례, 스물 한 번의 재앙이 다 끝났으며, 세상 모든 죄악의 근원인 공중권세를 잡은 사탄의 세력을 멸하시고 하나님의 목적이 성취되었다는 뜻이다.

【18~20】 번개와 음성들과 우렛소리가 있고 또 큰 지진이 있어 얼마나 큰지 사람이 땅에 있어 온 이래로 이같이 큰 지진이 없었더라. 큰 성이 세 갈래로 갈라지고 만국의 성들도 무너지니 큰 성 바벨론이 하나님 앞에 기억하신 바 되어 그의 맹렬한 진노의 포도주 잔을 받으매 각 섬도 없어지고 산악도 간 데 없더라.

하늘로부터 "되었다."라는 큰 음성과 동시에 번개와 음성들과 우렛소리가 나고 또 역사 이래로 아직 없었던 큰 지진이 일어나면서 하늘의 음성에 화답을 했다. 그러자 큰 도시 로마가 세 갈래로 갈라지고 로마제국을 구성하고 있던 여러 나라의 도시들도 무너져 내리고, 각 지역의 섬들과 산들이 사라지면서 이제 큰 성 바벨론인 로마제국은 종말을 고하고 말았다.

【21】 또 무게가 한 달란트나 되는 큰 우박이 하늘로부터 사람들에게 내리매 사람들이 그 우박의 재앙 때문에 하나님을 비방하니 그 재앙 심히 큼이러라.

168) 그 때에 너희는 그 가운데서 행하여 이 세상 풍조를 따르고 공중의 권세 잡은 자를 따랐으니, 곧 지금 불순종의 아들들 가운데서 역사하는 영이라.(에베소서 2:2)

이와 더불어 한 달란트(약 35kg) 무게의 우박이 하나님을 대적하기 위해 사탄의 세력들이 모여 있는 아마겟돈에 쏟아졌다. 번개, 우레, 지진, 우박은 구약성경에서 하나님께서 치르시는 거룩한 전쟁에 동원되는 주요 무기들이다. 특히 우박은 하나님의 심판을 마무리 짓는 역할을 한다. 이런 이유로 계시록에서 일곱 인봉, 일곱 나팔, 일곱 대접의 마지막에는 우박이 내리고 있다.

계시록에서 말하는 마지막 전쟁인 아마겟돈 전쟁은 로마제국을 구성하고 있는 수십여 국가들이 연합하여 황제신상을 섬기며 하나님을 대적하는 세력에 대한 하나님의 심판을 말한다. 이를 인류의 종말을 고하는 무슨 전쟁으로 해석할 일이 아니다. 그러나 아마겟돈 전쟁으로 모든 상황이 종료되지 않았다. 본문에 의하면 큰 우박에 대하여 아직 사람들이 하나님을 원망하고 있기 때문이다. 사탄의 세력은 그렇게 쉽게 사라지지 않는다. 이제부터 사탄의 세력을 완전히 뿌리 뽑는 그 후속 작업이 진행된다.

물음 23 일곱 대접 이후, 어떻게 진행되는가?

본문 : 〈 17장 〉

1 또 일곱 대접을 가진 일곱 천사 중 하나가 와서 내게 말하여 이르되 "이리로 오라. 많은 물 위에 앉은 큰 음녀가 받을 심판을 네게 보이리라.
2 땅의 임금들도 그와 더불어 음행하였고 땅에 사는 자들도 그 음행의 포도주에 취하였다." 하고
3 곧 성령으로 나를 데리고 광야로 가니라. 내가 보니 여자가 붉은 빛

짐승을 탔는데 그 짐승의 몸에 하나님을 모독하는 이름들이 가득하
고 일곱 머리와 열 뿔이 있으며
4 그 여자는 자주 빛과 붉은 빛 옷을 입고 금과 보석과 진주로 꾸미
고 손에 금 잔을 가졌는데 가증한 물건과 그의 음행의 더러운 것들
이 가득하더라.
5 그의 이마에 이름이 기록되었으니 "비밀이라, 큰 바벨론이라, 땅의
음녀들과 가증한 것들의 어미라." 하였더라.

〈 6번째 장면 : 17:1~19:10 〉

일곱 대접을 가졌던 천사 중의 하나가 요한에게 와서 일곱 대접과 아마겟돈 전쟁을 통하여 궤멸된 사탄의 세력과 멸망의 과정에 대하여 좀 더 자세하게 설명을 해 주었다. 하나님께서는 하나님의 일을 하는 사람들에게 필요한 영적인 체험을 하게 하시고 그 다음에는 그 체험을 알게 하시는데 두 가지 방법으로 알게 하신다. 주로 쓰시는 방법은 스스로 깨달아 알게 하시는데, 이 경우 하나님은 침묵으로 일관하신다. 깨달아 아는 내용은 주로 성경의 깊은 내용과 핵심, 그 흐름을 스스로 터득하게 하시고 하나님은 단지 간접적으로 도우신다. 그 다음으로는 직접 말씀이나 환상 등으로 알게 하시거나 지시하신다. 그러나 이 경우는 특별한 경우이며, 지극히 제한적이다. 계시록을 보면 하나님께서 매번 직접 말씀하시거나 천사를 통해서 설명하시는데 이는 묵시문학의 형식으로 기록되었기 때문이다. 요한이 오랜 동안 깨달아 안 사실들을 묵시적인 방식으로 기록하다보니 천사, 음성 등이 동원되었다. 계시록은 묵시문학이라는 것을 반드시 염두에 두어야 한다. 요한이 묵시적으로 기록한 사탄(많은 물 위에 앉은 음녀)이 심판받는 과정은 다음과 같다.

【1,2】 또 일곱 대접을 가진 일곱 천사 중 하나가 와서 내게 말하여 이르되 "이리로 오라. **많은 물 위에 앉은 큰 음녀**가 받을 심판을 네게 보이리라. 땅의 임금들도 그와 더불어 음행하였고 땅에 사는 자들도 그 음행의 포도주에 취하였다." 하고

왜 사탄의 세력인 로마제국을 '많은 물 위에 앉은 큰 음녀'라고

했을까? 계시록에서는 로마제국을 바벨론으로 표현하고 있는데 실제로 구약성경에서 바벨론 성은 '많은 물가에 있는 재물이 많은 도시'라고 불렀다.[169] 그 이유는 유프라테스 강이 바벨론 성의 한 복판을 흐르고 있었고, 성 주위에는 해자를 파 놓았으며, 성 주변의 농지에는 사방으로 수로가 나 있었기 때문이다. 그러나 본문은 과거 바벨론을 말하지 않고 현재 로마를 말하는데, 15절에서 "네가 본 바 음녀가 앉아 있는 물은 백성과 무리와 열국과 방언들이니라."라고 했다. 본문에서 말하는 물은 지중해를 중심으로 구성된 로마제국의 여러 속국을 말한다. 로마는 여러 식민지를 지배하는 제국이라는 뜻이다.

'음녀'는 이미 본 바와 같이 하나님을 거역하고 사치와 부패, 음란에 빠진 경우에 쓰이는 표현이다.[170] "땅의 임금들도 그와 더불어 음행하였다."에서 땅의 임금은 로마제국의 많은 식민지의 왕들을 말하며, 이들도 로마황제가 하는 대로 우상숭배와 타락의 길을 갔다. '땅에 사는 자들'은 루마제국의 시민들을 말하며, "음행의 포도주에 취하였다."는 술에 취하듯이 사치와 퇴폐문화에 취해 있었다는 뜻이다. 로마시민들은 온갖 사치와 퇴폐적인 행위를 일삼으며, 경기장에 모여 살인적인 경기와 순교자들의 죽음을 지켜보면서 환호성을 지르는 등 인간으로서는 할 수 없는 일들을 즐겼는데, 이를 음행의 포도주에 취하였다라고 했다.

【3】 곧 성령으로 나를 데리고 광야로 가니라.

장소 이동의 경험은 깊은 영적인 상태에서 일어나는 현상인데, 실제로 마음과 영이 시간과 공간을 초월하여 이동하며, 경우에 따라서는 마음만이 아니라 몸까지도 이동이 되는 수도 있다. 예언자

---

169) 많은 물가에 살면서 재물이 많은 자여 네 재물의 한계 곧 네 끝이 왔도다.(예레미야 51:13)

170) 이사야 1:21, 23:15~17, 에스겔 16:5, 호세아 2:5, 나훔 3:4.

엘리야에게는 이런 이야기가 수차례 나오고 있는데,[171] 지금도 기도에서 경험으로 확인이 된다. 현대 자연과학의 중력이론이나 상식으로는 설명이 불가능하다. 성경에는 물 위를 걷거나, 보리떡 몇 개로 수많은 사람을 먹게 하는 등 초자연적인 이야기들이 많이 있으며, 이는 과학의 상식으로는 납득이 되지 않는다. 그러나 기도의 어떤 상태에 이르면 이런 일들이 실제로 가능해 진다. 하나님은 물리적인 법칙 밖에 그리고 그 위에 즉 다른 차원에 계시며 기도 가운데 그 상태가 경험될 수 있다. 이런 경험은 주로 하나님의 면전의 상태에서 일어난다. 그런데 이보다 훨씬 더 중요하고 어려운 문제는 이런 물리적인 초자연 현상이 아니다. 영적인 세계에서의 이런 현상은 아주 단순하고 쉬울 수 있다.

그러나 이와는 비교되지 않을 만큼 어려운 문제는 내 안에 들어있는 죄의 속성을 다스리며, 사탄의 지배에서 벗어나는 내면의 현상이다. 영적인 일에 관심을 가지는 이들 가운데 간혹 초자연적인 현상에 치우치는 경우가 있는데, 이는 길을 잘못 들었으며 아무리 애를 쓰고 고생을 해도 영성의 길은 점점 더 요원해질 뿐만 아니라 마귀에게 속게 된다. 진정한 영성은 자기 내면을 성찰하면서 죄의 속성을 간파하고 마귀의 속임수를 꿰뚫어보며 이에서 벗어나는 데에 있다. 성령이 요한을 광야로 데리고 갔다는 기록은 단순히 묵시적인 표현이 아니라 실제로 일어난 경험이라고 볼 수도 있다.

왜 광야로 데리고 갔을까? 유대인들은 풀 한 포기 없고 아무런 생명체가 없는 황량한 광야에 사탄이 있다고 생각했다. 예수님께서 광야에서 시험을 받으셨고, 비유 가운데 보면 "더러운 귀신이 사람에게서 나와 광야(물 없는 곳)로 다니며"라는 기록은 이런 연유다.[172] 요한은 광야에서 지금까지와 다른 사탄이 아니라 같은

171) 열왕기상 18:12, 46. 열왕기하 2:11.

172) 마태복음 4:1~11, 누가복음 11:24.

사탄의 다른 모습을 또 보게 된다. 왜 이렇게 같은 이야기를 표현을 달리하며 반복하고 있을까? 사탄은 천의 얼굴을 가지고 있어서 다양한 모습으로 늘 변신을 하기 때문이다.

영성의 경험에서 가장 어려운 부분은 사탄과의 대결이다. 이 대결에서 지거나 잘못되는 경우 이는 단순히 영성의 상태에서만이 아니라 실제로 사람의 정신이나 신체에 심각한 이상이 동반될 수 있다. 그러나 사탄은 결코 두려워할 대상이 아니다. 이런 문제에서 가장 중요한 것은 하나님을 향한 기본자세가 바로 되어 있느냐의 문제다. 하나님과의 관계만 올바르게 되어 있으면 사탄과 아무리 치열한 대결이 일어난다 해도 하나님께서 이길 힘과 지혜를 주시기 때문에 결코 지는 일이 일어나지 않는다. 그러나 하나님과의 관계가 어긋나 있으면 내가 아무리 사탄을 이기려고 해도 어림도 없다. 사탄은 인간의 그 어떤 것으로 이길 대상이 결코 아니다. 인간의 방법으로 사탄을 이길 자는 아무도 없다. 광야에서 요한이 경험하는 사탄은 어떤 무습일까?

【3】 내가 보니 여자가 붉은 빛 짐승을 탔는데 그 짐승의 몸에 하나님을 모독하는 이름들이 가득하고 일곱 머리와 열 뿔이 있으며

앞에서 본 음녀가 탄 붉은 빛 나는 짐승은 12:3절에서 등장한 '붉은 용'과 비슷하며, 이 짐승은 로마제국을 말한다. 그런데 사탄(여자)은 이 짐승(로마)을 타고 있다, 즉 지배하고 있다. 로마제국이 사탄의 지배를 받고 있다는 뜻이다. 일곱 머리 열 뿔은 로마제국과 그 황제들이다. 짐승의 몸에 가득찬 하나님을 모독하는 이름들이란 로마제국이 섬기고 있는 수많은 우상들의 이름이다. 다신교 시대의 로마제국에는 셀 수 없을 만큼 많은 우상들이 있었다. 그리고 또 다른 하나는 황제들에 대한 신격화를 말한다. 앞에서 본 바와 같이 황제들 가운데 어떤 이들은 스스로 자신을 신이라고 착각했으며, 그렇지 않다 하더라도 정치적인 이유로 황제숭배를 제국 전체로 확대시켰다. 이런 것들은 하나님으로부터 심판을 받아 마땅한 사탄의 실상이라고 계시록은 지적하고 있다.

【4】 그 여자는 자주 빛과 붉은 빛 옷을 입고 금과 보석과 진주로 꾸미고 손에 금 잔을 가졌는데 가증한 물건과 그의 음행의 더러운 것들이 가득하더라.

이는 로마제국의 사치와 부귀영화를 말하는데, 그 정도는 가히 극을 달렸다. 로마제국이 통일되어 안정에 접어들자 로마제국은 전설적인 부귀영화를 누렸다. 이탈리아 반도를 배경으로 하는 라틴민족은 지중해 전역에서 들어오는 식민지 공물이 넘쳐나 사치 이외에는 돈을 쓸 곳이 없었고 여가를 즐기는 것 이외에는 할 일도 없었다. 대형 운동장과 극장의 경기와 공연, 그리고 각종 연회가 유일한 소일거리였다. 경기의 내용은 구경꾼들에게 즐거움을 주기 위하여 온갖 방법들이 동원되었다. 초기에는 순수한 경기로 진행되었지만 시간이 지나면서 더 큰 흥미를 주기 위하여 실제로 서로 죽이는 경기로 발전했고, 전쟁포로나 노예를 굶주린 맹수와 싸우게 하는 비인간적인 놀이들을 서슴지 않았다.

연회의 주요 관심사는 "얼마나 비싼 음식을 장만할 수 있는가?"였다. 세상에 가장 귀한 것은 로마에 다 모여 있으며 로마에 없는 것은 세상에 없다고 했다. 현재 세상에서 가장 사치스럽게 사는 사람도 로마시대에 비하면 중간이하 수준이라고 한다. 귀족들의 식사와 연회에 주로 사용되는 고기들은 꿩이나 공작의 뇌, 홍학이나 나이팅게일의 혀 등이었고, 물고기 요리로는 새우(pike)의 간, 장어의 젖이 애용되었는데 페르시아나 스페인에서 수입한 것들이었다. 열두 단계로 이어지는 연회를 이런 요리들로 열려면 매번 7천여 마리의 새와 물고기가 필요했다. 막시무스(Valerius Maximus)는 한 모금에 1백만 세스테르스(sesterce, 1/4데나리온, 한 데나리온은 장정 하루의 품삯)를 마신다는 것을 보여주기 위하여 진주를 식초에 녹인 음료를 손님들 앞에서 마셨다. 갈리굴라(Caligula)는 하루에 10만 파운드(약 20억 원), 일 년에 이천만 파운드(약 4천억 원)를 유흥비로 썼으며, 진주음료와 금으로 만든 빵, 고기를 대접했다. 652,000파운드(약 130억 원)를 가진 사람이 극빈자로 취급받았고, 일백만 파운드(약 200억 원)를 유흥비로 탕진하다가 1십만 파운드(약 20억 원)가 남았는데 가난을 비관하여 자살하는 사람이 있었다. 진주를 녹인 음료는 특별한 음료가 아니라 일상적인 것이었다.

로마의 사치는 보석의 사용에서도 잘 나타난다. 로마의 여인들은 은으로 만든 욕조에서만 목욕을 했으며, 가난한 여인들도 은으로 장식한 신을 신었고, 노예들도 은거울을 사용했다. 만찬에 쓰이는 모든 그릇들은 다 은으로 만들어졌고, 파울리누스(Pompeius Paullinus)는 전시에도 은으로 만든 접시를 싣고 다녔으며, 행진할 때 마다 최소 1천대 이상 동원되는 네로의 마차를 끄는 노새들은 은으로 만든 신을 신었다. 다이아몬드, 에메랄드, 녹주석, 단백석을 비롯한 각종 보석들이 애용되었고, 약혼식에 사용된 여인의 장식품에 425,000파운드(약 85억 원)가 들기도 했다. 중국산 대리석, 인도산 향료, 진귀한 대리석과 아프리카산 향나무로 만든 테이블 등 상상할 수조차 없는 온갖 사치품들이 차고 넘쳤다.

로마제국의 번영과 사치의 뒷면에는 도덕적인 타락이 드리워져 있었는데, 특히 성윤리에서 그러했다. 사치가 극을 달리는 만큼 쾌락에 젖어 살았다. 초기 로마황제 15명 중 14명이 호모였으며, 세네카는 "여자는 이혼하기 위해 결혼하고 결혼하기 위해 이혼한다."라고 했다. 23번 결혼한 여자, 5년 동안 8번 결혼한 여자에 대한 기록들이 남아있다. 쾌락을 추구하기 위하여 온갖 수단과 방법을 동원했다. 남자들만 성적으로 문란한 것이 아니었고, 성윤리라는 것 자체가 없었다고 해도 과언이 아니다. 사탄이 지배하는 성적인 제의를 드리는 우상종교는 성적인 방탕의 온상이었고, 성적인 타락에 종교적인 이념을 제공했다. 사탄은 교묘하게 성을 타락과 쾌락의 무기로 사용한다.

【5】 그의 이마에 이름이 기록되었으니 "비밀이라, 큰 바벨론이라, 땅의 음녀들과 가증한 것들의 어미라." 하였더라.

로마의 창녀들은 이마에 이름이 적힌 띠를 둘렀는데, 이를 빗대서 음녀 로마의 이마에 이름이 기록되었다고 했다. 음녀의 이름을 비밀이라고 한 이유는 박해 중이므로 로마제국의 이름을 직접 거론할 수 없음을 말한다. 그러나 큰 바벨론, 땅의 음녀들과 가증한 것들의 어미라는 동격어로 표현하여 당시에 이 글을 읽는 교인들은 무슨 뜻인지를 알게 했다. 로마제국을 가증한 것들의 어미라고 한 이유는 제국의 많은 나라들의 지배자이며, 제국의 가증한 일들을 속국들이 그대로 따라하고 있었기 때문이다.

이런 음녀가 우박 등으로 심판받았다는 말은 현재 박해받는 교회가 이런 죄악들을 다 몰아내야 한다는 것을 뜻한다. 예언자들은 역사의 현장에서 빚어지는 모순들이 하나님의 초자연적인 개입으로 해결되기를 기다리는 방관자가 아니다. 예언자들과 묵시자들은 불가능해 보이는 현실을 보면서 그 해결의 가능성을 선포하며 바꾸어 가는 사람들이다. 그들은 결코 불가능을 모른다. 그 이유는 불가능한 현실 너머에 계시는 하나님을 바라보기 때문이다. 나라가 완전히 사라진 후 전쟁포로로 잡혀간 사람들을 찾아가서 나라를 다시 찾을 수 있다고 선포한 사람들이 예언자들이며 또 그렇게 되도록 이끌어 갔다.

인류 역사에 등장한 가장 강대한 나라라고 평가받는 대제국의 대대적인 박해에 직면하여 문자 그대로 풍전등화의 위기를 맞아서 교회가 살아남을 가능성은 전혀 없어 보이는데, 그런데 묵시자 요한은 교회가 살아남는다고 말하는 것에서 그치지 않고 교회가 로마제국의 악마적인 죄악들을 몰아내고 로마제국에 하나님의 나라가 임하게 할 수 있다고 선언한다. 그리고 요한의 이런 위대한 선언은 역사 속에서 그대로 실현이 되었다. 진정한 기적은 초자연적인 기적이 아니라 불가능해 보이는 역사의 현장에서 역사를 바꾸는 역사적인 기적이다. 요한계시록을 지난 역사의 현장에서 역사를 바꾸어간 실현된 이야기로 해석하면서 오늘 우리의 역사를 바꾸는 이야기로 해석해야 하는 이유는 여기에 있다. 미래에 초점을 맞추어 적그리스도의 등장과 종말의 시간표를 읽으려는 것은 역사의 시계바늘을 비틀어 놓는 것과 같다. 이는 사탄의 앞잡이 노릇이며, 용서받을 수 없는 범죄행위요 영원한 불 못에 던져질 죄악이다. 결코 속아 넘어가지 말아야 한다.

본문 : 〈 17장 〉

6 또 내가 보매 이 여자가 성도들의 피와 예수님의 증인들의 피에 취
한지라. 내가 그 여자를 보고 놀랍게 여기고 크게 놀랍게 여기니
7 천사가 이르되 "왜 놀랍게 여기느냐? 내가 여자와 그가 탄 일곱 머
리와 열 뿔 가진 짐승의 비밀을 네게 이르리라.
8 네가 본 짐승은 전에 있었다가 지금은 없으나 장차 무저갱으로부터
올라와 멸망으로 들어갈 자니 땅에 사는 자들로서 창세 이후로 그
이름이 생명책에 기록되지 못한 자들이 이전에 있었다가 지금은 없
으나 장차 나올 짐승을 보고 놀랍게 여기리라.
9 지혜 있는 뜻이 여기 있으니 그 일곱 머리는 여자가 앉은 일곱 산
이요,
10 또 일곱 왕이라. 다섯은 망하였고 하나는 있고 다른 하나는 아직
이르지 아니하였으나 이르면 반드시 잠시 동안 머무르리라.
11 전에 있었다가 지금 없어진 짐승은 여덟째 왕이니 일곱 중에 속한
자라. 그가 멸망으로 들어가리라.
12 네가 보던 열 뿔은 열 왕이니 아직 나라를 얻지 못하였으나 다만
짐승과 더불어 임금처럼 한동안 권세를 받으리라.

13 그들이 한 뜻을 가지고 자기의 능력과 권세를 짐승에게 주더라.
14 그들이 어린 양과 더불어 싸우려니와 어린 양은 만주의 주시오 만
왕의 왕이시므로 그들을 이기실 터이요, 또 그와 함께 있는 자들 곧
부르심을 받고 택하심을 받은 진실한 자들도 이기리로다."
15 또 천사가 내게 말하되 "네가 본 바 음녀가 앉아 있는 물은 백성
과 무리와 열국과 방언들이니라.
16 네가 본 바 이 열 뿔과 짐승은 음녀를 미워하여 망하게 하고 벌거
벗게 하고 그의 살을 먹고 불로 아주 사르리라.
17 이는 하나님이 자기 뜻대로 할 마음을 그들에게 주사 한 뜻을. 이
루게 하시고 그들의 나라를 그 짐승에게 주게 하시되 하나님의 말
씀이 응하기까지 하심이라.
18 또 네가 본 그 여자는 땅의 왕들을 다스리는 큰 성이라." 하더라.

천사의 해설

【6,7】 또 내가 보매 이 여자가 성도들의 피와 예수님의 증인들의 피에 취한지라. 내가 그 여자를 보고 놀랍게 여기고 크게 놀랍게 여기니 천사가 이르되 "왜 놀랍게 여기느냐? 내가 여자와 그가 탄 일곱 머리와 열 뿔 가진 짐승의 비밀을 네게 이르리라.

요한이 광야에서 음녀가 성도들을 죽이면서 그 살육전을 즐기고 환호하는 것을 보면서 너무 놀라서 할 말을 잃고 있자 천사가 음녀가 타고 있는 붉은 빛 짐승에 대하여 자세히 소개해 주었다. 짐승, 여자, 일곱 머리, 열 뿔 등에 대한 언급이 반복되는 이유는 당시 교인들에게 이들은 사탄의 세력이며 적그리스도라는 것을 누차 강조하기 위함이라고 할 수 있다. 천사가 설명하는 일곱 머리, 열 뿔을 가진 짐승의 비밀은 다음과 같다.

【8】 네가 본 짐승은 전에 있었다가 지금은 없으나 장차 무저갱으로부터 올라와 멸망으로 들어갈 자니 땅에 사는 자들로서 창세 이후로 그 이름이 생명책에 기록되지 못한 자들이 이전에 있었다가 지금은 없으나 장차 나올 짐승을 보고 놀랍게 여기리라.

"전에 있었다가 지금은 없으나 장차 나올 짐승"은 13:3절에서

본 바와 같이 네로를 말하는데, 그는 황제 중에서 악의 화신이었으며, 다시 살아서 돌아온다는 소문 때문에 모두가 두려움에 떨었다. 그래서 본문에서는 그를 "장차 무저갱으로부터 올라와서 멸망으로 갈 자" 즉 사탄 그 자체라고 했다. 무저갱은 마귀가 있는 곳이며, 마귀는 땅의 무저갱에서 올라오고 천사나 예수님은 하늘로부터 내려온다. 이는 당시의 우주관의 반영이다.

"창세 이후로 그 이름이 생명책에 기록되지 못한 자들이 이전에 있었다가 지금은 없으나 장차 나올 짐승을 보고 놀랍게 여기리라." 는 말씀은 13:8절의 반복이다. 당시 로마 시민들은 네로의 부활설에 대하여 놀라고 두려워했다.

【9`11】 지혜 있는 뜻이 여기 있으니 그 일곱 머리는 여자가 앉은 일곱 산이요, 또 일곱 왕이라. 다섯은 망하였고 하나는 있고 다른 하나는 아직 이르지 아니하였으나 이르면 반드시 잠시 동안 머무르리라. 전에 있었다가 지금 없어진 짐승은 여덟째 왕이니 일곱 중에 속한 자라. 그가 멸망으로 들어가리라.

다시 짐승의 의미를 설명하고 있다. 짐승의 일곱 머리는 두 가지 의미가 있는데 첫째는 일곱 산이며, 일곱 언덕 위에 세워진 로마를 말한다. 로마는 티베르 강 옆의 일곱 언덕에 세워져서 세르비우스 툴리우스(Servius Tullius BC 578~534년)때부터 '일곱 언덕의 도시'라고 불렀다. 둘째는 일곱 황제를 뜻한다. 일곱 머리가 어떤 경우에는 로마제국을, 다른 경우에는 황제를 의미하는 이유는 황제가 곧 제국으로 여겨졌기 때문이다. 일곱 황제에 대한 해석은 다음과 같다. '다섯은 망하였고'에서 다섯 황제는 ①아우구스투스, ②티베리우스, ③갈리굴라, ④클라우디우스 ⑤네로 등을 말한다.[173] '하나는 있고'는 여섯 번째인 베스파시아누스를 말한다.

---

173) 로마제국의 황제 명단은 다음과 같다. 로마제국은 율리우스 시저(Gaius Julius Caesar, BC 100~44)로부터 시작되었으나 그는 아직 황제라고 불리지 않았으므로 그 다음 부터를 황제로 계산한다. ①아우구스투스 (Gaius Iulius Caesar Octavianus

"하나는 아직 이르지 아니하였으나 이르면 반드시 잠시 동안 머무르리라."는 재위기간이 2년으로 짧았던 일곱 번째 티투스를 뜻한다. "전에 있었다가 지금 없어진 짐승은 여덟째 왕이니 일곱 중에 속한 자라."는 여덟 번째인 도미티아누스를 말하는데, 그를 '일곱 황제 중에 속한자라'라고 한 이유는 도미티아누스는 당시 기독교인들에게는 제2의 네로로 여겨졌기 때문이다.

네로는 기독교를 처음으로 박해한 황제로서 로마시의 화재에 대한 책임을 기독교인들에게 떠넘기는 바람에 박해가 일어났다. 네로는 기독교인들을 샅샅이 색출하여 잔인하게 죽였다. 그런데 계시록이 쓰여 질 당시의 도미티아누스는 스스로를 신이라고 칭하며, 자신의 신상을 세웠고, 황제신상에 절하지 않는 기독교인들을 색출하여 죽이는 데에 혈안이 되어 있었다. 이런 이유로 도미티아누스를 "전에 있었다가 지금은 없어진 짐승" 즉 두 번째 네로라고 생각했다. "그가 멸망으로 들어가리라."는 지금 악행을 저지르는 도미티아누스는 반드시 멸망하리라는 뜻이다.

【12,13】 네가 보던 열 뿔은 열 왕이니 아직 나라를 얻지 못하였으나 다만 짐승과 더불어 임금처럼 한동안 권세를 받으리라. 그들이 한 뜻을 가지고 자기의 능력과 권세를 짐승에게 주더라.

이 본문에서 말하는 열 뿔은 열 왕인데 아직 나라를 얻지 못한 열 왕은 누구를 지칭할까? "다만 짐승과 더불어 임금처럼 한동안 권세를 받으리라. 그들이 한 뜻을 가지고 자기의 능력과 권세를 짐

Augustus, BC27년-후14년), ②티베리우스 (Tiberius Claudius Nero Caesar, AD14년~37년), ③칼리굴라 (Gaius Caesar Germanicus, Caligula, 37년~41년), ④클라우디우스 (Tiberius Claudius Nero Caesar Drusus, 41년~54년), ⑤네로 (Tiberius Claudius Nero Domitianus Caesar, 54년~68년), 갈바 (Servius Sulpicius Galba, 68년~69년), 오토 (Marcus Salvius Otho, 69년), 비텔리우스 (Aulus Vitellius Germanicus, 69년), ⑥베스파시아누스 (Titus Flavius Vespasianus, 69년~79년), ⑦티투스 (Titus Flavius Vespasianus, 79년~81년), ⑧도미티아누스 (Titus Flavius Domitianus, 81년~96년) 갈바, 오토, 비텔리우스 등은 네로가 죽은 후 황제 쟁탈전에서 몇 개월 동안 등극해서 황제로 평가하지를 않는다.

승에게 주더라." 설명을 보면 교회를 대적하는 세력이라는 것을 알 수 있다. 또 "네가 본 바 음녀가 앉아 있는 물은 백성과 무리와 열국과 방언들이니라."라는 구절에서 많은 물 위에 앉은 큰 음녀(17:1)는 '백성의 무리와 열국과 방언들'이라고 했는데. 이는 다양한 문화와 언어를 가진 로마제국 내의 여러 국가들을 말한다. 그런데 17:16절에서 "네가 본 바 이 열 뿔과 짐승은 음녀를 미워하여 망하게 하고 벌거벗게 하고 그의 살을 먹고 불로 아주 사르리라."라고 말한다. 이는 열 뿔, 즉 식민지 국가들이 로마제국(음녀)을 싫어하여 반란을 일으켜 헐벗게 하고 불로 태우리라고 예고하고 있다. 즉 로마제국이 지금은 로마제국의 평화를 누리고 있지만 주변 국가들에 의하여 멸망하리라는 말이다. 따라서 이런 조건에 해당되는 왕들은 로마 식민지배하에서 황제신상을 섬기며 교회를 박해하던 각 지역과 변방의 지배자인 왕들이라고 할 수 있다.

이 예고대로 라틴 민족이 다스리던 로마제국은 후일 AD 476년 변방 게르만 민족에게 멸망을 당했다. 라인강 건너편에 있던 게르만 민족은 로마가 직접 통치하는 식민지는 아니었으나 로마를 섬기고 있었으므로, 사실상 식민지 국가와 다름이 없었다.

세계역사를 보면 영원히 멸망할 것 같지 않던 나라가 어느 날 갑자기 무너지는 것을 보게 된다. "주의 날 즉 심판의 날이 도적같이 임하리라."는 말씀은 역사의 종말에서만이 아니라 역사 속에서 실제로 일어나는 사건이다. 앞에서 본 바와 같이 전설적인 바벨론성이 그렇게 허무하게, 하루아침에 페르시아의 고레스에게 멸망하리라고는 누구도 예상하지 못했다. 그런데 계시록에서 바벨론으로 불리는 로마제국도 마찬가지였다. 600년 평화를 구가하던 나라, 먼 동쪽의 파르티아(현재의 이란지역) 외에는 로마를 위협할 세력이 없다고 생각했는데, 어이없게도 야만인 게르만 민족에게 멸망당했다.

게르만 민족은 로마제국의 국경을 넘볼 엄두조차 내지 못했다. 약탈로 살아가던 게르만 민족은 유난히 추워서 국경선인 라인강이 꽁꽁 얼어붙은 406년 12월 단지 도적질을 하려고 로마 국경선인 라인강을 걸어서 넘어갔다. 그런데 막상 가보니 국경방비가 허술하기 짝이 없었다. 오랫동안 외부의 침략을 받지 않게 되자 로마제국은 용병으로 군대를 운영했다. 용병이 애국심이 있을 리가 없고, 지휘자들이 사치와 부귀영화로 타락해 있으니 지휘체계와 기강이 바로 서있었을 리가 없었다. 게르만 민족의 일부가 강을 건너 로마제국의 갈리아 지역에 침입하면서 로마제국의 국경은 무너지기 시작했다. 이때 침입한 군대가 약 1만 5천여 명이었는데, 별로 저항을 받지 않고 주민이 약 2천만 명이나 되는 갈리아지역을 점령했다.

로마의 국경이 서고트족의 알라릭에게 힘없이 유린을 당하자 반달족, 프랑크족, 롬바르트족, 부르군트족, 동고트족 등 게르만 민족의 여러 부족들이 떼를 지어 몰려들었다. 게르만 민족들은 이탈리아 반도는 물론 스페인과 북아프리카 지역까지 진출하여 서로마제국은 게르만 민족의 무대가 되고 말았다. 이후 황제들은 실권을 잃었고, 군대의 실권자에 의해 황제가 수시로 바뀌는 등 파행을 거듭하다가 결국 476년에 멸망당함으로써 라틴민족의 시대는 막을 내리고 게르만 민족의 시대가 막을 열었다.[174] 이후에도 비잔틴(콘스탄티노플)을 수도로 하는 동로마제국은 1453년 멸망할 때 까지 지속했으나 동로마제국은 발칸반도(그리스본토)와 소아시아지역에서 그리스문화를 배경으로 하고 있으므로 라틴 로마제국이라

174) 410년 로마시가 함락된 후 명목상의 황제가 있었으나 사실상 게르만인 장군들이 실권을 장악했다. 476년 오도아케르(Odovacar)가 마지막 황제 로물루스 아우구스툴루스(Romulus Augustulus)를 폐위시키고 스스로 왕이 되었다. 이 시점을 서로마의 멸망으로 본다. 그러나 비잔틴(콘스탄티노플)을 중심으로 하는 동로마는 1453년 오스만 투루크에 멸망당할 때 까지 계속되었다.

고 할 수는 없다. 어쨌든 라틴로마제국은 476년 막을 내렸다. 50~60만 명으로 구성된 천하무적의 로마군대가 어떻게 1만 5천여 명의 야만족에게 그토록 허망하게 무너졌는지는 역사의 수수께끼로 남아있다.

게르만 민족이 어떻게 하다 보니 로마제국을 다스리게 되었지만 그들은 야만인이어서 큰 나라인 로마를 다스릴만한 문화도 행정력도 경험도 없었다. 그러나 교회는 국교로서 각 지역에서 행정, 사법, 재정 등의 상당부분을 국가 기관의 역할을 대행하고 있었다. 이런 이유로 로마제국의 새로운 주인이 된 게르만 민족은 스스로 기독교인이 되기를 원했고, 교회는 이들을 대신해서 로마제국을 이끄는 중앙정부기관이 되었다. 그 전에는 교회조직이 교회로서 각 지역에서 정부의 한 기관의 역할을 하였다면 이제는 교회가 국가를 직접 운영하는 정치세력이 되었다. 이후 게르만 민족은 물론이고 라인강 너머의 북유럽 전체가 기독교 국가가 되었다. 이로써 로마제국은 제정일치의 국가가 되었다. 중세 기독교 국가는 이렇게 시작되었다. 이런 역사를 이해하고 나면 이후의 계시록에서 말하는 예언이 박해가 끝난 이후 어떻게 실현되었는지가 쉽게 이해된다.

【14】 그들이 어린 양과 더불어 싸우려니와 어린 양은 만주의 주시오 만왕의 왕이시므로 그들을 이기실 터이요, 또 그와 함께 있는 자들 곧 부르심을 받고 택하심을 받은 진실한 자들도 이기리로다."

"그들(음녀와 열 뿔)이 어린 양과 더불어 싸우려니와"는 무슨 뜻일까? 로마제국과 그 앞잡이들이 어린양과 더불어 싸운다는 것은 곧 교회를 박해하는 것을 말한다. "어린양은 만주(萬主)의 주시요 만왕(萬王)의 왕이시므로 그들을 이기실 터이요"는 무슨 뜻일까? 당시에는 주인을 비롯한 왕을 '주님'(κύριος)이라고 했는데,

예수님은 모든 주인 중의 주인이고 왕들 중의 왕 즉 황제이시므로 그들을 이긴다는 뜻이다. 예수님이 어떻게 공격을 받으시고 또 어떻게 이기실까? 하늘의 군대인 천사를 동원하실까? 아니다. 이 땅에서 예수님을 대신하는 교회를 통해서 일하신다. 교회가 당하는 핍박이 예수님께서 당하시는 핍박이었고, 교회의 승리가 예수님의 승리였다. 그런데 박해받던 교회가 어떻게 로마제국을 이겼는가? 앞에서 말한 방식이다. 첫 단계는 박해에서 벗어나는 밀란 칙령(AD 313년)이었고, 둘째는 로마제국의 국교가 되었고, 세 번째는 라틴로마제국이 게르만 민족에게 멸망하면서 로마제국의 통치자가 되었으며, 네 번째로는 더 나아가 유럽 전체를 다스리는 기독교 중세 천년왕국이 되었다. "또 그와 함께 있는 자들 곧 부르심을 받고 택하심을 받은 진실한 자들도 이기리로다."라는 말씀, 즉 핍박받는 교회가 로마제국을 이기리라는 말씀은 이렇게 실현되었다.

하나님께서 세상을 심판하신다는 말씀이 무슨 뜻이며, 어떻게 심판하실까? 역사의 종말에 하나님께서 죄악이 지배하는 세상을 불로 멸망시키시고, 불신자들은 지옥으로 신자들은 천국으로 가게 하신다고 흔히 생각한다. 하나님이 진짜 하나님이시라면, 그분이 세상을 만드시고 세상역사를 주관하시는 분이시라면, 참 진리이시고 절대자와 완전자이시라면, 전능하시다면, 그런 하나님이 이끌어 가시는 역사와 심판의 수준이 겨우 그런 정도일까? 그렇게 말한다면 이는 하나님에 대한 변호가 아니라 모독이다. 성경의 많은 부분에 그런 기록이 있는 것은 사실이다. 수천 년 전에 다른 문화권에서, 다른 상황에서, 다른 언어로, 독특한 방식으로 기록된 성경을 해석이 없이 문자 그대로 받아들인다는 것은 도무지 상식에 맞지 않는다. 세상의 지배자들은 칼(무력)로 세상을 지배하고 다스린다. 그런데 하나님은 세상의 칼이 아닌 하늘의 무기인 불 대접, 우박, 지진 등으로 세상의 칼을 제압하시고 세상을 불태워 버리실까? 하나님의 무기는 무력이 아니라 거룩한 희생 즉 십자가이다. 십자가는 하나님의 능력과 방법의 표상이다. 박해시대에 교인들은 예수님을 따르는 십자가의 길을 묵묵히 도살당할 양처럼 거룩하게, 장엄하게, 개선장군처럼, 가장 영광으로 여기면서 걸어갔다. 그리고 로마제국을 피 한 방울 흘리지 않고, 거룩한 방법으로 접수하여, 살인적인 광대놀이와 사치, 부귀영화, 퇴폐 등 온갖 죄악을 다 불태워버리고 이 땅에 하나님 나라가 임하게 하는 위업을 달성했다. 성경에서 말하는 불의 심판은 이런 심판이다.

【15,16】 또 천사가 내게 말하되 "네가 본 바 음녀가 앉아 있는 물은 백성과 무리와 열국과 방언들이니라. 네가 본 바 이 열 뿔과 짐승은 음녀를 미워하여 망하게 하고 벌거벗게 하고 그의 살을 먹고 불로 아주 사르리라."

15절은 17:1절에서 이미 설명한 바와 같이 음녀는 로마제국을, 물은 로마제국 내의 여러 식민지 국가들을 말한다. "이 열 뿔과 짐승은 음녀를 미워하여 망하게 하고 벌거벗게 하고 그의 살을 먹고 불로 아주 사르리라."(16절)라는 말씀은 고대의 전쟁의 한 단면이다. 고대의 전쟁에서 이기는 자는 군사들에게 기간을 정해서 마음놓고 다니며 약탈을 하게 했다. 이는 군사들에게 재물을 얻을 기회를 주기 위함이다. 군사들은 도시와 마을을 돌아다니며 부녀자들을 겁탈하고 재물을 약탈한 다음에, 마을을 불 지르고 건강하고 힘센 장정들을 붙들어서 노예로 삼아 약탈한 재물을 운반하게 해서 본국으로 돌아갔다. 그들은 노획한 재물과 노예를 처분하여 생명의 위험을 무릅쓰고 전쟁에 참여한 보상을 받았다.

그런데 하나님도 비슷하게 종말에 하늘의 군대인 천사와 하늘무기인 불로 세상의 재물과 마을을 불 지르고 하나님을 믿지 않은 사람들은 전쟁노예보다 더 심한 영원한 지옥으로 보내고, 하나님을 믿느라고 고생한 사람들에게 영원한 천국에서 특별한 논공행상을 베푸실까? 성경을 이렇게 해석한다면, 하나님을 이런 하나님으로 말한다면 그 자체가 신성모독죄에 해당되며 용서받을 수 없다. 기독교인들이 성경을 이렇게 해석하고 하나님을 이렇게 말하기 때문에 여호와 하나님의 거룩하신 이름과 우리 주님 예수 그리스도의 존귀하신 이름이 세상 사람들에게 비웃음의 대상이 되고 있다. 예언자들은 이렇게 탄식했다. "너희 때문에 내 이름이 세상에서 하루 종일 욕을 먹고 있다."[175]

예수님께서는 문자주의에서 벗어나지 못한 당시의 성경과 신학 전문가요 설교자들에게 "너희가 성경도 하나님도 모르고 있다. 화 있을 진저! 너희 서기관과 바리새인들이여, 너희가 어떻게 지옥의 판결을 면하겠느냐?"라고 책망하셨다. 이 말씀에 기초한다면 대부분의 설교자들은 지옥의 심판을 면할 길이 없다고 할 수 있다. 영원한 불지옥에 갈 첫 번째 순위는 문자 그대로 설교하는 오늘의 설교자들이다. 그들이 가서 받아야 할 심판은 지옥에서 당할 수 있는 가장 큰 고통이다.

귀 있는 자는 성령이 교회들에게 하시는 말씀을 들을지어다.

【17,18】"이는 하나님이 자기 뜻대로 할 마음을 그들에게 주사 한 뜻을. 이루게 하시고 그들의 나라를 그 짐승에게 주게 하시되 하나님의 말씀이 응하기까지 하심이라. 또 네가 본 그 여자는 땅의 왕들을 다스리는 큰 성이라." 하더라.

무슨 뜻인가? 요한은 로마제국이 식민 지배를 받던 나라들에 의해 망한다고 예고하면서 이는 하나님께서 정해놓은 계획이라고 말하고 있다. 바벨론에 의해 남유다가 망할 때 예언자들은 바벨론 역시 허무하게 멸망당하리라고 예고했던 것과 같은 맥락이다.[176] 실

175) 로마서 2:24, 이 구절은 구약의 이사야 52:5(ολολυζετε ταδε λεγει κυριος δι υμας δια παντος το ονομα μου βλασφημειται εν τοις εθνεσιν)절을 70인역 에서 인용했다.

176) 이사야 13:19, 14:4, 예레미야 51:41.

제로 바벨론은 식민지로 있던 페르시아의 고레스에게 맥없이 무너지고 말았다. 어느 누구도 바벨론이 그렇게 쉽게 망하리라고 생각한 사람이 없었다. 그러나 예언자들은 미리 예고했다. 요한은 로마제국을 바벨론에 비유하면서 로마도 바벨론처럼 어느 날 갑자기 허무하게 망하리라고 예고했고 또 그대로 되었다.

주님의 말씀대로 되어 지이다. 아멘

물음 24

대심판, 어떻게 마무리 되는가?

본문 : 〈 18장 〉

1 이 일 후에 다른 천사가 하늘에서 내려오는 것을 보니 큰 권세를 가졌는데 그의 영광으로 땅이 환하여지더라.

2 힘찬 음성으로 외쳐 이르되 "무너졌도다! 무너졌도다! 큰 성 바벨론이여! 귀신의 처소와 각종 더러운 영이 모이는 곳과 각종 더럽고 가증한 새들이 모이는 곳이 되었도다.

3 그 음행의 진노의 포도주로 말미암아 만국이 무너졌으며, 또 땅의 왕들이 그와 더불어 음행하였으며 땅의 상인들도 그 사치의 세력으로 치부하였도다." 하더라.

1. 사망 선고

이제 심판의 마지막 수순으로 로마제국에 대한 사망선고가 내려지고 있다.

【1,2】 이 일 후에 다른 천사가 하늘에서 내려오는 것을 보니 큰 권세를 가졌는데 그의 영광으로 땅이 환하여지더라. 힘찬 음성으로 외쳐 이르되 "무너졌도다! 무너졌도다! 큰 성 바벨론이여! 귀신의 처소와 각종 더러운 영이 모이는 곳과 각종 더럽고 가증한 새들이 모이는 곳이 되었도다.

하늘로부터 큰 권세를 가지고 내려오는 천사의 영광으로 온 땅이 환해지면서 드디어 로마제국에 대한 심판이 큰 소리로 선언되고 있다.

"무너졌도다! 무너졌도다! 큰 성 바벨론이여!

이 선언은 구약에서 예레미야의 바벨론의 멸망선언과 유사하다.

슬프다! 세삭(바벨론)이 함락되었도다. 온 세상의 칭찬 받는 성읍이 빼앗겼도다. 슬프다! 바벨론이 나라들 가운데에 황폐하였도다.(예레미야 51:41)

"귀신의 처소와 각종 더러운 영이 모이는 곳과 각종 더럽고 가증한 새들이 모이는 곳이 되었도다."라는 표현은 옛날 전쟁터의 폐허를 그린 모습이다. 집들이 무너지거나 불타고, 약탈당하고 남은 온갖 가구와 생활용품들이 제멋대로 굴러다니고, 여기저기 널려있는 시체의 썩는 냄새가 진동하고, 시체를 먹기 위해 들짐승들과 독수리와 까마귀들이 모여들고, 자식과 부모를 잃은 사람들의 통곡소리와 절규가 들려오고……. 공포와 절망감에 몸서리를 치게 된다. 이는 사람이 사는 마을이 아니라 귀신들과 온갖 악머구리가 들끓는 생지옥 한복판이다. 로마제국이 망하는 과정에서 게르만 군대에게 약탈당할 때 실제로 일어났던 사실이다. 계시록의 예언대로 라틴 로마는 이렇게 멸망했다. 성경에는 이스라엘은 물론이고 주변의 나라들에 대한 파멸의 경고가 많이 들어있다.[177] 예레미야는 바벨론의 멸망을 이렇게 예언했다.

그런즉 바벨론에 대한 여호와의 계획과 갈대아 사람의 땅에 대하여 품은 여호와의 생각을 들으라. 양 떼의 어린 것들을 그들이 반드시 끌어가고 그들의 초장을 황폐하게 하리니. 바벨론이 약탈 당하는 소리에 땅이 진동하며 그 부르짖음이 나라들 가운데에 들리리라. (예레미야 50:45~46)

177) 이사야 13:19~22(바벨론), 34:11~15(에돔), 스바냐 2:13~15(니느웨)

계시록에서 말하는 하나님의 심판의 초점은 미래의 종말적인 심판에 맞추어져 있지 않고 지금 여기에서의 역사적인 심판에 맞추어져 있다.

사망 진단

【3】그 음행의 진노의 포도주로 말미암아 만국이 무너졌으며, 또 땅의 왕들이 그와 더불어 음행하였으며 땅의 상인들도 그 사치의 세력으로 치부하였도다." 하더라.

요한은 이 구절에서 로마제국의 멸망 원인에 대한 진단을 하고 있는데, 역사가가 자료를 기초로 과거의 이야기를 쓰는 것처럼 정확하게 기록을 하고 있다. 로마제국의 멸망원인은 외부의 적에 있지 않고 내부의 부패와 타락에 있었다. 이를 요한은 '음행의 진노의 포도주'라고 표현했다. 이는 14:8절에서 이미 본 바와 같이 퇴폐문화와 끝을 모르는 허영과 사치를 말하며, 이런 타락은 식민지의 지배자들에게도 전염이 되어 그들도 부귀영화와 쾌락에 빠져들게 하였다. 이들에게 물품을 대주던 상인들도 덩달아 부귀영화를 누렸다. 그러다가 어느 날 도적같이 게르만인들이 몰려들었고 로마제국은 생지옥이 되고 말았다.

본문 : 〈 18장 〉

4 또 내가 들으니 하늘로부터 다른 음성이 나서 이르되 "내 백성아, 거기서 나와 그의 죄에 참여하지 말고 그가 받을 재앙들을 받지 말라.

5 그의 죄는 하늘에 사무쳤으며 하나님은 그의 불의한 일을 기억하신지라.

6 그가 준 그대로 그에게 주고 그의 행위대로 갑절을 갚아 주고 그가 섞은 잔에도 갑절이나 섞어 그에게 주라.

7 그가 얼마나 자기를 영화롭게 하였으며 사치하였든지 그만큼 고통과 애통함으로 갚아 주라. 그가 마음에 말하기를 '나는 여왕으로 앉은 자요 과부가 아니라. 결단코 애통함을 당하지 아니하리라.' 하니

8 그러므로 하루 동안에 그 재앙들이 이르리니 곧 사망과 애통함과 흉년이라. 그가 또한 불에 살라지리니 그를 심판하시는 주 하나님은 강하신 자이심이라."

도피령

일곱 번씩 세 차례로 진행되는 계시록의 심판의 이야기에서는 일곱 번째 심판의 마지막 시점에서 성도들을 보호하셨다. 첫 번째인 일곱 인봉 심판에서는 십사만 사천 명에게 인을 치셨고, 두 번째 일곱 나팔 심판에는 측량을 하고 낫으로 추수를 하셨으며, 이제 여기서는 도피령을 내리셨다.

[4] 또 내가 들으니 하늘로부터 다른 음성이 나서 이르되 "내 백성아, 거기서 나와 그의 죄에 참여하지 말고 그가 받을 재앙들을 받지 말라."

로마제국이 멸망할 때 교회는 어떻게 도피하여 화를 면했을까? 도피하여 화를 면한다는 게 무슨 뜻일까? 하나님께서 어떤 계시를 주셔서 미리 안전한 곳으로 피하여 아무런 피해를 당하지 않았을까? 아마도 그렇게 기대할 것이다. 도피하라는 말씀을 이해하기 위해서는 라틴 로마제국이 멸망을 당할 때 교회가 어떻게 처신했는지를 먼저 살펴볼 필요가 있다.

수도 로마가 약탈을 당한 후 황제가 유명무실해지자 행정조직이 마비되어 국가의 기능이 정지되고 말았다. 이민족들이 끊임없이 쳐들어오는데도 황제와 고위관리들은 아무런 역할을 하지 못했다. 국가와 정치조직이 힘을 잃어버리고 사회가 극심한 혼란에 빠지자 교회의 성직자들이 나서서 사태를 수습하게 되었다. 이 당시 로마 교회의 감독은 레오(Leo 1세)였는데, 그는 직접 군대를 통솔하고 또 적장을 만나 담판을 짓는 등 사실상 황제의 역할을 대신했다. 특히 그가 452년 훈족의 전설적인 지휘관 아틸라를 직접 찾아가 외교적인 수완을 발휘하여 로마시를 지켜낸 일화는 가히 영웅적이었다. 3년 후에는 북아프리카에서 배를 타고 건너온 반달족 지도자 가이세릭(Gaiseric 428~477)을 만나 담판을 지어 로마를 파멸의 구렁텅이에서 구해냈다. 레오의 이런 역할은 서로마에 교황제도가 정착되는 계기가 되었고, 일반인들에게 교회의 중요성과 필요성을 일깨워주었다.

교회의 중요한 역할은 이후에도 계속되었다. 라틴제국이 게르만제국으로 대치되었으나 야만인으로 살아온 게르만인들은 나라를 이끌어갈 행정력은 물론 정신문화가 없었다. 황제와 더불어 관료들이 사라져서 행정조직이 마비되어 있을 때 유능하게 그 역할을 해내는 사람들이 있었다. 각 지역의 감독(주교)들이 그들이었다. 이들은 신실하였고 또 학문을 깨우치고 있었기 때문에 대단히 우수하게 행정과 사법의 직무를 해냈다. 게르만인들은 교회조직이 없이는 나라를 통치할 수가 없게 되었고, 동시에 교회의 위상은 높아졌으며, 이후 서로마제국은 사실상 교회가 통치하는 제국이 되었나. 서로마제국이 게르만인들에게 멸망당하고 교회가 실권을 쥐게 되자 라틴민족은 자연히 교회에 대한 적극적인 지원으로 나타났다. 라틴인들 위주로 구성된 교회의 주교조직은 곧 라틴제국의 마지막 흔적이라고 생각되었기 때문이다. 교회는 멸망당하는 라틴민족과 침략자인 게르만 민족 모두에게서 절대 신임을 얻었다. 이런 현상 역시 교회가 제국을 통치하며 중세 기독교국가로 가는 데에 가장 큰 몫을 해냈다.

예수님께서 재림하시는 세상의 종말이 오면 기독교인들은 무엇을 해야 하나? 예수님을 맞을 준비를 해야 한다. 무슨 준비를 어떻게 해야 하는가? 세상이 불바다가 되기 전에 휴거하여 공중에서 예수님을 맞아서 깨끗한 흰옷으로 갈아입고 불바다가 되어 멸망하는 세상을 바라보며 영원한 천국으로 갈 준비를 해야 된다고 생각한다. 성경에서 말하는 구원의 수준이 겨우 이정도일까? 세상이 멸망을 당하여 불바다가 되어 가는데, 하나님의 자녀라는 자들이 세상을 등지고 천국으로 도망이나 갈 궁리부터 해야 하나? 그게 과연 구원받은 자일까? 천국은 과연 그런 도주범들과 이기적인 자들이나 받아주는 곳일까? 로마제국이 멸망할 때 교회는 무엇을 어떻게 했는지를 다시 돌이켜 볼 필요가 있다.

로마제국에 빌붙어서 부귀영화와 세도를 누리던 귀족들과 정부 관리들은 대부분 배를 타고 북아프리카로 다 줄행랑을 쳤다. 그런데 교회는 어떻게 했는가? 교회는 불타는 로마를 등지고 떠나지 않았다. 로마시내를 비롯하여 온 제국이 약탈로 잿더미가 되어 갈 때 교회의 지도자들은 팔을 걷어붙이고 나서서 정부를 대신해서 이를 수습했고, 누구도 만나기를 두려워하는 적장을 직접 만나 약탈을 최소화시키려고 담판을 지었다. 그리고 로마제국을 도탄에서 건져냈다.

창세기 18~19장을 보면 소돔성과 고모라성이 멸망하는 이야기가 있는데, 요약하면 다음과 같다. 소돔과 고모라성의 죄악의 소리가 하늘까지 들리자 심판하시기 전에 천사를 보내셔서 그 도시들의 실상을 파악하게 하셨다. 도성을 멸망시키기로 결정한 천사들은 롯과 그 가족은 살려내기로 하고 다음날 아침 해가 뜰 때에 하늘에서 불덩어리가 떨어지므로 그날 밤으로 도성을 빠져나가라고 했다. 롯은 두 딸과 정혼한 사위들을 찾아가 같이 피하자고 했으나 그들은 농담으로 여겼다. 아침 해가 뜰 무렵까지 롯이 주저하고 있자, 천사들은 롯과 그 가족을 강제로 성 밖으로 끌고나가서 빨리 도망가라고 했다. 그러면서 한 가지 당부를 했다. "성에서 무슨 일이 일어나도 절대로 뒤를 돌아보지 말라." 성을 빠져 나가던 롯의 아내는 도성이 불에 타며 들려오는 아우성소리에 뒤를 돌아보았다. 그러자 그녀는 몸이 그 자리에서 굳어져서 소금기둥이 되고 말았다.

무슨 뜻일까? 더 물을 필요도 없이 하나님께서 당신의 백성을 멸망 직전에 피할 길을 주셨는데, 롯의 아내는 뒤를 돌아보지 말라는 명령에 불순종하여 소금기둥이 되었다. 하나님께서는 세상은 멸망하더라도 구원받은 사람에게는 피할 길을 열어 주신다. 그러니 하나님 말씀에는 롯의 아내처럼 불순종하지 말고 순종해야 한다. 그런 뜻일까? 이는 기록된 문장을 해석하지 않고 기록된 대로 한 말이다. 기록된 문장의 의미를 해석해야 한다.

성경이 말하는 구원이, 구원받은 사람이 해야 할 행동의 수준이 어느 정도여야 할까? 성경은 오랜 구전을 거치면서 발전된 독특한 표현방식을 가지고 있다. 사실적으로 표현하지 않고 은폐-함축-암시적인 방식으로 말한다. 창세기 19장을 다시 읽어보면 이런 내용이 있다. 천사가 롯의 가족을 끌고 나와서 하나님의 심판이 소돔과 고모라성만이 아니라 주변 모든 마을에 다 임하므로 인근 마을로 가지 말고 저 먼 산으로 도망가라고 한다. 그러자 롯은 산에서 살 자신이 없어서 가까운 마을로 가겠다고 한다. 그러자 천사가 이렇게 말한다. "내가 이 일에도 네 소원을 **들었은즉 네가 말하는 그 성읍을 멸하지 아니하리니**, 그리로 속히 도망하라. **네가 거기 이르기까지는 내가 아무 일도 행할 수 없노라**."(창세기 19:21~22) 그래서 롯이 도망간 마을(소알)은 멸망당하지 않았다. 무슨 뜻일까? 은폐-함축-암시적인 방식으로 기록된 본문은 무엇을 말하고 있을까?

본문에 의하면 "내가 나 혼자 살겠다고 이웃을 다 놔두고 도망갈 수는 없습니다. 그러니 이 성을 용서하여 주십시오, 그렇지 않으면 저도 여기서 같이 죽겠습니다."라고 롯이 천사에게 말했다면 천사는 그냥 돌아갈 수밖에 없었다. "뒤를 돌아보지 말라."는 말은 무슨 뜻일까? 너 혼자 살려고 하지 말라는 뜻이다. 롯의 아내는 왜 소금기둥이 되었을까? 말씀을 어겨서가 아니라 혼자 살려고 하다가 소금기둥이 되었다. 지금도 사해바다 근처에 가면 소금기둥들이 많이 있다. 그 기둥들은 이렇게 말하고 있다. "너 혼자 살려고 하면 이렇게 된다." 그러면 뒤돌아보지 않고 도망간 롯과 두 딸은 어떻게 되었을까? 소알성 사람들이 받아주지 않아서 그곳에서 쫓겨나 산에 가서 살았다. 롯 때문에 소알은 멸망하지 않았는데 왜 롯에게 고마워하지 않고 쫓아냈을까? 혼자 살아왔기 때문이다. 나라를 지키기 위해 전쟁터에 나갔다가 다른 사람은 다 죽었는데 혼자 도망쳐 왔다면 어떻게 해야 하나? 장한 일을 했다고 환영식을 열어주어야 하나? 아니다. 탈영병으로 군법에 회부하여 엄히 처벌해야 한다. 롯은 아내를 잃고 마을에서 쫓겨났으며, 사람들 볼 면목이 없어 산에서 두 딸과 같이 살다가 두 딸과 근친상간을 통해 후손을 두었다는 이야기로 마무리 된다. 무슨 말일까? 혼자 살려고 하면 비록 살아남았다라고 하더라도 이렇게 비참해 진다. 절대로 혼자 살려고 하지 말라.

수많은 승객을 태우고 가는 배의 선장이나 비행기의 기장에게 주어진 일차적인 책임은 안전운송이다. 불의의 사고가 났을 경우 선장이나 기장은 끝까지 남아서 마지막 한 사람까지 책임을 져야 한다. 그리고 자신은 배나 비행기와 운명을 같이해야 한다. 이는 더 물어볼 필요조차 없는 상식이다. 세상에 있는 교회, 교회에 있는 성도들은 배의 선장과 승무원에 해당된다. 책임져야 할 승객은 같은 시대에 살고 있는 세상의 모든 사람들이다. 교회는 이 세상에 세워진 구원의 기관이며, 성도들은 구원자 예수님의 대행자들이다. 예수님의 십자가 대속의 은혜로 구원을 받은 기독교인은 이제 세상의 구원을 책임진 사람들이다. 그런데 대충 전도하다가 세상은 지옥으로 가더라도 나는 천국으로 갈 수 있다고 생각한다면 이게 온전한 정신일까? 정신이 나간 생각이다.

예수님은 세상을 구원하시기 위하여 하나님이시기를 포기하시고 세상에 오셔서 세상을 대신해서 십자가에서 죽으시고 세상이 구원받을 수 있는 길을 열어 놓으셨다. “누구든지 구원을 받으려면 나처럼 십자가를 지고 나를 따라와라. 그래야 구원을 받을 수 있다.” 성경에는 이런 이야기가 수없이 반복되고 있다. 무슨 뜻인가? 정말로 구원을 받았다면 멸망하는 이 세상을 등지고 혼자만 천국에 갈 생각을 말아야 한다. 아무리 전도를 해도 받아들이지 않고 거부하는 사람이 있다면 나도 그 사람과 같이 지옥에 가겠다고 다짐해야 한다. 나 혼자만 천국에 갈 수 없다. 이것이 기독교인이 가져야 할 제 정신이다. 지금 교회의 설교자들은 모두가 정신이 나간 사람들이며, 정신 나간 소리들을 설교랍시고 떠들어 대며 말이 되지 않는 소리를 말이 된다고 우기고 있다. 이제 계시록을 다시 읽으면서 나간 정신을 다시 붙들어 와야 한다.

본래 성경은 정신이 나간 말을 하고 있지 않다. 구약의 모세를 예로 들어보자. 모세는 애굽에서 430년 동안 가장 고통스러운 노예로 사는 이스라엘 사람들을 해방시키기 위하여 평생을 바쳤다. 그가 천신만고 끝에 이스라엘을 해방시키고 광야에서 40년을 지내는 동안 백성들은 조금만 어려움이 와도 하나님을 원망하고 모세를 대적하는 배은망덕(背恩忘德)을 서슴지 않았다. 이를 보다 못한 하나님께서 모세에게 저들을 광야에서 다 죽게 하고 모세의 후손으로 다시 시작하겠다고 말씀하셨다. 그럴 때 마다 모세는 무어라고 말했는가? “절대로 그럴 수 없습니다. 저들을 죽이시려면 제 이름을 먼저 생명록에서 지우십시오.” 모세가 이렇게 나오자 하나님께서는 “네가 그렇게 말하니 내가 어찌 저들을 멸할 수 있겠느냐?”라고 하시며 이스라엘을 용서하셨다.[178)]

모세는 가나안에 들어가지 못했다. 왜 그랬을까? 우리는 흔히 모세의 죄 때문에 모세가 가나안에 들어가지 못했다고 생각한다. 무슨 죄 때문인가? 광야에서 마실 물이 없을 때 하나님께서 모세

178) 출애굽기 32:10~32, 민수기 14:11~20.

에게 바위에 명령을 내려 물이 나오게 하라고 하셨는데, 모세는 하나님을 원망하는 백성들 때문에 화가 나서 지팡이로 반석을 두 번 때려서 물이 나오게 했다.[179] 하나님의 말씀을 문자대로 지키지 않아서 모세가 가나안에 들어가지 못했다고 말한다면 이 또한 모순이다. 하나님이 겨우 그런 하나님이실까? 민수기 본문을 보면 이 가나안에 들어가지 못하리라는 말씀은 백성들이 아니라 모세와 아론에게만 하신 말씀이었다. 백성들은 이 사실을 어떻게 알았을까? 모세가 말했기 때문이다. 모세는 왜, 무어라고 말했을까? "나는 죄 때문에 가나안에 들어갈 수가 없다."라고 했다. 왜냐하면 그는 자신이 데리고 나온 백성들이 불순종과 여러 죄 때문에 광야에서 죽어가고 겨우 여호수아와 갈렙 두 사람만이 살아서 가나안에 들어가는 것을 보면서 가나안에 들어가기를 스스로 포기했기 때문이다. 모세는 자기 혼자만 가나안에 들어갈 수가 없었다. 이스라엘이 가나안에 들어가기 직전 그는 자신의 역할을 여호수아에게 물려주고, 자신은 애굽에서 나온 수많은 사람들이 죽어간 광야로 다시 돌아가서 그들과 같이 광야에서 흩날리는 흙먼지가 되었다. 그는 무덤조차 남기지 않았다. 광야에서 죽어간 사람들도 무덤이 없었기 때문이다.

포로기의 신명기 예언자들은 자청하여 포로들에게 돌아가서 그들과 함께 동고동락(同苦同樂)하며 말씀을 가르쳤다. 이들의 이런 고생을 자청하는 모습 때문에 포로들은 마음을 열고 그들의 가르침을 받아들였다.

이런 모습은 바울에게서도 똑같이 찾아볼 수 있다. 그는 본래 유대인 중의 유대인이요 바리새인 중의 바리새인이었다. 그런데 그가 나이 30쯤 되었을 때 부활하신 예수님을 만나면서 예수님을 따르는 충실한 종이 되었다. 그러나 그를 이해하지 못하는 예전 동

179) 민수기 20:2~13.

료였던 유대인들은 바울을 배반자라고 여기고 그를 죽이기 위해 혈안이 되었다. 이런 유대인들을 향해 바울은 그들을 대신해서 죽기를 자원했고 죽을 고비를 많이 넘겼다. 그는 동료 유대인의 멸망을 지켜보면서 혼자 구원받기를 거부했다.[180]

예수님의 사도들은 하나같이 이 길을 가다가 순교로 생을 마감했다. 이들의 뒤를 이은 초대교회 교인들도 박해를 받으면서 죽음으로 기꺼이 맞서서 역사상 가장 위대한 정신을 드러냈고, 그로 말미암아 로마제국을 무혈로 굴복시켰다. 성경과 그 역사의 발자취는 처음부터 마지막까지 이런 이야기들로 가득 차 있다. 그런데 왜 성경의 이런 정신은 사라지고 내세 중심의 영혼구원으로 변질되어서 세상 사람들에게 빈축을 사고 있는지, 참으로 안타까우며 통탄할 일이다.

대승불교에 보살신학이 있다. 보살은 지옥문을 지키고 있으면서 한 사람이라도 지옥에 떨어지지 않게 할 뿐만 아니라 가능하면 파옥을 해서라도 이미 지옥에 있는 사람까지도 구원해 내려고 한다. 보살은 지옥에 한 사람이라도 있다면 자신은 극락가기를 거부하고 같이 지옥에 남아 있겠다고 한다. 윤회에서 벗어나 극락에 간 보살들은 극락을 한번 돌아본 후에 다시 자청하여 속세의 세계에 돌아오려고 한다. 이유인즉 속세에 수많은 사람들이 남아있는데 자신만 극락에 있을 수 없어서라고 한다.

서양의 선교사 가운데 불교 문화권에 영혼을 구원하려는 사명감을 가지고 갔다가 대승불교의 이런 보살신학을 접하고 나서 자신의 유치한 구원신앙에 수치심과 갈등을 느끼는 이들이 상당수이며, 심지어 불교로 개종하는 사람들까지 있다고 한다. 불교의 이런

180) 내가 그리스도 안에서 참말을 하고 거짓말을 아니하노라. 나에게 큰 근심이 있는 것과 마음에 그치지 않는 고통이 있는 것을 내 양심이 성령 안에서 나와 더불어 증언하노니, 나의 형제 곧 골육의 친척을 위하여 내 자신이 저주를 받아 그리스도에게서 끊어질지라도 원하는 바로라.(로마서 9:1~3.)

신학 때문에 서양의 기독교 국가에 불교가 급속히 번져나가고 있다. 이를 어떻게 설명해야 하나? 세상을 선교하여 구원하려고 나서기 전에 먼저 우리의 정체성부터 다시 찾아야 한다.

오늘 우리 기독교는 중병에 걸려있다. 신학의 어느 한 부분이 아니라 전반적으로 다 병들어 있다. 앞에서도 누누이 지적한 바와 같이 헬라문화와 유대문화에 혼합되었기 때문이다. 이를 걷어내야 한다. 그리고 본래의 성경, 본래의 신앙, 본래의 기독교로 돌아가야 한다. 역사의 뒤안길을 돌이켜 보면 너무 오랜 동안, 너무 멀리, 너무 잘못 왔다. 돌아갈 길이 너무 멀다. 그래도 돌아가야 한다. 빠르면 빠를수록 좋다.

2. 법대로

로마제국은 왜 멸망했을까? 본문은 다음과 같이 말하고 있다.

【5】 그의 죄는 하늘에 사무쳤으며 하나님은 그의 불의한 일을 기억하신지라.

무슨 뜻인가? 소돔과 고모라 성처럼 로마제국의 죄악의 소리가 하늘에 까지 사무쳤다는 뜻이다. 하나님께서 만드신 법에는 모든 만물이 견딜 수 있는 한계점 또는 임계점(臨界點)이라는 게 있다. 임계점이라는 용어는 물리학에서 쓰는 용어인데[181] 인간의 윤리와 도덕에도 적용할 수 있다. 어느 한 사회의 타락이 일정 수준을 넘어서면 그 죄악이 하늘에 닿게 되고 이는 곧 재앙이 되어 파국으로 이어진다. 바닷물이 태양열에 의해 수분이 증발되면 대기권에 수분 농도가 증가하다가 일정수준 이상이 되면 빗방울이 되어 떨어지는 것과 같은 이치다. 이런 물리적인 원리는 윤리에도 같은 원

181) 【물리학】 저온상에서 고온상으로 상변화(相變化)를 할 때 저온상으로 존재할 수 있는 한계 온도와 압력. 예를 들면 액체상에서 기체상으로 상변화를 할 때 임계 상태, 강자성(强磁性)에서 상자성(常磁性)으로 상변화를 할 때 퀴리(curie) 온도 따위이다.

리로 작용한다. 이는 하나님께서 만들어 놓으신 법이며, 그 어떤 것도 이 법에서 벗어날 수 없다. 성경에서는 이를 가리켜 하나님의 심판이라고 한다. 즉 "하나님께서 세상을 심판하신다."라는 말은 "세상은 하나님께서 만드신 법의 지배를 받으며 예외는 있을 수 없다."라는 뜻이다.

성경의 하나님은 '법대로' 하시는 하나님이시다. 그러나 미신이나 우상종교의 신은 '맘대로'하는 신이다. 그런 신들을 믿는 자들은 신전을 크게 짓고, 신상을 크고 비싸게 만들고, 제사의식을 풍성하고 장엄하게 드리면 신이 기분이 좋아져서 크게 축복을 내린다고 생각한다. 그러나 성경에서는 이런 종교를 사탄의 종교라고 한다. 성경의 하나님은 신전, 신상, 제물을 요구하지 않으시며, 성전과 제사로 하나님을 섬기려고 하면 반대로 심판의 대상이 된다. 이스라엘이 심판을 받아서 나라가 없어지고 전쟁포로로 잡혀간 죄목은 바로 이런 우상 신앙이었다. 하나님의 뜻은 모두가 골고루 행복하게 잘 사는 것이다. "나는 인애를 원하고 제사를 원하지 아니하며, 번제(燔祭)보다 하나님을 아는 것을 원하노라."182)라고 말씀하시며, 제사와 기도, 금식은 과부와 고아와 나그네를 돌보는 것이라고 말씀하신다. 왜 그럴까?

모두 골고루 행복하게

'모두가 골고루 행복하게'는 인간과 동식물을 비롯한 모든 존재가 유지될 수 있는 원리이며 법이기 때문이다.

동식물을 보면 한 종류만 따로 모여 살지 않고 여러 종류가 같이 섞여서 어울려 산다. 왜 그럴까? 식물이 뿌리에서 물과 영양소를 빨아들이면 반대로 그 만큼을 다시 배설한다. 자신의 배설물은 자신에게는 독이 되므로 먹지 못한다. 한 곳에서 한 종류만 계속

182) 호세아 6:6, 마태복음 9:13, 12:7.

자라면 영양분은 고갈되고 독은 쌓여서 결국은 죽고 만다. 그러나 한 식물이 배설한 것은 다른 식물에게는 먹이가 된다. 따라서 여러 종류가 섞여서 살면 서로 먹이를 공급하게 되므로 같이 살게 된다. 동식물은 서로 경쟁만 하며 사는 것 같지만 경쟁하면서 동시에 서로 살리고 있다. 먹이사슬에도 먹기만 하는 포식자는 없다. 정점에 서 있는 마지막 포식자는 죽은 후 미생물이 먹으면서 분해를 해 놓아서 식물이 먹게 한다. 드넓은 우주를 보면 수많은 은하계가 있고 우리 지구가 속한 태양계에도 여러 행성들이 있다. 그런데 이들도 역시 힘의 균형과 조화를 이루고 있다. 만물에 들어있는 순환과 균형과 조화는 하나님의 법이다. 이를 다른 말로 하면 '모두가 골고루 행복하게'라고 할 수 있으며, 이것이 만물의 존재원리이다.

나는 특별히

로마제국의 시민들은 너나 할 것 없이 끝을 모르는 부귀영화와 사치를 누렸다. 매일 같이 서로 경쟁적으로 호화로운 잔치판을 벌이고, 볼거리로는 대형 경기장에 모여 살인적인 경기와 화형 등으로 사람이 가장 고통스럽게 죽어가는 것을 보고 환호성을 지르며, 퇴폐적인 음란으로 일관하면서 자신들은 특별하기 때문에 절대로 망하지 않는다고 장담했다. 이들의 이런 모습을 계시록은 이렇게 고발하고 있다.

【6~8】 그가 준 그대로 그에게 주고 그의 행위대로 갑절을 갚아 주고 그가 섞은 잔에도 갑절이나 섞어 그에게 주라. 그가 얼마나 자기를 영화롭게 하였으며 사치하였든지 그만큼 고통과 애통함으로 갚아 주라. 그가 마음에 말하기를 '나는 여왕으로 앉은 자요 과부가 아니라. 결단코 애통함을 당하지 아니하리라.' 하니 그러므로 하루 동안에 그 재앙들이 이르리니 곧 사망과 애통함과 흉년이라. 그가 또한 불에 살라지리니 그를 심판하시는 주 하나님은 강하신 자이심이라."

'나는 특별히', 그 결과는 무엇이었을까?

비참한 파멸이 도적같이 찾아왔다. 고대의 바벨론 성도 무엇으로도 무너뜨리지 못할 성을 두 겹으로 쌓아놓고, 양식을 100년 치나 저장해 놓고 "절대로 망할 일이 없다."라고 큰소리치며 잔치판을 벌이다가 하루 아침에 파국을 맞았다. 나는 특별하다는 교만이 하늘에 닿으면 반드시 파국이 오게 되어 있다. "나는 여왕으로 앉은 자요 과부가 아니라. 결단코 애통함을 당하지 아니하리라."라고 호언장담하다가 로마는 주저앉았다. 혼자 특별하게 살려고 하면 다 이와 같이 허무하게 종말을 맞는다. 행한 대로 갚아 주리라는 성경의 말씀은 하나님의 심판의 원리이다.

성경에서 말하는 세상구원은 세상이 이렇게 자멸하지 않도록 막으려는 대책이며 대안이다. 아무리 권해도 듣지 않을 때에는 어찌해야 하나? 롯처럼 좀 권하다가 빠져나가려고 하지 말고 같이 죽으려고 해야 한다. 그러면 하나님께서 같이 살 수 있는 길을 열어주신다. 이런 원리를 예수님께서는 "죽고자 하면 살 것이요, 살고자 하면 죽으리라."라고 말씀하셨다.[183] 세상이 구원받지 못하는 것은 전적으로 교회와 교인들의 책임이다. 교회가 이 세상에 2천년이나 있었지만 아직 세상이 이렇게 죄악의 지배가운데 있는 것은 교회의 책임이다. 교회가 세상 속에서 세상과 더불어 죽으려고 하지 않고 세상은 망하더라도 우리는 살 수 있다고 생각하기 때문에 이 모양이 되어 있다. 죽고자 하면 살 것이요, 살고자 하면 죽으리라는 말씀을 초대교회 이후 1500년 이상 잊고 살았다. 이제 말씀으로 돌아가야 한다.

로마제국 장례식

183) 마태복음 10:39, 16:25, 마가복음 8:35~37, 누가복음 9:24~25, 17:33, 요한복음 12:25.

본문 : 〈 18장 〉

9 그와 함께 음행하고 사치하던 땅의 왕들이 그가 불타는 연기를 보고 위하여 울고 가슴을 치며

10 그의 고통을 무서워하여 멀리 서서 이르되 "화 있도다! 화 있도다! 큰 성, 견고한 성 바벨론이여! 한 시간에 네 심판이 이르렀다." 하리로다.

11 땅의 상인들이 그를 위하여 울고 애통하는 것은 다시 그들의 상품을 사는 자가 없음이라.

12 그 상품은 금과 은과 보석과 진주와 세마포와 자주 옷감과 비단과 붉은 옷감이요 각종 향목과 각종 상아 그릇이요 값진 나무와 구리와 철과 대리석으로 만든 각종 그릇이요

13 계피와 향료와 향과 향유와 유향과 포도주와 감람유와 고운 밀가루와 밀이요 소와 양과 말과 수레와 종들과 사람의 영혼들이라.

14 바벨론아! 네 영혼이 탐하던 과일이 네게서 떠났으며 맛있는 것들과 빛난 것들이 다 없어졌으니 사람들이 결코 이것들을 다시 보지 못하리로다.

15 바벨론으로 말미암아 치부한 이 상품의 상인들이 그의 고통을 무서워하여 멀리 서서 울고 애통하여

16 이르되 "화 있도다! 화 있도다! 큰 성이여! 세마포 옷과 자주 옷과 붉은 옷을 입고 금과 보석과 진주로 꾸민 것인데,

17 그러한 부가 한 시간에 망하였도다." 모든 선장과 각처를 다니는 선객들과 선원들과 바다에서 일하는 자들이 멀리 서서

18 그가 불타는 연기를 보고 외쳐 이르되 "이 큰 성과 같은 성이 어디 있느냐?" 하며

19 티끌을 자기 머리에 뿌리고 울며 애통하여 외쳐 이르되 "화 있도다! 화 있도다! 이 큰 성이여! 바다에서 배 부리는 모든 자들이 너의 보배로운 상품으로 치부하였더니 한 시간에 망하였도다."

20 "하늘과 성도들아 사도들과 선지자들아, 그로 말미암아 즐거워하라. 하나님이 너희를 위하여 그에게 심판을 행하셨음이라." 하더라.

음녀(로마제국)가 죽자 절친했던 사람들이 찾아와 가슴을 치고 통곡하며 장례식을 치렀다. 본문에서는 조문객들의 조문과 반응을 세밀하게 기록해 놓았다. 어떤 조문객들이 찾아왔을까?

【9,10】 그와 함께 음행하고 사치하던 땅의 왕들이 그가 불타는 연기를 보고 위하여 울고 가슴을 치며 그의 고통을 무서워하여 멀리 서서 이르

되 "화 있도다! 화 있도다! 큰 성, 견고한 성 바벨론이여! 한 시간에 네 심판이 이르렀다." 하리로다.

왕들이 먼저 왔다. 이들은 장례식장에 와서 로마가 불타는 연기를 보고 두려워 떨면서 말했다. "끔찍한 일이다. 이 거대한 도시 로마에 화가 미치다니! 너는 삽시간에 이렇게 심판을 받았구나!" 왜 왕들은 떨면서 이렇게 말했을까? 그들도 지금 로마인들처럼 부귀영화와 사치를 누리며 작은 왕 노릇하는데, 큰 왕이었던 로마처럼 망할까봐 두려웠기 때문이다. 자신들과는 비교가 되지 않게 강대했던 로마가 하루아침에 무너지는 것을 보니 두려워서 이들은 가까이 오지 못하고 멀리 서서 몸을 떨어야 했다. 그 다음으로는 누가 조문을 왔을까?

【11~13】 땅의 상인들이 그를 위하여 울고 애통하는 것은 다시 그들의 상품을 사는 자가 없음이라. 그 상품은 금과 은과 보석과 진주와 세마포와 자주 옷감과 비단과 붉은 옷감이요 각종 향목과 각종 상아 그릇이요 값진 나무와 구리와 철과 대리석으로 만든 각종 그릇이요 계피와 향료와 향과 향유와 유향과 포도주와 감람유와 고운 밀가루와 밀이요 소와 양과 말과 수레와 종들과 사람의 영혼들이라.

【14~17】 바벨론아! 네 영혼이 탐하던 과일이 네게서 떠났으며 맛있는 것들과 빛난 것들이 다 없어졌으니 사람들이 결코 이것들을 다시 보지 못하리로다. 바벨론으로 말미암아 치부한 이 상품의 상인들이 그의 고통을 무서워하여 멀리 서서 울고 애통하여 이르되 "화 있도다! 화 있도다! 큰 성이여! 세마포 옷과 자주 옷과 붉은 옷을 입고 금과 보석과 진주로 꾸민 것인데, 그러한 부가 한 시간에 망하였도다."

두 번째로는 상인들이 몰려왔다. 이들이 가장 크게 애통하며 가슴을 쳤다. 상인들이 로마제국의 멸망을 왜 이렇게 슬퍼했을까? 11절에 기록되어 있다. "땅의 상인들이 그를 위하여 울고 애통하는 것은 다시 그들의 상품을 사는 자가 없음이라." 상인들은 로마제국 때문에 수백 년 동안 막대한 이익을 남기며 같이 부귀영화를 누렸었다. 그런데 이제 그 부귀영화가 끝이 났다. 사실 이들은 로마제국 때문에 우는 것이 아니라 자신들을 위해서 울었다. 12~13절에서 그들이 열거하는 품목을 보면 다음과 같다. "그 상품은 금과 은과 보석과 진주와 세마포와 자주 옷감과 비단과 붉은 옷감이요 각종 향목과 각종 상아 그릇이요 값진 나무와 구리와 철과 대리석으로 만든 각종 그릇이요, 계피와 향료와 향과 향유와 유향과 포도주와 감람유와 고운 밀가루와 밀이요 소와 양과 말과 수레와 종들과 사람의 영혼들이라." 하나하나가 최상의 사치품목이며 세계 각지에서 조달되던 특별한 물품들이다. 그런데 그 품목 중에 마지막으로 '인간의 영혼'(ψυχὰς ἀνθρώπων)이 들어있다. 무엇을 말하는 것일까? 이들은 인간을 물건처럼 사고 팔았다. 노예는 물론이고, 경기장에서 소모품처럼 쓰이는 각종 운동선수와 전사(戰士)들도 거래했다. 특히 기형으로 생긴 사람일수록 고가에 거래되었는데, 이를 위해서 인위적으로 꼽추를 비롯한 불구자를 만들어서 팔았다. 상인들의 눈에는 돈 이외에는 보이는 게 없었고 인신매매를 서슴지 않았으며, 더 나아가 사람의 영혼까지 거래했다. 그들은 돈이 된다면 무슨 짓이든지 마다하지 않았다. 그들은 돈이라면 지옥이라도 상관하지 않았다.

계시록의 기록자 요한은 어떻게 이런 품목을 세밀하게 빠뜨리지 않고 기록하고 있을까? 평소에 이에 대해 많은 관심을 가지고 설교했기 때문이다. 기독교인들은 결코 이런 것들을 탐하지 말라고, 이런 것들을 누리면서 스스로 특별하다는 어리석은 생각에 빠지지 말라고, 이런 것들을 가지지 못했다고 스스로 비참해 지지 말라고 평소에 그렇게 말하지 않았다면 이렇게 기록할 수가 없다. 성경에서 말하는 계시는 무슨 특별한 신비, 특별한 지식이 아니다. 평소의 생각이며 평소의 관심이며 설교다. 설교가 곧 계시요 계시가 곧 설교다. 설교를 통해서 하나님의 말씀을 듣지 않으려는 자는 하나님의 말씀을 들을 다른 길이란 없다. 성경을 해석하는 설교 이외에 무슨 특별하고 신비한 방법으로 하나님의 음성과 계시를 얻으려는 자는 틀림없이 사탄의 속임수에 넘어가게 되어 있다.

탈무드에서는 "이 세상에 재물이 10이 내려왔는데, 그 중 로마가 9개를 받았고 나머지 1을 전 세계가 겨우 차지했다." 라고 로마를 평가했다. 또 고대의 연설가 아리스티데스(Aristides)는 "만약에 로마에서 볼 수 없는 것이 있다면, 그것은 존재하지 않거나 존재한 적이 없는 것이다."라고 했다. 로마의 전설적인 사치에 대해서는 앞에서 간략하게 다룬 바 있다. 이런 물품들은 아프리카와 인도, 중국에서까지 조달되었다. 이 당시에 벌써 중국의 사치품들이 유행을 했다고 한다. 비단길은 BC 2000경에 시작되었다. 상인들은 돈이 된다면 세상 끝까지라도 주저하지 않고 찾아가는 사람들이다. 이들에게 로마제국은 가장 큰 고객이었다. 그런데 그 로마기 하루 아침에 사라졌으니 그들은 대성통곡이 저절로 터져 나왔다.

그런데 본문에 보면 상인들은 대성통곡만 하는 것이 아니라 두려움에 떨었다. 이렇게 기록하고 있다. "바벨론으로 말미암아 치부한 이 상품의 상인들이 그의 고통을 무서워하여 멀리 서서 울고 애통하여 이르되 '화 있도다! 화 있도다! 큰 성이여! 세마포 옷과 자주 옷과 붉은 옷을 입고 금과 보석과 진주로 꾸민 것인데, 그러한 부가 한 순간에 망하였도다.'"왜 두려움에 떨었을까? 누가 보더라도 로마가 망한 원인은 우연이 아니라 하늘의 심판이었다. 그렇다면 자신들도 그 심판에서 자유로울 수가 없기 때문이다. 세마포 옷과 자주 옷은 당시로서는 중국에서 수입한 가장 비싸고 사치스러운 옷인데, 그런 옷을 입고 금과 보석과 진주로 치장하는 삶을 자신들도 꿈꾸며 그렇게 되고 싶어 했었는데 그런데 그 로마가 재앙을 당하는 것을 보니 자신들도 재앙을 피할 수 없을 것 같아서 두려워하며 떨었다. 상인들 외에도 불타는 로마를 바라보며 애통하는 사람들이 또 있었다.

【18,19】 그가 불타는 연기를 보고 외쳐 이르되 "이 큰 성과 같은 성이 어디 있느냐?" 하며 티끌을 자기 머리에 뿌리고 울며 애통하여 외쳐 이르되 "화 있도다! 화 있도다! 이 큰 성이여! 바다에서 배 부리는 모든 자들이 너의 보배로운 상품으로 치부하였더니 한 시간에 망하였도다."

세 번째로는 선장과 선원과 해운업에 종사하는 사람들이다. 이들 또한 로마를 바라보며 머리에 재를 뒤집어쓰고 울며 크게 애통했다. 그 이유는 그동안 로마 때문에 큰돈을 벌고 있었는데 이제는 더 이상 돈을 벌 수 없게 되었으며, 또 불타버린 로마의 그 많은 재물들이 아깝게 느껴졌기 때문이다. 로마의 멸망을 가장 가슴아파하는 사람들은 로마 때문에 돈을 벌던 사람들이다. 이들은 로마의 부귀영화로 말미암아 얼마나 많은 노예들과 백성들이 고통을 겪고 있을까라는 문제에 대해서는 전혀 관심이 없었다. 단지 자신들의 이권이 사라졌다는 것만이 가슴 아플 뿐이었다. 그런데 여기에 이와는 전혀 다른 반응을 보이는 사람들이 있다.

하늘의 음성

조문객들의 조문이 끝나니 18:4절에서 들렸던 하늘로부터 음성이 다시 들려왔다.

【20】 "하늘과 성도들아 사도들과 선지자들아, 그로 말미암아 즐거워하라. 하나님이 너희를 위하여 그에게 심판을 행하셨음이라." 하더라.

하늘에서 들려 온 음성은 조문객들이 보인 두려움과 통곡과는 대조적이다. 로마제국의 멸망을 기뻐하고 즐거워하라고 하신다. 무엇을 기뻐하라는 말씀일까? 로마제국 그 자체의 멸망일까? 아니다. 로마제국을 지배하던 죄악이 사라지는 것을 기뻐하라는 말씀이다. 죄악이 사라지는 것을 왜 기뻐해야 할까? 이제 수많은 사람들의 고통이 사라지기 때문이다. 로마제국의 멸망은 그들에게 박해를 받던 기독교인들만 기뻐할 일이 아니다. 로마제국에는 6천만의 노예가 있었다고 한다. 귀족들은 보통 수십 명에서 수백 명의 노예를 거느리고 살았으며, 길을 갈 때 수행노예의 숫자가 몇 명 없으면 사교계에서 퇴출의 대상이었다고 한다. 귀족들의 사치를 위해서 노예들은 금과 은 등 보석을 캐내기 위해 광산에서 일하다가 수없이 다치고 불구자가 되고 죽어나가야 했다. 노예들은 전혀 사람취급을 받지 못했으며 짐승과 다름없었다. 18:5절에서 로마의 죄악의 소리가 하늘에 사무쳤다는 이야기는 이들의 고통과 신음소리가 하늘에 들렸다는 뜻이다.

"하나님께서 너희(하늘, 성도, 사도, 선지자)를 위하여 로마를 심판하셨다."는 말씀은 무엇을 말하는가? 성도들과 사도들, 선지자들은 숱한 고난과 고초를 겪으면서 사탄의 세력과 싸운 사람들이다. 무엇을 위해서일까? 자신들을 위해서일까? 자신들을 위해서 그렇게 위대한 죽음, 죽음의 공포를 초월한 죽음을 죽은 사람들일까? 왜, 무엇을 위해서 그들은 신앙을 지키며 죽음을 마다하지 않았을까? 단순히 죽은 후에 영원한 천국과 부활에 대한 소망 때문이었을까? 그들은 하나님을, 하늘의 뜻을 알았기 때문이다. 모든 사람의 아버지이신 하나님께서는 모든 사람이 골고루 사람대접 받으며 건강하고 행복하게 살기를 원하신다는 것을 알았다. 그리고 이것을 위하여 생명을 아끼지 않았다. 나의 죽음이 세상 모든 사람이 행복해지는 데에 조금이라도 보탬이 된다면, 목숨이 열 개, 천 개가 있다고 해도 내 놓겠다는 심정으로 죽음의 길을 마다하지 않았다. 예수님께서는 세상 모든 사람들을 위하여 십자가의 길을 가셨다. 그분을 따르는 사도들, 선지자들, 성도들도 모든 사람을 위하여 기꺼이 그 길을 갔다.

본문에서 '하늘'도 기뻐하라고 했다. 왜 하늘이 성도, 사도, 선지자 보다 먼저 나올까? 그 하늘은 성도들, 사도들, 선지자들이 있는 곳이다. 하늘나라(천국)에 간다는 것은, 그 나라로 가는 구원을 받았다는 것은, 하나님의 자녀가 되었다는 것은 세상 모든 사람이 다 골고루 잘 살기를 바란다는 뜻이며, 이를 위해서 나의 소유는 물론 이요 생명까지도 아끼지 않겠다는 뜻이다. 세상을 구원한다는 것은 이 세상을 그런 세상, 즉 모든 사람이 행복해지는 하나님나라처럼 만든다는 뜻이다. 성경의 관심사는 이 세상에 하나님나라를 임하게 하는 것이다. 이 세상에서 찾아 볼 수 있는 개념 중에, 인간의 소망 중에, 가치관 중에 '구원'이라는 단어보다 더 큰 단어는 없다. 그 안에는 모든 인간이 바라는 염원의 완성된 개념이 들어있다.

본문 : 〈 18장 〉

21 이에 한 힘 센 천사가 큰 맷돌 같은 돌을 들어 바다에 던져 이르되 "큰 성 바벨론이 이같이 비참하게 던져져 결코 다시 보이지 아니하리로다.

22 또 거문고 타는 자와 풍류하는 자와 퉁소 부는 자와 나팔 부는 자들의 소리가 결코 다시 네 안에서 들리지 아니하고 어떠한 세공업자든지 결코 다시 네 안에서 보이지 아니하고 또 맷돌 소리가 결코 다시 네 안에서 들리지 아니하고

23 등불 빛이 결코 다시 네 안에서 비치지 아니하고 신랑과 신부의 음성이 결코 다시 네 안에서 들리지 아니하리로다. 너의 상인들은 땅의 왕족들이라. 네 복술로 말미암아 만국이 미혹되었도다.

24 선지자들과 성도들과 및 땅 위에서 죽임을 당한 모든 자의 피가 그 성 중에서 발견되었느니라." 하더라.

3. 하관식

【21】 이에 한 힘 센 천사가 큰 맷돌 같은 돌을 들어 바다에 던져 이르되 "큰 성 바벨론이 이같이 비참하게 던져져 결코 다시 보이지 아니하

리로다."

이어서 로마제국 장례식의 마무리인 하관식을 진행한다. 하관식의 첫 순서는 한 힘센 천사가 큰 연자 맷돌을 들어 바다에 던지며, "큰 성 바벨론이 이같이 비참하게 던져져 결코 다시 보이지 아니하리로다."라고 선언했다. 이 선언은 예레미야가 바벨론의 멸망을 선고하는 두루마리에 돌을 매어 유프라테스 강에 던지며 사망을 선언하는 것과 유사하다.[184] 이런 행동은 로마나 바벨론이 멸망하여 영원히 사라지리라는 것을 보여주는 상징인데, 바벨론은 실제로 땅속으로 사라져서 수천 년 동안 묻혀 있다가 근래에 와서야 발굴이 되고 있다.

하관은 이것으로 끝나지 않고 계속 이어진다.

【22,23】 또 거문고 타는 자와 풍류하는 자와 퉁소 부는 자와 나팔 부는 자들의 소리가 결코 다시 네 안에서 들리지 아니하고 어떠한 세공업자든지 결코 다시 네 안에서 보이지 아니하고 또 맷돌 소리가 결코 다시 네 안에서 들리지 아니하고 등불 빛이 결코 다시 네 안에서 비치지 아니하고 신랑과 신부의 음성이 결코 다시 네 안에서 들리지 아니하리로다.

기뻐하고 즐거워하는 소리, 맷돌소리와, 등불 빛과 신랑신부의 음성이 사라진다는 선고는 하나님께서 심판하실 때 주로 선언하시는 무서운 말씀이다.[185] 거문고, 풍류, 퉁소, 나팔소리는 로마제

---

184) 예레미야가 바벨론에 닥칠 모든 재난 곧 바벨론에 대하여 기록한 이 모든 말씀을 한 책에 기록하고 스라야(왕의 수석수행원)에게 말하기를 "너는 바벨론에 이르거든 삼가 이 모든 말씀을 읽고 말하기를 '여호와여, 주께서 이곳에 대하여 말씀하시기를 이 땅을 멸하여 사람이나 짐승이 거기에 살지 못하게 하고 영원한 폐허가 되리라. 하셨나이다.' 하라." 하니라. 너는 이 책 읽기를 다한 후에 책에 돌을 매어 유브라데 강 속에 던지며 말하기를 "바벨론이 나의 재난 때문에 이같이 몰락하여 다시 일어서지 못하리니 그들이 피폐하리라 하라." 하니라. 예레미야의 말이 이에 끝나니라.(예레미야 51:60~64)

185) 이 백성의 시체가 공중의 새와 땅의 짐승의 밥이 될 것이나 그것을 쫓을 자가 없을 것이라. 그 때에 내가 유다 성읍들과 예루살렘 거리에 기뻐하는 소리, 즐거워하는 소리, 신랑의 소리, 신부의 소리가 끊어지게 하리니 땅이 황폐하리라.(예레미야

국의 연회의 소리이며, 세공업자들은 금과 은을 비롯한 각종 보석과 사치품을 가공하는 사람이며, 맷돌소리는 온갖 진수성찬을 만드는 소리이며, 등불 빛들은 잔치를 벌이며 켜놓는 불빛이다. 이런 모든 것에 대하여 사망선고를 같이 내렸다. 신랑신부의 음성이 사라진다는 말씀은 하나님을 거역하게 되면 그런 악행의 대가 끊긴다는 무서운 말씀인데, 이스라엘을 향한 예언자들의 고발에는 이런 선언이 따라다녔다.

사치를 일삼는 사람들의 풍악의 소리와 기름진 음식들 뒷면에는 초근목피로 연명하는 백성들의 통곡소리가 드높아 진다. 그리고 그 높아진 소리는 하늘에 닿게 되어있다. 그리고 이런 불협화음은 심판의 재앙이 되어 다시 돌아온다. 하늘의 하나님께서 만들어 놓으신 하늘의 법이며 땅의 법이며 이 법대로 되어 진다. 이를 가리켜 하나님의 심판이라 한다.

하관식은 아직 끝나지 않았다.

【23】 너의 상인들은 땅의 왕족들이라. 네 복술로 말미암아 만국이 미혹되었도다.

무슨 말씀인가? 상인들이 땅의 왕족이라는 말씀은 로마의 사치품으로 돈을 번 상인들이 이제는 돈으로 스스로 왕족처럼 거들먹거리고 있다는 뜻이다. 여호와 하나님 앞에서 온갖 불의한 방법으로 돈을 벌어서 권세를 누리려는 이런 작태는 결코 용납되지 못한다. 돈은 개인의 부귀영화가 아니라 모든 사람의 행복을 위하여 바르게 쓰여 져야 한다. 돈을 바르게 쓰지 않는 죄는 성경에서는 가장 큰 죄목에 해당된다. 성경은 재물 그 자체를 거부하지 않는다. 잘못 쓰이는 것을 바로 잡을 뿐이다. 성경은 재물에 대하여 긍정적이다.

7:33~34). 내가 그들 중에서 기뻐하는 소리와 즐거워하는 소리와 신랑의 소리와 신부의 소리와 맷돌 소리와 등불 빛이 끊어지게 하리니(예레미야 25:10)

재물이 없으면 가난과 기근, 질병을 해결할 길이 없기 때문이다. 하나님께서는 하늘의 돈을 맡겨 바르게 쓸 사람을 찾고 계신다.

하관식의 마지막 대상은 '복술'(卜術)이다. 성경에서는 점치는 행위를 왜 그렇게 증오할까? 헛된 방식으로 부귀영화를 탐하기 때문이다. 고대 모든 문화에 복술이 성행했지만 특히 로마에는 온갖 잡신과 마술사들이 있었으며, 사람을 미혹하는 미신과 우상숭배, 밀의 종교와 같은 거짓종교가 만연해 있었다. 사람을 미혹하여 불행하게 하는 이런 사탄의 행위들은 하나님께 결코 용납되지 않는다.

이제 마지막으로 로마가 망해야 하는 죄목을 다시 선언하고 있다.

【24】"선지자들과 성도들과 및 땅 위에서 죽임을 당한 모든 자의 피가 그 성 중에서 발견되었느니라." 하더라.

순교자들과 성도들의 피만을 언급하지 않고 억울하게 죽은 수많은 사람들의 피를 같이 언급한다. 하나님은 그리스도인들만의 하나님이 아니라 모든 사람의 아버지이시기 때문이다. 권력과 부귀영화를 누리기 위하여 주는 피해는 결코 묵과되지 않으며, 자신의 파멸로 다시 돌아온다는 경고의 말씀이다.

이로써 로마제국 하관식을 마치고 다음 순서가 진행된다. 무슨 순서일까?

본문 : 〈 19장 〉

1 이 일 후에 내가 들으니 하늘에 허다한 무리의 큰 음성 같은 것이
있어 이르되 "할렐루야! 구원과 영광과 능력이 우리 하나님께 있도
다.
2 그의 심판은 참되고 의로운 자라. 음행으로 땅을 더럽게 한 큰 음녀

를 심판하사 자기 종들의 피를 그 음녀의 손에 갚으셨도다." 하고
3 두 번째로 "할렐루야!" 하니 그 연기가 세세토록 올라가더라.
4 또 이십사 장로와 네 생물이 엎드려 보좌에 앉으신 하나님께 경배하
여 이르되 "아멘, 할렐루야!" 하니,
5 보좌에서 음성이 나서 이르시되 "하나님의 종들 곧 그를 경외하는
너희들아, 작은 자나 큰 자나 다 우리 하나님께 찬송하라." 하더라.
6 또 내가 들으니 허다한 무리의 음성과도 같고 많은 물 소리와도 같
고 큰 우렛소리와도 같은 소리로 이르되 "할렐루야, 주 우리 하나님
곧 전능하신 이가 통치하시도다.
7 우리가 즐거워하고 크게 기뻐하며 그에게 영광을 돌리세. 어린 양의
혼인 기약이 이르렀고 그의 아내가 자신을 준비하였으므로
8 그에게 빛나고 깨끗한 세마포 옷을 입도록 허락하셨으니 이 세마포
옷은 성도들의 옳은 행실이로다." 하더라.
9 천사가 내게 말하기를 "기록하라. 어린 양의 혼인 잔치에 청함을 받
은 자들은 복이 있도다." 하고 또 내게 말하되 "이것은 하나님의 참
되신 말씀이라." 하기로
10 내가 그 발 앞에 엎드려 경배하려 하니 그가 나에게 말하기를 "나
는 너와 및 예수의 증언을 받은 네 형제들과 같이 된 종이니 삼가
그리하지 말고 오직 하나님께 경배하라. 예수님의 증언은 예언의 영
이라." 하더라.

하늘의 찬양

이제 장면이 바뀌면서 로마제국 장례식에 대하여 마지막으로 하늘의 순서가 진행되는데 두 찬양으로 진행된다.

【1~3】 이 일 후에 내가 들으니 하늘에 허다한 무리의 큰 음성 같은 것이 있어 이르되 "할렐루야! 구원과 영광과 능력이 우리 하나님께 있도다. 그의 심판은 참되고 의로운 자라. 음행으로 땅을 더럽게 한 큰 음녀를 심판하사 자기 종들의 피를 그 음녀의 손에 갚으셨도다."하고 두 번째로 "할렐루야!"하니 그 연기가 세세토록 올라가더라.

첫 번째 찬양

하늘의 허다한 무리의 큰 음성 같은 찬양이다. 아마도 이 찬양은 하늘의 천사들의 찬양으로 보인다. 6절부터 이어지는 다음의

찬양이 하나님의 종들의 찬양이기 때문이다. 하늘의 찬양은 "할렐루야!"로 시작하여 "할렐루야!"로 마친다. 히브리어 할렐루야(הַלְלוּיָהּ)는 "여호와를 찬양하라!"는 뜻인데, 유대교에서 쓰는 것을 그대로 승계하여 기독교에서도 쓰고 있다. 시편에는 할렐루야로 시작하는 시편이 여럿이 있으며,[186] 하나님을 찬양하는 경우에 주로 쓰인다. 그런데 계시록에서는 로마제국에 대한 장례식을 마무리 짓는 19장에서 4번이나 쓰이고 있다.

찬양하는 이유는 구원과 영광과 능력이 우리 하나님께 있기 때문이다. 로마제국을 멸망시킨 것은 오직 하나님의 능력으로 말미암았음을 고백하는 찬양이다. 다음으로는 하나님의 심판은 참되고 의롭기 때문이다. 불의한 세상에서 공정한 심판은 찾아보기 어렵다. 그러나 하나님은 언제나 공정하실 뿐만 아니라 판단을 잘못하시는 일이 결코 없으시다. 인간세상에서 이권이 엇갈린 복잡한 송사를 올바르게 판단하기는 참으로 어렵다. 그러나 모든 상황을 다 아시는 하나님의 심판은 언제나 참되시다. 공정하신 하나님께서는 음행으로 온 세상을 타락시킨 큰 음녀를 심판하셨다. 그리고 박해로 죽어간 주님의 종들의 피 값을 음녀에게 갚아주셨다. 전지하신 하나님께서는 결코 기울어지지 않는 재판을 하셔서 어느 누구도 불공평하다고 느끼지 않게 하신다.

하늘의 천군 천사들이 다시 "할렐루야!"라고 외치니 멸망한 로마제국이 타는 연기가 끊이지 않고 올라가고 있었다. 이 연기는 세상의 죄악을 태우는 영원한 형벌의 연기이다.

【4,5】 또 이십사 장로와 네 생물이 엎드려 보좌에 앉으신 하나님께 경배하여 이르되 "아멘, 할렐루야!" 하니, 보좌에서 음성이 나서 이르시되 "하나님의 종들 곧 그를 경외하는 너희들아, 작은 자나 큰 자나 다 우리 하나님께 찬송하라." 하더라.

186) 시편 106, 111, 123, 117, 135, 146~150편.

그러자 4장에서 심판이 시작될 때 등장했던 24장로와 네 생물이 엎드려 하나님께 경배를 드리면서 "아멘, 할렐루야!"라고 화답을 했다. 24장로는 온 교회를, 네 생물은 모든 자연계를 대표하고 있다. 천군천사의 찬양에 대하여 모든 교회와 자연이 하나가 되어 화답하면서 첫 번째 찬양이 끝났다. 그러자 하늘의 보좌에서 음성이 들려왔다. "하나님의 종들 곧 그를 경외하는 너희들아, 작은 자나 큰 자나 다 우리 하나님께 찬송하라."

【6~8】 또 내가 들으니 허다한 무리의 음성과도 같고 많은 물 소리와도 같고 큰 우렛소리와도 같은 소리로 이르되 "할렐루야, 주 우리 하나님 곧 전능하신 이가 통치하시도다. 우리가 즐거워하고 크게 기뻐하며 그에게 영광을 돌리세. 어린 양의 혼인 기약이 이르렀고 그의 아내가 자신을 준비하였으므로 그에게 빛나고 깨끗한 세마포 옷을 입도록 허락하셨으니 이 세마포 옷은 성도들의 옳은 행실이로다." 하더라.

두 번째 찬양

하늘의 천군천사에 이은 두 번째 찬양은 세상의 모든 하나님의 종들과 성도들의 찬양이었다. 그 소리는 허다한 무리의 음성과도 같고 많은 물소리와도 같고 큰 우렛소리와도 같았다. 성도들의 찬양도 "할렐루야!"로 시작되었다. 그리고 이제는 로마제국의 멸망과 승전이 아니라 새로운 나라에 하나님의 통치가 이르렀음을 찬양하고 있다. "주 우리 하나님 곧 전능하신 이가 통치하시도다." 즉 이제 하나님나라를 선언하고 있다. 그리고 하나님나라의 임재를 맞을 준비를 하라고 찬양하고 있다. "우리가 즐거워하고 크게 기뻐하며 그에게 영광을 돌리세. 어린양의 혼인 기약이 이르렀고 그의 아내가 자신을 준비하였으므로 그에게 빛나고 깨끗한 세마포 옷을 입도록 허락하셨으니 이 세마포 옷은 성도들의 옳은 행실이로다."

'어린양의 혼인'은 예수님의 통치를 말한다. 지금까지 공중권세를 잡은 사탄의 앞잡이들이 지배하는 사탄의 왕국에서는 모두가 불행해졌다. 성도들은 박해로 죽거나 죽음보다 더 고통스러운 환경을 이겨내야 했고, 노예들과 서민들은 왕과 귀족들의 뒷바라지를 하느라고 짐승처럼 살았고, 소수의 사람들이 부귀영화를 누렸으나 그들은 또 심판을 받아 지옥의 형벌을 받아야 했다. 사탄이 지배하는 세상에서는 모두가 불행해질 수밖에 없다. 그러나 이제 예수님께서 직접 다스리시는 예수님의 나라에서는 모든 사람이 다 행복해 질 것이다. 그러므로 이제 남녀노소 모든 성도들은 그 나라를 맞을 준비를 해야 한다. 그 준비는 깨끗한 세마포 옷 즉 깨끗한 행실의 옷을 입는 것이다. 로마의 귀족들은 중국의 비단으로 옷을 만들어 입었다. 그러나 성도들은 깨끗한 행실의 세마포 옷을 입어야 한다. 모든 성도들은 이렇게 찬양을 했다.

기록으로 남겨놓으라

【9,10】 천사가 내게 말하기를 "기록하라. 어린 양의 혼인 잔치에 청함을 받은 자들은 복이 있도다." 하고 또 내게 말하되 "이것은 하나님의 참되신 말씀이라." 하기로 내가 그 발 앞에 엎드려 경배하려 하니 그가 나에게 말하기를 "나는 너와 및 예수의 증언을 받은 네 형제들과 같이 된 종이니 삼가 그리하지 말고 오직 하나님께 경배하라. 예수님의 증언은 예언의 영이라." 하더라.

찬양이 끝나자 천사가 요한에게 기록으로 남겨놓으라고 말했다. 기록하라는 말씀은 이는 대단히 중요하다는 뜻이다. 기록이 쉽지 않았던 고대는 구전시대였으며, 특별히 중요한 것은 점토나 나무, 양가죽 등에 기록했다. 천사가 무엇을 기록하라고 하는가? "어린 양의 혼인 잔치에 청함을 받은 자들은 복이 있도다." 무슨 뜻일까? 어린양의 혼인 잔치는 예수님의 왕국을 말한다. 그러면 그 왕국에 초대받는 것이 무엇일까? 이제부터 만들어갈 예수님의 나라는 예수님 혼자 다스리시지 않는다. 그 왕국에는 할 일이 태산처럼 많이 있다. 예수님과 함께 다스리며 사탄의 왕국이 다시는 발을 붙이지 못하게 하고 하나님의 나라가 이 땅에 임하게 할 사람이 필요하다. "주님과 함께 다스린다."는 뜻은 이와 같다. 사탄의 왕국에서처럼 무슨 권세를 누린다는 뜻이 아니다. 박해시대에 신앙의 지조를 지킨 사람들이 하나님나라를 맞이할 찬양을 하며 여기에 초대를 받는다. 그 사람들이 복이 있다고 천사는 말한다. "이것은 하나님의 참되신 말씀이라."는 말씀은 이는 하나님의 말씀이기 때문에 틀림없이 그대로 이루어지리라는 뜻이다.

이런 말을 들은 요한은 너무나 감격했다. 아마도 박해의 시대에 살았던 성도들만이 느낄 수 있는 감동일 것이다. 너무 크게 감격한 요한은 이런 말을 전해주는 천사의 발 앞에 엎드려 경배를 하려고 했다. 그러자 천사는 말렸다. "나 역시 하나님의 종일 뿐이다. 경배는 오직 하나님께만 드려라. 나도 너희와 마찬가지로 예수님을 증언하는 예언을 하고 있을 뿐이다."[187]

하나님나라 도래를 선포하는 찬양과 더불어 로마제국에 대한 장례식은 이렇게 끝이 났다.

187) 본문의 '예수님의 증언은 예언의 영'(ή γὰρ μαρτυρία 'Iησου' ἐστιν τὸ πνευ'μα τη's προφητείας)이라는 구절은 해석이 쉽지 않으며, 여러 해석이 있는데, 이를 소개하면 다음과 같다. ①예수님에 대하여 증언하는 것이 모든 예언의 핵심이다. ②예수님이 주신 증거는 예언의 핵심이다. ③예수님께서 주신 증거는 성령으로 말미암아 주어진 예언이다. ④예수님에 대한 증거는 성령으로 말미암아 주어진 예언이다. ⑤예수님에 관한 증거를 받은 자들은 선지자들이다. 이필찬, 「내가 속히 오리라」, p.804.

물음 25 하나님나라, 어떻게 임하는가?

본문 : 〈 19장 〉

11 또 내가 하늘이 열린 것을 보니 보라, 백마와 그것을 탄 자가 있으니 그 이름은 충신과 진실이라. 그가 공의로 심판하며 싸우더라.

12 그 눈은 불꽃같고 그 머리에는 많은 관들이 있고 또 이름 쓴 것 하나가 있으니 자기밖에 아는 자가 없고

13 또 그가 피 뿌린 옷을 입었는데 그 이름은 하나님의 말씀이라 칭하더라.

14 하늘에 있는 군대들이 희고 깨끗한 세마포 옷을 입고 백마를 타고 그를 따르더라.

15 그의 입에서 예리한 검이 나오니 그것으로 만국을 치겠고 친히 그들을 철장으로 다스리며 또 친히 하나님 곧 전능하신 이의 맹렬한 진노의 포도주 틀을 밟겠고

16 그 옷과 그 다리에 이름을 쓴 것이 있으니 "만왕의 왕이요 만주의 주라." 하였더라.

〈 7번째 장면 : 19:11~22:5 〉

1. 예수님의 등장

【11】 또 내가 하늘이 열린 것을 보니 보라, 백마와 그것을 탄 자가 있으니 그 이름은 **충신과 진실**이라. 그가 공의로 심판하며 싸우더라.

본문은 계시록의 일곱 장면 중 마지막 장면(내가 또 하늘이 열린 것을 보니)이며, 가장 극적인 장면이다. 드디어 예수님께서 구세주로 등장하시기 때문이다. 예수님께서 어떤 모습으로 등장하시는가?

백마를 타셨다. 왜 백마를 타셨을까? 백마를 타는 자는 승리자를 뜻한다. 로마제국에서는 개선장군이 백마를 타고 왔다. 예수님은 누구와 싸워서 무엇으로 어떻게 이기셨을까? 부활 승천하신 후

줄곧 하나님보좌 우편에 계셨을 뿐인데 언제, 어떻게 승리를 하셨을까? 땅의 대리자들을 통해서 승리하셨다. 초대교회의 교인들을 통해서 박해와 사탄을 이기셨다. 죽음을 두려워하지 않고 개선장군처럼 죽어간 순교자들을 통해서 이기셨다. 죽음보다 더 힘든 온갖 시련을 기꺼이 받아들인 성도들의 삶을 통해서 이기고 승리하셨다. 오늘도 예수님은 같은 방법으로 싸우신다. 교회를 통해서, 나를 통해서 세상을 이기기를 원하신다. 그런데 오늘 우리 교회는? 그런데 오늘 우리는? 그런데 오늘 나는?

2. 예수님의 이름

예수님의 이름은 '충신과 진실'(πιστòς καì ἀληθινός)이었다. 이 이름은 계시록에서 예수님을 언급할 때 이미 여러 번 나왔다.[188] 이런 극적인 장면에 등장하시는 예수님의 이름이 왜 충신(忠信)과 진실(眞實)일까? 얼핏 너무 평범해 보인다. 그 이름의 의미는 무엇일까? 이 이름은 예수님께서 만들어 가실 나라의 특징을 그대로 드러낸다. 이 땅에 하나님나라가 임하기 위해서는 어떤 조건들이 필요할까?

첫 번째 조건은 충신이다. 왜냐하면 인간의 그 어떤 뜻이나 계획이 아닌 하나님의 뜻만이 실현되어야 하기 때문이다. 하나님의 뜻을 여러 가지로 해석할 수 있다. 그러나 율법과 복음의 핵심과 정신은 지극히 단순하다. 하나님께서 만드신 세상의 모든 사람들이 모두 같이 골고루 행복하게 잘 사는 것이다. 하나님의 심정을 가장 잘 나타내는 유비(類比)는 여러 자식을 둔 부모의 자식을 향한 마음이다. 이런 사실은 "그가 공의로 심판하며 싸우리라."[189]는 말씀에서 더 명확해 진다. 공의는 공평하게 심판하며 불공평과

188) 요한 계시록 1:5, 3:7, 3:14.

189) 공의(ἐν δικαιοσύνῃ)는 '의(義) 안에서'라는 의미이다.

싸운다는 뜻이다. 메시아의 출현을 예고하는 이사야 11장에는 메시아 왕국을 이렇게 노래하고 있다.

> 이새의 줄기에서 한 싹이 나며 그 뿌리에서 한 가지가 나서 결실할 것이요, 그의 위에 여호와의 영 곧 지혜와 총명의 영이요 모략과 재능의 영이요 지식과 여호와를 경외하는 영이 강림하시리니, 그가 여호와를 경외함으로 즐거움을 삼을 것이며 그의 눈에 보이는 대로 심판하지 아니하며 그의 귀에 들리는 대로 판단하지 아니하며, 공의로 가난한 자를 심판하며 정직으로 세상의 겸손한 자를 판단할 것이며 그의 입의 막대기로 세상을 치며 그의 입술의 기운으로 악인을 죽일 것이며, 공의로 그의 허리띠를 삼으며 성실로 그의 몸의 띠를 삼으리라. 그 때에 이리가 어린 양과 함께 살며 표범이 어린 염소와 함께 누우며 송아지와 어린 사자와 살진 짐승이 함께 있어 어린 아이에게 끌리며, 암소와 곰이 함께 먹으며 그것들의 새끼가 함께 엎드리며 사자가 소처럼 풀을 먹을 것이며, 젖 먹는 아이가 독사의 구멍에서 장난하며 젖 뗀 어린 아이가 독사의 굴에 손을 넣을 것이라.(이사야 11:1~8)

예수님은 이런 나라를 만들러 오셨고 오로지 이를 위해 죽기까지 충성을 다하셨으며, 지금도 이런 나라가 이 세상에 이루어지기를 원하신다. 이런 의미에서 그분의 이름이 '충신'이며, 본문에서 흰옷을 입고 예수님을 따르는 성도들 또한 이런 충신들이다. 인간이 살아가면서 크고 작은 일에서 '다같이 골고루'라는 마음을 지속하기가 쉽지 않다. 끊임없이 자기 자신은 좀 더 특별해지고 싶어지게 마련이다. 누구나 골고루 똑같아 지기를 바라는 하나님의 심정을 유지하기 위해서는 늘 기도하며 자기 자신을 성찰하고 회개하며 성령의 도우심을 받는 길 이외에는 없다.

두 번째 조건은 진실이다. 진실은 왜 중요할까? 사탄의 속성이면서 가장 크고 무서운 무기는 속임수와 거짓이기 때문이다. 이런 사탄의 세력을 이기는 길은 진실 이외에는 없다. 예수님의 이름이 진실이라는 것은 예수님께서 세우시는 나라에는 사탄의 세력이 발을 들여놓을 틈이 없어야 한다는 뜻이다. 사탄은 극히 작은 틈이 있어도 온갖 수단과 방법, 술수와 속임수를 동원하며, 집요하게 파고든다. 특히 거짓 기사와 이적에 미혹당하지 않을 사람이 없다. 이는 누구도 장담할 수 없다. 사탄의 미혹이 무서운 이유는 자칫 한 호리만큼만 틈을 주어도 전혀 눈치 채지 못하게 그 마음속으로 파고 들어와서 마음과 감정, 정신 등을 서서히 잠식해 오기 때문이다. 이런 마귀의 세력 또한 인간의 힘으로 이겨내기는 불가능하다. 지극히 낮아져서 늘 기도에 힘쓰며 하나님의 도우심을 구하는 길 이외 다른 방법은 없다. 과신하는 순간 이미 마귀에게 넘어간 것이며, 한 번 넘어가면 벗어나기가 불가능할 만큼 어렵다.

충신과 진실, 예수님의 이름은 초대교회 교인들의 이름이었다. 당시 성도들은 로마 제국 내에서 충신과 진실이었다. 이 모습을 보고 콘스탄티누스는 교회에 로마제국을 위탁하기로 결심했다. 그런데 오늘 우리는 어떠한가? 세상이 우리교회를 보면서 세상을 맡기려고 할까? 세상은 오늘 우리 교회를 ×독교라고 한다. 이는 곧 세상이 예수님을 부르는 이름이다. 오늘 예수님은 우리를 향해서 탄식하신다.

너희 때문에 내 이름이 세상에서 하루 종일 욕먹고 있다.

【12】그 눈은 불꽃같고 그 머리에는 많은 관들이 있고 또 이름 쓴 것 하나가 있으니 자기밖에 아는 자가 없고

예수님은 사물의 외모가 아닌 내면과 속마음을 감찰하시는 불꽃같은 눈을 가지셨고, 머리에는 통치자가 쓰는 왕관을 여러 개 쓰셨으며[190], 그분의 몸에 쓰인 이름은 신비여서 그분 외에는 누구도 아는 자가 없다. 앞에서 말한 '충신과 진실'이라는 이름은 예수님의 이름이 가지는 많은 의미 중의 하나일 뿐 전부는 아니다. 무한하신 하나님을 다 알 수 있는 자는 아무도 없다. 모두가 다 부분을

190) 본문의 면류관(διαδήματα)은 왕관을 말한다. 경기장에서 승리자에게 주는 면류관(στέφανος)과는 다르다.

알 뿐이며, 그분은 이름으로 불릴 수 있는 분이 아니다. 구약성경에서 불리는 그분의 함자(銜字)인 아브라함의 하나님, 이삭의 하나님, 야곱의 하나님과 스스로 계신 분, 여호와 등도 인간과의 관계에서 필요에 따라 불리고 있을 뿐 그분은 그 이름의 한계에 갇히시지 않는다. 하나님에 대하여 인간이 할 수 있는 영역은 단지 성경과 그분을 아는 데에 있어서 방향과 기본에서 벗어나지 않기를 바라면서 어떤 경우에도 인간의 지혜와 판단에 의지하지 않고 그분의 신실하심과 지혜를 따를 뿐이다.

【13】 또 그가 피 뿌린 옷을 입었는데 그 이름은 하나님의 말씀이라 칭하더라.

그분은 피에 물든 옷을 입으셨는데, 이 피는 십자가의 피 이기도 하겠지만, 본문에서 백마를 타시고 왕관을 쓰시고 불의를 이긴 승리자로 등장하시는 예수님의 옷에 묻은 피는 원수를 도말하면서 묻은 피라고 할 수 있다. 그 옷의 이름이 하나님의 말씀(ὁ λόγος του' θεου')이라는 것이 그 증거다. 하나님의 말씀은 살아 있고 운동력이 있어 좌우에 날선 어떤 검보다도 예리하여 가장 강력한 무기이며, 이 말씀으로 세상을 창조하셨다. 그런데 이제 하늘에서 등장하시는 예수님은 이런 말씀으로 옷을 입으셨다. 머리에는 이름을 알 수 없는 면류관을 쓰셨고, 하나님의 말씀으로 옷을 입으셨다. 이는 곧 예수님은 하나님의 권세를 지니셨을 뿐만 아니라 하나님 자신이시라는 뜻이다.

【14】 하늘에 있는 군대들이 희고 깨끗한 세마포 옷을 입고 백마를 타고 그를 따르더라.

희고 깨끗한 세마포 옷을 입은 하늘의 군대들이 백마를 타고 예수님을 따르고 있었다. 본문의 하늘의 군대는 하늘의 천사들과 순교자들과 성도들이라고 할 수 있다. 순교자들과 성도들은 이 땅에서 예수님과 더불어 죄악의 세력과 싸워서 승리한 사람들이다. 교회와 성도들은 이 땅에서 예수님을 대신하는 의의 군사들이다.

오늘 계시록을 해석하고 있는 우리는 흰 옷을 입고 예수님을 따르는 군대이다. 우리가 입은 흰 옷에는 예수님께서 입으신 피 묻은 옷처럼 십자가의 피와, 죄의 세력과 싸워 이기고 승리한 피가 묻어 있어야 한다. 그런데 지금 무엇이 묻어 있을까? 세상의 온갖 죄악에 물든 실패의 옷은 아닐까? 계시록을 해석하면서도 마귀의 무슨 신비한 속임수에 취해서 세상이 망할 날짜나 계산하느라고 옷이 벗겨져서 벌거숭이로 있는 것은 아닐까? 적그리스도를 찾아내느라고 혈안이 되어 있지만 정작 거짓선지자 노릇하는 자신이 적그리스도의 화신이라는 것은 모르고 있지는 않을까?

【15】 그의 입에서 예리한 검이 나오니 그것으로 만국을 치겠고 친히 그들을 철장으로 다스리며 또 친히 하나님 곧 전능하신 이의 맹렬한 진노의 포도주 틀을 밟겠고

예수님의 입에는 예리한 검이 있어서 이 검으로 세상 모든 나라를 다스리시되 잘못된 나라들을 쇠몽둥이로 질그릇을 깨듯이 제거하신다. 하나님의 말씀으로 옷을 입으신 예수님의 입에서는 하나님의 말씀이 선포되며, 그 말씀에는 잘못된 세상 나라를 바로잡으시는 권세가 있으시다. 그런데 이런 어마어마한 말씀을 백마를 타고 그분을 따르는 성도들이 세상에서 선포해야 한다. 교회의 설교가 세상 역사를 결정해야 한다. 구약의 예언자들이 이스라엘을 향하여 선포한 말씀은 그들의 역사에서 그대로 실현되어 남북왕조의 멸망, 전쟁포로, 귀환 등으로 진행되었으며, 바벨론을 비롯한 주변의 나라들에 대한 책망과 선포도 그대로 실현되었다. 이로 인해 포로기 이후의 유대인에게는 자신들의 하나님이 세상 모든 나라와 역사를 주관하시는 분이라고 확신하게 되었다. 예수님의 말씀대로 예루살렘성과 성전은 파괴되었으며, 요한계시록에서 말한 그대로 로마제국의 역사는 진행되었다. 지금도 하나님께서는 교회와 성도들을 통해서 당신의 말씀을 선포하시고 또 그대로 실현하신다.

그런데 오늘 교회의 설교는 세상에 어떤 영향을 주고 있는가? 세상의 권세자들이 교회의 설교에 귀를 기울이며 정책을 결정하고 있는가? 세상 사람들이 교회의 설교에서 어떤 지침을 얻고 있는가? 교회의 설교가 오늘 우리 시대의 역사의 방향을 결정짓고 있는가? 어떤 영향은 고사하고 비웃음을 당하며, 교인들에게 조차 외면당하는 지경에 와 있다. 이 노릇을 어찌해야 하나? 오늘 교회의 설교자는 하나님의 대리자인가 아니면 악마의 하수인인가?

【16】 그 옷과 그 다리에 이름을 쓴 것이 있으니 "만왕의 왕이요 만주의 주라." 하였더라.

예수님의 옷과 다리에는 "만왕의 왕이요 만유의 주님이시다."라는 말씀이 새겨져 있어서 이 다리로 맹렬한 진노의 포도주 틀을 밟으신다.(14:19~20) 이는 예수님께서 절대권위를 가지시고 발로 포도를 밟아 으깨듯이 세상의 잘못된 권세와 죄악들을 반드시 응징하신다는 말씀이다. 이런 일은 흰옷을 입고 백마를 디고 주님을 따르는 교회와 성도들이 세상에서 해야 할 일이다. 구약성경에 '욥기'라는 책이 있다. 욥기는 해석하기가 쉽지 않다. 어려움이 와도 욥처럼 참으면 결국 복이 온다는 해석은 산문으로 쓰여진 욥기의 서론과 결론 부분일 뿐이다. 가장 중요한 내용은 욥과 친구들과의 변론과 하나님의 말씀인데, 운문으로 쓰여져 있기도 하고 또 내용이 대단히 난해하다. 욥기는 영성의 책이다. 욥기를 이해하려면 영성의 시각으로 보아야 한다. 욥기는 욥이라는 사람이 갑자기 찾아온 숱한 재난을 이겨내면서 수동적인 영성의 길을 가는 이야기를 다루는데, 욥이 자신의 과거를 돌이켜 회상하는 이야기가 친구들과의 변론 중 욥의 마지막 변론에 다음과 같은 고백이 들어 있다.

내가 의를 옷으로 삼아 입었으며 나의 정의는 겉옷과 모자 같았느니라. 나는 맹인의 눈도 되고 다리 저는 사람의 발도 되고 빈궁한 자의

아버지도 되며 내가 모르는 사람의 송사를 돌보아 주었으며 불의한 자의 턱뼈를 부수고 노획한 물건을 그 잇새에서 빼내었느니라.(욥기 29:14~17)

무슨 고백인가? 욥의 친구들이 지금 득세하고 있는 불의한 권세자들을 하나님께서는 결코 묵과하지 않으시고 언젠가는 재앙을 내리시리라고 하는 말에 욥이 반박하는 말이다. 자신은 그런 악당들을 보면서 하나님께서 언젠가 심판하시리라고 방관하지 않고, 불이익을 당할 위험을 무릅쓰고 그냥두지 않았으며, 그들의 턱뼈를 부수고 노획한 물건을 되찾아서 빼앗긴 사람들에게 돌려주었으며, 의를 속옷으로 삼고, 정의를 겉옷으로 입었으며, 힘없는 자들의 후견인이 되었다고 욥은 말하고 있다. 욥기에서 말하는 성도들은 악인의 형통을 바라보면서 하나님께서 개입하실 때만 기다리지 않고, 하나님을 대신해서 그런 불의를 용납하지 말아야 함을 말한다. 성도들은 이 세상에서 하나님을 대행하는 사람들이다. 성도는 자신들이 세상의 죄악에 물들지 않았다는 것만으로는 자신의 역할을 다 했다고 할 수 없다. 성도가 죄악에 지배받지 않는 것은 당연한 것이지 무슨 특별한 게 아니다. 성도들의 역할은 죄에 물들지 않으면서 사랑을 실천하려는 수동적인 수도자가 아니라 하나님의 도우심으로 세상에 죄악이 설 자리가 없도록 적극적으로 나서서 싸우는 의의 군대여야 한다. 성도들은 세상에서 예수님을 대신하여 세상의 죄악을 포도주 틀에서 포도를 짓밟듯이 해야 한다. 그 사람에게 하나님께서는 하늘의 권세를 더해주신다.

악인의 형통을 방관하면서 마지막 날에 하나님께서 세상과 더불어 불로 심판하시리라고 생각한다면 이는 직무유기이며 결코 용서받을 수 없다. 이런 이유로 계시록에서는 성도들이란 흰 옷을 입고 백마를 타고 예수님을 따르는 군대이며, 또 예수님과 더불어 다스린다고 말한다. 죽은 다음에 하나님나라에 가서 뭘 해 보려고 하지 말고 살아있는 동안 지금 여기에서 예수님과 더불어 세상의 온갖 죄악을 몰아내고 하나님나라가 임하게 해야 한다. 앞서가시는 예수님의 옷에는 불의한 자들과의 싸움에서 묻은 피로 얼룩져 있다. 그런데 이 세상에서 예수님을 따르면서 진흙탕 싸움을 마다하고 옷이 깨끗하게 희어져 있다면 말이 될까? 피로 물든 옷을 입으신 예수님을 따르는 성도들의 옷도 온갖 흙탕물과 피로 물들어 있어야 한다. 성도들은 내가 해야 할 일을 하나님께 떠넘기지 말아야 한다. 그 순간 나는 존재 이유가 없어지고 만다. 성도들은 그 입에 좌우에 날선 검을 물고, 손에는 철장을 들고 그리고 나아가서 힘껏 싸워야 한다. 이런 성도들을 가로막을 자란 세상에 결코 없다. 예수님께서 앞장서서 가시기 때문이다.

물음 26

적그리스도, 누구인가?

본문 : 〈 19장 〉

17 또 내가 보니 한 천사가 태양 안에 서서 공중에 나는 모든 새를 향하여 큰 음성으로 외쳐 이르되 "와서 하나님의 큰 잔치에 모여
18 왕들의 살과 장군들의 살과 장사들의 살과 말들과 그것을 탄 자들의 살과 자유인들이나 종들이나 작은 자나 큰 자나 모든 자의 살을 먹으라." 하더라.
19 또 내가 보매 그 짐승과 땅의 임금들과 그들의 군대들이 모여 그 말 탄 자와 그의 군대와 더불어 전쟁을 일으키다가
20 짐승이 잡히고 그 앞에서 표적을 행하던 거짓 선지자도 함께 잡혔으니 이는 짐승의 표를 받고 그의 우상에게 경배하던 자들을 표적으로 미혹하던 자라. 이 둘이 산 채로 유황불 붙는 못에 던져지고
21 그 나머지는 말 탄 자의 입으로부터 나오는 검에 죽으매 모든 새가 그들의 살로 배불리더라.

이어서 요한이 본 장면은 둘인데, 하나는 하늘의 천사가 새들에게 전쟁에 패한 자들의 시체를 뜯어먹으라고 명령하는 끔찍한 장면이고, 두 번째는 전쟁의 이야기이다. 전쟁이 먼저 있었던 사건이므로 이것을 먼저 다루도록 한다. 먼저 본문을 다시 보고자 한다.

1. 적그리스도와 거짓선지자

【19~21】 또 내가 보매 그 짐승과 땅의 임금들과 그들의 군대들이 모여 그 말 탄 자와 그의 군대와 더불어 전쟁을 일으키다가 짐승이 잡히고 그 앞에서 표적을 행하던 거짓 선지자도 함께 잡혔으니 이는 짐승의 표를 받고 그의 우상에게 경배하던 자들을 표적으로 미혹하던 자라. 이 둘이 산 채로 유황불 붙는 못에 던져지고 그 나머지는 말 탄 자의 입으로부터 나오는 검에 죽으매 모든 새가 그들의 살로 배불리더라.

【20:10】 또 그들을 미혹하는 마귀가 불과 유황 못에 던져지니 거기는 그 짐승과 거짓 선지자도 있어 세세토록 밤낮 괴로움을 받으리라.

요한계시록에서 끊이지 않고 논란이 되는 대상 중의 하나가 '적그리스도'(ἀντίχριστος)의 문제다. 13:17~18절에서 짐승의 수(육백육십육)를 다룰 때에도 언급했던 바와 같이 교황, 공산주의, 바코드, 베리칩(Veri-Chip), 긍정적인 신분증(Positive Id), WCC, EC대통령 등 특정 대상을 적그리스도라고 지적하곤 했으며, 근래에는 신세계 질서(New World Order)를 적그리스도라고 한다. 아마도 이런 현상은 앞으로도 어떤 문제의 인물이나 단체가 등장할 때마다 계속 반복될 것이다.

그러나 요한 계시록에는 '적그리스도'(ἀντίχριστος)라는 용어가 등장하지 않으며, 대신 '거짓 선지자'(ψευδοπροφήτης)라는 단어가 쓰인다. 계시록에서 말하는 거짓선지자는 마술 등을 사용하여 황제신상을 살아있는 신인 것처럼 속이는 자들과, 자신의 뜻을 실현하기 위하여 선동하는 자들(16:13)을 지칭한다. 계시록에서는 이런 거짓 선지자들은 사탄과 동일시되며 특별한 심판을 받는다. 따라서 적그리스도와 거짓 선지자는 같은 개념이라고 할 수 있다.

본문은 땅의 짐승과 왕들과 거짓 표적을 행하던 거짓선지자들과 그들을 따르는 군대들이 예수님과 예수님을 따르는 성도들에게 패하는 이야기이다. 이 싸움에서 악한 짐승과 거짓선지자는 사로잡혀서 유황불 못에 던져 진다. 계시록에서는 지옥(γέεννα) 대신에 유황불 못(εἰς τὴν λίμνην του' πυρὸς τη's καιομένης ἐν θείω) 이 사용되고 있다.[191] 본문에서 말하는 거짓선지자들은 황제신상에 절하도록 독려하며 거짓 이적을 행하던 자들인데, 이들을 흔히 적그리스도로 표현한다. 계시록에서는 적그리스도라는 용어대신 거짓선지자라는 말을 쓰며, 이들은 사탄과 동격으로 취급되어 사로잡히고 또 죽음이 없는 지옥의 영원한 형벌을 받게 된다. 왜 이들이 사탄과 동일하게 가장 중한 형벌을 받을까? 이들은 이 세상에서 사탄을 대신하고 있었기 때문이다.

사탄의 대리자에 대한 개념은 복음서도 언급하고 있기 때문에 오늘에도 적용 될 수 있다. 오늘 우리 시대에 사탄의 앞잡이들인 거짓선지자 즉, 적그리스도는 누구일까? 몇 부류로 나눌 수 있다.

첫째, 사이비 교주들이라고 할 수 있다.

사이비 교주들은 사탄과 계약을 맺은 자들이며, 하나님을 사칭한다. 이런 사이비 신앙은 교회 내부에서 생겨난다. 기독교 역사에서 수많은 이단들이 등장했다. 그런데 가장 큰 이단은 한국에서 생겨났다. 그 이유는 무엇일까? 두 가지 측면에서 생각해볼 수 있다. 먼저는 한국교회 신앙의 열기 때문이다. 기독교역사에서 단시간내에 가장 크게 급성장한 교회가 한국교회다. 그러다 보니 사탄의 공격으로 이단들이 생겨났다고 할 수 있다. 다른 하나는 이단이 등

191) 요한계시록 19:20, 20:10, 14, 15, 21:8.

장할 발판을 교회가 만들어 주었다. 성경해석과 설교 등에 허점이 너무 많다보니, 이단이 등장할 틈이 생겨났다. 이단에 휩쓸리는 교인들 중에는 교회에서 신앙생활을 열심히 하던 이들이 많이 있다는 게 그 반증이다.

오늘 우리 한국에는 수많은 이단종파들이 있으며, 이들은 교회 밖에서 교회를 집중공격하면서 자신들만이 진리를 터득한 것처럼 떠들면서 많은 물의를 일으키고 있다. 교회를 사랑하는 마음을 이들에게서는 찾아볼 수 없다. 한국교회에 문제점이 많은 것은 사실이지만 교회를 진정으로 사랑한다면 교회 안에서 교회를 고치기 위해 순교적인 노력을 하면서 구체적인 대안을 내어 놓아야 한다. 대안이 없다면 비판도 하지 말아야 한다. 비판은 누구나 할 수 있으며, 대안없이 비판만 일삼으면 교회에 상처만 남기 때문이다. 교회는 이 세상에 세워진 구원의 기관이며, 하나님 나라의 모형이다. 교회는 공격의 대상이 아니라 안타까운 마음으로 사랑해야할 대상이다. 오늘 우리 한국교회, 더 나아가 기독교는 중병에 걸려있다. 교회를 사랑한다면 공격을 일삼으며 분열을 획책하지 말고, 교회를 고치기 위한 처방전을 제시하며 실천하는 운동을 펼쳐야 한다.

둘째, 거짓 기사와 이적을 행하는 자들이다.

이들은 무슨 은사, 능력, 예언 등에 관심을 가지고 이를 추구한다. 그러다 보면 의도적으로 또는 자신도 모르는 사이에 거짓 기사와 이적에 빠져든다. 이런 사람들은 두 부류인데, 하나는 강신무(降神巫)와 같이 귀신의 영으로 점을 치거나 거짓 이적을 행하는 자들이다. 다른 하나는 사탄에게 속하여 교회 내에서 하나님의 이름으로 예언을 하며 기적을 일으키는 자들이다. 물론 이런 사람들 모두가 사탄의 앞잡이라고 할 수는 없지만 많은 경우 자신도 모른 채 사탄에게 속을 수 있다. 영적인 능력과 현상에 지나치게 관심을 가지면 사탄의 속임수를 피할 수가 없기 때문이다. 마태복음에서는 이에 대하여 특별히 경고를 하고 있는데, 예수님께서는 이에 대하여 명확하게 말씀하셨다.

> 그 날에 많은 사람이 나더러 이르되 "주여! 주여! 우리가 주의 이름으로 선지자 노릇 하며 주의 이름으로 귀신을 쫓아내며 주의 이름으로 많은 권능을 행하지 아니하였나이까?" 하리니 그 때에 내가 그들에게 밝히 말하되 내가 너희를 도무지 알지 못하니 불법을 행하는 자들아 내게서 떠나가라 하리라.[192)]

셋째, 교회의 거짓 설교자들이다.

교회의 설교자들이 사탄의 앞잡이인 거짓선지자 부류에 들 수 있다는 게 믿기지 않을 수 있다. 그 이유는 사탄의 가장 강력한 무기가 속임수이기 때문이다. 사탄은 교회의 설교에 침투하여 성경을 곡해하게 하며, 하나님과 교리를 오해하게 한다. 사탄의 가장 큰 전략은 정통신앙이라는 이름으로 정통교회의 강단을 점령하는 것이다. 사탄이 어떻게 정통교회의 설교를 점령할까? 예수님 당시의 정통신앙 설교자인 서기관과 바리새인의 예를 들면 쉽게 이해가 된다. 예수님 당시의 유대교 정통신앙인 인과응보교리, 안식일법 등은 포로기나 헬라문화의 박해시기에는 유대교 신앙은 물론이고 나라와 민족을 구해낸 위대한 교리였다. 그런데 시간이 지나면서 상황이 바뀌었고, 그 교리는 이제 재해석되어야 했다. 그러나 서기관과 바리새인들은 재해석을 멈춘 채 옛 교리의 전통에 머물러 있었다. 예수님께서는 이런 교리들을 재해석하셨다. "나는 너희에게 이르노니"라는 말씀은 재해석을 의미한다. 그러나 유대인들은 예수님께서 하시는 일이 율법을 폐지하거나 무시한다고 생각했다. 이에 대해 "나는 율법이나 선지자를 폐지하는 것이 아니라 완성시키는 것이다."라고 하셨다.[193)] 옛 정통교리에 머물러 있는

---

192) 마태복음 7:22~23. 이 본문은 마태복음의 다섯 편의 설교 중 첫 번째 설교의 결론부분에 해당된다. 다시 말하면 첫 설교에서 이 부분을 가장 비중있게 다룬다는 뜻이다.

193) 마태복음 5:17.

서기관과 바리새인을 향하여 "뱀들아 독사의 새끼들아,", 또는 "너희는 사탄의 자식이며 앞잡이이다."194)라고 질책하시면서 저주를 선언하셨다. 이 부분은 설교자들이 늘 명심해야 할 부분이다. 잘못 가르치는 자들뿐만 아니라 신앙생활을 오해한 사람들도 자신들도 모르는 사이에 마귀의 대리자들이 된다. 마태복음에서는 이에 대하여 다음과 같이 엄중히 경고한다.

> 또 왼편에 있는 자들에게 이르시되 "저주를 받은 자들아 나를 떠나 **마귀와 그 사자들을 위하여 예비된 영원한 불에 들어가라.** 내가 주릴 때에 너희가 먹을 것을 주지 아니하였고 목마를 때에 마시게 하지 아니하였고 나그네 되었을 때에 영접하지 아니하였고 헐벗었을 때에 옷 입히지 아니하였고 병들었을 때와 옥에 갇혔을 때에 돌보지 아니하였느니라." 하시니
>
> 그들도 대답하여 이르되 "주여, 우리가 어느 때에 주께서 주리신 것이나 목마르신 것이나 나그네 되신 것이나 헐벗으신 것이나 병드신 것이나 옥에 갇히신 것을 보고 공양하지 아니하더이까"
>
> 이에 임금이 대답하여 이르시되 "내가 진실로 너희에게 이르노니 **이 지극히 작은 자 하나에게 하지 아니한 것이 곧 내게 하지 아니한 것이니라.**" 하시리니 그들은 영벌에, 의인들은 영생에 들어가리라 하시니라. (마태복음 25:41~46)

오늘 우리 기독교인들, 특히 설교자들에게 이보다 더 무서운 말씀은 없다. "너희는 랍비(선생)라 칭함을 받지 말라."고195) 하신 말씀도 이와 관련된 말씀이며 두고 두고 명심해야 한다. 이제 어거스틴, 루터, 칼빈, 웨슬리를 그만 우려먹어야 한다. 그들의 신학은 재해석의 대상이지 그대로 적용해야 할 대상이 아니다. 정통신앙의 이름으로 이들에게 머물러 있는 한 나도 모르는 사이에 마귀의

194) 너희는 너희 아비 마귀에게서 났으니 너희 아비의 욕심을 너희도 행하고자 하느니라. 저는 처음부터 살인한 자요 진리가 그 속에 없으므로 진리에 서지 못하고 거짓을 말할 때마다 제 것으로 말하나니 이는 저가 거짓말장이요 거짓의 아비가 되었음이니라.(요한복음 8:44.)

195) 마태복음 23:8. 내 형제들아 너희는 선생 된 우리가 더 큰 심판 받을 줄을 알고 많이 선생이 되지 말라.(야고보서 3:1)

앞잡이가 되고 만다. 이스라엘 역사와 교회사에서 얻어야 할 가장 큰 교훈은 바로 이것이다. 그런데 그동안 이에 대하여 관심은 고사하고 아무런 문제의식조차 없었다. “새 술은 새 부대에”는 바로 이를 두고 하신 말씀이었다. 묵은 술에 머물러 있는 교리를 ‘도그마’라고 부른다.

이런 시각으로 볼 때에 정통교단의 설교자이면서 사탄에게 속아 넘어가서 자신도 모르는 사이에 사탄의 앞잡이 노릇을 하지 않는 사람이 있을까? 이보다 더 심각한 문제가 있을까? 이는 우리나라에만 국한되지 않으며, 기독교 전반의 문제이며, 기독교 역사의 문제였다. 하루속히 여기서 벗어나야 한다.

넷째, 정치에 물든 목회자들이다.

감독이나 노회장 등을 하기 위하여 금품을 살포하는 등의 물의를 일으키며, 무인가 신학교를 세워 자질 미달의 목회자들을 양산하는 자들을 비롯하여, 성경을 제멋대로 해석하는 자들과 교회를 개인기업체처럼 이용해먹는 자들은 언급할 가치도 없이 사탄의 앞잡이 들이다. 이들은 하나님의 이름을 악용하는 삯군들이자 사탄의 앞잡이로서 죽을 수도 없는 영원한 불 못에서 사탄과 동일한 고통을 받아 마땅하다. 하나님의 이름을 사칭하는 것과 하나님의 이름을 이용하는 것은 동일한 종교적인 사기행각이다. 요한계시록에 의하면 종교적인 사기꾼들은 지옥에서 받을 수 있는 가장 큰 고통을 당하게 된다. 불꽃같은 눈으로 지켜보시는 하나님을 우습게 여기는 악당들에게 주어지는 말씀은 다음과 같다.

뱀들아 독사의 새끼들아! 너희가 어떻게 지옥의 판결을 피하겠느냐?

2. 하나님의 큰 잔치

다시 계시록 본문으로 돌아가서 다음 장면을 보면 태양 한 복판에 서 있는 천사의 큰 음성이 울려 퍼지고 있다.

【17,18】 또 내가 보니 한 천사가 태양 안에 서서 공중에 나는 모든 새를 향하여 큰 음성으로 외쳐 이르되 "와서 **하나님의 큰 잔치**에 모여 왕들의 살과 장군들의 살과 장사들의 살과 말들과 그것을 탄 자들의 살과 자유인들이나 종들이나 작은 자나 큰 자나 모든 자의 살을 먹으라." 하더라.

이 장면은 고대의 전쟁터에서 흔히 볼 수 있었다. 전쟁이 끝나면 미처 치우지 못한 시체가 여기 저기 널려있었다. 그러면 온갖 짐승과 새들이 모여 시체를 뜯어 먹었다. 인간의 역사에서 이보다 더 끔찍한 장면은 없다. 본문은 이런 상황을 염두에 두면서 기록하고 있다.

밝은 태양빛 가운데 서 있는 천사가 공중의 새들에게 명하여 죽은 자들의 시체 즉, 예수님의 입에서 나온 검에 죽은 자들, 즉 땅의 짐승을 따르던 왕들과 그 군대들과 짐승의 신상에 절하고 짐승의 표를 받은 남녀노소들의 시체를 먹어치우라는 명령을 내리고 있다. 이를 가리켜 천사는 '**하나님의 큰 잔치**'라고 한다. 이 얼마나 무서운 말씀인가! 하나님의 잔치라는 말이 의아스러울 수 있다. 앞에서도 설명한 바와 같이 하나님의 심판이란 하나님께서 만드신 법대로의 집행을 말한다. 하나님의 잔치 역시 하나님께서 만드신 법의 집행이다. 하나님의 법은 악과 악인은 그 행한 일에 합당한 벌을 받아야 한다. 하나님께서는 당신의 형상과 모양대로 지음 받은 인간이 이런 비극을 당하지 않도록 친히 인간의 몸을 입고 세상에 오셔서 인간을 대신해서 십자가에서 죽으셨을 뿐만 아니라 성경과 설교를 통해서 지금도 눈물로 호소하신다. 하나님은 심판하시는 분이 아니라 구원하시는 분이시다.

밝은 태양 빛 가운데서 외치는 천사는 누구일까? 하늘의 천사일 것이다. 그런데 계시록에서는 하늘의 천사와 땅의 설교자들을 같은 단어인 앙겔로스(αγγελος)로 쓰고 있다. 성도들 특히 설교자들은 이 땅에서 하나님의 말씀을 선포하는 천사여야 한다. 악한 짐승과 거짓선지자들을 따르는 무리들은 예수님의 입에서 나오는 검에 죽었다. 예수님의 입에서 나오는 검은 곧 설교를 말한다. 교회에서 선포되는 설교를 통해서 사탄의 앞잡이들의 거짓이 설 자리를 잃어야 한다. 설교자들의 설교는 지금 여기서 예수님의 말씀을 대언하는 말씀이다. 설교자들은 밝은 태양빛 가운데서 예수님의 말씀을 대언하는 땅 위의 천사들이다. 이 설교에 의해 땅 위의 썩어 냄새나는 온갖 죄악의 시체들이 사라져야 한다. 계시록에서는 이를 하나님의 큰 잔치라고 말하고 있다. 이 잔치는 천사의 나팔과 큰 음성과 같은 설교자의 설교로 베풀어져야 한다. 이를 막기 위해서 사탄은 기를 쓰고 정통교회의 정통교리라는 이름으로 설교를 점령하려고 한다. 마귀에게 결코 설교 강단을 넘겨주지 말아야 한다.

제4부 : 마무리 글(20:1~22:21)

〈물음27〉 천년왕국, 무엇을 말하는가?

1. 천년왕국설

2. 천년왕국의 의미

3. 천년왕국의 실현

4. 순교자들의 부활

〈물음28〉 곡과 마곡 전쟁, 무엇을 말하는가?

〈물음29〉 최후의 종말, 어떻게 신행되는가?

〈물음30〉 하나님나라 완성, 어떤 모습인가?

1. 새 예루살렘성 강림

2. 새 예루살렘성의 외부

3. 세 예루살렘성의 내부

〈물음31〉 계시록의 결론, 무엇을 말하는가?

물음 27 천년왕국, 무엇을 말하는가?

본문 : 〈 20장 〉

1 또 내가 보매 천사가 무저갱의 열쇠와 큰 쇠사슬을 그의 손에 가지고 하늘로부터 내려와서
2 용을 잡으니 곧 옛 뱀이요 마귀요 사탄이라. 잡아서 천 년 동안 결박하여
3 무저갱에 던져 넣어 잠그고 그 위에 인봉하여 천 년이 차도록 다시는 만국을 미혹하지 못하게 하였는데 그 후에는 반드시 잠깐 놓이리라.
4 또 내가 보좌들을 보니 거기에 앉은 자들이 있어 심판하는 권세를 받았더라. 또 내가 보니 예수를 증언함과 하나님의 말씀 때문에 목 베임을 당한 자들의 영혼들과 또 짐승과 그의 우상에게 경배하지 아니하고 그들의 이마와 손에 그의 표를 받지 아니한 자들이 살아서 그리스도와 더불어 천 년 동안 왕 노릇 하니
5 (그 나머지 죽은 자들은 그 천 년이 차기까지 살지 못하더라) 이는 첫째 부활이라.
6 이 첫째 부활에 참여하는 자들은 복이 있고 거룩하도다. 둘째 사망이 그들을 다스리는 권세가 없고 도리어 그들이 하나님과 그리스도의 제사장이 되어 천 년 동안 그리스도와 더불어 왕 노릇 하리라.

1. 천년왕국설

요한계시록을 해석할 때 많은 관심과 논란의 대상 중 하나가 천년왕국이다. 성경에서 천년왕국에 대한 언급은 여기에서만 나오고 있으며, 초대교회 때부터 천년왕국설을 인정하는 의견과 반대 의견으로 엇갈렸다.[196] 천년왕국설이 성경에서는 계시록 20장에만

196) 찬성하는 사람은 Justin the Martyr(100-165년), Iraenius(135년~202년경),

나오고 있지만 신구약 중간기의 묵시문학에는 여러 곳에서 다루고 있다.[197] 천년왕국설은 유대인의 메시아사상에서 유래했기 때문에 초기에는 유대교적 기독교인들이 이에 관심을 가졌다. 유대인의 천년왕국설을 간략히 살펴보면 다음과 같다.

오랫동안 외세의 식민 지배를 받아온 유대인들은 언젠가는 메시아가 와서 새로운 시대를 여는 메시아왕국을 건설하리라고 생각했다. 초기에는 이런 메시아왕국이 지상에 세워져 세상의 나라들을 멸망시키고 영원히 존재하리라고 믿었다. 그러나 시간이 지나가면서 악한 이 세상에서 메시아왕국이 영원히 지속하기는 불가능하므로 제한적으로 임하고 그 후에 지구의 종말이 온다고 했다. 유대인들은 제한적으로 임하는 기간을 다양하게 생각했는데, 100년, 400년, 혹은 1000년, 2000년, 7000년 등으로 보았다. 그 중에서 일반적으로 받아들여진 것이 1000년인데 이유는 창세기 1장의 천지창조 7일에서 하루를 1천 년으로 보며 마지막 안식일을 천년왕국이라고 보았기 때문이다. 이런 메시아 왕국에서는 물질적으로도 풍요로워지는데, 예를 들면 포도나 밀이 한 줄기에서 1천 가지가 나며, 한 가지에서 1천 송이(이삭)가 열리고, 한 송이(이삭)에는 1천 개의 포도 알(밀알)이 열리고, 한 알에서는 일곱 말의 포도주(1만근의 고운가루) 등이 나며, 아무런 고통이나 근심없이 살게 된다고 했다.

이런 유대교의 메시아 왕국설은 초대교회에도 잘 알려져 있어서 많은 영향을 주었다. 근래에는 종말에 대한 관심이 높아지면서 예수님의 재림(종말) 이전에 천년왕국이 세워진다고 생각하는 전 천년설과 재림 이후에 세워진다는 후 천년설과 이미 역사 속에서 영

Papias(60–130년경) 등이고 반대자는 Origen(185~254 년), Eusebius(263–339년), Augustinus(354~430) 등이다.

197) 바룩2서 40:3, 29:5~6, 73장, 에녹서 10:4~6, 21:1~10, 93:3~10, 슬라브어 에녹서 7:1, 에스드라4서 7:28~29, 희년기 5:10.

적으로 실현되었다는 무 천년설 등이 난무하고 있다. 먼저 본문의 내용을 살펴본 뒤에 이에 대하여 다시 생각해보고자 한다.

【1~3】 또 내가 보매 천사가 무저갱의 열쇠와 큰 쇠사슬을 그의 손에 가지고 하늘로부터 내려와서 용을 잡으니 곧 옛 뱀이요 마귀요 사탄이라. 잡아서 천 년 동안 결박하여 무저갱에 던져 넣어 잠그고 그 위에 인봉하여 천 년이 차도록 다시는 만국을 미혹하지 못하게 하였는데 그 후에는 반드시 잠깐 놓이리라.

19:20절에서 사탄과 거짓선지자를 결박하여 유황불 못에 던진다고 하였는데, 20장의 본문에서는 그 과정을 구체적으로 설명하고 있다. 하늘에서 한 천사가 큰 쇠사슬과 무저갱 열쇠를 가지고 내려와서 사탄을 결박하여 무저갱에 집어넣고 뚜껑을 닫은 후 열쇠로 채워서 천 년 동안 나오지 못하게 하였다. 그런데 계시록에 의하면 사탄은 천 년간 무저갱에 갇혀 있다가 반드시 잠깐 놓이리라고 한다.

천년왕국은 사탄이 무저갱에 갇혀있는 천 년 동안 이 땅 위에 실현이 된다. 이에 대한 본문을 보면 다음과 같다.

【4~6】 또 내가 보좌들을 보니 거기에 앉은 자들이 있어 심판하는 권세를 받았더라. 또 내가 보니 예수를 증언함과 하나님의 말씀 때문에 목 베임을 당한 자들의 영혼들과 또 짐승과 그의 우상에게 경배하지 아니하고 그들의 이마와 손에 그의 표를 받지 아니한 자들이 살아서 그리스도와 더불어 천 년 동안 왕 노릇 하니(그 나머지 죽은 자들은 그 천 년이 차기까지 살지 못하더라) 이는 첫째 부활이라. 이 첫째 부활에 참여하는 자들은 복이 있고 거룩하도다. 둘째 사망이 그들을 다스리는 권세가 없고 도리어 그들이 하나님과 그리스도의 제사장이 되어 천 년 동안 그리스도와 더불어 왕 노릇 하리라.

천년왕국에서는 부활하여 예수님과 더불어 왕 노릇하며 다스리는 사람들이 있다. 그 사람들은 첫째 부활에 참여한 사람들인데 첫째 부활의 대상은 순교자들이다. 순교자들은 두 부류로 나누어진다. 한 부류는 예수님을 증언하다 죽은 사람들이고 다른 부류는 황제신상 숭배를 거부하다 죽은 사람들이다. 첫째 부활의 참여자는 순교자들만이 대상이고 자연사 한 사람들은 첫째 부활에 참여하지 못한다. 둘째 사망은 천년왕국이 끝나고 난 다음에 세상 모든 사람들을 심판하는 영원한 형벌을 말한다.

2. 천년왕국의 의미

이제 다시 천년왕국에 대하여 생각해 보고자 한다. 천년왕국은 무엇을 말하는 것일까? 일단 천 년 이라는 숫자는 사실적인 표현이 아니라 묵시적인 숫자라는 것을 염두에 두어야 한다. 요한계시록의 관심은 교회를 박해하는 로마제국의 악마적인 세력인데, 이 세력은 오래가지 못하고 틀림없이 하나님의 심판으로 사라질 것이며, 그 후에는 예수님께서 천 년 동안 다스리시는 새로운 나라가 시작된다고 했으며, 그 나라가 천년왕국이다. 그 나라는 예수님의 통치가 실현되는 나라이다. 그러면 이 나라를 구체적으로 누가 다스리는가? 첫째 부활에 참여한 순교자들이다. 왜 순교자들만 먼저 부활을 하는가?

'첫째 부활' 이라는 용어는 사실적인 표현이 아니라 묵시적인 표현이다. 순교자들이 부활하여 예수님과 더불어 왕 노릇한다는 말은 예수님께서 다스리시는 새로운 왕국에서는 순교정신을 가진 신앙이 다스린다는 뜻이다. 자연사한 사람들이 아니라 순교자만이 첫째 부활에 참여한다는 말은 박해의 시대에 순교의 길을 가는 사람들은 특별한 은혜를 받은 사람들이고, 비록 그들의 육체는 고통스럽게 죽어갔지만 그들의 정신은 다시 살아서 이 땅에서 새로운 나라를 만들어 가리라는 위로와 격려의 표현이다. 부활이 두 단계로 진행되어서 첫 번째 부활에는 순교자들만 부활해서 천년동안 왕 노릇하고, 천년이 지난 후에 자연사한 사람들이 부활한다면 이 또한 뭔가 앞뒤가 맞지 않는다. 순교시대에 순교한 사람들도 어려운 길을 갔지만 살아남은 가족들과 주변 사람들 역시 그 못지않은 어려운 길을 갔다. 그런데 하나님께서 부활의 때에 이들을 차별된 부활에 참여하게 하실까?

따라서 전 천년설, 후 천년설, 무 천년설 등은 계시록에서 본래 말하려는 것들과 상관없으며 유대적인 해석에 불과하다. 이런 천년왕국설은 묵시적인 표현을 사실적이고 문자적으로 해석한 결과에서 비롯되었을 뿐이다. 성경해석에서 중요한 방법은 문자적인 해석에서 벗어나 기본을 지키는 데에 있다.

요한계시록은 그 시대 상황에서 당면한 문제를 다루며, 그 해결책을 제시하고 있다. 교회의 존폐가 달린 상황에서 신앙 때문에 당장 죽음에 직면한 사람들에게 먼 미래를 내다보고 먼 미래에 있을 사건을 다루면서, 먼 미래의 대안과 종말의 시간표를 제시하려는 목적으로 쓰여진 책이 계시록일까? 성경의 모든 책들은 그 시대의 필요에 따라 기록되었다. 계시록을 지나치게 신비와 계시로 포장하지 말아야 한다. 계시록은 묵시와 역사로 포장되어 있다. 따라서 성경은 신비와 계시가 아니라 역사와 묵시로 해석을 해야 한다.

수천 년 전에 기록된 성경은 독특한 표현법을 가지고 있을 뿐만 아니라 율법서, 예언서, 지혜문학, 묵시문학, 복음서, 서신 등은 제각기 서로 다른 표현 방법을 사용하고 있으며, 또 이런 방법들이 복합되어 있으며, 같은 본문이 다중의 의미를 가지기도 한다. 이런 것들이 파악되기 위해서는 그 역사와 배경과 히브리문학의 독특한 표현에 익숙해지는 것 이외에 달리 방법이 없다. 이와 더불어 영감으로 쓰였기 때문에 영성에 대한 깊은 이해가 필요하다. 따라서 성경해석은 생각보다 쉽지 않을 수 있다. 그러나 기본을 충실히 익히면 그다지 어렵지 않고, 오랜 시간이 요구되지도 않으며 누구나 가능해진다. 또 어느 누구도 완벽하게 해석한다고 할 수도 없다. 단지 기본과 방향에서 어긋나지 않으려고 부단히 노력하면서 마침표를 찍지 않고 조심스럽게 쉼표를 찍을 뿐이다.

3. 천년왕국의 실현

그렇다면 역사로 들어가서 살펴볼 때 요한이 계시록 20장에서 말하는 예수님께서 통치하시는 천년왕국이 실제로 왔는가? 왔다. 그것도 인류역사에서 찾아볼 수 있는 가장 극적인 방법으로 찾아왔다. 그 과정은 앞에서도 언급한 바와 같이 먼저 밀란칙령(313년, 콘스탄티누스 황제)에서 기독교에 대한 박해가 종식되고 이어서 정식 종교로 공인되었다. 그러나 사실상 국교 선포와 다름없었다. 교회의 지도자들이 콘스탄티누스의 가장 유력한 조언자들이 되었으며, 각 지역에 국고의 도움으로 교회당이 건립되고, 교회가 정부의 주요 기능을 담당했다. 콘스탄티누스는 로마제국을 기독교 국가로 만들기 위하여 수도를 옮겼다. 옛 도시 로마는 워낙 오랜 동안 미신과 우상종교에 물들어서 건물 등이 모두 옛 신앙과 밀접한 관련이 있었기 때문이다. 이에 그는 비잔틴으로 천도해서 기독교 정신에 맞는 도시를 건설하고 자신의 이름을 따서 '콘스탄티노플'이라고 했다.

다음 단계는 380년(데오도시우스 황제)에 로마제국의 국교가 되었다. 데오도시우스는 기독교를 정식으로 국교로 선포하고 두 아들 아카디우스(Arcadius)와 호노리우스(Honorius)에게 동로마(그리스 동쪽)와 서로마(그리스 서쪽)를 물려주었다. 이로 인해 이제는 제국의 모든 사람이 국법에 의해 교회에 출석해야만 했다.

그 다음 단계로는 앞에서 언급한 것처럼 476년 서로마 즉 라틴로마제국이 멸망하고 게르만 민족이 다스리는 시대가 오면서 교회가 서로마와 북유럽을 직접 다스리게 되었다. 반면 동로마는 콘스탄티누스가 수도를 콘스탄티노플로 옮기면서 큰 저항 없이 교회가 제국을 다스리는 실세가 되었고, 서로마와는 달리 게르만 민족의 침략에 시달리지 않았다. 이런 과정을 거쳐 교회를 통해 예수님께서 세상을 통치하시는 시대가 실제로 역사 속에서 실현되었다. 밀란칙령에서 시작하여 르네상스 운동의 여파로 등장한 민족주의로 중세 기독교 국가가 분해될 때까지를 계시록에서 말하는 천년왕국이라고 말할 수 있는데, 그 기간이 대략 천 년이다.

4. 순교자들의 부활

그렇다면 첫째 부활, 즉 순교자들은 다시 살아났을까? 다시 살아났고 예수님과 더불어 다스렸다. 어떻게 살아나서 어떻게 다스렸을까? 기독교가 공인되고 교회가 로마제국의 실질적인 주인이 되자 교회는 급속히 세속화되기 시작했다. 이를 지켜보면서 순교적 신앙을 가지고 있던 사람들은 순교적인 신앙을 실천으로 옮겼다. 이들을 수도사라고 하는데, 이들은 생명을 내어 놓고 고행과 금욕을 실천하면서 신앙을 지키려고 했다. 이런 운동을 이집트의 안토니우스(Antonius 250~365)가 시작하자 제국의 전역에서 기다렸다는 듯이 수도사들과 수도원이 생겨나서 중세기는 수도사들의 시대가 되었다. 초기의 수도사들은 죽음을 불사하는 전설적인 고행을 자청해서 실천으로 옮겼다. 수도사들이야 말로 계시록에서 말하는 순교자들의 부활이라고 할 수 있다.

그러나 지금 돌이켜 볼 때에 순교자들의 부활이 수도원이 아닌 세상의 시장 한복판에서 일어났어야 했다. 수도원에서 순교자들이 부활하다 보니 세상은 세속적인 방법에 지배당하고 말았다. 지나간 교회의 역사에서 이 부분이 가장 안타깝고 아쉬운 부분이다. 중세기에는 교회가 세상을 다스리는 실세였는데, 세상 속에서 하나님나라를 임하게 하려는 시도는 물론이고 그런 개념조차 없었다. 중세의 신학자들은 대부분 수도원에서 배출했기 때문에 세상의 문제를 직접 해결하려는 노력이 결여된 채 형이상학적인 신학으로 치우쳤다. 성경에서 그토록 강조하는 율법과 예언자들의 정신, 예수님이 선포하고 사도들이 실천했던 희년운동은 그 흔적도 없이 사라졌다. 중세의 신학자 가운데 희년의 문제와 이 세상에 하나님 나라가 임하게 하려는 문제에 관심을 가진 이는 단 한사람도 없었다고 해도 과언이 아니다. 초기부터 교리논쟁에 사활을 걸었고, 그 이후는 형이상학적인 신학과 교회의 정치구조에 관심을 가졌으며 교황제도가 생겨나자 황제와 정치권력을 놓고 치열하게 다퉜다.

그러는 사이에 동쪽 변방의 사막지대에서 회교가 등장하여 삽시간에 기독교의 중심지를 휩쓸었으며, 중세기에는 성지순례의 명분으로 기독교와 회교사이에 십자군전쟁이 일어나 200여 년을 싸웠으나 무승부로 끝나고 말았다. 중세 천 년이 지난 후 중세 말기에 이르러 기독교에 반발하는 인문주의 운동이 일어나서 기독교 왕국은 해체되고 인문주의자들이 하나님을 배제한 채 인간의 이성과 과학으로 세상에 유토피아를 만들려는 운동이 일어났다. 이들은 혁명으로 독재 왕권을 몰아내고 대지주제와 신분과 남녀차별 등을 철폐했다. 교회가 마땅히 했어야 할 일을 인문주의자들이 해내고 말았다. 이는 참으로 안타까운 일이며 교회의 수치가 아닐 수 없다.

하나님께서는 계시록의 말씀대로 교회에 기회를 주셔서 세상을 통치하도록 위임하셨다. 그런데 교회는 어디로 가야할 지 방향을 상실한 채 표류하고 말았다. 그런데 더 안타까운 것은 교회는 아직도 어디로 가야하는지를 모르고 있다는 사실이다. 계시록 등을 기초로 종말의 시점과 징조에만 지대한 관심들을 가지고 있다. 예수님께서는 당시의 지도자들을 이렇게 책망하셨다. "외식하는 자여 너희가 천지의 기상은 분별할 줄을 알면서 어찌 이 시대는 분별치 못하느냐!"(누가복음 12:56)

물음

28 곡과 마곡 전쟁, 무엇을 말하는가?

본문 : 〈 20장 〉

1 또 내가 보매 천사가 무저갱의 열쇠와 큰 쇠사슬을 그의 손에 가지고 하늘로부터 내려와서
2 용을 잡으니 곧 옛 뱀이요 마귀요 사탄이라. 잡아서 천 년 동안 결박하여
3 무저갱에 던져 넣어 잠그고 그 위에 인봉하여 천 년이 차도록 다시는 만국을 미혹하지 못하게 하였는데 그 후에는 반드시 잠깐 놓이리라.
7 천 년이 차매 사탄이 그 옥에서 놓여
8 나와서 땅의 사방 백성 곧 곡과 마곡을 미혹하고 모아 싸움을 붙이리니 그 수가 바다의 모래 같으리라.
9 그들이 지면에 널리 퍼져 성도들의 진과 사랑하시는 성을 두르매 하늘에서 불이 내려와 그들을 태워버리고
10 또 그들을 미혹하는 마귀가 불과 유황 못에 던져지니 거기는 그 짐승과 거짓 선지자도 있어 세세토록 밤낮 괴로움을 받으리라.

계시록 20장의 천년왕국설은 인류의 역사 속에서 어떻게 실천되었는가? 계시록의 천년왕국을 지난 역사에 대입시켜 본다면 밀란칙령에서 시작하여 인문주의가 등장하던 1500년경의 르네상스 시대까지를 천년왕국의 시대라고 할 수 있다. 그렇다면 천년왕국 이후 즉 현재 우리에게 일어난 일들을 계시록을 기초로 말한다면 어떤 시대라고 할 수 있을까?

【1~3】 또 내가 보매 천사가 무저갱의 열쇠와 큰 쇠사슬을 그의 손에 가지고 하늘로부터 내려와서 용을 잡으니 곧 옛 뱀이요 마귀요 사탄이라. 잡아서 천 년 동안 결박하여 무저갱에 던져 넣어 잠그고 그 위에 인봉

하여 천 년이 차도록 다시는 만국을 미혹하지 못하게 하였는데 그 후에는 반드시 잠깐 놓이리라.

분문에 의하면 사탄은 천 년간 무저갱에 갇혀 있다가 반드시 잠깐 놓이리라고 한다. 잠깐 놓인 사탄은 무슨 일을 할까? 본문은 다음과 같이 말하고 있다.

【7~10】 천 년이 차매 사탄이 그 옥에서 놓여나와서 땅의 사방 백성 곧 곡과 마곡을 미혹하고 모아 싸움을 붙이리니 그 수가 바다의 모래 같으리라. 그들이 지면에 널리 퍼져 성도들의 진과 사랑하시는 성을 두르매 하늘에서 불이 내려와 그들을 태워버리고 또 그들을 미혹하는 마귀가 불과 유황 못에 던져지니 거기는 그 짐승과 거짓 선지자도 있어 세세토록 밤낮 괴로움을 받으리라.

천 년이 지나자 무저갱에 갇혀있던 사탄이 풀려나서 다시 사람들을 미혹하기 시작한다. '곡과 마곡'(Γὼγ καὶ Μαγώγ)은 에스겔서 37~39장에서 유래되었다. '곡'은 이스라엘을 침략했던 메섹과 두발의 왕의 이름이며, 마곡은 이스라엘 북방에 위치했던 막강했던 나라의 이름이다. 묵시문학의 영향으로 곡과 마곡은 하나님의 백성과 사탄이 대결하는 최후의 전장(戰場)으로 알려져 있다.

다시 풀려난 사탄이 곡과 마곡에서 수많은 사람들을 미혹하여 성도들과 대적했으나 하늘에서 내려온 불에 의해 패하고 불과 유황 못에 던져져서 짐승과 거짓선지자들과 함께 영원토록 고통스러운 형벌을 받게 된다. 이로써 사탄의 세력은 이 땅에서 영원히 종말을 고하게 된다. 마지막 심판에서 사탄과 그 앞잡이에 대한 심판은 특별히 진행되어 이들은 지옥의 유황 불 못에 던져지는데, 이들의 심판에 대한 이야기는 19장에 이어서 두 번 반복되고 있다. 19장에 의하면 이들은 마지막 전쟁에서 죽임당하지 않고 사로잡혀 유황 불 못에 던져져서 영원히 죽지 못하는 형벌을 받게 된다.[198]

198) 또 내가 보매 그 짐승과 땅의 임금들과 그들의 군대들이 모여 그 말 탄 자와 그의 군대와 더불어 전쟁을 일으키다가 짐승이 잡히고 그 앞에서 표적을 행하던 거짓 선지

사탄이 천 년 동안 갇혀 있다가 다시 풀려나서 곡과 마곡을 미혹하고 수많은 사람들을 규합하여 다시 교회를 대적하리라는 본문은 어떻게 해석해야 할까? 르네상스 이후의 현대 이성주의가 그 시대라고 할 수 있다. 이 시대에는 사람들이 하나님과 교회를 거부하고 인간의 능력으로 이 땅에 낙원을 건설하려고 했지만 결과적으로 사탄의 왕국이 세워지고 말았다. 과학과 의학의 발전으로 전염병을 퇴치하고 농업혁명을 일으킨 것 까지는 좋았는데, 먼저 산업혁명을 시작한 나라들은 과학기술을 앞세워 전 세계를 식민지로 만들기에 혈안이 되었으며, 식민지를 놓고 서로 다투다가 세계대전이 일어나고 말았다. 전 세계는 식민지배의 고통에 시달려야 했고, 흑인을 데려다가 노예로 팔아먹었으며, 아편까지 공급했다. 과학기술은 대량 살상무기를 만드는 데에 먼저 이용되었고, 자본주의의 지나친 욕심은 전 세계의 자연을 황폐하게 만들어 놓았다. 법적인 인권은 개선되었다고 하지만 경제적인 불균형과 양극화는 날로 심화되고 있으나 아무런 대책이 없다. 또한 과학기술의 부산물인 환경오염은 인류를 멸종의 위기로 몰아넣고 있다.

현대라는 시대의 이런 실상을 무어라고 해석해야 될까? 계시록으로 설명하자면 무저갱에 갇혀있던 사탄이 다시 나와서 수많은 사람들을 미혹시킨 시대라고 할 수 있다. 이런 시각으로 본다면 현재는 곡과 마곡의 마지막 전쟁을 앞둔 시점이라고 할 수 있다. 그러면 이런 시대에 성도들은 무엇을 해야 하나?

역사의 흐름과 계약의 관점에서 볼 때 역사 속에서 계시록의 예언대로 로마제국의 악마적인 세력이 물러가면서 로마제국에 대한 통치권이 교회에 주어졌던 것처럼, 하나님께서 교회에 다시 세상

자도 함께 잡혔으니 이는 짐승의 표를 받고 그의 우상에게 경배하던 자들을 표적으로 미혹하던 자라 이 둘이 산 채로 유황불 붙는 못에 던져지고 그 나머지는 말 탄 자의 입으로부터 나오는 검에 죽으매 모든 새가 그들의 살로 배불리더라.(계 19:19)

을 통치할 기회를 주시리라고 말할 수 있다. 구약 이스라엘에게 가나안이 계약의 땅이었다면, 로마제국은 새로운 계약 공동체인 교회에 맡겨진 가나안 땅이었다. 지금은 지구촌 시대이므로 마지막으로 교회에 맡겨질 계약의 땅은 전 세계이다. 지난날 교회가 제 역할을 하지 못해서 새로운 계약이 파기되어 유럽 대륙에서 교회 통치시대가 종말을 고하고 무저갱에 갇혀있던 사탄이 세계를 지배하는 인간주의와 이성의 시대가 왔다. 이는 계약의 파기라고 할 수 있다. 그런데 500여 년이 지난 지금 이제는 서양의 시대, 이성의 시대가 가고 현대 이후(포스트 모더니즘)의 시대가 왔다. 이는 계약의 회복이라고 할 수 있다. 우리는 계약이 회복되는 귀환기에 와 있다.

잃어버린 천년왕국으로 다시 돌아가서 실천하지 못한 일을 다시 시작해야 한다. 그것이 무엇인가? 교회는 이 땅에 하나님나라를 임하게 하는 하나님나라의 모델이 되어야 한다. 예수님께서 제자들에게 가르치시고 제자들이 사도행전에서 실천했던 교회의 공동체운동이 다시 재현되어야 한다. 교회의 목회자들은 예수님의 입에서 나오는 검을 회복하여 하나님의 말씀을 선포해야 한다. 다른 방법이란 있을 수 없다. 우리는 지금 곡과 마곡의 전쟁 한복판에 놓여 있으며 전쟁은 이미 시작된 지 오래 되었다. 하나님의 나라가 교회 공동체 속에서 실현되어야 한다.

곡과 마곡의 전쟁은 성도들의 힘으로는 이기기 어렵다. 계시록의 기록대로 '하늘의 불'이 내려와서 사탄을 태우지 않는 한 인간이 사탄을 이길 수는 없다. 그러나 동시에 인간의 노력 없이 하늘의 불은 내려오지 않는다. 하늘의 불은 인간의 노력을 통해서 내려오기 때문이다. 인간의 노력은 지하수 펌프의 마중물과 같아서 마중물 없이는 아무리 펌프의 성능이 좋아도 물은 올라오지 않는다. 초대교회 성도들이 순교적인 신앙으로 사탄의 박해를 물리치고 이기고 승리했던 것처럼 오늘 우리도 순교의 신앙으로 돌아가서 무저갱에서 다시 나온 사탄의 세력을 물리쳐야 한다.

포로의 귀환령인 고레스 칙령과, 박해를 종식시키는 밀란 칙령이 어느 날 갑자기 찾아왔던 것처럼, 오늘 우리에게도 교회가 전세계를 통치하는 기회를 하나님께서 틀림없이 주실 것이다. 교회는 이에 대비해야 한다. 무엇을 어떻게 준비해야 하나? 새로운 신명기 운동인데, 이를 정리하면 다음과 같다.

- **지나간 과거의 잃어버린 천년왕국에 대하여 전심으로 회개하며 회개의 역사서를 써야 한다.**
- **성경과 하나님을 다시 이해하는 성경공부운동이 확산되어야 한다.**
- **새로운 시대를 이끌어 갈 인재를 양성해야 한다.**
- **새로운 시대를 이끌어 갈 새로운 문화와 사상을 만들어야 한다.**

이런 큰일을 해낼 마지막 전장 곡과 마곡은 어디일까? 어떤 장소가 특별하게 정해져 있다고 할 수는 없다. 먼저 이런 사실을 깊이 깨달아 알고 삶 속에서 실천하는 그곳이 곧 오늘 우리의 곡과 마곡이 될 것이다.

우리 한국교회는 이 역할을 해내야 한다. 역사적인 흐름과 기독교의 현실을 놓고 볼 때 우리 이외에 이 일을 해낼 나라는 없다. 우리 교회는 이를 해낼 만한 필요 충분 조건을 갖추고 있다. 이런 사실에 눈을 뜨기만 하면 이 세상 속에 하나님나라를 임하게 하는 큰 일을 해 낼 수 있을 것이다.

물음 29

최후의 종말, 어떻게 진행되는가?

본문 : 〈 20장 〉

11 또 내가 크고 흰 보좌와 그 위에 앉으신 이를 보니 땅과 하늘이
그 앞에서 피하여 간 데 없더라.
12 또 내가 보니 죽은 자들이 큰 자나 작은 자나 그 보좌 앞에 서 있
는데 책들이 펴 있고 또 다른 책이 펴졌으니 곧 생명책이라. 죽은
자들이 자기 행위를 따라 책들에 기록된 대로 심판을 받으니
13 바다가 그 가운데에서 죽은 자들을 내주고 또 사망과 음부도 그
가운데에서 죽은 자들을 내주매 각 사람이 자기의 행위대로 심판을
받고
14 사망과 음부도 불못에 던져지니 이것은 둘째 사망 곧 불 못이라.
15 누구든지 생명책에 기록되지 못한 자는 불 못에 던져지리라.

최후의 심판, 흰 보좌 심판, 둘째 사망

요한계시록 해석에서 지금까지는 지난 역사의 이야기로 해석했지만 이제부터는 앞으로의 역사로 해석하려고 한다. 문자 그대로 미래의 종말에 대한 해석이다. 그러나 그 종말의 시기를 미리 알 수는 없다. 그 이유는 오직 하나님만 아시기 때문이며, 또 그 시기는 고정되어 있지 않기 때문이다. 땅에서 인간이 어떻게 하느냐에 따라 그 시기는 결정된다. 이는 인간이 그 시기를 결정한다는 말이 아니다. 하나님께서 세상 역사를 주관하시지만 인간을 통해서 일하시기 때문에 인간의 역할이 중요하다는 뜻이다. 지금까지 진행된 계시록의 심판에서 순교자나 성도들의 기도와 찬양이 늘 선행되었는데, 이는 앞으로의 역사에서도 마찬가지다. 교회가 이 땅에

서 하나님나라를 어떻게 만들어 가느냐에 따라서 그 완성인 종말의 시기는 결정되므로 인류역사, 세상역사는 결정론의 지배를 받지 않는다. 따라서 성경의 신앙에서는 종말의 시기를 묻는 물음 그 자체가 성립되지 않는다. 이는 운명론, 결정론, 점성술에 기초한 우상종교의 신앙에서나 가능할 뿐이다.

이 세상을 지배하던 사탄의 세력이 영원한 불 못에 던져진 후 이 세상에 대한 심판이 진행된다. 먼저 이와 같은 심판의 장면은 계시록에 처음 나오는 것이 아니라 성경과 묵시문학의 여러 곳에서 이미 언급한 바 있다.[199] 심판의 장면이 새로운 것은 아니지만 그 의미가 많이 다르다. 먼저 심판의 장면부터 살펴보고자 한다.

흰 보좌의 심판대에는 창조주 하나님께서 앉으시고, 그 앞에는 두 책이 놓여있다. 하나는 각자가 행한 모든 행위가 기록된 행위록이고 다른 하나는 영원한 생명을 얻은 자들의 이름을 기록한 생명책이다. 그리고 이 세상에 살았던 사람들은 모두가 부활하여 하나님의 심판을 받아야 한다. 그런데 이런 부활의 대상은 인간만이 아니라 땅과 바다와 하늘 등의 자연과 그리고 사망과 음부까지 포함된다.

이와 같은 심판의 의미는 무엇인가?

첫째, 최후의 심판은 있어야만 한다.

【12】 또 내가 보니 죽은 자들이 큰 자나 작은 자나 그 보좌 앞에 서 있는데 책들이 펴 있고 또 다른 책이 펴졌으니 곧 생명책이라. 죽은 자들이 자기 행위를 따라 책들에 기록된 대로 심판을 받으니

【15】 누구든지 생명책에 기록되지 못한 자는 불 못에 던져지리라.

만일 모든 인간이 자신이 세상에서 살았던 삶을 사후에 평가받

199) 출애굽기 32:32, 다니엘 7:9~10, 시편 102~25~27, 이사야 51:6, 65:17, 66:22, 마태복음 19:27, 마가복음 13:31, 베드로후서 3:10~13, 에녹서 45:4~5, 72:1, 90:20, 91:16, 에스드라4서 7:75, 바룩2서 24:1, 32:6.

지 않는다면 이 세상에서 선악의 기준이 사라진다. 왜냐하면 사후의 심판이 없다면 도덕과 윤리, 사회의 법, 선과 악, 양심 등의 기준이란 무용지물이며, 인간의 삶은 짐승과 다를 바 없기 때문이다. 영원한 심판이 없다면 자기 유익을 위하여 수단과 방법을 가리지 않는 삶이 최선이 되고 만다. 사회와 국가의 법이란 단지 사회와 국가를 유지하기 위한 수단이므로 가능하면 법망을 피해 가야하고 돈과 권력과 야합하여 법을 악용하는 처세술이 최고의 가치가 된다. 그러나 인간에게 주어진 선한 양심과, 죽음과 내세에 대한 생각, 하나님에 대한 막연한 두려움 등은 최후의 심판이 있다는 것을 이미 말해주고 있다. 누가 가르쳐 주지 않아도 인간의 이성과 양심은 마지막 심판을 누구나 스스로 깨닫게 한다. 특히 노년이 되어 죽음이 가까워질수록 내세와 심판을 많이 생각하며, 지난날의 잘못을 돌이키게 되는데 이는 자연스러운 현상이다.

둘째, 죽음 이후에는 부활이 있으며, 심판이 동시에 진행된다.

【13,14】 바다가 그 가운데에서 죽은 자들을 내주고 또 사망과 음부도 그 가운데에서 죽은 자들을 내주매 각 사람이 자기의 행위대로 심판을 받고 사망과 음부도 불못에 던져지니 이것은 둘째 사망 곧 불 못이라.

개인이 죽을 때 마다 하나님께 불려가서 심판을 받는 것이 아니라 과거에 시차를 두고 죽은 사람들이 동시에 다시 살아나서 심판을 받게 된다. 죽은 이후 심판까지는 영과 육이 잠들어 있는 상태와 같다. “바다가 그 가운데에서 죽은 자들을 내주고”라는 말씀에서 바다는 무엇을 말하는 것일까? 고대에 가장 비참한 죽음은 장례조차 치러지지 못하고 그냥 방치된 죽음이며, 이런 사람들은 갈 곳이 없어 방황한다고 생각했다. 또 사고 등으로 갑자기 죽은 사람도 비슷하게 생각했는데, 이런 사람들은 바다가 그 시체를 내어 주어 다시 살아난다고 생각했다. “또 사망과 음부도 그 가운데에서 죽은 자들을 내주매”는 정상적으로 죽어 장례가 치러진 사람들을 말한다. 어떤 죽음을 죽었든지 죽은 모든 사람이 다시 살아서 "각 사람이 자기의 행위대로 심판을 받고"라는 말씀대로 하나님 앞에서 자신의 삶을 평가받아야 한다.

인간에게 있어서 부활의 대상은 육체만이 아니라 영혼 즉 마음, 정신, 생각, 감정, 의지, 사상 등 모든 심리적 정신적 활동도 부활의 대상이다. 즉 예전의 육체와 영혼이 완전하고 영원한 상태로 다시 태어난다. 영원한 삶이 무엇인지는 설명도 이해도 쉽지 않다. 단지 이 세상에서 경험하는 그런 죽음과 불행이 있지 않다고 할 수 있다. "사망과 음부도 불 못에 던져지니 이것은 둘째 사망 곧 불 못이라."(14절)라는 말씀에 의하면 사망과 죽은 자들이 가는 음부까지 불 못에 던져져서 부활 이후에는 더 이상 죽음이 있지 않음을 알 수 있다.

셋째, 부활의 대상에는 자연 만물도 포함된다.

【11】 땅과 하늘이 그 앞에서 피하여 간 데 없더라.

【21:1】 또 내가 새 하늘과 새 땅을 보니 처음 하늘과 처음 땅이 없어졌고 바다도 다시 있지 않더라.

인간만 부활의 몸으로 변화되는 것이 아니라 땅과 바다, 하늘까지 다른 세상으로 변화된다. 그 이유는 단순하다. 인간의 부활은 소생이 아니라 새로운 차원과 완전한 삶으로의 변화다. 부활의 삶은 시간과 공간의 제약을 비롯하여 육체와 정신의 제약을 받는 이 세상의 삶과 비슷한 어떤 상태가 아니라, 완전히 다른 차원의 삶이다. 그런데 이 세상은 불완전하므로 이 세상도 완전한 세상으로 다시 태어나는 부활이 있어야 한다.

이를 본문에서는 처음 하늘, 처음 땅이 없어지고 새 하늘, 새 땅이 된다고 한다. 이는 새로운 창조인데 이에 대해서는 구약과 외경에 이미 언급되어 있다. "보라, 내가 새 하늘과 새 땅을 창조하나니, 이전 것은 기억나거나 생각나지 아니할 것이라."(이사야 65:17), "내가 하늘을 변화시켜 영원한 축복과 빛이 되게 하리라."(에녹서 45:4), "새로운 창조가 완성될 것인데 그것은 영원히 있을 것이다."(에녹서 72:1), "첫째 하늘은 떠나 지나가고 새 하늘이 나타난다. 하늘의 빛은 일곱 배나 밝을 것이며, 그 새로 창조된 것은 영원히 계속될 것이다."(에녹서91:16), "능력자가 천지를 흔들어 새 것을 만들 것이라."(바룩2서 32:6), "하나님께서 당신의 피조물을 새롭게 하실 것이다."(에스라4서 7:75)

그러나 예전의 땅과 하늘이 사라지고 새로운 하늘과 땅이 등장하는 새 창조는 예전의 땅과 하늘의 파멸이 아니다. 이는 마치 인간의 부활이 이 세상에서 살았던 육체와 영혼이 없어지지 않고 부활되는 것과 같다. 이 세상은 파멸되어 영원히 없어지고 새로운 천국으로의 이동이 아니라 이 세상이 새로운 세상과 하나님나라로 변화되는 것이며 완성되는 것이다. 이와 같이 인간과 세상의 부활은 이 세상과 역사의 파멸이나 종말이 아니라 완성이다.

물음 30 하나님나라 완성, 어떤 모습인가?

본문 : 〈 21장 〉

1 또 내가 새 하늘과 새 땅을 보니 처음 하늘과 처음 땅이 없어졌고 바다도 다시 있지 않더라.

2 또 내가 보매 거룩한 성 새 예루살렘이 하나님께로부터 하늘에서 내려오니 그 준비한 것이 신부가 남편을 위하여 단장한 것 같더라.

3 내가 들으니 보좌에서 큰 음성이 나서 이르되 "보라, 하나님의 장막이 사람들과 함께 있으매 하나님이 그들과 함께 계시리니 그들은 하나님의 백성이 되고 하나님은 친히 그들과 함께 계셔서

4 모든 눈물을 그 눈에서 닦아 주시니 다시는 사망이 없고 애통하는 것이나 곡하는 것이나 아픈 것이 다시 있지 아니하리니 처음 것들이 다 지나갔음이러라."
5 보좌에 앉으신 이가 이르시되 "보라, 내가 만물을 새롭게 하노라." 하시고 또 이르시되 "이 말은 신실하고 참되니 기록하라." 하시고
6 또 내게 말씀하시되 "이루었도다. 나는 알파와 오메가요 처음과 마지막이라. 내가 생명수 샘물을 목마른 자에게 값없이 주리니
7 이기는 자는 이것들을 상속으로 받으리라. 나는 그의 하나님이 되고 그는 내 아들이 되리라.
8 그러나 두려워하는 자들과 믿지 아니하는 자들과 흉악한 자들과 살인자들과 음행하는 자들과 점술가들과 우상 숭배자들과 거짓말하는 모든 자들은 불과 유황으로 타는 못에 던져지리니 이것이 둘째 사망이라."

1. 새 예루살렘성 강림

【1】 또 내가 새 하늘과 새 땅을 보니 처음 하늘과 처음 땅이 없어졌고 바다도 다시 있지 않더라.

【2】 또 내가 보매 거룩한 성 새 예루살렘이 하나님께로부터 하늘에서 내려오니 그 준비한 것이 신부가 남편을 위하여 단장한 것 같더라.

처음 하늘과 처음 땅, 처음 바다가 변하여 새 하늘과 새 땅이 되는 변화는 우주적인 차원의 새 창조이며, 옛 창조와 역사의 완성이라고 할 수 있다. 이와 더불어 '새 예루살렘'이 하늘로부터 내려오며, '하나님의 장막'이 이제는 사람들과 함께 있게 된다. 새 예루살렘성과 하나님의 장막은 무엇을 말하는 것일까? 계약의 완성을 뜻한다. 성경은 두 계약의 책이다. 이를 좀더 자세히 살펴보면 다음과 같다.

먼저 새 예루살렘은 무엇을 말할까? 포로기 이후에 등장하는 예언서와 시편에서 예루살렘은 계약회복의 표상이며, 귀환 이후에 등장한 묵시문학과 외경에서 예루살렘은 메시아 왕국의 중심이었다. 시편에는 포로기 이후에 쓰여 지거나 편집된 '예루살렘으로 올라가는 길에서 부르는 노래'라는 제목의 시가 15편(120~143편)

이나 있는데, 예루살렘이 세계의 중심이 되어 만국이 그곳으로 몰려오리라고 표현하는 구절이 여러 곳에 있다. 이사야서에는 예루살렘의 회복을 꿈꾸고 있으며[200] 에스겔서 40~48장에는 재건될 예루살렘성에 대하여 소상하게 기록하고 있는데, 마지막은 12지파를 따라서 열 두 대문의 이름을 짓고 있다. 유대인의 문헌에도 예루살렘 재건에 대한 기록이 많이 있다.[201] 유대인들은 회당에서 예루살렘 성전의 재건을 위해 지금도 이렇게 기도하고 있다. "당신의 도성 예루살렘으로 사랑을 가지고 돌아가서 당신이 약속한 대로 그곳에서 살게 하소서. 그 도성을 우리의 날에 급속히 재건하고 다윗의 보좌를 거기에 속히 세우소서. 오, 주여, 예루살렘의 건축자 당신을 송축할지라." 이 외에도 메시아 왕국에서는 예루살렘성이 이상적으로 회복되리라고 말하는 문헌들이 많이 있다.[202]

그 다음으로 하나님의 장막은 이스라엘이 출애굽한 후 광야에서 만든 성막을 말하는데, 이스라엘과의 계약에 따른 약속의 표시였

200) 내가 노하여 너를 쳤으나 이제는 나의 은혜로 너를 불쌍히 여겼은즉, 이방인들이 네 성벽을 쌓을 것이요, 그들의 왕들이 너를 섬길 것이며, 네 성문이 항상 열려 주야로 닫히지 아니하리니, 이는 사람들이 네게로 이방 나라들의 재물을 가져오며, 그들의 왕들을 포로로 이끌어 옴이라. 너를 섬기지 아니하는 백성과 나라는 파멸하리니 그 백성들은 반드시 진멸되리라. 레바논의 영광 곧 잣나무와 소나무와 황양목이 함께 네게 이르러 내 거룩한 곳을 아름답게 할 것이며 내가 나의 발 둘 곳을 영화롭게 할 것이라. 너를 괴롭히던 자의 자손이 몸을 굽혀 네게 나아오며 너를 멸시하던 모든 자가 네 발 아래에 엎드려 너를 일컬어 여호와의 성읍이라, 이스라엘의 거룩한 이의 시온이라 하리라.(이사야 60:10~14).

201) 하나님이 사랑하신 도성은 그가 별과 해와 달보다 더 빛나게 하셨도다. 그는 이곳을 세계의 보석으로 세우시고 성전을 만드시고 그 지성소는 훨씬 아름답게 하셨으며, 그 모양을 아주 크게 하셨고, 큰 탑을 세우되 구름에 닿으며 모든 사람이 볼 수 있게 세웠으니 그리하여 모든 믿는 자와 의로운 자가 보이지 않는 하나님의 영광과 기쁨의 환성을 볼 수 있게 하셨다.(시빌리의 신탁 5:420~427). 예루살렘의 대문들은 청옥과 취옥으로 만들어질 것이며, 네 모든 벽돌은 귀한 돌로 할 것이니라. 예루살렘의 탑들은 금으로, 그리고 그들의 흉벽은 순금으로 지을 것이다. 예루살렘의 거리는 오빌의 홍옥과 돌로 포장될 것이며, 예루살렘의 대문들은 기쁨의 찬송을 말하여 그의 모든 집이 할렐루야 할 것이다.(토빗 13:16~18). Barclay, 「The Revelation of John」 II. p.201.

202) 에스라4서 10:44~59, 바룩2서 4:2~6 등

다. "내가 내 성막을 너희 중에 세우리니 내 마음이 너희를 싫어하지 아니할 것이며, 나는 너희 중에 행하여 너희의 하나님이 되고 너희는 내 백성이 될 것이니라."(레위기 26:11~12) 이런 약속은 예언자들을 통하여 수없이 다시 선포되었다. 예언자들은 계약의 백성인 이스라엘에게 하나님과의 계약을 위반하지 말고 지킬 것을 끊임없이 강조했기 때문이었다. 그러나 이스라엘은 계약을 지키지 않았고 그 결과로 나라가 멸망하여 사라지고 그들은 포로로 잡혀가거나 전 세계로 흩어졌다. 포로지에서 신명기 신학자들의 도움으로 신명기를 읽으며 다시 계약으로 돌아가서 철저하게 회개하고 다시 시작했다. 무슨 회개를 했을까? 신명기에 따르면 계약실천의 첫 조항은 하나님의 말씀을 똑바로 배워서 자녀에게 가르치는 것이었다. 그런데 가나안 입주 이후, 특히 왕정기를 보내면서 이 첫 조항을 전혀 지키지 않고 성전을 지어놓고 제사로 하나님을 섬겼었다. 이를 회개하고 이제 포로지에서 회당에 모여 주경야독으로 성경을 공부해서 자녀에게 전심을 다하여 가르쳤다. 어느 정도로 열심히 했는가하면 12세에 성인식을 할 때에는 모든 아이들이 오경을 암송할 정도였다고 한다.

70여 년을 이렇게 실천하자 하나님께서 계약을 회복시켜주셔서 다시 귀환할 수 있었다. 귀환 이후 성경을 열심히 공부하여 자녀들에게 가르치는 전통은 이어갔지만 그 다음의 실천에서 실패하고 말았다. 헬라문화에 흡수당하지 않으려는 노력의 일환이기는 하지만 귀환 이후의 신앙생활이 안식일 법을 중심으로 만들어진 율법의 조항을 지키는 것과 성전제사를 실천하는 수준에 그치고 말았다. 이에 예수님께서는 다시 이스라엘과의 계약파기를 선언하셨는데, AD 70년 예루살렘이 멸망하고 성전이 파괴됨으로써 역사적인 사실로 확인되었다. 이로써 옛 계약은 파기되고 교회와 새 계약을 맺으셔서 교회가 시작되었는데, 지금 박해로 말미암아 존폐의 위기를 맞게 되었다. 계시록은 이런 상황에서 쓰여 졌다.

계시록의 기록자 요한은 교회가 위기를 맞아 많은 어려움을 겪겠지만 종국에는 승리하고 하나님과의 계약은 반드시 완성되리라고 확신하고 있다. 그 말씀이 바로 본문의 선언이다. 인간을 비롯한 자연 만물이 부활하여 새롭게 탄생된 뒤에 하늘에서 새 예루살렘이 내려오고 하나님의 장막이 사람들과 함께 있다는 표현은 계약의 완성을 말한다. 계약의 실현으로 하나님의 나라가 이 땅에 임하여 옛 창조와 우주의 역사를 완성하게 된다. 이제 보좌에서 큰 음성으로 지난날의 모든 고통이 끝나고 새로운 세상이 왔음을 이렇게 선언하고 있다.

【3,4】 내가 들으니 보좌에서 큰 음성이 나서 이르되 "보라, 하나님의 장막이 사람들과 함께 있으매 하나님이 그들과 함께 계시리니 그들은 하나님의 백성이 되고 하나님은 친히 그들과 함께 계셔서 모든 눈물을 그 눈에서 닦아 주시니 다시는 사망이 없고 애통하는 것이나 곡하는 것이나 아픈 것이 다시 있지 아니하리니 처음 것들이 다 지나갔음이러라."

처음 세상의 고통인 사망, 애통, 눈물, 아픔 등이 지나고 오게 될 새로운 세상은 계약의 완성이며, 예언자들은 늘 이런 나라를 꿈꾸고 있었다.[203] 그런데 이제 그 꿈이 드디어 실현되었다.

【5,】 보좌에 앉으신 이가 이르시되 "보라, 내가 만물을 새롭게 하노라."하시고 또 이르시되 "이 말은 신실하고 참되니 기록하라."하시고

계시록에는 하나님께서 직접 말씀하시는 경우가 몇 번 있었다.[204] 그런데 지금 직접 선언하신다. "보라, 내가 만물을 새롭게 하노라." 이 말씀은 이사야서의 말씀과 유사하다. "보라, 내가 새 하늘과 새 땅을 창조하나니 이전 것은 기억되거나 마음에 생각나

---

203) 호세아 2:23, 13:14, 이사야 25:8, 35:10, 49:10, 65:18~20, 에스겔 11:20, 37:27, 예레미야 7:23, 13:17, 30:22, 31:33, 스가랴 8:8, 말라기 2:13. 등이며 그 외에도 많이 있다.

204) 1:8, 6:11, 16:1, 17, 18:4.

지 아니할 것이라."(이사야 65:17) 계시록에서 말하는 '새롭게 하노라'는 옛것을 완성하는 새로운 창조이고, 이는 피조물 전체에 해당되며 아직 경험하지 못한 새로운 세상이다.

또 요한에게 "이 말은 신실하고 참되니 기록하라."고 말씀하신다. 기록하라는 말씀은 앞에서 본 바와 같이 특별히 중요한 경우에 해당되는데, 앞에서 다룬 21:1~5절의 내용이다. 누구를 위해서 특별히 중요하게 기록하라고 하실까? 당시 박해를 받고 있는 성도들이 일차적인 대상이며, 그 이후 같은 길을 가면서 우여곡절을 겪을 성도들 모두가 대상이다. 기록하라는 말씀에는 기록으로 남겨서 자칫 오해하지 않도록 하라는 뜻이 포함되어 있다. 요한계시록을 읽을 때에 가장 중요한 문제는 바른 해석이다. 요한계시록 해석의 역사는 오해의 역사라고 할 만큼 많은 오류가 있었다. 수천 년 전에 독특한 상황에서 독특한 방식으로 기록된 계시록을 어느 누구도 완벽하게 해석할 수는 없겠지만 그 기본과 방향만은 맞아야 한다. 그런데 이런 기초가 전혀 지켜지지 않고 무슨 신비와 종말에 대한 계시로 접근하는 데에 문제가 있다.

보좌의 말씀은 계속 이어지고 있다.

【6,7】 또 내게 말씀하시되 "이루었도다. 나는 알파와 오메가요 처음과 마지막이라. 내가 생명수 샘물을 목마른 자에게 값없이 주리니 이기는 자는 이것들을 상속으로 받으리라. 나는 그의 하나님이 되고 그는 내 아들이 되리라."

"이루었도다. 나는 알파와 오메가요, 처음과 마지막이라. 내가 생명수 샘물을 목마른 자에게 값없이 주리니 이기는 자는 이것들을 상속으로 받으리라. 나는 그의 하나님이 되고 그는 내 아들이 되리라."

이루었도다(Γέγονεν)는 말씀은 16:17절에서 일곱 번째 천사가 대접을 공중에 쏟자 성전보좌에서 크게 들려온 "되었다."라는 말씀과 같은 단어다. 알파와 오메가, 처음과 나중이라는 표현은 계시록에서 반복해서 쓰이는데,[205] 약속을 반드시 지키리라는 의미로 사용되고 있다. 목마른 자에게 생명수 샘물을 주신다는 표현은 영적인 갈급함을 채워준다는 의미로 성경에서 많이 쓰인다.[206] 그러나 본문에서는 박해당하는 사람들에게 하나님께서 그들의 아버지가 되어서 그들이 겪는 물질적인 어려운 문제를 구체적으로 해결해주시겠다는 의미도 포함된다. 부모가 자식을 돌볼 때 현실적인 문제는 도외시하고 영적으로만 관심을 가지는 부모는 없다. 하나님께서도 마찬가지이시다. 이 땅에서 하나님의 뜻을 실현하려는 자녀들을 구체적으로 인도해 주신다. "나는 그의 하나님이 되고 그는 내 아들이 되리라."는 말씀은 아브라함과 계약을 맺으면서 선포하셨던 말씀이며(창세기 17:7) 메시아왕국에서 실현될 말씀이었다.(시편89:26~29) 그런데 지금 박해받는 사람들에게 선포되고 있다.

이런 약속의 말씀과 더불어 하나님을 저버린 사람들이 받아야 할 심판도 다시 언급하신다

【8】 그러나 두려워하는 자들과 믿지 아니하는 자들과 흉악한 자들과 살인자들과 음행하는 자들과 점술가들과 우상 숭배자들과 거짓말하는 모든 자들은 불과 유황으로 타는 못에 던져지리니 이것이 둘째 사망이라."

왜 이런 말씀을 다시 반복하실까? 현재 어려움을 받고 있는 성도들을 위로하고 격려하시기 위함이다.

본문 : 〈 21장 〉

9 일곱 대접을 가지고 마지막 일곱 재앙을 담은 일곱 천사 중 하나가 나아와서 내게 말하여 이르되 "이리 오라. 내가 신부 곧 어린 양의

205) 요한계시록 1:8, 17, 2:8, 22:13.

206) 아모스 8:11, 이사야 44:3, 49:10, 55:10, 예레미야 2:13, 시편 36:9, 42:1, 63:1, 요한복음 4:10, 14, 7:37~39, 로마서 3:24.

아내를 네게 보이리라." 하고
10 성령으로 나를 데리고 크고 높은 산으로 올라가 하나님께로부터 하
늘에서 내려오는 거룩한 성 예루살렘을 보이니
11 하나님의 영광이 있어 그 성의 빛이 지극히 귀한 보석 같고 벽옥
과 수정 같이 맑더라.
12 크고 높은 성곽이 있고 열두 문이 있는데 문에 열두 천사가 있고
그 문들 위에 이름을 썼으니 이스라엘 자손 열두 지파의 이름들이라.
13 동쪽에 세 문, 북쪽에 세 문, 남쪽에 세 문, 서쪽에 세 문이니
14 그 성의 성곽에는 열두 기초석이 있고 그 위에는 어린 양의 열두
사도의 열두 이름이 있더라.
15 내게 말하는 자가 그 성과 그 문들과 성곽을 측량하려고 금 갈대
자를 가졌더라.
16 그 성은 네모가 반듯하여 길이와 너비가 같은지라. 그 갈대 자로 그
성을 측량하니 만 이천 스다디온이요 길이와 너비와 높이가 같더라.
17 그 성곽을 측량하매 백사십사 규빗이니 사람의 측량 곧 천사의 측
량이라.
18 그 성곽은 벽옥으로 쌓였고 그 성은 정금인데 맑은 유리 같더라.
19 그 성의 성곽의 기초석은 각색 보석으로 꾸몄는데, 첫째 기초석은
벽옥이요 둘째는 남보석이요 셋째는 옥수요 넷째는 녹보석이요,
20 다섯째는 홍마노요 여섯째는 홍보석이요 일곱째는 황옥이요 여덟째
는 녹옥이요 아홉째는 담황옥이요 열째는 비취옥이요 열한번째는 청
옥이요 열두째는 자수정이라.
21 그 열두 문은 열두 진주니 각 문마다 한 개의 진주로 되어 있고
성의 길은 맑은 유리 같은 정금이더라.
22 성 안에서 내가 성전을 보지 못하였으니 이는 주 하나님 곧 전능
하신 이와 및 어린 양이 그 성전이심이라.
23 그 성은 해나 달의 비침이 쓸 데 없으니 이는 하나님의 영광이 비
치고 어린 양이 그 등불이 되심이라.
24 만국이 그 빛 가운데로 다니고 땅의 왕들이 자기 영광을 가지고
그리로 들어가리라.
25 낮에 성문들을 도무지 닫지 아니하리니 거기에는 밤이 없음이라.
26 사람들이 만국의 영광과 존귀를 가지고 그리로 들어가겠고
27 무엇이든지 속된 것이나 가증한 일 또는 거짓말하는 자는 결코 그
리로 들어가지 못하되 오직 어린 양의 생명책에 기록된 자들만 들
어가리라.

2. 새 예루살렘성의 외부

이제 천사가 요한에게 하늘에서 내려오는 새 예루살렘성의

구체적인 모습을 보여주고 있다.

【9~10】 일곱 대접을 가지고 마지막 일곱 재앙을 담은 일곱 천사 중 하나가 나아와서 내게 말하여 이르되 "이리 오라. 내가 신부 곧 어린 양의 아내를 네게 보이리라." 하고 성령으로 나를 데리고 크고 높은 산으로 올라가 하나님께로부터 하늘에서 내려오는 거룩한 성 예루살렘을 보이니

그런데 여기에 등장한 천사는 17:1절에서 음녀가 받을 심판을 보여주던 '일곱 대접을 가지고 마지막 일곱 재앙을 담은 일곱 천사 중 하나'였다. 이는 아마도 사탄의 왕국이 받을 무서운 심판과 하나님의 나라의 모습을 대비시키기 위함이라고 보인다. '신부 곧 어린양의 아내'는 하늘에서 내려오는 새 예루살렘을 말한다. 천사는 요한을 성령으로 높은 산으로 데리고 갔다고 말하는데, 이는 실제로 일어난 경험을 반영한다. 이런 현상은 필요할 때 예언자들에게 있었던 경험인데, 어떤 때는 영혼이 비상하지만 필요할 때에는 실제로 몸까지도 이동된다. 본문에서는 '성령으로'라고 말하고 있으므로 영혼만의 비상이었다고 보인다.

【11】 하나님의 영광이 있어 그 성의 빛이 지극히 귀한 보석 같고 벽옥과 수정 같이 맑더라.

또 하늘에서 내려오는 새 예루살렘 성은 하나님의 영광에 싸여 있었다고 말한다. 이해가 쉽지 않은 단어가 하나님의 '영광', '거룩하심' 등이며 대충 어림잡을 수 있을 뿐이다. 꿈이나 환상에서는 환한 빛이나 광채 등으로 나타나지만 직접 하나님의 면전에 서면 전혀 다르게 경험되어진다. 아무리 문학적 재능이 뛰어나도 이를 적절하게 표현할 단어와 문장은 없을 것 같다. 이를 직접 경험하고 나면 너무 크고 두려운 어떤 것이 느껴져서 하나님에 대하여 감히 무어라 말을 하지 못하고 벙어리처럼 침묵으로 일관하게 되며, 하나님을 뵈옵고는 살아남을 자가 없다는 말이 무엇인지를 체득하게 된다. 하나님을 직접 경험하지 않았거나 경험했더라도 꿈이나 환

상, 입신으로 경험한 사람들이 하나님에 대하여 너무 쉽게 함부로 말을 한다. 그러나 하나님을 직접 뵈옵고 나면 하나님이라는 단어를 발음조차 할 수가 없으며, 하나님을 감히 생각만 하려고 해도 먼저 눈물이 폭포수처럼 쏟아져 내리며 할 말을 잃는다. 본문에서 영광에 둘러싸인 새 예루살렘의 모습을 세상에는 있지도 않은 온갖 보석의 이름으로 말하는데, 이는 하나님의 영광을 인간의 언어로 표현해 보려는 시도일 뿐이다. 실제로는 이런 표현과는 차원이 전혀 다르다. 하나님의 나라는 무슨 보석으로 표현되는 그런 정도의 나라가 아니다. 이는 단지 묵시적인 표현이라고 생각하면 된다.

【12~14】 크고 높은 성곽이 있고 열두 문이 있는데 문에 열두 천사가 있고 그 문들 위에 이름을 썼으니 이스라엘 자손 열두 지파의 이름들이라. 동쪽에 세 문, 북쪽에 세 문, 남쪽에 세 문, 서쪽에 세 문이니 그 성의 성곽에는 열두 기초석이 있고 그 위에는 어린 양의 열두 사도의 열두 이름이 있더라.

【19~21】 그 성의 성곽의 기초석은 각색 보석으로 꾸몄는데, 첫째 기초석은 벽옥이요 둘째는 남보석이요 셋째는 옥수요 넷째는 녹보석이요, 다섯째는 홍마노요 여섯째는 홍보석이요 일곱째는 황옥이요 여덟째는 녹옥이요 아홉째는 담황옥이요 열째는 비취옥이요 열한번째는 청옥이요 열두째는 자수정이라. 그 열두 문은 열두 진주니 각 문마다 한 개의 진주로 되어 있고 성의 길은 맑은 유리 같은 정금이더라.

성곽의 기초석은 열둘인데 각각 열두 사도의 이름이 쓰여 있고, 또 성에는 문이 열둘이 있는데, 열두 지파의 이름이 쓰여 있다. 열두 사도, 열두 지파는 옛 계약 공동체와 새 계약 공동체를 상징한다. 하늘 보좌 가장 가까이에 있던 24장로는 12지파와 12사도를 의미했는데, 새 예루살렘 성도 12지파와 12사도의 이름 위에 세워져 있다. 결국 새 예루살렘성은 계약 공동체 즉 교회인 셈이다. 하나님의 보좌와 죽임 당한 어린 양을 중심으로 하는 하늘의 교회에는 24장로와 순교자들, 흰 옷을 입은 허다한 성도들로 구성되어 있는데, 역사의 종말에 그 교회는 완성적인 모습으로 지상에 임하게 된다. 지금 이 땅에서 교회는 하나님나라를 임하게 하여 확장해 나가는 하나님나라의 모델이다. 이 모델 위에 하나님의 나라가 임하게 된다. 하나님의 나라가 이 세상에 임하려면 이 세상이 하나님의 나라의 모델이 되어야 한다. 이는 교회에 주어진 사명이다. 성도는 종말과 재림의 날짜를 골몰하며 계산하고 있을 일이 아니라 이 세상에 하나님나라를 확장하는 일에 관심을 가져야 한다.

【15~18】 내게 말하는 자가 그 성과 그 문들과 성곽을 측량하려고 금 갈대자를 가졌더라. 그 성은 네모가 반듯하여 길이와 너비가 같은지라. 그 갈대 자로 그 성을 측량하니 만 이천 스다디온이요 길이와 너비와 높이가 같더라. 그 성곽을 측량하매 백사십사 규빗이니 사람의 측량 곧 천사의 측량이라. 그 성곽은 벽옥으로 쌓였고 그 성은 정금인데 맑은 유리 같더라.

새 예루살렘 성을 측량하는 이야기와 성의 모습은 에스겔서 40~48장과 많은 부분에서 비슷하다. 성은 가로 세로 높이가 같은 정방형인데, 크기가 한 변이 만 이천 스타디온(약 2200km)으로 대단히 크며, 성벽의 누께는 백사십사 규빗(약 65m)이다. 그러나 이 숫자는 사실적인 숫자가 아니라 묵시적인 숫자일 뿐이다. 모양이 정방형인 이유는 정방형은 거룩한 모양이기 때문이며, 성막의 지성소도 정방형으로 만들어졌었다. 따라서 이 땅에 임할 새 예루살렘 성 즉 하나님나라는 그 자체가 하나님이 계시는 지성소와 같다.

【22~24】 성 안에서 내가 성전을 보지 못하였으니 이는 주 하나님 곧 전능하신 이와 및 어린 양이 그 성전이심이라. 그 성은 해나 달의 비침이 쓸 데 없으니 이는 하나님의 영광이 비치고 어린 양이 그 등불이 되심이라. 만국이 그 빛 가운데로 다니고 땅의 왕들이 자기 영광을 가지고 그리로 들어가리라.

【25~27】 낮에 성문들을 도무지 닫지 아니하리니 거기에는 밤이 없음이라. 사람들이 만국의 영광과 존귀를 가지고 그리로 들어가겠고 무엇이든지 속된 것이나 가증한 일 또는 거짓말하는 자는 결코 그리로 들어가지 못하되 오직 어린 양의 생명책에 기록된 자들만 들어가리라.

새 예루살렘 성에서 요한은 성전 건물은 발견하지 못했다. 그 이유는 하나님과 어린양이신 예수님이 곧 성전이기 때문이다. 계시록에서는 하나님과 어린양이신 예수님을 일체로 본다. 또 이 성에서는 해와 달이 필요 없다. 하나님의 영광이 빛을 대신하고 어린 양이 등불이 되시기 때문이다. 하나님은 태양보다 더 밝은 빛 자체이시기 때문에 하나님이 계시는 곳에는 어두움이 없으므로 태양이나 달은 소용이 없다.(계시록 22:5) 하나님의 영광의 빛이 모든 나라를 비추며, 성문은 닫히지 않고 늘 열려 있어서, 세상 모든 사람이 들어갈 수 있다. 본문의 '만국'(萬國)은 당시 유대인들의 신앙과는 대조적이다. 유대인들은 이방인들이란 오직 지옥의 땔감을 위하여 만들어졌으며, 그들은 지옥에서 땔감으로 쓰이므로 천국문을 통과할 수 없고 오직 유대인 자신들만 들어갈 수 있다고 생각했다. 그러나 계시록에서는 다르게 말한다. 이방인 유대인을 가리지 않고 세상의 모든 사람들과 온 세상의 통치자들이 하나님께 드릴 예물(자기영광)을 가지고 이 문으로 들어온다. 단지 더러운 자들이나, 부도덕한 자들, 정직하지 못한 사람들은 어느 누구도 이 구원의 문으로 들어가지 못한다. 오직 생명책에 기록된 사람들만 들어갈 수 있다.

본문 : 〈 22장 〉

1 또 그가 수정 같이 맑은 생명수의 강을 내게 보이니 하나님과 및 어린 양의 보좌로부터 나와서

2 길 가운데로 흐르더라. 강 좌우에 생명나무가 있어 열두 가지 열매를 맺되 달마다 그 열매를 맺고 그 나무 잎사귀들은 만국을 치료하기 위하여 있더라.

3 다시 저주가 없으며 하나님과 그 어린 양의 보좌가 그 가운데에 있으리니 그의 종들이 그를 섬기며

4 그의 얼굴을 볼 터이요 그의 이름도 그들의 이마에 있으리라.

5 다시 밤이 없겠고 등불과 햇빛이 쓸 데 없으니 이는 주 하나님이 그들에게 비치심이라 그들이 세세토록 왕 노릇 하리로다.

6 또 그가 내게 말하기를 이 말은 신실하고 참된지라. 주 곧 선지자들의 영의 하나님이 그의 종들에게 반드시 속히 되어질 일을 보이시려고 그의 천사를 보내셨도다.

3. 새 예루살렘성의 내부

이제 계시록의 마지막에 이르렀는데, 지금 보는 장면은 성의 내부의 모습이다.

【1,2】 또 그가 수정 같이 맑은 생명수의 강을 내게 보이니 하나님과 및 어린 양의 보좌로부터 나와서 길 가운데로 흐르더라. 강 좌우에 생명나무가 있어 열두 가지 열매를 맺되 달마다 그 열매를 맺고 그 나무 잎사귀들은 만국을 치료하기 위하여 있더라.

본문의 생명수의 강, 생명나무, 온갖 열매가 맺히는 과일나무 등은 예언서와 시편, 묵시문학에서 자주 언급되고 있어 전혀 낯설지 않으며, 창세기의 에덴동산이 연상된다.[207] 우선 눈에 띄는 것은 생명수의 강이다. 하나님과 어린양의 보좌에서 생명수의 강이 시작되어 도성의 넓은 길 한복판을 흐른다. 이 강의 근원이 하나님과 어린양의 보좌인 까닭은 모든 생명의 근원이 하나님과 어린양이시기 때문이다. 도성의 문은 늘 열려 있어 아무나 드나들 수 있고, 생명수의 강은 중심 도로 한복판을 흐르고 있어 누구나 마실 수 있으며, 강 좌우로는 생명나무가 있어서 누구나 마음대로 따 먹을 수 있는데, 생명수 나무는 열두 종류의 과일을 매달 맺는다. 열두 과일을 매달 맺는다는 구절의 해석은 "매달 한 종류씩 열두 달 열린다, 한 나무에서 열두 가지 과일이 열린다. 일 년에 열두 번 열린다, 한 나무에 열두 가지 과일이 매달 열린다." 등으로 다양한 해석이 가능하다. 그러나 열둘이라는 수 자체가 묵시적인 표현이므로 무한하게 완전하게 풍성하게 열린다는 뜻이다. 또 그 나무의

207) 창세기 2:8~16, 에스겔 47:1~12, 시편 36:9, 46:4, 요엘 3:18, 스가랴 14:8, 잠언 10:11, 13:14, 14:27, 에녹2서 8:5, 25:2, 제2에스드라 7:53, 8:52, 요한복음 7:38~39.

잎사귀들은 만국의 모든 질병을 치료하는 약으로 쓰인다. 이제 더 이상 목마름과 배고픔과 질병이 없다는 뜻이다.

【3,4】 다시 저주가 없으며 하나님과 그 어린 양의 보좌가 그 가운데에 있으리니 그의 종들이 그를 섬기며 그의 얼굴을 볼 터이요 그의 이름도 그들의 이마에 있으리라.

이 도성에서는 하나님과 어린양의 보좌가 가운데에 있고, 성도들은 늘 그분께 예배를 드리기 때문에[208] 저주받을 일 즉 하나님을 거역하는 일이 다시는 없다. 이 도성에서는 성도들이 누구나 하나님의 얼굴을 직접 뵙는다. 이 세상에서는 하나님의 얼굴을 직접 뵈올 수 있는 자가 없었다. 모세와 예언자들, 그리고 깊은 영성의 경험을 가진 사람들이나 하나님의 얼굴을 간혹 대면했을 뿐이다. 그런데 이제 누구나 그분의 얼굴을 뵈올 수 있다. 이는 하나님과의 관계에 있어서 최상의 상태를 말한다. 또 하나님의 이름이 그 이마에 새겨진다는 것은 성도들이 단순히 그분의 소유가 아니라 그분과의 관계가 긴밀함을 말한다. 그분을 직접 뵈옵는 관계, 그분과의 소통에 아무런 장애가 없는 관계 즉 언제나 완전한 예배의 상태에 있음을 표현하는 말이다.

【5】 다시 밤이 없겠고 등불과 햇빛이 쓸 데 없으니 이는 주 하나님이 그들에게 비치심이라 그들이 세세토록 왕 노릇 하리로다.

이제 이곳에서는 하나님께서 성도들에게 빛이 되어 주시기 때문에 밤이 없고, 등불이나 태양빛이 필요 없게 된다. 하나님은 빛이시다. 모세가 시내산에서 하나님과 40일 동안 얼굴을 마주 대하고 있다가 내려왔을 때 그의 얼굴에는 광채가 나서 사람들이 두려워 쳐다보지 못했다. 하나님의 영광의 빛은 이와 같다. 또 나이가 80인 모세가 시내산에서 40일 씩 연이어 80일을 금식을 하고 있었으나 그 몸이 쇠하지 않았다. 하나님과 같이 있는 동안 하나님의 빛

---

208) 섬긴다(λατρεύσουσιν)는 예배한다는 뜻이다.

으로부터 직접 에너지가 전달되었기 때문이다. 또 모세가 하나님과 밤낮으로 뵈었다고 하는데, 이는 밤에 잠을 잤다는 말이 아니다. 어떻게 80세 노인이 80일을 먹지도 자지도 않고 있을 수 있을까? 또 시내산의 정상은 늘 만년설이 쌓인 추운 곳이다. 무슨 대책을 세워서 올라간 것도 아닌데 어떻게 그 오랜 시간을 견딜 수가 있었을까? 하나님의 빛이 모든 것을 완전하게 해결하는 에너지가 되기 때문이다. 하나님 면전에 있는 동안에는 여러 날 동안 먹고 마시고 자지 않아도 육체와 정신이 거짓말처럼 최상의 상태가 되며, 평소에는 불가능할 정도의 업무를 해낸다. 이는 지금도 깊은 영성에서 경험으로 확인된다. 모세는 이런 상태에서 하나님으로부터 율법을 전해 받았다. 계시록에서 하나님으로부터 흘러나오는 생명수의 강가에 생명수 나무가 있고 온갖 과일이 늘 열리며, 그 잎사귀가 모든 질병을 치료하는 약이 된다는 말은 하나님이 생명의 근원이실 뿐만 아니라 세상의 모든 필요의 근원이시기 때문에 가능한 일이다. 하나님을 대면하는 상태가 되어보면 이런 사실들이 경험으로 확인되며 사실로 믿어지고 의심하지 않게 된다.

성도들은 이런 상태에서 영원토록 모두가 왕 노릇한다. 본래 에덴동산의 아담과 하와가 이런 상태였다. 그러나 여기에서의 통치는 모두가 왕이 되는 지배와 통치가 아니라 하나님의 은혜와 축복을 함께 서로 나누며 섬긴다는 뜻이다. 계약의 책인 성경에서 말하는 거룩한 나라, 신분과 지위와 빈부의 격차가 없고 질병과 고통과 죽음이 없는 하나님 나라는 이렇게 완성이 된다.

이로써 계시록에서 요한이 보는 일곱 장면의 환상은 끝이 난다.

물음 31 계시록의 결론, 무엇을 말하는가?

본문 : 〈 22장 〉

6 또 그가 내게 말하기를 "이 말은 신실하고 참된지라. 주 곧 선지자
들의 영의 하나님이 그의 종들에게 반드시 속히 되어질 일을 보이
시려고 그의 천사를 보내셨도다.
7 보라, 내가 속히 오리니 이 두루마리의 예언의 말씀을 지키는 자는
복이 있으리라." 하더라.
8 이것들을 보고 들은 자는 나 요한이니 내가 듣고 볼 때에 이 일을
내게 보이던 천사의 발 앞에 경배하려고 엎드렸더니,
9 그가 내게 말하기를 "나는 너와 네 형제 선지자들과 또 이 두루마
리의 말을 지키는 자들과 함께 된 종이니 그리하지 말고 하나님께
경배하라." 하더라.
10 또 내게 말하되 "이 두루마리의 예언의 말씀을 인봉하지 말라. 때
가 가까우니라.
11 불의를 행하는 자는 그대로 불의를 행하고 더러운 자는 그대로 더
럽고 의로운 자는 그대로 의를 행하고 거룩한 자는 그대로 거룩되
게 하라.
12 보라, 내가 속히 오리니 내가 줄 상이 내게 있어 각 사람에게 그가
행한 대로 갚아 주리라.
13 나는 알파와 오메가요 처음과 마지막이요 시작과 마침이라.
14 자기 두루마기를 빠는 자들은 복이 있으니 이는 그들이 생명나무에
나아가며 문들을 통하여 성에 들어갈 권세를 받으려 함이로다.
15 개들과 점술가들과 음행하는 자들과 살인자들과 우상 숭배자들과
및 거짓말을 좋아하며 지어내는 자는 다 성 밖에 있으리라.
16 나 예수는 교회들을 위하여 내 사자를 보내어 이것들을 너희에게
증언하게 하였노라. 나는 다윗의 뿌리요 자손이니 곧 광명한 새벽
별이라." 하시더라.
17 성령과 신부가 말씀하시기를 "오라." 하시는도다. 듣는 자도 "오
라." 할 것이요 "목마른 자도 올 것이요 또 원하는 자는 값없이 생
명수를 받으라." 하시더라

마무리

이제부터는 요한계시록의 마무리 부분이다. 계시는 지극히 주관적이어서 받은 사람만이 무슨 일이 일어났는지를 안다. 따라서 이를 객관적으로 확인시키기는 쉽지 않다. 그런 이유로 요한은 마무리 부분에서는 지금까지 말한 주관적인 계시에 대한 진정성을 세 가지 방법으로 확인하고 있다.

첫째, 천사의 확인이다.

【6,7】 또 그가 내게 말하기를 "이 말은 신실하고 참된지라. 주 곧 선지자들의 영의 하나님이 그의 종들에게 반드시 속히 되어질 일을 보이시려고 그의 천사를 보내셨도다. 보라, 내가 속히 오리니 이 두루마리의 예언의 말씀을 지키는 자는 복이 있으리라." 하더라.

여기에 등장하는 천사는 21:9,15절과 22:1절에 나오던 천사라고 할 수 있다. 지금까지 이 모든 것을 지켜보고 또 요한에게 설명하던 천사는 계시록에 기록된 내용들이 참되다는 것을 이렇게 말하고 있다. "이 말씀은 믿음직하고 참되다. 예언자들에게 영을 내려 주시는 주 하나님께서 자기의 종들에게 곧 일어날 일들을 보여 주시려고, 자기의 천사들을 보내셨다. '보아라, 내가 곧 오겠다.' 하신 주님의 말씀을 기억하여라. 이 책에 기록된 예언의 말씀을 지키는 사람들은 복이 있다."[209]

둘째, 요한 자신의 증언이다.

【8,9】 이것들을 보고 들은 자는 나 요한이니 내가 듣고 볼 때에 이 일을 내게 보이던 천사의 발 앞에 경배하려고 엎드렸더니, 그가 내게 말하기를 "나는 너와 네 형제 선지자들과 또 이 두루마리의 말을 지키는 자들과 함께 된 종이니 그리하지 말고 하나님께 경배하라." 하더라.

계시록을 기록한 요한은 "이 모든 것을 듣고 본 사람은 나 요한이다."라고 저자를 분명히 밝히고 있다. 박해의 시대에 기록된 묵시록은 저자를 밝히지 않고 가명으로 기록한다. 왜냐하면 박해자

209) 계시록 22:6~7. 새번역 성경

가 알지 못하도록 비밀언어로 기록된 묵시록의 내용은 박해자를 사탄 또는 짐승으로 표현하며 곧 심판을 받으리라고 말하기 때문에 당연히 저자를 밝힐 수가 없다. 그러나 요한계시록은 의외로 저자를 명확히 밝히고 있다. 여러 이유가 있겠지만 가장 큰 이유는 신변의 위협에도 불구하고 계시의 진정성을 독자들에게 알리기 위함이라고 보여 진다. 또 계시록은 자신이 목회하던 일곱 교회들에게 보낸 설교이자 편지이기 때문이다.

요한은 지금까지 자신에게 계시를 전달해주고 설명해준 천사에게 다시 한 번 엎드려 경배하며 감사를 표시하려고 하였다. 그러자 19:10절에서 했던 바와 같이 천사는 "이렇게 하지 말아라. 나도, 너와 너의 동료 예언자들과 이 책의 말씀을 지키는 사람들과 같은 종이다. 경배는 하나님께 드려라."라고 극구 만류하였다. 그리고 천사는 또 이렇게 말하였다.

【10,11】 또 내게 말하되 "이 두루마리의 예언의 말씀을 인봉하지 말라. 때가 가까우니라. 불의를 행하는 자는 그대로 불의를 행하고 더러운 자는 그대로 더럽고 의로운 자는 그대로 의를 행하고 거룩한 자는 그대로 거룩되게 하라."

천사가 마지막으로 한 말은 두 가지이다.

① 계시록의 내용을 봉인하지 말라고 했다. 신구약 중간기에 등장한 묵시문학에서는 계시를 봉인하라고 말씀하시는 경우가 많았다.[210] 그런데 계시록에서는 때가 가까이 왔기 때문에 봉인하지 말라고 했다. 계시록은 기록자도 밝히고 계시의 내용도 밝히고 있다. 왜 그래야 할까? 단지 종말이 임박해 있기 때문일까? 기록 당시의 상황 때문이다. 로마제국의 박해로 말미암아 교회가 존폐의 위기에 처해있으므로 교인들에게 계시의 내용을 똑바로 알려주어서 앞으로 어떤 일들이 어떻게 전개될지를 알고 적절하게 대처하

210) 다니엘서 8:26, 12:4, 9.

게 하기 위해서다.

② 성도들에게 신앙을 강요하지 말라고 했다. "이제는 불의를 행하는 자는 그대로 불의를 행하고, 더러운 자는 그대로 더러운 채로 있어라. 의로운 사람은 그대로 의를 행하고, 거룩한 사람은 그대로 거룩한 채로 있어라." 왜 이렇게 말할까? 순교의 상황에서 순교적인 결단은 강요로 될 일이 아니기 때문이다. 순교를 당하는 사람은 화형이나 짐승의 밥이 되는 등 가장 고통스러운 죽음을 죽어야 하고 남은 가족들은 재산이 몰수당하고 쫓겨나는 등 최악의 삶을 견뎌내야 했다. 이런 상황에서의 결단은 전적으로 자신의 몫이다. 또 하나님께서는 어떤 경우에도 결코 강요하지 않으신다. 눈물과 통곡으로 호소와 설득은 하시지만 강제력을 사용하지 않으신다. 그러나 사탄의 방법은 정반대이다. 교묘한 속임수를 써서 걸려들게 하고, 한번 걸려들면 온갖 수단과 방법을 써서 빠져 나가지 못하게 한다. 마귀의 손아귀에서 벗어나는 첩경은 걸려들기 전에 틈을 보이지 않는 데에 있다. 한 순간이라도 방심하면 걸려들게 되고 거미줄에 걸린 잠자리와 같이 아무리 발버둥을 쳐도 빠져나갈 방법이 없다. 사탄의 영은 현혹을 통해서 덮쳐온다. "귀신에게 씌운다."라는 표현은 아주 적절하다. 마귀의 영은 올가미와 같아서 한번 걸리면 결코 빠져 나오지 못한다.

셋째, 예수님의 증언이시다.

【13~15】 나는 알파와 오메가요 처음과 마지막이요 시작과 마침이라. 자기 두루마기를 빠는 자들은 복이 있으니 이는 그들이 생명나무에 나아가며 문들을 통하여 성에 들어갈 권세를 받으려 함이로다. 개들과 점술가들과 음행하는 자들과 살인자들과 우상 숭배자들과 및 거짓말을 좋아하며 지어내는 자는 다 성 밖에 있으리라.

예수님께서는 다음과 같이 말씀하신다. "나는 알파와 오메가요 처음과 마지막이요 시작과 마침이라." 알파와 오메가, 처음과 나중은 계시록에서 수차례 반복되는데 여기서도 쓰이고 있다. 그 의미를 다시 살펴보면 "예수님은 완전하시고 영원하시며 진정한 권세를 가지셨다."는 뜻이며, 어떤 사안을 특별히 확인하실 때 쓰시는 표현이다. 이는 예수님께서 지금하시는 말씀은 틀림없다는 뜻인데, 예수님께서 하신 말씀을 살펴보면 "보라, 내가 속히 오리니 내가 줄 상이 내게 있어 각 사람에게 그가 행한 대로 갚아 주리라. 자기 두루마기를 빠는 자들은 복이 있으니 이는 그들이 생명나무에 나아가며 문들을 통하여 성에 들어갈 권세를 받으려 함이로다."라고 하셨다. 두루마기를 빤다는 것은 예수님의 피에 죄를 씻는다는 의미이다. 예수님께서 곧 오셔서 행한 대로 갚아주시기 위하여 주실 상을 가지고 오시겠다는 말씀은 박해시대에 성도들이 어떤 고생을 하고 있는지를 잘 아시는 주님께서는 하늘의 방식으로 그들의 문제를 반드시 해결해주시겠다는 약속의 말씀으로 생명나무에 나아가며 하늘의 성문에 들어갈 자격을 주시겠다는 말씀이다. 이런 약속은 죽은 후에 천국에 들어가게 하시겠다는 뜻으로만 해석될 일이 아니다. 하나님나라의 모형을 만들어야 할 지금 여기에서 하나님께서는 함께하시며, 그들을 통하여 하나님나라를 정치, 경제, 문화적으로 해결하도록 구체적으로 도우시겠다는 약속이다. 이것이 율법과 예언정신이며 복음의 핵심이다. 그러나 "개들과 점술가들과 음행하는 자들과 살인자들과 우상 숭배자들과 및 거짓말을 좋아하며 지어내는 자는 다 성 밖에 있으리라."고 말씀하신다. 개들이란 천하고 더러우며 비열하고 사나운 사람과 종교적인 남창(男娼)을 뜻한다.[211] 개들을 비롯하여 여기에 열거된 자들은 심판을 면하지 못한다는 것을 다시 확인해 주시는데, 이는 당시에 이런 죄악들이 교회를 위협하고 있었기 때문이다.

마지막으로 예수님께서 하시는 말씀은 계시록의 진정성에 대한

211) 신명기 23;18, 시편 22:16, 20, 열왕기하 8:13, 빌립보서 3:2.

확실한 확인이다.

【16】 나 예수는 교회들을 위하여 내 사자를 보내어 이것들을 너희에게 증언하게 하였노라. 나는 다윗의 뿌리요 자손이니 곧 광명한 새벽 별이라." 하시더라.

예수님께서 당신의 종 요한을 통하여 계시록의 말씀을 증언하게 하셨다고 말씀하신다. "나는 다윗의 뿌리요 자손이니 곧 광명한 새벽 별이라."는 말씀은 예언서와 묵시문학에서 구세주(메시아)를 표현하는 대표적인 칭호들이다. 예수님의 이런 말씀이 끝나자 성령과 신부가 다음과 같이 화답을 했다.

【17】 성령과 신부가 말씀하시기를 "오라." 하시는도다. 듣는 자도 "오라." 할 것이요 "목마른 자도 올 것이요 또 원하는 자는 값없이 생명수를 받으라." 하시더라

신부는 새 예루살렘 성, 즉 교회를 뜻한다. 성령과 신부가 예수님의 말씀에 "오시옵소서."라고 화답을 했다. 이제는 이 말씀을 듣는 사람들도 "오시옵소서!"라고 화답을 하라고 하시며, 목마른 사람들은 누구든지 와서 생명의 물을 값없이 거저 마시라고 하신다.

본문 : 〈 22장 〉

18 내가 이 두루마리의 예언의 말씀을 듣는 모든 사람에게 증언하노니
만일 누구든지 이것들 외에 더하면 하나님이 이 두루마리에 기록된
재앙들을 그에게 더하실 것이요,
19 만일 누구든지 이 두루마리의 예언의 말씀에서 제하여 버리면 하나
님이 이 두루마리에 기록된 생명나무와 및 거룩한 성에 참여함을
제하여 버리시리라.
20 이것들을 증언하신 이가 이르시되 "내가 진실로 속히 오리라." 하
시거늘 "아멘, 주 예수님, 오시옵소서."
21 주 예수님의 은혜가 모든 자들에게 있을지어다. 아멘.

본문은 저자 요한의 마지막 인사말이다. 그런데 왜 "만일 누구든지 여기에 기록된 것에다 어느 하나라도 덧붙이는 사람이 있으

면 하나님께서 그에게 이 책에 기록된 재난을 내리실 것이다. 또 만일 누구든지 이 예언의 말씀에서 어느 하나라도 떼어 내버리면 하나님께서는 그에게서 생명나무의 열매를 먹을 권리와 그 거룩한 도시에 들어 갈 자격을 거두어 버리실 것이다."(현대어성경)라고 쓰고 있을까? 오늘 우리에게는 낯설지만 고대에는 어떤 책의 말미에 흔히 나오는 구절이다. 고대에는 필사(筆寫)로 사본을 만들었는데. 필사하는 사람들이 뜯어고치는 일들이 다반사로 있었다. 그래서 이를 경고하기 위해서 이런 문구를 쓰곤 했다. 요한은 사본을 만드는 사람들에게 여기에 기록된 내용에 대하여 변개(變改)하지 말라고 엄히 경고하고 있다. 왜냐하면 이 기록은 요한의 개인적인 기록이 아니라 하나님으로부터 주어진 말씀이며, 한 구절, 한 구절이 읽는 사람들에게 지대한 영향을 줄 수 있기 때문에 필사자가 임의로 변경해서는 안되기 때문이다.

예수님께서 다시 말씀하셨다. "내가 속히 오리라!" 이 말씀이 오늘 읽는 사람들에게는 임박한 재림으로 들리겠지만 당시 교인들에게는 박해를 당하면서 겪는 어려운 문제를 속히 해결해 주시리라는 의미였다. 예수님께서는 순교자들에게 보내는 요한의 설교 편지의 맨 마지막 인사말에서 다시 확인하신다. "내가 너희들의 어려운 문제를 지체하지 아니하고 속히 가서 해결해 주리라." 이에 요한은 박해받는 교인들을 대표하여 "아멘, 마라나타!"[212]라고 화답했다. "아멘, 주 예수님, 어서 오시옵소서!"그리고 순교자들에게 보내는 마지막 인사를 한다.

주 예수님의 은혜가 모든 자들에게 있을지어다. 아멘.

---

212) 마라나타(Maranatha, Μαρανα θα)는 아람어로서 "주님, 어서 오십시오."라는 뜻이다.

제5부 : 우리의 갈 길

<물음32> 계시록 이후, 교회는 어디로 갔는가?

1. 박해의 시대
2. 박해 종식/공인
3. 새 가나안 입주
4. 기독교 왕국시대
5. 어둠의 시대
6. 인간주의 시대
7. 인류 멸종 위기
8. 귀환기

<물음33> 현대교회, 무엇을 했는가?

1. 계약파기
2. 종교개혁

<물음34> 교회의 남은 과제, 무엇인가?

1. 성경으로 돌아가자.
2. 거룩한 나라를 만들자.
3. 왜 대한민국인가?

물음 32 계시록 이후, 교회는 어디로 갔는가?

계시록은 박해를 받는 순교자들에게 보내는 편지이며, 박해는 곧 종식되고 결국 교회와 성도들이 승리하리라고 위로와 격려를 목적으로 하고 있으며, 또 그 이후의 역사 속에서 실현되었음을 살펴보았다. 1장~19장에서는 박해세력인 로마제국이 어떻게 멸망할 것인가를 다루고 있으며, 20장~22장은 역사의 완성으로서의 최후의 종말을 다루고 있다. 내용의 구조를 보더라도 계시록의 기록 목적이 최후 종말의 시점을 말하는게 아니라 당시의 박해 해결에 있음을 알 수 있다. 이어서 계시록이 쓰인 이후에 역사 속에서 계시록이 어떻게 실현되었는지를 간략히 살펴보는 것이 계시록의 특징을 이해하는데 도움이 되리라고 생각한다.

1. 박해의 시대

계시록은 박해의 시대에 쓰였고, 박해의 종식을 다루고 있으므로 박해의 시대로부터 시작을 하되, 계시록 이전부터 다루고자 한다.

1) 교회의 출발

교회는 예수님께서 부활/승천하신 이후 사도들을 중심으로 하는 120여 명에 의해 예루살렘에서 시작되었다.[213] 이들은 주로 갈릴리 사람들이었는데, 그들이 유대교의 중심지인 예루살렘에서 교회를 시작하여 성장시킨다는 것은 현실적으로 불가능했다. 그런데

213) 사도행전 1장.

여기에 하나님께서 함께하시는 특별한 방법에 의해 오순절의 성령 강림과 방언의 사건이 있었고 이로 인해 그날 교포 유대인 3천여 명이 세례를 받았고, 또 얼마 지나지 않아 성전미문에 앉아있던, 날 때부터 앉은뱅이로 태어난 사람이 치료를 받으면서 예루살렘 주민 중에 5천여 명이 예수님을 그리스도로 영접했다. 이는 실로 기적에 해당되는데, 그런데 이보다 더 놀라운 일이 일어났다. 교인들은 모여서 사도들에게 말씀을 집중적으로 배웠고, 배운 바를 실천으로 옮겼는데, 모든 사람이 자발적으로 재산을 헌납하여 골고루 분배하는 일이 일어났다. 초기의 교인들은 교인으로 등록을 하면 재산 헌납을 당연하게 생각했다. 이런 현상은 그 이후 교회가 확산되면서 박해시대가 종식될 때까지 이어졌다. 이는 구약 율법에서 천명한 '희년'의 실천에 해당되는데, 누가복음에 의하면 예수님께서 오신 목적을 이렇게 말하고 있다.

주님의 성령이 내게 임하셨으니 이는 가난한 자에게 복음을 전하게 하시려고 내게 기름을 부으시고 나를 보내사 포로 된 자에게 자유를, 눈 먼 자에게 다시 보게 함을 전파하며 눌린 자를 자유롭게 하고 주님의 은혜의 해를 전파하게 하려 하심이라.[214)]

이 구절은 구약 이사야 61:1~2절의 인용이며, 메시아가 오시면 율법의 핵심인 희년을 실천하시리라는 예고인데, 예수님께서는 이제 이 본문을 읽으신 후 '주님의 은혜의 해' 즉 희년을 실현하시겠다고 선언하셨다. 본래 한 책인 누가복음과 사도행전에 의하면 예수님의 구원사역과 희년의 실천(경제정의)은 직결되어 있다. 예수님께서는 제자들에게 이 문제를 집중적으로 가르치셨다. 이런 이유로 누가복음에서는 다른 복음서보다 경제적인 문제를 많이 다루고 있다.[215)] 또 사도행전에 의하면 예루살렘에서 교회가 시작되면

214) 누가복음 4:18~19. 누가복음에서는 이 본문을 예수님의 사역 첫 번째에 두면서, 예수님께서는 희년을 실현하러 오셨다고 선포하고 있다. 이는 메시아 취임사라고 할 수 있다.

215) 누가복음에서는 경제문제를 많이 다루고 있는데 대표적인 구절은 다음과 같다. 나사렛회당의 선언(4:16~21), 제자들을 부르심(5:1~11), 마태를 부르심(5:27~28),

서 최초의 교인들에게 이를 집중적으로 가르쳤고, 그 결과로 희년을 실천할 수 있었다.

구약의 이스라엘 공동체는 왕정기에 접어들면서 희년을 실천하지 못했고 이로 인해 바벨론 포로를 경험하고 또 로마제국에 예루살렘이 멸망을 당했다. 그런데 새 계약 공동체인 교회는 희년을 실천하면서 시작했다. 교회 출석은 곧 희년 실천이었다. 이 당시의 예배는 모여서 말씀을 배우고 기도하고 이어서 공동으로 식사를 하는 것이었다. 공동식사 자체가 예배의 일부였는데, 식사의 정신은 부자가 식사를 준비하여 가난한 자와 같이 나누어 먹으면서 서로 경제적인 문제를 공유하는 의미였다. 이후 교회는 이방인 지역으로 확산되면서도 이런 전통을 지켜나갔다.

2) 계시록 이전의 박해

① 유대교의 박해

갈릴리 사람들 120여 명이 모여서 시작한 예루살렘 교회는 급속도로 성장하여 예루살렘 주민 절반 이상이 교인이 되었고, 또 바리새인과 제사장 무리도 상당수 가담을 했다. 이로 인해 유대교 자체가 와해될 위기에 처하자 유대교 당국과 헤롯왕은 교회를 박해하기 시작했다. 최초의 순교자 스데반 이후 대대적인 박해가 일어나서 교인들은 유대와 사마리아와 이방지역으로 흩어졌다. 그러나 이런 박해는 오히려 교회를 확산시키는 기회가 되었고, 이제 교회는 유대인 중심에서 이방인 중심으로 옮겨가게 되었다. 이 시점에서 바나바와 바울이 중요한 활동을 했는데, 특히 바울은 유대교에서 기독교를 독립시키는 중요한 신학적인 역할을 했다. 이로 인해

선한 사마리아인의 비유(10:25`37), 어리석은 부자의 비유(12:13~21), 잔치의 비유(14:15~24), 제자의 조건(14:25~33), 탕자의 비유(15:11~32), 불의한 청지기의 비유(16:1~13), 부자와 거지 나사로의 비유(16:19~31), 부자청년의 질문(18:18~30), 삭개오의 이야기(19:1~10), 악한 포도원지기의 비유(20:9~19), 과부의 헌금(21:1~4).

교회는 이방인을 중심으로 로마제국 전역으로 급속히 확산되었다.

② 네로의 박해

60년경에는 로마제국의 수도 로마시에도 상당수의 기독교인들이 있었다. 64년 7월 18일 로마시에 대화재가 발생하여 6일 동안 로마시 14지역 중 4지역이 전소(全燒)되었다. 건축에 광적인 관심을 가졌던 황제 네로의 방화라고 생각되어 민심이 흉흉해지자 네로는 기독교인들을 희생양으로 삼았다. 마침 기독교인들이 주로 거주하던 지역은 불에 타지 않았는데, 네로는 기독교인들이 방화범이라고 선전하면서 화형, 십자가형, 맹수의 밥, 인간횃불 등의 방법으로 모진 박해를 가했다. 네로의 이런 박해는 67년까지 이어졌으나 로마시에 국한되었다. 베드로와 바울도 이때 순교했다고 전해진다.

3) 계시록 당시의 박해

네로황제의 박해는 네로 개인의 박해여서 그가 황제에서 물러난 후 박해는 멈추었다. 그러나 로마제국의 정치적인 목적을 달성하기 위하여 로마제국 전역에서 황제숭배가 실시되면서 박해는 이제 로마 전역으로 확대되었다. 이 당시의 황제는 도미티아누스(Domitianus AD. 90~96)였다. 이 박해로 로마와 소아시아에 있는 교회들이 큰 어려움을 겪었으며, 요한도 밧모섬으로 유배되어 있으면서 계시록을 썼다. 이 박해는 7년 정도 지속되었는데, 재산 몰수, 맹수의 밥, 추방 등의 방법을 사용했다. 이때부터 로마의 성도들은 지하 동굴묘인 카타쿰으로 피신했다. 로마에서는 클레멘트 감독을 비롯하여 많은 성도들이 희생당했는데, 황제의 4촌인 플라비우스 클레멘스(Flavius Clemens)도 포함되었다. 박해자 도미티아누스는 암살을 당했다.

4) 계시록 이후의 박해

계시록이 쓰인 이후에는 박해가 황제의 성향에 따라 정도의 차이가 있었으나 간헐적으로 지속되었다. 이 시기에 박해를 한 황제들이 8명이어서 교회사에서는 ① **네로**와 ② **도미티아누스**를 포함하여 10대 박해라고 분류한다.

③ **트라야누스 황제**(Trajanus 98–117)

이 시기에 박해는 더 확산되었고 공고해졌다. 기독교인을 찾아내기 위해 수색하지는 않았지만 고발된 교인들은 순교를 당했다. 죽이는 방법은 산 사람을 소금에 절여 죽이거나 높은 나무에 매달고 밤새도록 불에 태워 죽였다. 이때 순교한 사람 중에는 안디옥의 두 번째 감독 이그나티우스(Ignatius)가 있었는데 그는 로마로 압송되어 가면서 소아시아와 로마교회에 보내는 7통의 편지를 남겨서 교회사의 중요한 자료가 되었다. 순교할 당시 그의 나이는 70세였다고 한다.

④ **하드리안 황제**(Hadriananus 117–138)

트라야누스 황제의 정책이 더 엄격하게 이어졌으며 기독교에 대하여 옹호하는 변증가들도 처벌의 대상이 되었다. 그러나 박해를 지방 총독들에게 위임하였기 때문에 총독의 성향에 따라 박해의 정도가 달랐으며, 기독교를 받아들인 총독도 있었다고 한다.

⑤ **아우렐리우스 황제**(Marcus Aurelius 161–180)

하드리안 다음의 황제인 피우스(Antonius Pius 138~161)는 기독교에 대하여 관대한 정책을 펴서 박해를 가하지 않았다. 그러나 스토아 철학자 아우렐리우스 황제 때에는 상황이 역전되었다. 그는 전쟁을 종식시키고 공화정을 복구하는 등 정치적으로는 많은 기여를 했다. 그러나 그는 로마의 전통종교를 복구시키는 데에 많은 관심을 가졌기 때문에 이를 거역하는 기독교를 심하게 박해했다. 역병과 기근 등 자연재해의 원인이 기독교인들이 로마의 전통종교를 거부했기 때문이라며 기독교인들에게 모진 박해를 가했다. 리용(Lyons)과 비엔나(Vienna)에 거주하는 모든 기독교인은 고문하고 죽이라고 했으며, 로마 시민권을 가진 교인은 단두형에 처했지만 그렇지 않은 교인들은 짐승의 밥이 되게 했다. 기독교 변론가로 유명한 저스틴(Justin)도 이때 순교를 당했는데 그는 기독교인이라는 말과 죽음은 같은 말이라고 했다.

⑥ 세베루스 황제(Septimus Severus 202-211).

아우렐리우스가 죽은 후 로마제국은 무능한 황제들이 등극하여 각처에서 반란이 일어나는 등 혼란에 빠져 기독교에 관심을 가질 여력이 없어 박해가 주춤해졌다. 때문에 이 시기에 기독교의 교세가 크게 늘어났다. 그러나 아프리카 출신의 황제 세베루스가 등장하면서 상황이 달라졌다. 장군 출신인 그는 무력으로 반란을 진압하려고 했으나 쉽지 않았고, 아프리카 출신이이시 정통성이 약해 위기감에 시달려야 했다. 그러던 차에 태양신을 섬기는 제사장의 딸인 왕비 돔나(Doman)의 제안을 받아들여 로마의 전통신앙을 복구하여 정치적인 입지를 넓히려고 했다. 이에 저항하는 유대교와 기독교에 대하여 잔악한 박해를 가했으며, 유대교와 기독교로의 개종을 금지하는 법령을 반포했다. 특히 애굽과 북아프리카에서 박해가 심했는데, 오리겐(Origenes)의 부친 레오니다스(Leonidas)도 이때 순교를 했다.

⑦ 막시미누스 황제(Maximinus 235-236)

기독교에 대하여 모질게 박해하던 세베루스 황제가 말년에는 박해를 멈추었다. 전승에 의하면 왕비 돔나에게 재앙이 임했고 황제는 박해를 후회했다고 한다. 공식적으로는 박해가 멈추었고, 각 지역에서 총독의 성향에 따라 박해가 진행되기도 했지만 대체로 평온했다. 그러나 막시미누스 황제가 등극하면서 다시 박해가 시작되었는데, 박해이유는 전임 황제를 기독교인들이 지지했기 때문이라고 한다. 박해의 대상은 주로 성직자였고 또 처형하지 않고 유배를 보냈기 때문에 순교자는 없었다. 이 시기에는 기독교에 대한 오해가 풀리고 기독교가 참 종교라는 인식이 확산되면서 많은 귀족들이 기독교인이 되었다.

⑧ **데키우스 황제**(Decius 249~251)

데키우스가 황제에 오를 당시 로마의 정치와 경제사정이 악화되어 있었다. 주변 나라들이 국경을 넘보고 있었고 제국 내에서도 반란이 일어났으며, 경제도 많이 어려워져 있었다. 이를 만회하려고 고심하던 황제는 로마제국이 어려움에 처한 이유가 기독교 때문에 약해진 로마의 전통종교의 신들이 내리는 재앙이라고 생각하게 되었다. 이에 데키우스는 기독교를 박멸하려고 대대적인 박해를 가했다. 황제숭배를 전국적으로 장려하고 증명서를 발급했다. 수많은 사람들이 체포되었으나 이들을 무조건 죽이려 하지 않고 무서운 고문을 가해서 배교하도록 유인했다. 이로 인해 많은 변절자가 나와서 이들을 '배교자'라고 했고, 신앙을 지킨 사람들은 '고백자'라고 했다. 순교자는 파피아누스, 예루살렘의 알렉산더 등이다

⑨ **발레리아누스 황제**(Valerianus 257–260)

데키우스를 이은 황제 갈루스(Gallus)는 박해를 금지시켰으나 발레리아누스는 다시 박해를 시작했다. 전염병과 기근이 발생하자 기독교인들이 로마의 전통적인 신을 섬기지 않았기 때문이라며 모질게 박해했다. 비록 3년에 불과했지만 교회의 많은 지도자들이 순교를 했다. 이때 순교한 이들이 오리게네스, 키프리안, 식스투스 2세 등이었다.

⑩ 갈레리우스 황제(Diocletian Galerius 303~311)

발레리아누스가 페르시아에서 포로가 되면서 박해는 종식되고 40여 년간 평화가 찾아왔다. 그러나 박해의 마지막 시기에 가장 혹독한 박해가 행해졌다. 갈레리우스의 처와 딸이 기독교인이어서 그는 초기에는 기독교에 대하여 호의적이었다. 박해의 동기는 다양했다. 기독교인 군인들이 병역을 거부하고 탈영하는 일들이 잦았는데 이것이 한 원인이었다. 당시 교회에서는 기독교인의 군복무를 반대했다. 전시에 기독교인들이 탈영하여 사기를 떨어뜨릴 것을 염려한 황제는 군대 내에 대대적인 박해를 가했으며, 관리들 중에서 기독교인을 색출하여 축출하고 집회장소를 파괴하며 성경을 소각하라는 명령을 내렸다. 이에 대해 기독교인들이 반발하자 박해는 더 심해졌고, 이를 기회삼아 기독교 반대자들이 득세하여 박해를 부추겼다. 기독교인들에 대하여 고문과 처형이 진행되면서 성도들이 피신을 하자 박해는 더욱 심해졌으나 기독교인들은 이에 굴하지 않고 신앙을 더우 군세게 지켜나갔다. 갈레리우스는 복부에 생긴 화농증으로 창자가 썩어 들어가는 고통을 당하면서 자신의 과오를 뉘우치고 박해를 종식시키는 칙령을 내린 후 5일 만에 숨을 거뒀다. 그러나 이로써 박해가 완전히 종식되지는 않았다. 당시는 로마제국을 여러 황제가 분할통치하고 있었는데, 황제의 성향에 따라 박해는 여전히 가해지고 있었다.

2. 박해 종식/공인

계시록에서 박해의 기간이 세 때 반, 42개월 진행되리라고 예고했다. 이 기간은 묵시문학에서는 가장 긴 시간인데, 박해는 계시록으로부터 200여년 후인 313년에 종식되었다. 박해종식의 주인공은 콘스탄티누스1세 (Flavius Valerius Constantinus I, 274~337,

재위 306~337)이다. 그는 313년 밀란에서 기독교에 대한 박해를 종식하고 일요일을 공휴일로 선포했다. 이후 그는 친기독교 정책을 택하였으며, 323년에는 기독교를 공인하고 330년에는 수도를 비잔틴으로 옮기고 자신의 이름을 따서 콘스탄티노플이라고 했다. 그가 직접 나서서 도시를 기독교양식으로 건축함으로써 기독교가 로마제국의 국교가 되는 발판을 마련했다. 이후 교회의 지도자들은 황제와 더불어 국정을 논의했으며, 교회는 각 지역에서 국가의 행정과 사법, 재정의 집행에서 중요한 역할을 했다.

이로써 계시록에서 말한 로마제국의 멸망이 역사 속에서 실현되었다.

3. 새 가나안 입주

박해받던 교회가 로마제국의 실권을 쥐게 된 사건을 어떻게 해석해야 할까? 밀란칙령은 교회사에는 물론이고 세계사에서 가장 큰 영향을 미쳤다. 이제부터 교회가 지배한 역사를 성경의 율법과 예언자의 시각에서 해석하고자 한다.

① 새 계약 체결

성경의 시각에서 보면 예수님은 옛 계약을 대신하는 새로운 계약을 체결하시려고 오셨다. 계약의 대상은 당시의 죄인들인 갈릴리 사람들이었으며, 계약은 십자가에서 예수님의 피로 체결되었다. 부활 승천하신 이후에 예루살렘에서 시작한 교회는 새로운 계약 공동체의 출범이라고 할 수 있다.

② 광야생활

교회가 예루살렘에서 급성장하면서 유대인들에 의해 박해가 일어나 유대와 사마리아와 이방지역으로 흩어졌다. 바울의 이방선교 신학에 기초하여 이제부터는 교회가 이방인들을 중심으로 로마제국 전역으로 번져나갔고, 교회가 급성장할 즈음 이번에는 로마 제국에 의해 대대적인 박해가 일어나서 200여 년 지속되었다. 이런 박해를 어떻게 해석해야 할까? 계약의 관점에서 보면 교회의 광야생활이라고 할 수 있다. 옛 공동체 이스라엘은 광야에서 40년을 보내야 했는데 이는 연단이며 교육의 시간이었다. 마찬가지로 교회도 200여 년을 광야가 아닌 세상 한복판에서 박해와 시련을 통해 광야생활을 하면서 참신앙의 모습을 보여주었고, 이로 인해 제국 인구의 10%이상이 기독교인이 되었다.

③ 약속의 땅 입주

박해를 끝내고 교회가 로마제국의 국교가 되었는데, 이것을 어떻게 해석해야 할까? 이 역시 계약의 관점에서 보면 로마제국은 구약의 가나안에 해당되며, 박해종식은 계약의 땅에 들어가는 교회의 새 가나안 입주라고 할 수 있다. 이런 사실은 하나님께서 세상의 역사를 주관하신다는 사실을 입증한다. 하나님은 당신과 계약을 맺은 계약 공동체를 통하여 역사를 이끌어 가신다. 교회의 설교가 중요한 이유는 하나님께서는 설교자를 통해서 말씀하시기 때문이다. 계시록은 교회사 속에서 실현되었다.

④ 거룩한 나라

로마제국이 교회에 주어진 계약의 땅인 가나안이었다면 이제 교회는 무엇을 해야 하는가? 대답은 더 물을 필요도 없이 단순해진다. 율법에서 제시한 거룩한 나라를 만들어야 한다. 거룩한 나라가 무엇인가? 신분과 지위와 빈부의 격차가 없는 나라, 누구나 골고루 행복하게 잘 사는 나라, 그 나라를 가리켜 성경에서는 거룩한 나라라고 한다. 요즘 사용되는 개념으로 말하면 '평등'에 가깝다. 그러나 이 평등에는 단순하게 법적인 평등에 그치지 않고 경제적인 평등이 반드시 포함된다. 어떻게 이런 나라가 가능한가? 국가운영의 전권이 교회에 주어졌을 때에 가능해진다. 이스라엘이 가나안에 들어갔을 때 여호수아와 제사장들에게 전권이 주어져서 모든 이들에게 땅을 골고루 분배하고 지파를 중심으로 왕과 군대가 없는 나라, 병역과 노역과 세금이 없는 나라를 만들었다. 꿈과 같은 이야기라고 생각될 수 있었지만 이스라엘인들은 사사기 400여 년을 이렇게 지냈다. 주변 나라들이 호시탐탐 노렸지만 하나님께서 사사들을 통해 무력이 아닌 신앙적인 방법으로 해결해 주셨다.

이제 교회에 이런 나라를 만들 기회가 주어졌다. 그런데 그 기회를 어떻게 활용했을까?

4. 기독교 왕국시대

밀란 칙령 & 기독교 국가!

박해를 받으며 순교의 길을 간 사람들이 밀란칙령의 선포, 그리고 교회가 로마제국의 국교가 되어 제국을 다스리는 것을 보았더라면 뭐라고 했을까? 아마도 너무 가슴이 벅차서 심장이 멎었으리라. 구약의 바벨론 포로기에 고레스 칙령을 통해서 비슷한 경험을 한 유대인들은 이 사건을 통하여 여호와 하나님을 역사의 주관자로 확실하게 믿을 수 있었으며, 곧 이어 닥쳐온 헬라문화의 침투를 이겨내고 신앙을 지켰다. 그러면 밀란칙령 이후에 교회는 무슨 생각을 하면서 어떤 일을 했을까?

① 지도자 부재

결과부터 말한다면 당시 교회의 지도자들은 교회가 무슨 일을 해야 하는지를 전혀 몰랐다. 방향과 목적을 상실한 채 주어지는 환경과 문제에 적응하기 바빴다. 하나님을 대신하는 설교자들이 해야 할 가장 중요한 역할은 역사의 방향 설정이다. 요한계시록에서 이런 사실을 엿볼 수 있다. 신생교회가 로마제국을 상대로 버거운 싸움판이 벌어졌을 때 사도 요한은 무슨 역할을 했는가? 박해 너머에 있는 광명한 예수님의 나라를 내다보면서 교인들로 하여금 그 길로 가도록 독려했다. 십자가의 길을 가신 예수님처럼 죽음으로 죽음을 이겨야 한다고 하면서 순교자들은 가장 위대한 길을 가는 사람들이라고 격려했다. 이 말씀에 따라 성도들은 순교를 가장 큰 영광으로 받아들이며 기꺼이 죽음으로 죽음을 이겨내는 길을 걸어갔다.

지금 이 시점에서 돌이켜 보면 사도 요한의 혜안은 참으로 놀랍다. 어떻게 수백 년 후의 일들을 내다보며, 순교로 박해를 이길 수 있다는 방법을 선택하고 또 교인들을 독려했을까? 하나님께서 깨달아 알게 하시는 계시가 있었기 때문에 가능했다. 그런데 안타깝게도 이 시대에는 그런 스승이 없었다. 그런 지도자가 없었다. 그런 계시가 임한 자가 없었다. 그리고 역사의 물결과 파도가 이끄는 대로 끌려가고 말았다. 그 끝은 어디였을까? 파국이었다.

기독교 역사에서 이보다 더 안타까운 일은 없다.

② 교리논쟁

역사의 방향을 상실한 교회는 무슨 일에 사활을 걸었을까? 교리논쟁이었다. 거짓말처럼 온 교회의 모든 열정과 온 힘을 교리논쟁에 쏟아 부었다. 오늘 우리가 알고 있는 기독론, 삼위일체론, 구원론 등의 교리를 위해서 수백 년 동안 논쟁에 논쟁을 거듭하면서 논쟁에 진 사람들은 이단으로 낙인이 되었다. 교리 논쟁이 필요 없었다고 할 수는 없다. 히브리문화, 헬라문화, 라틴문화가 상충하는 당시의 상황에서 교리의 정립은 필수 요건이었다. 그런데 문제는 교리논쟁에만 주력했다는 데에 있다. 더 시급한 문제, 즉 거룩한 나라를 만드는 문제에는 아무런 관심이 없었다.

기독교 역사를 돌이켜보면 이 시기는 물론이고 그 이후에도 계약의 관점에서 성경을 해석하면서 역사를 조명한 이들이 전혀 없었다. 그 많은 신학자들 중에서 복음을 율법과 예언자의 완성으로 보는 관점을 가지고 역사의 방향을 제시하는 이가 어찌 단 한 사람도 없었는지 통곡하고 또 통곡할 노릇이다. 지도자의 부재로 교회는 귀환 이후의 유대인들이 범한 오류를 답습하고 말았다.

③ 빗나간 열정

이 시대에는 신앙에 대한 관심과 열정이 없었던 것이 아니라 오히려 넘쳐났다. 단지 다른 방향에다 쏟았을 뿐이다. 수도사 운동이 이를 반증한다. 교회의 지도자들이 교리논쟁에 치우치고 교회가 세속화되는 것을 보면서 평신도 중에서 뜻있는 이들이 순교적인 결단으로 수도에 임했다. 수도하다가 죽을 각오로 독방에서 은둔하면서 금욕과 단식, 기도의 삶을 살았다. 평생을 눕지 않는 사람, 돌탑위에 평생 서서 기도하는 사람, 바위돌과 나무 위에서 지내는 사람들이 속출했다. 수도사들의 생애에는 전설 같은 이야기가 많다. 사실 여부를 떠나 이들은 수도에다 생명을 걸었던 사람들이다. 이 시대에는 이런 사람들이 차고 넘쳐났고, 어느 지역에서는 주민보다 수도사 숫자가 더 많았으며 유럽 전역에 수도원 없는 마을이 없었다.

그런데 안타까운 것은 방향을 잘못 잡았다는 데에 있다. 그 놀라운 열정으로 초월적인 영성을 추구하면서 세상을 등지고 말았다. 새 가나안에다 거룩한 하나님 나라의 모형을 만들어야 한다는 생각은 어디에서도 찾아볼 수가 없었다.

④ 회교의 등장

교회의 지도자들은 교리논쟁에 사활을 걸고, 수도사들은 초월적인 영성에 사활을 거는 사이에 세상에서는 무슨 일이 벌어졌을까? 밀란칙령보다 교회가 로마제국의 국교가 된 것보다 더 충격적이며 믿기지 않는 일이 벌어졌다. 아라비아 사막 한 귀퉁이에서 시작된 미신 수준의 혼합신앙에 불과했던 회교가 점차 세력을 확장하면서 기독교의 본거지들을 순식간에 점령했다. 회교는 기독교의 중심지인 예루살렘, 안디옥, 알렉산드리아를 비롯하여 북아프리카를 거쳐 스페인과 프랑스까지 점령하고 이어서 요한계시록의 무대인 터키까지 진출했다. 참으로 놀라운 것은 로마제국의 박해에는 죽음으로 맞섰던 기독교인들이 회교의 세력 앞에서는 전혀 저항하지 않고 회교를 받아들였다는 점이다. 교인들이 회교를 거부하거나 맞서지 않았다는 사실을 어떻게 설명해야 할까?

그 이유는 아주 단순하며 현실적인 데에 있다. 교회가 로마제국의 국교가 되고 각 마을마다 수도원과 수도사로 넘쳐났지만 밑바닥 주민들의 삶은 전혀 나아진 것이 없을 뿐만 아니라 부담만 가중되었기 때문이다. 국가에 내는 세금 이외에 교회의 헌금의 부담이 증가했고, 교회에서는 교리논쟁의 쟁점이 되는 문제를 중심으로 설교를 하고 있어서 교회에 대해 염증이 났기 때문이다. 사막에서 출발한 회교는 주민들에게 요구하는 세금 등이 파격적으로 적었다. 고대에 농민들이 내야하는 세금은 대략 75%에서 90%였다. 교회와 수도사들은 백성들이 힘들어하는 이런 현실적인 문제에 대하여 아무런 관심을 가지지 않았다. 회교는 그 틈을 타서 기독교의 중심지를 별다른 저항을 받지 않고 단시간 내에 휩쓸고 지나갔다.

율법에서 제시하는 거룩한 나라는 땅을 골고루 분배하여 빈부의 격차를 줄이고, 세금과 강제 노역, 병역이 없는 나라였다. 교회에 로마제국의 실권이 주어졌을 때 교회가 가장 심혈을 기울였어야 할 부분은 바로 이것이었다. 인류역사 이래로 가장 큰 과제는 신분과 지위와 빈부의 격차를 줄이는 것이었다. 현재까지도 역사에서 실현되지 않은 가장 큰 과제는 경제정의이다.

중세기의 대지주는 교회와 수도원이었다. 교회와 수도원이 땅을 분배하기는커녕 농사짓는 노예를 두고 농사를 지었으며, 교회와 수도원의 지도자들은 귀족의 삶을 살았다. 그러면서도 그들은 기독교 신앙과 정반대의 길을 가고 있다고 전혀 생각하지 못했다. 그 결과는 무엇이었을까?

5. 어둠의 시대

기독교가 지배하던 중세기를 가리켜 후대의 역사가들은 '암흑기'라고 부른다. 왜 이런 역사의 수치가 교회의 시대에 벌어졌을까?

① 초월신학

중세기에는 기도와 신앙과 인격과 지성이 갖추어진 전설적인 사람들이 넘쳐났다. 그런데 왜 시대와 역행했을까? 신학 자체가 백성들의 삶의 문제를 도외시하고 초월적인 신앙과 교리를 다루는 데에 치우쳤기 때문이다. 중세기의 신앙은 한마디로 초월적인 신앙, 형이상학적인 신앙이라고 할 수 있다. 중세기의 신학과 신앙이 이렇게 된 이유는 그 바탕이 헬라철학이기 때문이다. 기독교 신학은 헬라문화의 헬라철학이 아닌 성경의 헤브라이즘에 뿌리를 내렸어야 했다.

초월적인 세계를 추구하는 헬라철학의 합리적인 신앙과, 세상 속에 하나님나라를 임하게 하는 헤브라이즘의 신앙은 그 방법과 목적이 서로 상반된다. 중세 신앙은 기초와 방향이 잘못되어서 잘못된 결과에 도달했다.

② 장원제도

장원제도는 중세기의 사회적인 특징이라고 할 수 있다.[216] 농노들은 장원에 매여 살아야 했고, 영주들은 영지를 하사한 왕에게 충성을 바치며 군사와 정치적 의무를 다해야 했다. 인구의 절반 이상

216) 장원(莊園)은 영주가 지배하는 땅이며, 농노는 영주에게 매여 농사를 짓는 농민이다.

은 농노들이었는데 이들은 거주 이전의 자유는 물론이고 거의 모든 일에서 자유가 없었으므로 노예와 다를 바 없었고 늘 굶주림에 시달려야 했다.

교회는 교황제도를 정점으로 막강한 조직력을 가지고 있었으며, 왕과 황제 위에서 군림했다. 당시 교회와 수도원이 관심만 가졌다면 얼마든지 사회를 뜯어 고칠 수 있었다. 그러나 이런 사회 제도의 개혁에 관심을 가진 이는 찾아 볼 수가 없었다. 교회는 민중들을 향해서 천국에 가면 이런 고통이 다 해결된다고 설교하면서 자신들은 귀족의 삶에 편승을 했다. 후일 이런 연유로 공산주의자들은 기독교를 가리켜 민중의 아편이라고 혹평했고, 숙청의 1순위로 삼았다.

③ 성당건축

중세교회는 형이상학적 신학과 더불어 예배의식과 교회당 건축에 지대한 관심을 기울였다. 예배를 위하여 음악을 발전시켰고, 교회당을 치장하기 위하여 미술과 조각, 건축 양식을 개발했다. 각 지역의 재정을 다 투입하여 서로 더 큰 성당 건물을 짓는 경쟁을 벌였다. 한편으로는 예술을 발전시켰다고 할 수 있으나, 이는 성경의 정신과는 정반대의 역행이었다. 성경의 핵심은 이 세상에 하나님나라가 임하게 하여 모든 백성들이 골고루 행복하게 사는 제도와 체제를 만드는 데에 있다. 그런데 중세의 신학과 교회와 수도원의 정책은 이와는 전혀 상관 없이 성당 건축에만 치중했다. 건축비를 조달하기 위해서는 죽은 자를 위한 면죄부를 파는 일도 서슴지 않았다.

6. 인간주의 시대

교회가 절대권력을 가지고 있던 중세기 천 년, 요지부동이던 중세기에 십자군전쟁이 도화선이 되어 새로운 바람이 일어났다. 신앙의 본질과 핵심이 어긋날 때 나타나는 현상 중의 하나가 성지순례에 대한 관심이다. 회교가 지배하던 팔레스틴의 성지를 탈환하자는 명분으로 시작된 십자군 전쟁은 장장 200여 년 동안 진행되었으나 결과는 교회의 참패였다. 유럽 전체가 참여한 십자군 전쟁은 사회에 큰 변화를 몰고 왔는데 전쟁 물자를 공급하던 상인들이 큰 돈을 벌면서 지위가 급상승하고 주로 땅에 의존하던 귀족층이 몰락했다.

상인들이 돈을 벌자 제일 먼저 투자한 곳은 자녀교육이었다. 고대에 교육은 귀족이 독점해서 서민은 엄두조차 낼 수 없었다. 그런데 서민의 아이들이 교육을 받으면서 자라자 세상을 보는 눈이 달라졌다. 귀족의 자녀들은 교육을 받아도 자신들의 기득권을 지키는 데에 주로 관심을 가지지만 서민의 자식들은 교육을 통해 세상의 모순이 보이기 시작하자 그것을 뜯어 고칠 생각을 하게 되었다. 시간이 지나면서 이에 동감하는 사람들이 하나 둘 늘어나면서 거대한 물결이 만들어 졌다. 이를 가리켜 역사에서는 '르네상스'(인문주의)라고 한다. 이들에 의해 각 분야에서 혁명이 일어났다. 이를 평가해보면 다음과 같다.

① 세속의 예언자들

인문주의자들의 눈에 먼저 띈 것은 교회가 하나님의 이름으로 통치하면서 저지르는 온갖 모순이었다. 이들은 하나님의 통치를 대행하는 교회의 오류를 지적하면서 사람들을 일깨우기 시작했다. 이를 '계몽운동'이라한다. 교회가 세상을 계몽하기는커녕 세상이 교회를 계몽하는 웃지 못 할 기막힌 사건이 벌어졌다. 이들이 내건 기치는 '자유, 평등, 박애'였다. 이런 르네상스 정신은 사실 율법의 정신 중 한 부분에 불과하지만 이들이 내건 기치는 세상의 역사를 바꾸어 놓았다.

이런 계몽주의자들을 무어라 평가를 해야 할까? '세속의 예언자들'이 적절하다고 생각된다. 교회가 해야 할 일을 하지 못하고 있

자 이를 보다 못한 하나님께서는 세상의 돌들로 하여금 소리 지르게 하셨다.[217]

② 피의 혁명으로

계몽주의자들의 말을 들으면서 눈을 뜨기 시작한 사람들은 이제 세상을 바꾸기 위해 거리로 몰려나왔다. 인류역사를 바꾼 이 운동을 가리켜 역사는 '시민혁명'이라고 한다. 교회와 왕들의 절대권력에 맨주먹으로 맞서서 싸우다보니 많은 이들이 피를 흘려야 했다. 그래도 시민들은 멈추지 않았고, 결국 절대왕권을 몰아내고 민주주의를 정착시켰다. 시민혁명에 피를 흘리며 죽어간 사람들을 무어라고 해야 하나? 박해시대에 악의 세력에 맞섰던 교회의 '순교자'들과 너무 닮았다. 이들은 순교자들이었다. 이들에 의해 신분과 지위의 문제가 해결되었다.

이런 인문주의 운동 중에 신분과 지위에 머무르지 않고 빈부의 문제 즉 '경제'까지 손을 대는 운동이 일어났는데, 이들을 가리켜 '공산주의'라고 한다. 이들은 시민혁명으로 정치체제를 바꾸는 것에서 더 나아가 기독교 성직자와 대지주를 죽여 없애는 숙청을 단행하고 농노와 노동자들에게 재산을 골고루 나누어 주는 과격한 혁명을 추진했다. 러시아에서 이 혁명이 성공하자 그 물결은 동유럽과 중국, 아시아 지역으로 도미노처럼 퍼져나가서 불과 수십 년 만에 지구의 절반 이상이 공산주의 국가가 되었다. 공산주의자들은 기독교를 민중의 아편이라 하며, 청산해야 될 1순위로 꼽았지만 오히려 신분과 지위, 빈부의 격차를 없애는 성경의 가치관을 그대로 받아들여 정착시켰으며, 성경의 방식대로 토지의 공개념(公概念)을 적용하였다. 이런 어처구니없는 현상을 우리 기독교인들은 어떻게 평가해야 하나? 교회를 대적했으니 사탄의 세력이라고 몰아붙여야 하나? 아니면 교회가 해야 할 중요한 일 중의 하나를

217) (예수님께서) 대답하여 가라사대 "내가 너희에게 말하노니 만일 이 사람들이 잠잠하면 돌들이 소리 지르리라." 하시니라.(누가복음 19:40)

대신했으니 하나님의 대리자였다고 해야 하나? 참으로 곤혹스러운 노릇이다. 예언자들은 공산주의가 행한 숙청과 같은 피의 혁명을 하나님의 원수 갚으심이라고 했다.[218] 지나간 교회의 발자취를 돌이켜보면 교회가 세상을 향하여 속죄해야 할 일이 너무 많다. 과거에도 그랬고 지금도 나아진 것은 전혀 없다.

③ 인간 지상낙원

인문주의자들은 사회 구조를 뜯어 고치는 데에 국한하지 않고 전염병과 기근을 몰아내기 위한 기술개발에도 박차를 가하여 과학의 시대를 열었다. 산업혁명으로 온갖 물품들이 대량으로 생산되고, 전염병의 공포에서 해방되고, 농업기술로 기아에서 해방되는 등 꿈같은 일들이 현실로 드러나자 하늘에 있는 천국을 거부하고 지상에 천국을 건설하자고 기세를 높였다. 못할 일이 없을 것 같았다. 꿈에 부풀었다. 공산주의자를 비롯하여 이 당시의 인문주의자 중에 지상낙원을 꿈꾸지 않은 자는 없었다. 그런데 결과는 어떻게 되었을까?

7. 인류 멸종 위기

산업혁명으로 말미암은 잉여 생산물의 처리와 원료의 공급을 위해서 선진국들은 군함과 대포와 총으로 무장하고 전 세계에 식민지를 확보하기 시작했다. 유럽의 몇 나라를 제외한 세계의 모든 지역이 식민지배를 받아야 했고, 선진국들은 서로 식민지를 더 확보하려고 욕심을 내다가 싸움이 벌어졌다. 과학기술로 만든 대량살상무기로 세계대전을 두 번이나 치렀으며, 다시 세계대전이 나면 이제는 모두가 공멸할 지경에 이르렀다.

과학기술의 발전으로 세상에 경천동지할 많은 일들이 일어났고, 또 풍요와 문화적인 혜택을 주었다. 그러나 그 부산물로 생겨난 환

218) 여호와의 은혜의 해와 우리 하나님의 보복의 날을 선포하여 모든 슬픈 자를 위로하되(이사야 61:2)

경오염은 심각한 수준을 넘어서 인류 멸종의 위기에 봉착했다. 인조인간, 환경오염, 핵전쟁 등 몇 가지 요인들이 인류의 멸종을 기정사실화하고 있다. 이런 사실들은 지상낙원을 꿈꾸던 초기의 인문주의자들은 전혀 예상치 못한 일이었다. 이제는 인간의 힘으로 지상낙원을 건설한다는 것은 불가능할 뿐만 아니라 미친 짓이라고 결론짓고 있으며, 어느 누구도 더 이상 지상낙원을 거론하지 않고 있다.

8. 귀환기

인류멸종이라는 막다른 골목에 이르자 이제는 인간주의, 이성주의 등은 스스로 자기 반성을 하기에 이르렀고 무언가 살아남을 방법을 찾고 있다. 그 대안을 어디에서 어떻게 찾고 있는가?

① 영성의 시대

르네상스 이후의 현대 500년은 하나님을 배제한 인간주의, 이성주의 시대였다. 그러나 이제는 다시 하나님께로 돌아가는 것 이외에 달리 방법이 없다고 생각하기에 이르렀다. 서양 최고의 지성인들이 이성을 배제하고 영성에 관심을 쏟기 시작했다. 2천 년대를 접어들면서 갑자기 '영성'이라는 단어가 봇물처럼 터져 나온 이유가 여기에 있다. 2천 년 이후를 현대 다음시대(포스트모더니즘, Post-Modernism)라고 하는데, 포스트모더니즘 시대는 영성의 시대라고 할 수 있다.

② 동양의 시대

서양이 지배하던 현대에는 서양 우월주의가 팽배하여 서양인들은 동양을 미개하게 여겼다. 그러나 이성주의가 한계에 부딪히면서 동양을 보는 눈이 달라졌고, 이성주의의 한계를 극복할 대안이 동양에 있다고 생각하며 관심을 가지기 시작했다. 헬라의 합리주의에 기초한 서양과 달리 동양은 감성주의에 기초한 영성의 문화를 발전시켰기 때문이다. 세계 유수의 고등종교들이 동양에서 등장한 이유도 여기에 있다. 이제는 서양의 시대가 저물고 동양의 시대가 밝아왔으며, 서양인들은 동방에서 구세주의 출현을 알리는 동방박사가 등장하기를 기다리고 있다.

이런 역사의 흐름을 어떻게 보아야 하는가? 큰 흐름에서 놓고 보면 인간주의가 지배하던 현대 500년은 포로기였고, 다시 하나님을 찾는 현대 이후는 포로 귀환기라고 할 수 있다. 이제는 동양이, 동양에서 재해석된 기독교가 나서서 멸종위기에 처한 인류와 세상을 구원해내야 한다. 귀환기를 맞이하여, 하나님을 떠났던 포로들을 하나님께로 이끌어갈 역할이 지금 동양의 교회에 주어져 있다. 동양의 어느 교회, 어느 나라가 그 역할을 할 것인가?

물음 33 현대교회, 무엇을 했는가?

인류역사 자체를 바꾸어 놓은 르네상스 이후 교회는 무슨 일을 하고 있었나? 이를 간략히 더듬어 보고자 한다.

1. 계약파기

계약의 관점에서 보면 르네상스 운동은 계약의 파기에 해당된다. 계약파기의 증거는 성전의 파괴와 계약의 땅과 역사의 주도권 상실과 유배이다. 이는 옛 공동체 이스라엘이 겪었던 두 번의 경험이다. 나라가 망하면서 성전이 파괴되고 땅을 잃어버렸으며 전쟁포로로 끌려갔다. 그런데 교회도 마찬가지의 길을 걸었다. 르네상스를 맞으면서 교회는 버림을 받았다. 공산주의 진영에서는 교회와 성직자는 숙청 1순위였으며 무신론과 유물사상이 지배했다. 자본주의 진영에서는 숙청은 면했지만 외면을 당하고 말았다. 그 다음으로는 교회가 지배하던 땅이 사라졌다. 중세기에는 유럽의 땅 전부가 교회의 땅이라고 해도 과언이 아니었다. 그런데 르네상스와 더불어 민족주의가 발흥하면서 여러 나라로 독립하고 교회는 바티칸 건물 하나만 남아 있다. 교황이 세상을 주도하던 역사의 주도권은 흔적도 없이 사라졌고, 교회는 설 자리가 없어지고 말았다. 이는 계약파기의 역사적인 증거다.

2. 종교개혁

이런 와중에 종교개혁이 일어났다. 종교개혁이 르네상스를 일으킨 것이 아니라 르네상스 운동의 영향으로 종교개혁이 일어났다. 교회 내에서 종교개혁이 일어난 것이 다행이기는 하지만 인문주의의 도움으로 종교개혁이 가능했다는 사실은 부끄러운 일이다. 어쨌든 교회 내의 자정운동으로 종교개혁이 있어서 그나마 다행이다.

① 교회 분열

그러나 자정 능력은 교회에서 받아들여지지 않아 분열이 되고 말았다. 중세기에 정치적인 이유로 동방교회(정교회)와 서방교회(가톨릭)로 분열되었던 교회는 이제 서방 교회 안에서 다시 개신교가 분열되어 나왔다. 이런 과정에서 유럽은 가톨릭과 개신교로 분열되어 30년 전쟁을 치르다가 결론이 나지 않자 휴전을 하지 않을 수 없었다.

② 개신교 신학, 교파 분열

개신교는 교회를 대대적으로 개혁하여 새로운 모습으로 탈바꿈했다. 성경으로 돌아가자고 외치면서 교황체제와 미사 중심의 예배를 거부하고 설교 중심의 예배를 복원했다. 그러나 이 시기에 개신교가 범한 치명적인 오류가 몇 가지 있다. 첫째는 교파분열이다. 종교개혁자들 간에 성만찬에 대한 교리적인 이해가 엇갈려서 분열되었다. 밀란칙령 이후 교리 논쟁에 치중하다가 회교에게 자리를 내준 교훈을 잊고 악순환이 반복되었다. 교리 문제로 개신교는 분열이 거듭되었고, 신앙 자체가 교리신앙으로 굳어졌다. 두 번째는 성경의 핵심을 파악하지 못했다. 종교개혁 신학의 핵심이 '신앙 의인'에 국한된 채, 신분과 지위와 빈부의 격차를 없애는 하나님나라가 이 땅에 임하게 하는 일에는 전혀 눈을 뜨지 못했다. 르네상스 시기, 교회가 세상을 변화시키는 일에 아무런 역할을 하지 못하자 인문주의자들이 혁명으로 독재 왕정을 타파하고 신분제도를 폐지하고 민주국가와 공산국가를 세웠다.

중세기 신학자들에게서 복음의 핵심이 율법과 예언자의 완성, 즉 신분, 지위, 빈부의 격차를 없애는 하나님나라를 이루는 것이라는 신학을 찾아 볼 수 없었는데, 종교개혁자들과 이후 개신교 신학에서도 이런 것은 전혀 찾아볼 수 없었다. 종교개혁 신학 역시 교리 중심의 신학이었으며, 여러 신앙고백에 기초한 교리문답이 성행했다.

③ 복음주의

개신교가 교파주의와 교리신앙에서 벗어나지 못하자 교파를 초월하고 교리신앙에서 벗어나려는 운동이 일어났다. 국가신앙에서 탈피하여 개인의 결단과 회심을 강조하는 복음주의 운동이 그것이다. 복음주의 운동은 개신교 교파를 초월하여 지대한 영향을 끼쳐서 이후의 개신교는 복음주의가 주류와 대세가 되었다.

④ 영혼구원

복음주의로 많은 사람들이 회심하고 거듭나면서 개신교의 교세는 급성장해서 가톨릭을 능가하는 것은 물론이고 세계에서 가장 큰 종교가 되었다. 그러나 복음주의 신학에도 치명적인 약점이 있다. 아직 성경의 핵심에 대해서는 전혀 눈을 뜨지 못했다는 점이다. 성경의 핵심은 이 땅에 하나님 나라가 임하게 하는 것이며, 그 중심에는 신분과 지위와 빈부의 차이 해결이 들어있다. 성경에서는 이를 거룩한 나라, 거룩한 삶이라고 한다. 인류 역사 이래로 가장 큰 과제는 바로 신분과 지위, 빈부의 문제 해결이었다. 이는 반드시 해결되어야 할 절대명제, 절대명분, 절대과제, 절대명령이며, 이를 거부할 자는 있을 수 없다. 하나님의 뜻과 이런 절대요청은 서로 다르지 않다.

그런데 복음주의는 '영혼구원'에 초점을 맞추다 보니 이런 절대명제들과는 거리가 멀어지고 말았다. 단지 복음의 역할이 이 세상에서 영혼을 구원하여 죽은 후 천국에 가게 하는 일에 그치고 말았다. 영국, 독일, 벨기에 등 유럽의 선진국들은 대부분 개신교 국가였는데. 이들은 한결같이 영혼구원과 세계선교의 기치를 앞세우고 세계 도처에 식민지를 건설하는 제국을 세우고 서로 다투다가 세계대전을 일으키고 말았다. 세계 곳곳에 개신교를 전파했지만 그 다음 과정으로는 나가지 못하고 있다. 이제 그 발걸음을 떼어야 한다.

물음 34 교회의 남은 과제, 무엇인가?

지난 교회사를 돌이켜 볼 때 밀란칙령 이후 교회의 방향이 잘못 설정되고 잘못 갔다. 우리의 첫 번째 과제는 이 방향을 바로잡는 것이다. 무엇을 어떻게 해야 하는가?

1. 성경으로 돌아가자.

이는 르네상스 시대에 종교 개혁가들이 내걸었던 표어다. 그런데 이제 다시 성경으로 돌아가야 한다. 성경으로 돌아간다는 것이 무엇을 말하는가? 포로기의 신명기 신학자들이 했던 운동을 반면교사로 삼으면 무엇을 어떻게 해야 하는지 알게 된다. 성경의 핵심과 본질을 똑바로 깨우치고 자녀들에게 가르쳐야 한다. 그동안 성경을 많이 말하고 있었지만, 성경을 많이 안다고 생각했지만 정작 그 핵심은 놓치고 말았다. 성경을 가슴에 새긴다는 뜻은 성경의 핵심과 본질을 올바르게 깨우친다는 말이다. 그리고 후세들에게 그 본질과 핵심을 가르쳐야 한다.

이를 위해서 교회의 예배를 의식(儀式) 중심에서 성경공부 중심으로 바꿔야 한다. 고대 이교의 특징은 신전과 제사의식 중심이고, 여호와 신앙의 특징은 성경공부 중심이었다. 교회가 중세기로 접어들면서 거대한 성당이 세워지고 온갖 예전이 등장했는데, 이런 예전들은 대부분 이교에서 영향을 받았다. 예배중심의 신앙에서 성경공부 중심으로 바꿔야 한다.

2. 거룩한 나라를 만들자.

계약 공동체의 사명은 이 땅에서 하나님 나라의 모형을 만들어 보여주는 것이다. 교회는 지금 여기서 하나님 나라의 모형이어야 한다. 성경에서는 이를 "하나님 나라가 임한다."라고 했다. 예수님께서는 교회를 통해서 율법의 핵심인 희년을 성취하러 오셨고, 제자들에게 이를 집중적으로 가르치셨으며, 제자들은 그 뜻을 교회에서 실현시켰다. 박해시대에는 이런 공동체가 유지되다가 그 이후 실종되었다. 이제 이를 다시 회복해야 한다. 죽은 이후에 가는 하나님나라 운동, 즉 영혼만을 구원하는 선교운동이 아니라 구원받은 자들이 여기서 만들어가는 하나님나라 운동이어야 한다. 종말은 이런 운동의 완성이다.

르네상스 시대에 이성주의자들이 인간의 힘으로, 이성과 과학의 힘으로 지상에 낙원을 세우려다가 실패했다. 그러나 성경에서 말하는 하나님나라는 그런 지상낙원과는 방법과 성격이 전혀 다르다. 인간의 방법과 수단이 아니라 전적으로 하나님의 도우심으로만 가능하며, 하나님을 섬기는 공동체에서만 가능해진다.

르네상스 이후 법 앞에서의 평등은 실현되어 많은 나라에서 신분과 남녀 차별 등은 해결되었다. 그러나 빈부의 격차는 여전히 남은 과제이며 대안이 없다. 공산주의가 이것을 해결하려고 했지만 70년 만에 스스로 포기하고 말았다. 해결의 필요성은 누구나 느끼고 있지만 방법은 요원한 상태다. 이제 교회가 나서서 이 문제를 해결해야 한다. 교회 이외에는 이 문제를 해결할 조직과 기관이 없다.

누군가가 먼저 나서야 한다. 누가 나서야 하나? 이를 충족시키는 몇 가지 조건이 있다. 먼저 동양이어야 한다. 서양 교회는 2천여 년 동안 길을 잘못 갔으며 스스로 돌이킬 능력이 없다. 이는 서양인 스스로가 인정하는 사실이다. 그 다음으로는 개신교가 활성화된 나라여야 한다. 동양에는 기독교신학을 재해석할 만큼 구교(가톨릭)가 활성화된 나라가 있지도 않지만 가톨릭의 신학과 체제의 특성이 하나님나라에 부합되지 않는다. 마지막으로 기독교 신학을 재해석할만한 문화적인 깊이와 역량이 있어야 한다. 한 시대를 이끌어갈 사상과 정신문화는 한 순간에 만들어지지 않는다.

이에 부합한 나라는 어디일까?

3. 왜 대한민국인가?

이 조건들을 충족시킬 나라는 대한민국 이외에는 없다. 대한민국과 한국교회의 특징을 살펴보면 다음과 같다.

① 대한민국은 반만년의 역사를 가지고 있다.

근래 밝혀지는 바에 의하면 옛 고구려 지역인 만주의 요하강 주변의 우리 고대 문화가 중국 황하문명보다 최소 1천 년 이상 앞섰으며, 황하문명에 영향을 주었다고 한다. 이에 의하면 세계 최초의 고대 문화를 만들어낸 사람들은 우리 조상들이다. 요하문명이 황하문명은 물론이고 메소포타미아의 문명에도 지대한 영향을 주었다고 밝혀지고 있다.[219] 중국이 고구려를 자기들의 문화라고 주장하는 동북공정은 이런 연유에서 시작되었다. 우리는 세계역사에서 가장 먼저 문명을 일으켰고 또 세계 고대문화에 영향을 주었다.

② 홍익인간 사상이 건국정신이다.

세계 어디에도 홍익인간 사상을 건국정신으로 삼고 있는 나라는 없다고 한다. 우리의 건국정신이 홍익인간이라는 증거는 우리 역사에서 찾아 볼 수 있다. 우리는 주변 나라를 침략하여 식민지배한 적이 단 한 번도 없었는데 단지 힘이 약해서만이 아니다. 주변으로부터 수없이 침략을 당하면서도 침략하지 않았다. 삼국시대 이전부터 일본으로부터 시달리면서도 일본 본토는 물론 대마도조차도 침략하여 식민지로 삼지 않았다.

왜 이런 역사를 가지고 있을까? 홍익인간 사상 때문이다. 모든 사람들을 이롭게 하자는 홍익인간 사상은 구약성경의 율법정신과

---

219) 메소포타미아 문화를 일으킨 사람들은 '수메르인'인데, 이들은 외부에서 들어온 사람들이다. '수메르'라는 뜻은 '검은 머리'라는 뜻이었고, 수메르인은 역사의 수수께끼였다. 그런데 근래에 수메르인이 쐐기문자로 남긴 언어를 세계 모든 민족의 언어와 비교 대조한 결과 한국어가 가장 유사하다고 밝혀졌다.

맥을 같이한다. 율법정신은 신분, 지위, 빈부의 차이가 없는 나라를 만드는 데에 있으며, 예언자들은 그런 나라의 실현을 꿈꾸었고, 예수님은 율법과 예언자들을 완성시키는 '하나님나라'의 도래를 선언하셨다. 홍익인간 사상의 유전자를 이어받은 한국인만큼 기독교를 잘 이해할 수 있는 민족은 없다고 할 수 있다.

③ 여러 종교와 문화를 수용한 역사를 가지고 있다.

우리의 토속신앙은 물론이고 유교, 불교 등을 소화시켰으며, 조선 후기부터는 기독교를 수용했다. 우리처럼 세계 유수의 고등종교를 수용한 역사를 가진 나라는 동양은 물론이고 세계에서도 없다.

④ 경제정의 실현 가능성이다.

성경에서 말하는 하나님나라의 개념에는 경제정의가 반드시 포함된다. 인류역사에서 가장 큰 과제가 경제정의의 문제였고, 아직도 그 실현은 요원하며 대안이 없다. 그러나 누군가가 나서서 이 문제를 해결해야만 한다. 어떤 나라일까? 홍익인간 사상이 건국정신인 나라, 남의 나라를 침략하여 식민지배를 하지 않은 나라, 전 세계를 이끌어 갈만한 문화적인 역량을 가진 나라 등의 조건이 갖추어져 있어야 하는데 대한민국 이외에는 없다.

우리는 6.25 전후의 폐허에서 단시간 내에 경제성장을 이루는 기적을 일으켰으며, 분단 상태에서도 세계 경제 10위권에 진입해 있다. 우리의 유구한 역사, 문화적인 역량은 능히 새 시대를 이끌어갈 사상과 문화를 이끌어낼 능력이 있다. 근래 한류문화가 아시아는 물론 유럽까지 전파되고 있는 사실이 이를 입증한다.

⑤ 기독교에 대한 남다른 수용력이다.

조선 후기에 중국을 통해서 한문 성경을 접한 실학자라 불리는 유학자들은 성경을 읽으면서 이 나라의 살 길이 성경에 있다고 생각했다. 이런 이들이 모여 성경 강독회(講讀會)를 하다가 스스로 신자가 된 후에 중국에 와있던 선교사에게 요청하여 세례를 받았으며, 정부의 박해에도 굴하지 않고 신앙을 지켰다. 이는 세계 선교역사에서 자생적 교인이 생긴 전무후무한 사례다.

조선 말기에 이르러 개신교를 접한 이들도 마찬가지의 반응을 보였다. 일본을 통해 개신교를 접한 당시의 지도자들 역시 이 나라의 살길이 기독교에 있다고 생각하여 자청하여 교인이 되었고, 개신교 선교사가 들어오기 이전에 먼저 신자가 되었을 뿐만 아니라 성경을 우리말로 번역했다. 이 또한 성경번역의 역사에서 첫 사례에 해당된다. 이후 이 나라의 지도자들은 앞을 다투어 스스로 기독교인이 되었고 일제 식민지 시대를 거치면서 교회는 급성장했다. 한국교회는 기독교 선교역사에서 가장 단시간에 급성장한 사례로 평가된다.

⑥ 마지막으로 기독교에 대한 재해석 역량이다.

새 시대를 이끌 정신과 사상은 하루아침에 탄생하지 않는다. 기존의 사상을 재해석하여 만들어 진다. 지난 인류역사를 돌이켜 볼 때 이를 뒷받침할 문화가 무엇일까? 일단 이성에 바탕을 둔 철학문화가 아닌 종교문화여야 한다. 2천 년대는 이성이 아닌 영성의 시대이기 때문이다. 종교 가운데 힌두교나 불교나 유교, 회교 등은 그 종교의 특성상 이에 부합되지 않는다. 기독교만이 가능하지만 헬라화된 서양기독교로는 불가능하다. 기독교의 본래 뿌리는 헬라문화가 아니라 히브리 문화다. 기독교에 대한 전면적인 재해석을 해낼 때, 바꾸어 말하면 기독교에서 헬라적이고 유대적인 요소를 걷어내고 그 본래의 모습을 드러나게 할 때 기독교는 2천 년대를 이끌어갈 역할을 해낼 수 있을 것이다. 이를 해낼 나라는 대한민국, 그리고 대한민국의 교회 이외에는 없다. 이렇게 정리할 수 있다.

2천 년대는 대한민국의 시대다.

전 세계가 대한민국을 기다리고 있다.

케노시스영성원 안내

새로운 패러다임을 요구하는 2천 년대의 시대적 요청을 직시하면서 케노시스 영성원은 다음과 같은 목표를 추구합니다.

1. 영성의 경험과 이론의 겸비
2. 성경과 역사에 대한 재해석
3. 고대영성에 대한 재해석
4. 실천가능한 수련 및 적용

소재지 : 경기도 군포시 둔대동 433~2

Homepage www.kenosis.or.kr, www.kenosis.kr
Email kenosis@hanmail.net

세미나 안내

15주 세미나(년 2회) : 매주 수요일 오전 10시 ~ 오후 4시
2박3일 세미나(년 2회) : 동계(1월), 하계(8월)

도서/DVD안내

도서 : 영성의 시각으로 본 성경, 역사, 교리, 신학

하비루의 길(구약/이스라엘 역사)　**죄인의길(신약/교회사)**
비움의 길(수도원영성 재해석)　**창세기(영성으로 해석)**
십계명 & 주기도문(영성으로 해석)　**사도신경(영성으로 해석)**

DVD : **녹화/녹음**

자기비움의 길(1,2.3부), 창세기, 율법서, 사무엘상하(다윗재해석) 열왕기상하(솔로몬~엘리사), 역대기, 역사서&예언서, 소예언서, 지혜서(욥기 잠언 전도서), 시편, 복음서, 사도행전&바울서신, 요한복음, 요한계시록, 역사/헤브라이즘에 길을 묻다

구입방법

홈페이지 구입안내 : **www.kenosis.or.kr**
전화 : **0502-111-1937/ 010-3311-1937**
계좌 : **농협 211044-51-040266 케노시스영성원**